WV plus

Betriebswirtschaftslehre mit Rechnungswesen

Fachhochschulreife NRW
Jahrgangsstufe 12

Hans-Peter von den Bergen
Christian Fritz
Ute Morgenstern
Michael Piek
Thomas Schmitz-Kaltenthaler
u. a.

in Zusammenarbeit mit der Verlagsredaktion

Cornelsen

Dieses Buch wurde erstellt unter Verwendung von Materialien von Roland Budde, Roman Capaul, Wolfgang R. Diemer, Oliver Dillmann, Wolfgang Duschek, Peter Engelhardt, Silvia Faustmann, Kai Franke, Marita Herrmann, Ariane Hoffmann, Ludger Katt, Hans-Peter Klein, Antje Kost, Susanne Lange, Antje Licht, Wolfgang Metzen, Klaus Otte, Roswitha Pütz, Josef Schnettler, Heike Scholz, Dieter Schütte, Claudia Simons-Kövér, Alfons Steffes-lai, Daniel Steingruber, Gisbert Weleda, Insa Wenke, Ralf Wimmers, Carsten Zehm, Joachim Zügner

Weitere Materialien in der Reihe W plus V – BWL mit ReWe

Jahrgangsstufe 11

- Schülerbuch
  ISBN 978-3-06-451267-2
- Lernsituationen
  ISBN 978-3-06-451269-6
- Handreichungen für den Unterricht
  ISBN 978-3-06-451270-2

Jahrgangsstufe 12

- Lernsituationen
  ISBN 978-3-06-451273-3
- Handreichungen für den Unterricht
  ISBN 978-3-06-451274-0

Verlagsredaktion:	Amira Sarkiss
Außenredaktion:	Veronika Kühn, Köln
Bildredaktion:	Gertha Maly; Christina Scheuerer, Rohrbach
Layout und Umschlaggestaltung:	vitaledesign, Berlin
Technische Umsetzung:	vitaledesign, Berlin
Illustrationen:	Joachim Gottwald, Berlin
Entwicklung Modellunternehmen:	Hans-Peter von den Bergen, Alfons Steffes-lai

www.cornelsen.de/cbb

1. Auflage, 1. Druck 2020

Alle Drucke dieser Auflage sind inhaltlich unverändert und können im Unterricht nebeneinander verwendet werden.

Druck und Bindung: Firmengruppe APPL, aprinta Druck, Wemding

ISBN 978-3-06-451271-9 (Schülerbuch)
ISBN 978-3-06-451272-6 (E-Book)

PEFC
PEFC/04-32-0928

PEFC zertifiziert
Dieses Produkt stammt aus nachhaltig bewirtschafteten Wäldern und kontrollierten Quellen.
www.pefc.de

Vorwort

Das vorliegende Lehrwerk **W plus V – BWL mit Rechnungswesen** wurde für Schülerinnen und Schüler der zweijährigen Berufsfachschule (FHR) in Nordrhein-Westfalen konzipiert. Es besteht aus zwei Teilen: einem Schülerbuch und einem Band mit Lernsituationen, jeweils pro Jahrgangsstufe 11 und 12. Beide Teile sind aufeinander abgestimmt und ergänzen sich hervorragend.

Das **Schülerbuch** beinhaltet die Handlungsfelder 4 (Anforderungssituation 4.2) bis 7 des neuen kompetenzorientierten Bildungsplans, der am 01.08.2018 in Kraft getreten ist. Die Handlungsfelder 1 bis 4 (Anforderungssituation 4.1) finden sich im Band für die Jahrgangsstufe 11. Alle Informationen sind klar strukturiert, übersichtlich dargestellt und in einer verständlichen Sprache verfasst, damit sie leichter aufgenommen werden können. Zusammenfassungen stellen wesentliche Inhalte in übersichtlicher Form dar. Jedes Handlungsfeld schließt mit Wiederholungsfragen („Alles klar?“).

In den **Lernsituationen** wird das industrielle Modellunternehmen Fly Bike Werke GmbH anhand eines umfassenden Datenkranzes vorgestellt. Den einzelnen Kapiteln des Schülerbuches werden problem- und handlungsorientierte Lernsituationen zugeordnet. Handlungszusammenhänge werden durch Folgesituationen abgebildet. Aktivierende Arbeitsanweisungen sollen die Entwicklung von beruflicher und privater Entscheidungs- und Handlungskompetenz unterstützen. Die sich anschließenden Arbeitsblätter und Aufgaben dienen der Lernerfolgssicherung. Abgeschlossen werden alle Handlungsfelder in den Lernsituationen mit je einem Selbsteinschätzungsbogen („Ich kann ...“) für die Schülerinnen und Schüler.

Durch die **Kombination** aus problem- und handlungsorientierten Lernsituationen und der entsprechenden Fachsystematik im Schülerbuch wird eine enge Verzahnung von theoretischen Inhalten und ihrer praktischen Umsetzung erreicht. Die Konzeption dieser Verzahnung erschließt sich aus dem Inhaltsverzeichnis, wo die Lernsituationen den jeweiligen Kapiteln des Schülerbuches zugeordnet sind (siehe Seite 4 ff.). Diese Zuordnung wird ergänzt um die Angabe der entsprechenden Ziele laut Bildungsplan.

Im **Webcode-Bereich** zu diesem Schülerbuch finden Sie zahlreiche zusätzliche Übungsaufgaben zu allen Themen- und Aufgabenfeldern. Nähere Informationen zum Webcode-Bereich erhalten Sie auf Seite 344.

Das Lehrwerk besitzt eine lehr- und lernfreundliche Struktur und bietet vielfältige Einsatzmöglichkeiten. Über die Berufsfachschule hinaus ist es für vergleichbare Bildungsgänge des Schwerpunktes Wirtschaft und Verwaltung in anderen Bundesländern geeignet, in denen BWL mit Rechnungswesen unterrichtet wird.

Das Autorenteam hat gemeinsam mit der Verlagsredaktion die Inhalte des Lehrwerkes ausgewählt und gestaltet. Wir halten das Lehrwerk für einen idealen Wegbegleiter auf dem Weg zur Fachhochschulreife und hoffen, dass Sie viel Freude damit haben.

Für konstruktive Kritik und Anregungen (bitte an *service@cornelsen-schulverlage.de*) sind wir immer dankbar.

Autorenteam und Verlagsredaktion

Inhaltsverzeichnis

Handlungsfeld 4 Absatz

LS

HF 4 ANFORDERUNGSSITUATION 4.2

Details eines Kaufvertrags beschreiben — LS 52 (zu 2)

Nichtigkeit und Anfechtbarkeit von Rechtsgeschäften erklären — LS 53 (zu 2.4)

Ziele 1, 2 (zu 3)

Rechtsverbindliche Angebote verfassen und Aufträge bearbeiten — LS 54 (zu 3)

Ziel 5 (zu 4)

Zahlungssysteme beurteilen und auswählen — LS 55 (zu 4)

LS

LS

Handlungsfeld 5
Personal

HF 5 ANFORDERUNGSSITUATION 5.1

HF 5 ANFORDERUNGSSITUATION 5.2

LS

Handlungsfeld 6
Investition und Finanzierung

HF 6 ANFORDERUNGSSITUATION 6.1

LS

Handlungsfeld 7
Wertströme

HF 7 ANFORDERUNGSSITUATION 7.1

LS

HANDLUNGSFELD 4

Absatz

1 Von der Kundenanfrage bis zum Versand

Beispiel Bettina Lotto, Auszubildende der Fly Bike Werke GmbH, hat in ihrer bisherigen Ausbildung zur Industriekauffrau die Abteilungen Einkauf, Rechnungswesen und Verkauf durchlaufen und hierbei die Funktionsbereiche Beschaffung, Leistungserstellung und Absatz kennengelernt. Diese Erfahrung hilft Bettina, denn in ihrem neuen Ausbildungsabschnitt im Vertrieb lernt sie nun, wie ein Auftrag eines Kunden komplett abgewickelt wird und welche vielfältigen und wichtigen Schriftstücke hierbei entstehen.

Kernprozess und Unterstützungsprozess, vgl. **HF 1**, **5.2**, Band 1

Beschaffung, Leistungserstellung und Absatz sind die Kernprozesse eines Industriebetriebs. Sie und eine Vielzahl von weiteren Unterstützungsprozessen sind notwendig, um Leistungen für die Kunden am Markt zu erbringen:

Anfrage, vgl. **3.1**, S. 26

① Sehr häufig stellt die **Kundenanfrage** die erste Kontaktaufnahme zwischen Industriebetrieb und Käufer dar. Hier fragt der Kunde unverbindlich nach, ob und unter welchen Bedingungen ein Unternehmen bereit ist, Leistungen zu erbringen.

Angebot, vgl. **3.2**, S. 29

❷ Der Industriebetrieb beantwortet die Anfrage mit einem **Angebot**. In diesem Angebot wird der Verkäufer die Bedingungen auflisten, zu denen er bereit ist, die gewünschten Erzeugnisse zu liefern. Zu den aufgeführten Bedingungen zählen unter anderem der Preis sowie die Zahlungs- und die Lieferbedingungen.

Bestellung, vgl. **3.5**, S. 39

③ Ist der Kunde mit den Bedingungen einverstanden, gibt er eine **Bestellung** auf.

Auftragsbestätigung (Bestellungsannahme), vgl. **3.5**, S. 39

❹ ❺ ❻ Der Industriebetrieb schickt dem Kunden eine **Auftragsbestätigung**. In der Auftragsbestätigung sind die in der Bestellung aufgeführten Erzeugnisse festgelegt. Der Industriebetrieb legt den versandten **Erzeugnissen** einen **Lieferschein** bei. Dieses Schriftstück begleitet die bestellten Erzeugnisse zum Kunden und listet unter anderem den Inhalt der Lieferung auf. Zeitgleich mit dem Lieferschein wird auch die **Rechnung** geschrieben. In der Rechnung wird der Käufer aufgefordert, den vereinbarten Kaufpreis für die Erzeugnisse zu zahlen.

Zahlungsverkehr, vgl. **4**, S. 44

⑦ Der Kunde **bezahlt** die Rechnung.

Der Absatzprozess von der Anfrage zum Versand

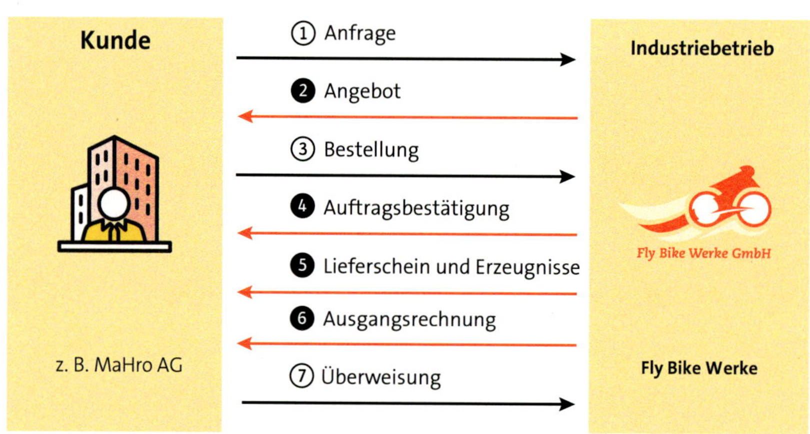

2 Grundlagen von Rechtsgeschäften

LS LS 52
Details eines Kaufvertrags beschreiben

Beispiel Bereits die Gründung der Fly Bike Werke als GmbH wurde von zahlreichen rechtlichen Regelungen begleitet. Seitdem bestimmen rechtliche Rahmenbedingungen die alltäglichen Geschäftsprozesse der Fly Bike Werke GmbH: So bezieht sie beispielsweise Materialien auf Beschaffungsmärkten und verkauft ihre Leistungen auf Absatzmärkten. Grundlage der Beschaffungs- und Absatzprozesse sind Kaufverträge, bei denen die Fly Bike Werke GmbH sowohl als Käufer als auch als Verkäufer auftritt.

Funktionen und Aufgaben des Rechts

Rechtliche Regelungen bieten allgemeine Verhaltensregeln, z. B. in Form von Ge- und Verboten, die verhindern sollen, dass es zu Störungen im Zusammenleben kommt (**Ordnungsfunktion**). Dadurch, dass jedem, der rechtliche Regelungen verletzt, Sanktionen drohen, erfüllt das Recht eine **Schutzfunktion**, denn die Verhaltensregeln dienen dem Schutz der Gemeinschaft. **Rechtssicherheit** bedeutet für jeden Einzelnen, dass er im Voraus die Folgen seines Handelns abschätzen kann. Aus diesem Grund sind Rechtsnormen so formuliert, dass sie auf eine Vielzahl vergleichbarer Fälle anwendbar sind. Da rechtliche Regelungen darauf ausgerichtet sind, die Interessenlage aller beteiligten Personen zu berücksichtigen, kommt dem Recht ferner eine **Ausgleichsfunktion** zu, um Interessenkonflikte sachgerecht lösen zu können.

Rechtsordnung
Gesamtheit aller in einem Rechtsstaat gültigen Rechtsnormen

Die **Rechtsordnung** stellt allgemeinverbindliche Regelungen und Bindungen auf und umfasst alle geltenden Rechtsnormen wie Gesetze, Verordnungen, Verwaltungsakte und Entscheidungen der obersten Gerichte. Die Rechtsordnung der Bundesrepublik Deutschland umfasst zwei große Bereiche: das öffentliche Recht und das Privatrecht (auch bürgerliches Recht oder Zivilrecht genannt).

Hoheitsträger
z. B. Staat oder Gemeinde

Das **öffentliche Recht** regelt die Rechtsbeziehungen zwischen **Hoheitsträgern** oder einem Hoheitsträger und Privatrechtssubjekten, d. h. natürlichen oder juristischen Personen. Das **Privatrecht** dagegen regelt die Rechtsbeziehungen der Privatrechtssubjekte untereinander und wird vom Grundsatz der Gleichordnung der Beteiligten bestimmt.

2.1 Rechtsfähigkeit

Rechtssubjekt
Träger von Rechten und Pflichten

Die in der bestehenden Rechtsordnung verankerten Rechte und Pflichten setzen immer ein **Rechtssubjekt** als Träger von Rechten und Pflichten voraus. Rechte und Pflichten bestehen dabei immer gegenüber anderen Rechtssubjekten. Rechtssubjekte können natürliche oder juristische Personen sein. **Natürliche Personen** sind alle Menschen, unabhängig von Alter und geistiger oder körperlicher Leistungsfähigkeit. **Juristische Personen** dagegen sind in besonderer Form organisierte Personenvereinigungen (z. B. Kapitalgesellschaften, Vereine, Anstalten, Körperschaften) oder Stiftungen, denen bei Erfüllung bestimmter Auflagen die Fähigkeit verliehen wird, Träger von Rechten und Pflichten zu sein.

Rechtsfähigkeit
Fähigkeit, Träger von Rechten und Pflichten zu sein

Die **Rechtsfähigkeit** eines Menschen beginnt nach § 1 BGB mit der Vollendung der Geburt und endet mit dem Tod.

Juristische Personen des Privatrechts erlangen die Rechtsfähigkeit durch Gründung oder Eintragung in ein öffentliches Register (Vereins-, Handels- oder Genossenschaftsregister). Sie verlieren sie durch Auflösung oder durch Löschung aus diesem Register.

2.2 Geschäftsfähigkeit

Willenserklärung
Äußerung des Geschäftswillens; Rechtsgeschäfte, vgl. 2.4, S. 18

Neben der Rechtsfähigkeit spielt auch die Geschäftsfähigkeit im Rahmen des Privatrechts eine wichtige Rolle. Geschäftsfähigkeit ist die Fähigkeit, **Rechtsgeschäfte** selbstständig abzuschließen durch die Abgabe oder den Empfang einer rechtsgültigen **Willenserklärung**.

Kinder, Jugendliche und auch bestimmte andere Personengruppen sollen vor den Rechtsfolgen unüberlegt abgeschlossener Geschäfte geschützt werden. Deshalb ist die Geschäftsfähigkeit u. a. von Altersstufen abhängig. Die verschiedenen Stufen der Geschäftsfähigkeit werden in den §§ 104 bis 113 BGB geregelt.

2.2.1 Geschäftsunfähigkeit

§ 104 BGB Geschäftsunfähigkeit
Geschäftsunfähig ist:
1. wer nicht das siebente Lebensjahr vollendet hat,
2. wer sich in einem die freie Willensbestimmung ausschließenden Zustand krankhafter Störung der Geistestätigkeit befindet, sofern nicht der Zustand seiner Natur nach ein vorübergehender ist.

Die Willenserklärungen Geschäftsunfähiger sind nach § 105 BGB nichtig, d. h. von vornherein ungültig. Ebenfalls nichtig sind Willenserklärungen, die im Zustand der Bewusstlosigkeit o. Ä. abgegeben werden. Für Geschäftsunfähige handelt ausschließlich der gesetzliche Vertreter.

Nichtigkeit von Rechtsgeschäften, vgl. 2.4.1, S. 22

Beispiel Ein fünfjähriger Junge kauft sich ein Spielzeugauto. Auf Verlangen der Mutter muss der Spielwarenhändler das Auto zurücknehmen und das Geld zurückgeben.

Ein Rechtsgeschäft mit einem Geschäftsunfähigen kommt jedoch zustande, wenn der Geschäftsunfähige als Bote auftritt und nicht seine eigene, sondern die Willenserklärung eines Geschäftsfähigen überbringt.

2.2.2 Beschränkte Geschäftsfähigkeit

§ 106 BGB Beschränkte Geschäftsfähigkeit Minderjähriger
Ein Minderjähriger, der das siebente Lebensjahr vollendet hat, ist nach Maßgabe der §§ 107 bis 113 in der Geschäftsfähigkeit beschränkt.

§§ 107 bis 109, 111 BGB

Einwilligung = vor dem Rechtsgeschäft

Genehmigung = nach dem Rechtsgeschäft

Minderjährige zwischen dem 7. und dem 18. Lebensjahr sind beschränkt geschäftsfähig. Von beschränkt Geschäftsfähigen abgeschlossene Rechtsgeschäfte erhalten nur dann Gültigkeit, wenn die gesetzlichen Vertreter (das sind in der Regel die Eltern) vorher ihre Einwilligung oder nachträglich ihre Genehmigung erteilen. Erfolgt dies nicht, kommt das Rechtsgeschäft nicht zustande. Bis zur Genehmigung oder Ablehnung ist das Rechtsgeschäft „schwebend unwirksam“. Schweigt der gesetzliche Vertreter, gilt die Genehmigung als nicht erteilt und das Rechtsgeschäft ist von Anfang an nichtig.

Beispiel Ein 14-Jähriger kauft sich ein Smartphone. Wenn die Eltern damit einverstanden sind, kommt der Kaufvertrag damit zustande.

Der gute Glaube an die Geschäftsfähigkeit wird jedoch nicht geschützt.

Beispiel Eine 16-jährige Schülerin, die älter aussieht, kauft ein teures Armband. Die Eltern sind damit nicht einverstanden. Der Juwelier muss das Armband zurücknehmen.

In bestimmten **Ausnahmefällen**, die im Gesetz genau festgelegt sind, kann ein beschränkt Geschäftsfähiger wie ein voll Geschäftsfähiger handeln:

Erlangung eines lediglich rechtlichen Vorteils

§ 107 BGB Einwilligung des gesetzlichen Vertreters
Der Minderjährige bedarf zu einer Willenserklärung, durch die er nicht lediglich einen rechtlichen Vorteil erlangt, der Einwilligung seines gesetzlichen Vertreters.

Beispiel Ein achtjähriges Kind erhält zu seinem Geburtstag 50,00 €. Das bringt ihm lediglich einen rechtlichen Vorteil. Das Kind darf das Geld daher auch ohne Zustimmung der Eltern behalten.

Dagegen beinhaltet das Geschenk eines Haustieres spätere Verpflichtungen, z. B. Kosten für Futter. Hier ist die Einwilligung des gesetzlichen Vertreters notwendig.

Taschengeldparagraf

§ 110 BGB Bewirken der Leistung mit eigenen Mitteln
Ein von dem Minderjährigen ohne Zustimmung des gesetzlichen Vertreters geschlossener Vertrag gilt als von Anfang an wirksam, wenn der Minderjährige die vertragsmäßige Leistung mit Mitteln bewirkt, die ihm zu diesem Zweck oder zu freier Verfügung von dem Vertreter oder mit dessen Zustimmung von einem Dritten überlassen worden sind.

Geschäfte, die ein beschränkt Geschäftsfähiger mit seinem Taschengeld begleicht, sind rechtsgültig. Das gilt aber nur für Geschäfte, die sofort beglichen werden, nicht für Ratenkäufe. Über zukünftiges Taschengeld kann nicht verfügt werden.

Selbstständiger Betrieb eines Erwerbsgeschäfts

§ 112 BGB Selbstständiger Betrieb eines Erwerbsgeschäfts
(1) Ermächtigt der gesetzliche Vertreter mit Genehmigung des Familiengerichts den Minderjährigen zum selbstständigen Betrieb eines Erwerbsgeschäfts, so ist der Minderjährige für solche Rechtsgeschäfte unbeschränkt geschäftsfähig, welche der Geschäftsbetrieb mit sich bringt. Ausgenommen sind Rechtsgeschäfte, zu denen der Vertreter der Genehmigung des Familiengerichts bedarf.
(2) Die Ermächtigung kann von dem Vertreter nur mit Genehmigung des Familiengerichts zurückgenommen werden.

Beispiel Ein Minderjähriger betreibt mit Erlaubnis seiner Eltern und mit der Zustimmung des Vormundschaftsgerichts einen Online-Bestellshop für Computerzubehör. Er kann die im Rahmen dieses Betriebes anfallenden Geschäfte (z. B. Warenein- und -verkauf, Anmieten von Lagerräumen) selbst tätigen.

Dienst- oder Arbeitsverhältnis

§ 113 BGB Dienst- oder Arbeitsverhältnis
(1) Ermächtigt der gesetzliche Vertreter den Minderjährigen, in Dienst oder in Arbeit zu treten, so ist der Minderjährige für solche Rechtsgeschäfte unbeschränkt geschäftsfähig, welche die Eingehung oder Aufhebung eines Dienst- oder Arbeitsverhältnisses der gestatteten Art oder die Erfüllung der sich aus einem solchen Verhältnis ergebenden Verpflichtungen betreffen. [...]

Ein Jugendlicher kann sich also von seinem Gehalt ein Moped kaufen, um seinen Arbeitsplatz besser erreichen zu können. Das bedeutet jedoch nicht, dass er über sein Gehalt frei verfügen darf.

§ 56 HGB Angestellte in Laden oder Warenlager
Wer in einem Laden oder in einem offenen Warenlager angestellt ist, gilt als ermächtigt zu Verkäufen oder Empfangnahmen, die in einem derartigen Laden oder Warenlager gewöhnlich geschehen.

Das heißt, dass ein 17-jähriger Auszubildender im Industriebetrieb eigenmächtig Waren an einen Kunden verkaufen kann.

2.2.3 Volle Geschäftsfähigkeit

Unbeschränkte (volle) Geschäftsfähigkeit besitzen alle juristischen Personen und alle natürlichen Personen über 18 Jahre, sofern sie nicht entmündigt sind. Mit der vollen Geschäftsfähigkeit erwerben Rechtssubjekte die Fähigkeit, sich rechtsgeschäftlich zu verpflichten oder Rechte zu erwerben.

Übersicht: Geschaftsfähigkeit

Lebensalter		
1 2 3 4 5 6	7 8 9 10 11 12 13 14 15 16 17	18 19 20 21 22 23 →
geschäftsunfähig	beschränkt geschäftsfähig	voll geschäftsfähig
↓	↓	↓
gesetzlicher Vertreter handelt für das Kind	Zustimmung des gesetzlichen Vertreters erforderlich	eigenverantwortlicher Abschluss von Rechtsgeschäften

2.3 Besitz und Eigentum

Beispiel Martin, Auszubildender zum Industriekaufmann, absolviert eine Ausbildungsphase im Lager. Mit einigen der Hauptlieferanten wurden Verträge geschlossen, nach denen größere Lieferungen auch in Raten bezahlt werden können. Aus einer noch nicht vollständig bezahlten Lieferung heraus veranlasst Martin eine Lieferung an einen Kunden, der bereits seine Bestellung aufgegeben hatte. Der zuständige Verkäufer sagt, er hätte die Lieferung nicht veranlassen dürfen, da die Ware noch nicht vollständig bezahlt sei. Martin dagegen meint, dass die Ware, die im Lager eingegangen sei, auch weiterverkauft werden dürfe. Wer hat recht?

Rechtsobjekte

Rechtsobjekte

- **Sachen** – **körperliche Gegenstände**; Beispiele: Haus, Auto, Papier
  - **unbewegliche Sachen** – Beispiele: Grundstück, Haus
  - **bewegliche Sachen** – Beispiele: Auto, Buch, Smartphone
    - **vertretbare Sachen** – Sachen, die es in der gleichen Art mehrfach gibt; Beispiele: Neuwagen, Kopierpapier 80 g/m²
    - **nicht vertretbare Sachen** – Sachen, die einmalig sind; Beispiele: Kunstwerk, Gebrauchtwagen
- **Rechte** – **nicht körperliche Gegenstände**; Beispiele: Patente, Lizenzen, Forderungen
  - **absolute Rechte** – gelten gegenüber der Allgemeinheit; Beispiel: Urheberrechte
  - **relative Rechte** – gelten nur gegenüber einem Vertragspartner; Beispiel: Forderungen aus einer Warenlieferung

Gegenstand von Rechtshandlungen sind **Rechtsobjekte**, die sich wie folgt unterscheiden lassen: Im Sachenrecht des BGB wird unterschieden, ob jemand die rechtliche Herrschaft (**Eigentum**) oder nur die tatsächliche Herrschaft (**Besitz**) über eine Sache ausübt.

Eigentümer ist, wem eine Sache rechtlich gehört, Besitzer ist, wer eine Sache hat.

Das **Eigentum an unbeweglichen Sachen** wird durch Einigung (Auflassung) und anschließende Eintragung in das Grundbuch übertragen. Ein solcher Vertrag bedarf der notariellen Beurkundung. Das **Eigentum an beweglichen Sachen** wird durch Übertragung verschafft, d. h. durch Einigung und Übergabe.

§§ 873, 925 BGB

Notarielle Beurkundung, vgl. Formvorschriften, S. 20

§ 903 BGB Befugnisse des Eigentümers
Der Eigentümer einer Sache kann, soweit nicht das Gesetz oder Rechte Dritter entgegenstehen, mit der Sache nach Belieben verfahren und andere von jeder Einwirkung ausschließen. [...]

§ 929 Einigung und Übergabe
Zur Übertragung des Eigentums an einer beweglichen Sache ist erforderlich, dass der Eigentümer die Sache dem Erwerber übergibt und beide darüber einig sind, dass das Eigentum übergehen soll. Ist der Erwerber im Besitz der Sache, so genügt die Einigung über den Übergang des Eigentums.

Beispiel Susanne erhält von ihren Eltern zum Geburtstag eine Digitalkamera geschenkt. Sie ist damit Eigentümerin und Besitzerin der Kamera.

§ 854 BGB Erwerb des Besitzes
(1) Der Besitz einer Sache wird durch die Erlangung der tatsächlichen Gewalt über die Sache erworben. [...]

Beispiel Susanne leiht ihrer Freundin Andrea die Kamera für deren Skiurlaub. Jetzt ist Andrea Besitzerin, während Susanne Eigentümerin bleibt.

§ 932 BGB
§ 935 BGB

In bestimmten Fällen kann der Erwerber das Eigentum an einer Sache auch von einem Nichteigentümer erhalten, jedoch nur dann, wenn er **gutgläubig** war. Der gute Glaube schützt ihn jedoch nicht, wenn die Sache dem Eigentümer gestohlen wurde, verloren gegangen oder sonst abhandengekommen ist.

Gutgläubiger Erwerb vom Nichtberechtigten

Beispiel Andrea geht im Urlaub das Taschengeld aus. Deshalb verkauft sie Susannes Kamera an ihren ahnungslosen Skilehrer. Da der Skilehrer nicht weiß, dass die Kamera Andrea gar nicht gehört, ist er gutgläubig und erwirbt das Eigentum an der Kamera. Hätte er allerdings gewusst, dass die Kamera nur geliehen ist, wäre er nicht mehr gutgläubig gewesen und hätte das Eigentum an der Kamera nicht erwerben können.

Kein gutgläubiger Erwerb von abhandengekommenen Sachen

Beispiel Susannes nagelneue Digitalkamera ist gestohlen worden. Kurz darauf wird die Kamera auf dem Flohmarkt zum Verkauf angeboten. Andrea will sie kaufen, nachdem der Händler ihr versichert hat, dass sie aus einer Geschäftsauflösung stammt. Obwohl Andrea hier also gutgläubig ist, kann sie kein Eigentum an der Kamera erwerben, da es sich um eine gestohlene Sache handelt. Eigentümerin bleibt Susanne.

LS ▶ **LS 53**
Nichtigkeit und Anfechtbarkeit von Rechtsgeschäften erklären

2.4 Rechtsgeschäfte

Die Rechtsbeziehungen zwischen Rechtssubjekten untereinander werden als Rechtsgeschäfte bezeichnet. Rechtsgeschäfte enthalten eine oder mehrere rechtsgültige **Willenserklärungen** und zielen auf die bewusste Herbeiführung von Rechtswirkungen ab.

Eine Willenserklärung ist die Äußerung des Geschäftswillens.

Das Gesetz bezeichnet eine Willenserklärung als Äußerung des Geschäftswillens. Der **Geschäftswillen** stellt die innere, subjektive Seite dar, die eigentliche Erklärung die äußere, objektive Seite. Eine Willenserklärung kann mündlich, schriftlich, durch schlüssiges Handeln (z. B. Einsteigen in die U-Bahn) oder stillschweigend (z. B. Verzicht auf die termingerechte Kündigung eines Zeitschriftenabonnements) erfolgen.

Neben ausdrücklichen und stillschweigenden Willenserklärungen kann man noch empfangsbedürftige und nicht empfangsbedürftige Willenserklärungen unterscheiden. **Nicht empfangsbedürftige Willenserklärungen** werden mit Abgabe der Erklärung wirksam (z. B. Testamente).

Wirksamkeit empfangsbedürftiger Willenserklärungen

Empfangsbedürftige Willenserklärungen werden mit ihrem Zugang wirksam, unter Anwesenden sofort und unter Abwesenden nach § 130 BGB, sobald die Willenserklärung in den gewöhnlichen Empfangsbereich des Erklärungsgegners mit Möglichkeit der Kenntnisnahme gelangt, wenn nicht vorher oder gleichzeitig ein Widerruf zugeht. So ist z. B. eine per Brief abgeschickte Kündigung gültig, sobald der Postbote sie dem Arbeitgeber ausliefert, es sei denn, sie wurde per Fax widerrufen und das Fax ist vor oder spätestens gleichzeitig mit dem Kündigungsbrief beim Arbeitgeber eingetroffen.

Der Zugang der Willenserklärung ist die Voraussetzung für ihre Wirksamkeit. Die **Beweislast für den Zugang** einer Willenserklärung liegt beim Absender, sodass eine Willenserklärung unter Zeugen, per Einschreiben usw. abgegeben werden sollte. Wie eine Willenserklärung zu interpretieren ist, wird in § 133 BGB geregelt:

§ 133 BGB Auslegung einer Willenserklärung
Bei der Auslegung einer Willenserklärung ist der wirkliche Wille zu erforschen und nicht an dem buchstäblichen Sinne des Ausdrucks zu haften.

Einseitige und mehrseitige Rechtsgeschäfte

Nach der Anzahl der notwendigen Willenserklärungen unterscheidet man ein-, zwei- und mehrseitige Rechtsgeschäfte. **Einseitige Rechtsgeschäfte** liegen vor, wenn bereits die Willenserklärung eines Rechtssubjekts genügt, um eine bestimmte Rechtswirkung herbeizuführen. **Zwei- oder mehrseitige Rechtsgeschäfte** kommen durch zwei oder mehr miteinander übereinstimmende Willenserklärungen zustande.

Mehrseitige Rechtsgeschäfte sind in der Regel Verträge.

Übersicht Vertragsarten, vgl. S. 21

Bürgerliche Rechtsgeschäfte und Handelsgeschäfte

Nach den anzuwendenden Rechtsvorschriften kann man bürgerliche Rechtsgeschäfte und Handelsgeschäfte unterscheiden. Für **bürgerliche Rechtsgeschäfte** zwischen Nichtkaufleuten gelten die Vorschriften des BGB. Für **Handelsgeschäfte** zwischen zwei Kaufleuten (**zweiseitiges Handelsgeschäft**) oder zwischen einem Kaufmann und einem Nichtkaufmann (**einseitiges Handelsgeschäft**) finden in erster Linie die Regelungen des Handelsgesetzbuches (HGB) Anwendung, ergänzend aber auch die des BGB.

Die Rechtsgrundlagen bei Handelsgeschäften unterscheiden sich von denen bei bürgerlichen Geschäften.

§ 343 HGB
Handelsgeschäfte sind alle Geschäfte eines Kaufmanns, die zum Betriebe seines Handelsgewerbes gehören.

§ 344 HGB
(1) Die von einem Kaufmanne vorgenommenen Rechtsgeschäfte gelten im Zweifel als zum Betriebe seines Handelsgewerbes gehörig. [...]

Verpflichtungs- und Verfügungsgeschäfte

Bei Rechtsgeschäften lassen sich außerdem Verpflichtungs- und Verfügungsgeschäfte unterscheiden. **Verpflichtungsgeschäfte** sind Rechtsgeschäfte, durch die eine Person gegenüber einer anderen eine Leistungspflicht übernimmt. Durch das Verpflichtungsgeschäft (in der Regel ein Vertrag) entsteht ein Schuldverhältnis zwischen den Vertragspartnern. Eine unmittelbare Änderung bestehender Rechtsverhältnisse tritt durch das „bloße" Verpflichtungsgeschäft jedoch nicht ein.

Dagegen sind **Verfügungen** unmittelbar darauf gerichtet, auf ein bestehendes Recht einzuwirken, es zu verändern, zu übertragen oder aufzuheben. Zu den Verfügungen gehören z. B. die Veräußerung (Übereignung einer Sache) und die Belastung (Bestellung einer Hypothek).

Vertragsfreiheit

nachgiebiges Recht
von den Beteiligten abänderbares Recht

Da die Vorschriften des BGB und des HGB weitgehend **nachgiebiges Recht** sind, herrscht im Rechtsverkehr in hohem Maße Vertragsfreiheit, d. h., die Vertragspartner können grundsätzlich ihre Verträge nach ihrem Willen gestalten. Der Grundsatz der Vertragsfreiheit beinhaltet die Abschluss-, die Inhalts- und die Formfreiheit.

Vertragsfreiheit besteht hinsichtlich
· Abschluss
· Inhalt
· Form

Kontrahierungszwang
Zwang, einen Vertrag abzuschließen

Die **Abschlussfreiheit** stellt es jedem frei, zu entscheiden, ob und mit wem er einen Vertrag abschließen will. Eine Ausnahme bildet der sogenannte **Kontrahierungszwang**, durch den man z. B. verpflichtet wird, Leistungen der örtlichen Wasserversorgungsunternehmen zu beziehen.

Die **Inhaltsfreiheit** besagt, dass die Parteien den Inhalt der Verträge und die damit verbundenen Verpflichtungen frei aushandeln können, solange sie nicht die Rechtsordnung verletzen.

Nach dem Grundsatz der **Formfreiheit** sind Willenserklärungen zur Herbeiführung von Rechtsgeschäften im Allgemeinen an keine besondere Form gebunden.

Formvorschriften für Rechtsgeschäfte

Schriftform, vgl. § 126 BGB

Elektronische Form, vgl. § 126 a BGB

Textform, vgl. § 126 b BGB

Nichtigkeit von Rechtsgeschäften, vgl. **2.4.1**, S. 22

Abweichend vom Grundsatz der Formfreiheit wird jedoch für einige Rechtsgeschäfte die Einhaltung einer bestimmten Form gesetzlich vorgeschrieben (Formzwang). Wird die Form – obwohl vom Gesetz verlangt – nicht eingehalten, so ist das Rechtsgeschäft nichtig.

Die Formvorschriften haben verschiedene Funktionen zu erfüllen. Sie dienen dem Schutz der Beteiligten vor übereilten Vertragsabschlüssen; die schriftliche Niederlegung erleichtert im Streitfall die Beweisführung.

Gesetzliche Formvorschriften sind:

- die **gesetzliche Schriftform**, wobei die Erklärung schriftlich abgefasst und vom Aussteller eigenhändig unterschrieben werden muss. So müssen z. B. Arbeits- und Ausbildungsverträge sowie Abzahlungsgeschäfte (Darlehensverträge) schriftlich festgehalten werden. Privattestamente müssen sogar handschriftlich abgefasst werden. Nach § 766 BGB muss die Bürgschaftserklärung eines Nichtkaufmannes schriftlich sein. Die Bürgschaftserklärung eines Vollkaufmannes kann dagegen nach § 350 HGB auch mündlich abgegeben werden.

Öffentliche Beglaubigung, vgl. § 129 BGB

Grundbuch
amtliches, öffentliches Verzeichnis von Grundstücken

- die **öffentliche Beglaubigung**, bei der die Erklärung ebenfalls schriftlich abgefasst und die eigenhändige Unterschrift von einem Notar oder einer zuständigen Behörde beglaubigt wird. Öffentlich beglaubigt werden müssen z. B. Anmeldungen zum Handelsregister und zum **Grundbuch**.

Notarielle Beurkundung, vgl. § 128 BGB

Aktiengesellschaft, vgl. **HF 1**, **3.3.2**, Band 1

- die **notarielle Beurkundung**, die eine vom Notar abgefasste öffentliche Urkunde darstellt. Die notarielle Beurkundung ist die strengste Form der Festlegung vertraglicher Abmachungen. Durch die Mitwirkung des Notars haben die Beteiligten vor dem Abschluss von besonders bedeutsamen Verträgen die Möglichkeit, juristischen Rat einzuholen. Notariell beurkundet werden müssen Grundstückskaufverträge (§ 873 BGB), Erbverträge, Schenkungsversprechen und Eheverträge sowie Beschlüsse der Hauptversammlung einer AG.

Übersicht: *Wichtige Vertragsarten*

Art des Vertrages	Vertragsinhalt	Vertragspartner	gesetzliche Grundlagen
Kaufvertrag	Veräußerung von Sachen oder Rechten gegen Entgelt	Verkäufer – Käufer	§§ 433–480 BGB, §§ 373–381 HGB
Schenkungsvertrag	unentgeltliche Veräußerung von Sachen oder Rechten	Schenker – Beschenkter	§§ 516–534 BGB
Mietvertrag	entgeltliche Überlassung einer Sache oder eines Rechtes	Mieter – Vermieter	§§ 535–580 BGB
Leasingvertrag	Gebrauchsüberlassung eines Investitionsgutes auf Zeit gegen Entgelt	Leasinggeber – Leasingnehmer	§ 535 BGB ff. u. a. (keine einheitliche gesetzliche Regelung)
Pachtvertrag	entgeltliche Überlassung von Sachen oder Rechten zum Gebrauch und Genuss der Früchte gegen einen vereinbarten Pachtzins	Verpächter – Pächter	§§ 581–597 BGB
Leihvertrag	unentgeltliche Überlassung von Sachen zum Gebrauch	Verleiher – Entleiher	§§ 598–606 BGB
Berufsausbildungsvertrag	vergütete Ausbildung für eine Berufstätigkeit	Auszubildender – Ausbildender	Berufsbildungsgesetz; § 3 ff. BBiG
Dienstvertrag	Leistung von Diensten gegen Entgelt	Dienstberechtigter – Dienstverpflichteter	§§ 611–630 BGB, Arbeitsgesetze
Arbeitsvertrag	Leistung von Diensten als Arbeitnehmer	Arbeitgeber – Arbeitnehmer	§§ 611–630 BGB, § 59 ff. HGB, Arbeitsgesetze
Werkvertrag	Herstellen eines Werkes, Veränderung einer Sache, Herbeiführen eines bestätigten Erfolges gegen vereinbarte Vergütung	Unternehmer – Besteller	§§ 631–651 BGB
Gesellschaftsvertrag	Regelung der Zusammenarbeit von Personen zur gemeinsamen Erfüllung eines gemeinsamen Zwecks	Gesellschafter	§§ 705–740 BGB, § 16 AktG, § 2 GmbHG, § 109 HGB, § 6 GenG
Auftragsvertrag	unentgeltliche Besorgung eines Geschäftes für einen anderen	Auftraggeber – Beauftragter	§§ 662–674 BGB
Geschäftsbesorgungsvertrag	Dienst- oder Werkvertrag, der Geschäftsbesorgung zum Gegenstand hat	Auftraggeber – Beauftragter	§ 675 ff. BGB
Versicherungsvertrag	Ersatz eines Vermögensschadens (Schadensversicherung) bzw. Zahlung eines vereinbarten Kapitals oder einer Rente nach Eintritt des Versicherungsfalls bei vorheriger Prämienzahlung	Versicherer – Versicherungsnehmer	§ 1 Gesetz über den Versicherungsvertrag (VVG)
Verwahrungsvertrag	Aufbewahrung einer Sache gegen Vergütung	Verwahrer – Hinterleger	§ 688 ff. BGB
Bürgschaftsvertrag	Verpflichtung des Bürgen gegenüber dem Gläubiger zur Erfüllung der Verbindlichkeiten des Dritten	Bürge – Gläubiger eines Dritten	§ 765 ff. BGB
Erbvertrag	Regelung über die Aufteilung des Nachlasses	Erblasser – Erben	§ 2274 ff. BGB

2.4.1 Nichtige Rechtsgeschäfte

Vertragsfreiheit gilt nicht unbeschränkt!

Trotz weitestgehender Vertragsfreiheit kann nicht jedes beliebige Rechtsgeschäft abgeschlossen werden. Aufgrund gesetzlicher Vorschriften sind bestimmte Geschäfte von vornherein ungültig, d. h. **nichtig**.

Nichtige Geschäfte sind von vornherein ungültig.

Nichtige Geschäfte verstoßen gegen die Interessen der Allgemeinheit. Nach § 139 BGB macht im Zweifel die Nichtigkeit eines Teils eines Rechtsgeschäfts das ganze Rechtsgeschäft nichtig. Im Einzelnen können folgende **Nichtigkeitsgründe** unterschieden werden:

Verstoß gegen Formvorschriften

Verstöße gegen Formvorschriften

§ 125 BGB Nichtigkeit wegen Formmangels
Ein Rechtsgeschäft, welches der durch Gesetz vorgeschriebenen Form ermangelt, ist nichtig. Der Mangel der durch Rechtsgeschäft bestimmten Form hat im Zweifel gleichfalls Nichtigkeit zur Folge.

Beispiel Wird ein Kaufvertrag über ein Grundstück oder eine Eigentumswohnung ohne notarielle Beurkundung geschlossen, liegt ein Verstoß gegen die gesetzlichen Formvorschriften vor. Der Kaufvertrag ist nichtig.

Verstoß gegen gute Sitten

Verstöße gegen die guten Sitten

§ 138 BGB Sittenwidriges Rechtsgeschäft; Wucher
(1) Ein Rechtsgeschäft, das gegen die guten Sitten verstößt, ist nichtig.
(2) Nichtig ist insbesondere ein Rechtsgeschäft, durch das jemand unter Ausbeutung der Zwangslage, der Unerfahrenheit, des Mangels an Urteilsvermögen oder der erheblichen Willensschwäche eines anderen sich oder einem Dritten für eine Leistung Vermögensvorteile versprechen oder gewähren lässt, die in einem auffälligen Missverhältnis zu der Leistung stehen.

Beispiel Ein Kreditinstitut verlangt Wucherzinsen, d. h., Leistung und Gegenleistung stehen in einem erheblichen Missverhältnis. Ob Sittenwidrigkeit vorliegt, muss im Einzelfall entschieden werden.

Geheimer Vorbehalt

Kenntnis des geheimen Vorbehalts

§ 116 BGB Geheimer Vorbehalt
Eine Willenserklärung ist nicht deshalb nichtig, weil sich der Erklärende insgeheim vorbehält, das Erklärte nicht zu wollen. Die Erklärung ist nichtig, wenn sie einem anderen gegenüber abzugeben ist und dieser den Vorbehalt kennt.

Beispiel Anke möchte, dass ein Kollege ihren Pkw repariert. Deshalb verspricht sie ihm, seine alten Schallplatten zu kaufen, denkt aber insgeheim nicht daran. In dieser Situation gilt: Der Kaufvertrag über die Schallplatten ist gültig, wenn der Kollege den geheimen Vorbehalt nicht kennt, der Vertrag ist nichtig, wenn er ihn kennt.

Gesetzesverstöße

§ 134 BGB Gesetzliches Verbot
Ein Rechtsgeschäft, das gegen ein gesetzliches Verbot verstößt, ist nichtig, wenn sich nicht aus dem Gesetz ein anderes ergibt.

Beispiel Ein gesetzliches Verbot besteht gegen Drogenhandel oder Schmuggel.

Gesetzesverstoß

Scheingeschäft

§ 117 BGB Scheingeschäft
(1) Wird eine Willenserklärung, die einem anderen gegenüber abzugeben ist, mit dessen Einverständnis nur zum Schein abgegeben, so ist sie nichtig.
(2) Wird durch ein Scheingeschäft ein anderes Rechtsgeschäft verdeckt, so finden die für das verdeckte Rechtsgeschäft geltenden Vorschriften Anwendung.

Beispiel A verkauft aufgrund eines schriftlichen Kaufvertrages an B sein Grundstück mit Haus zum Preis von 500.000,00 €. Um Steuern und Gebühren zu sparen, nennen sie beim Notar übereinstimmend die Kaufsumme von 200.000,00 €. B überweist A daraufhin nur 200.000,00 € und bedankt sich für das gute Geschäft.

Scheingeschäft

Fehlende Genehmigung

§ 108 BGB Vertragsschluss ohne Einwilligung
(1) Schließt der Minderjährige einen Vertrag ohne die erforderliche Einwilligung des gesetzlichen Vertreters, so hängt die Wirksamkeit des Vertrags von der Genehmigung des Vertreters ab.
(2) [...] Die Genehmigung kann nur bis zum Ablauf von zwei Wochen nach dem Empfang der Aufforderung erklärt werden; wird sie nicht erklärt, so gilt sie als verweigert.
(3) Ist der Minderjährige unbeschränkt geschäftsfähig geworden, so tritt seine Genehmigung an die Stelle der Genehmigung des Vertreters.

Beispiel Die 16-jährige Marion kauft ohne Wissen der Eltern ein Mofa. Wegen der fehlenden Einwilligung ist der Vertrag zunächst schwebend unwirksam. Als die Eltern von dem Kauf erfahren, fordern sie den Händler auf, das Mofa zurückzunehmen. Da sie die nachträgliche Genehmigung verweigern, wird das Rechtsgeschäft nichtig.

Beschränkte Geschäftsfähigkeit ohne Genehmigung

Geschäfte mit Geschäftsunfähigen

§ 105 BGB Nichtigkeit der Willenserklärung
(1) Die Willenserklärung eines Geschäftsunfähigen ist nichtig.
(2) Nichtig ist auch eine Willenserklärung, die im Zustand der Bewusstlosigkeit oder vorübergehender Störung der Geistestätigkeit abgegeben wird.

Beispiel Ein Betrunkener verschenkt seine Uhr an einen Passanten.

Geschäftsunfähigkeit

Scherzgeschäft

Scherzerklärung

§ 118 BGB Mangel der Ernstlichkeit
Eine nicht ernstlich gemeinte Willenserklärung, die in der Erwartung abgegeben wird, der Mangel der Ernstlichkeit werde nicht verkannt werden, ist nichtig.

Beispiel Auf einer Party sagt ein Gast über sein störungsanfälliges Auto: „Diesen alten Schrotthaufen kannst du geschenkt haben!" Diese Willenserklärung ist nichtig.

2.4.2 *Anfechtbare Rechtsgeschäfte*

Anfechtbare Rechtsgeschäfte können rückwirkend für unwirksam erklärt werden.

§§ 142, 143 BGB

Anfechtungsgründe:
· Irrtum
· arglistige Täuschung
· widerrechtliche Drohung

Rechtsgeschäfte können bei Vorliegen bestimmter Tatbestände angefochten werden, d. h. rückwirkend für ungültig erklärt werden. Anfechtbare Geschäfte verstoßen gegen die Interessen Einzelner. Sie haben so lange Gültigkeit, bis sie angefochten werden. Die Anfechtung ist gegenüber dem Anfechtungsgegner zu erklären. Das angefochtene Rechtsgeschäft ist dann als von Anfang an nichtig anzusehen. Der Anfechtung geht dabei die Auslegung der Willenserklärung voraus. **Anfechtungsgründe** sind Irrtum, arglistige Täuschung und widerrechtliche Drohung.

Irrtum

Beispiele
- **Erklärungsirrtum:** Die Sekretärin schreibt im Angebot versehentlich statt 121,00 € einen Preis von 12,00 €.
- **Übermittlungsirrtum:** Ein Bote richtet etwas falsch aus.
- **Eigenschaftsirrtum:** Ein Kunsthändler verkauft ein Originalgemälde in der Annahme, es sei eine Kopie.

§ 119 BGB Anfechtbarkeit wegen Irrtums
(1) Wer bei der Abgabe einer Willenserklärung über deren Inhalt im Irrtum war oder eine Erklärung dieses Inhalts überhaupt nicht abgeben wollte, kann die Erklärung anfechten, wenn anzunehmen ist, dass er sie bei Kenntnis der Sachlage und bei verständiger Würdigung des Falles nicht abgegeben haben würde.
(2) Als Irrtum über den Inhalt der Erklärung gilt auch der Irrtum über solche Eigenschaften der Person oder der Sache, die im Verkehr als wesentlich angesehen werden.

§ 120 BGB Anfechtbarkeit wegen falscher Übermittlung
Eine Willenserklärung, welche durch die zur Übermittlung verwendete Person oder Einrichtung unrichtig übermittelt worden ist, kann unter der gleichen Voraussetzung angefochten werden wie nach § 119 eine irrtümlich abgegebene Willenserklärung.

Bei einem Irrtum fallen Wille und Erklärung auseinander. Das Gesetz kommt in diesem Falle dem Irrenden durch die Möglichkeit der Anfechtung entgegen. Gleichzeitig soll aber auch der Vertragspartner, der auf die Gültigkeit der abgegebenen Erklärung vertraut hat, geschützt werden.

Der Erklärende ist nach § 122 BGB zum **Ersatz des Vertrauensschadens** verpflichtet. Der andere ist so zu stellen, wie er gestanden hätte, wenn er sich erst gar nicht auf das Geschäft eingelassen hätte (negatives Interesse). Dies gilt aber nicht, wenn der Anfechtungsgegner die Anfechtbarkeit kennt oder hätte kennen müssen.

Beim Erfüllungs- oder positiven Interesse ist der Vertragspartner so zu stellen, als wenn das Geschäft erfüllt worden wäre.

Eine Erklärung wegen Irrtums kann nur dann angefochten werden, wenn die Erklärung bei Kenntnis der Sachlage und bei verständiger Würdigung des Falles nicht abgegeben worden wäre. Ein Irrtum über einen nebensächlichen Punkt berechtigt nicht zur Anfechtung. Rechtlich unerheblich ist der **Motivirrtum**. Stellt z. B. eine Käuferin nach dem Kauf eines teuren Ölgemäldes zu Hause fest, dass es doch nicht zur Wohnzimmereinrichtung passt, kann sie ihre Willenserklärung nicht deshalb anfechten, weil sie sich geirrt und nun für das Gemälde keine Verwendung hat.

Motiv
hier: Beweggrund, eine Willenserklärung abzugeben

Arglistige Täuschung und widerrechtliche Drohung

Eine arglistige Täuschung kann in einem Tun oder Unterlassen bestehen, z. B. durch die Vorspiegelung falscher Tatsachen, die Entstellung wahrer Tatsachen oder die Verweigerung wahrer Tatsachen bei Auskunftspflicht. Bei einer widerrechtlichen Drohung gibt der Vertragspartner seine Willenserklärung unter Druck ab. Bei einer Anfechtung wegen Täuschung oder Drohung muss der widerrechtlich Handelnde nach § 823 BGB **Schadensersatz** leisten.

§ 123 BGB Anfechtbarkeit wegen Täuschung oder Drohung
(1) Wer zur Abgabe einer Willenserklärung durch arglistige Täuschung oder widerrechtlich durch Drohung bestimmt worden ist, kann die Erklärung anfechten. […]

Täuschung: Der Verkäufer eines Unfallwagens verneint trotz zweimaligen Nachfragens den Unfallschaden.
Drohung: Beim Verkauf einer Eigentumswohnung droht der Käufer dem Verkäufer damit, die ihm bekannte Vorstrafe des Verkäufers öffentlich zu machen, wenn er nicht den Kaufpreis reduziert.

Anfechtungsfristen und Verjährung

Die Anfechtung wegen Irrtums muss **unverzüglich** erfolgen, nachdem der Anfechtungsgrund bekannt wurde. Die Anfechtung wegen arglistiger Täuschung oder rechtswidriger Drohung muss binnen eines Jahres ab Kenntnis der Täuschung bzw. Wegfall der Zwangslage erfolgen. Die Verjährungsfrist beträgt zehn Jahre.

unverzüglich
ohne schuldhaftes Zögern

Verjährungsfristen, vgl. **5.6.1**, S. 71

Übersicht: *Nichtige und anfechtbare Rechtsgeschäfte*

Nichtigkeitsgründe
- Geschäftsunfähigkeit
  - beschränkte Geschäftsfähigkeit ohne Genehmigung
- Verstoß gegen Formvorschriften
- Verstoß gegen Gesetze oder gute Sitten
  - Kenntnis des geheimen Vorbehalts
- Schein- oder Scherzgeschäft

Anfechtungsgründe
- Irrtum
  - Erklärungsirrtum
  - Übermittlungsirrtum
  - Eigenschaftsirrtum
- Täuschung
- Drohung

LS ▸ **LS 54**
Rechtsverbindliche Angebote verfassen und Aufträge bearbeiten

3 Zustandekommen von Kaufverträgen

3.1 Anfrage

Bei der Anbahnung eines Kaufvertrages soll die Anfrage klären, ob und zu welchen Bedingungen mögliche Lieferer die gewünschten Waren in ihrem Programm führen. Durch Anfragen bei verschiedenen möglichen Lieferern soll die günstigste Bezugsquelle ermittelt werden. Anfragen sind **rechtlich unverbindlich**.

Fahrradhandel Uwe Klein e. K.

Fahrradhandel Uwe Klein e. K. • Am Wasserturm 4 • 66113 Saarbrücken

Fly Bike Werke GmbH
Rostocker Str. 334
26121 Oldenburg

Ihr Zeichen, Ihre Nachricht	Unser Zeichen, unsere Nachricht	Telefon, Name	Datum
	gel	0681 3908XX6 Frau Geldert	19.02.20XX

Anfrage Mountainbikes

Sehr geehrte Damen und Herren,

für eine Sonderaktion benötigen wir hochwertige Mountainbikes.

Wir gehen zunächst von einer Bedarfsmenge von 10 Stück aus. Bitte senden Sie uns schnellstmöglich ein Angebot unter Angabe ihrer Zahlungs- und Lieferbedingungen.

Mit freundlichen Grüßen

Fahrradhandel Uwe Klein e. K.

i. A. Geldert
Geldert

Fahrradhandel Uwe Klein e. K.
Am Wasserturm 4
66113 Saarbrücken

Saarbrücken-Bank
IBAN: DE30 7004
8912 0120 0045 69
BIC: SABADESBXXX

Telefon 0681 685XX1
Telefax 0681 68508XX2
info@fahrradhandel-klein.dex
www.fahrradhandel-klein.dex

Finanzamt 1040
Saarbrücken
Steuer-Nr. 040/5683/2817
USt-ID-Nr. 15879381

Durch Anfragen werden neue Geschäftsverbindungen geknüpft sowie bereits in der Lieferantenstammdatei vorhandene Unternehmen zur Abgabe eines Angebotes aufgefordert. Anfragen sind **an keine Form gebunden**, d.h., sie können schriftlich, mündlich, telefonisch oder auch per E-Mail abgegeben werden.

Anfragen sind an keine Form gebunden.

Man unterscheidet unbestimmte Anfragen, mit denen man sich über allgemeine Liefermöglichkeiten informieren will, und bestimmte, spezielle Anfragen. Bei **unbestimmten Anfragen** fordert man ohne feste Kaufabsicht Kataloge, Muster, Prospekte, Preislisten oder einen Vertreterbesuch an. **Bestimmte Anfragen** dagegen sind konkreter gehalten und beziehen sich auf bestimmte Waren.

unbestimmte und bestimmte Anfragen

Ein Anfrageschreiben sollte den Grund der Anfrage sowie die benötigte Ware mit der gewünschten Qualität und Menge enthalten. Weiterhin sollten die Preise sowie die Zahlungs- und Lieferungsbedingungen angefragt werden. Auch auf den gewünschten Liefertermin sollte man hinweisen.

Arten von Anfragen	
Anfrage	– dient der Ermittlung von Bezugsquellen – ist eine Aufforderung, ein Angebot abzugeben – hat keine rechtliche Bindung – bedarf keiner bestimmten Form
unbestimmte Anfrage	fordert allgemeine Informationen über das Angebot des Adressaten an
bestimmte Anfrage	enthält konkrete Angaben für die Erstellung eines Angebotes

Bezugsquellen ermitteln, vgl. **HF 2**, **2.1**, Band 1

Geschäftskorrespondenz

Die Schreib- und Gestaltungsregeln für Geschäftsbriefe sind in der Norm **DIN 5008** festgelegt. Die DIN 5008 regelt verbindlich, wie ein anerkannter Geschäftsbrief auszusehen hat, in welchen Zeilen also was zu stehen hat. Die DIN 5008 wird in bestimmten Abständen aktualisiert, sodass man sich über etwaige Änderungen auf dem Laufenden halten sollte.

DIN-Normen
werden vom Deutschen Institut für Normung e.V. herausgegeben.
www.din.de

Auf der folgenden Seite finden Sie einen Geschäftsbrief der Fly Bike Werke GmbH nach DIN 5008 (zum Teil vereinfacht dargestellt). Sie finden weiterhin entsprechende Anmerkungen zur Briefgestaltung. Dabei ist zu beachten, dass jede Leerzeile mit einem Punkt markiert ist.

Die Normen und Publikationen können über den Beuth Verlag (www.beuth.de) bezogen werden.

Wenn Sie einen Geschäftsbrief schreiben,
- beachten Sie die Zeilenanzahl der DIN 5008 streng,
- schreiben Sie keinen zu langen Brieftext und
- gliedern Sie Ihren Brieftext übersichtlich durch Absätze.

Antworten Sie direkt auf einen eingegangenen Geschäftsbrief, ist es üblich, den zu verfassenden Brief mit einem Dank für das erhaltene Schreiben zu beginnen. Im Textverarbeitungsprogramm ist ein Zeilenabstand von 1 bis 1,5 üblich. Als Schriftart wird in der Regel Times New Roman oder Arial in der Schriftgröße 12 pt verwendet.

Fly Bike Werke GmbH

FBW GmbH • Rostocker Str. 334 • 26121 Oldenburg

•
•
•
Wohnungsbaugesellschaft
Meyer & Meyer GmbH
Parkweg 220
12568 Berlin
•
•

Ihr Zeichen, Ihre Nachricht vom	Unser Zeichen, unsere Nachricht vom		
mm	CS/ef	0441 8XX-06 Herr Steffes	15.11.20XX

•
•
Kündigung des Mietvertrages
•
•
Sehr geehrter Herr Meyer,
•
hiermit möchte ich im Namen der Fly Bike Werke GmbH die Lagerhalle in der Marxstraße 18
fristgemäß zum 31.12.20XX kündigen.

Nachdem wir unsere Umbaumaßnahme
abgeschlossen haben, benötigen wir das Außenlager in der Marxstraße nicht mehr

Ich danke Ihnen für die vertrauensvolle
•
Mit freundlichen Grüßen
•
Fly Bike Werke GmbH
•
i. A. C. Steffes
•
C. Steffes
•
Anlage
Kopie des Mietvertrages

Das Anschriftenfeld besteht aus 9 Zeilen:
1.–3. Zusatz- und Vermerkzone, z. B. Info für die Post, Einschreiben, Werbesendung, Drucksache
4. Empfängerbezeichnung/Anrede, z. B. Firmenbezeichnung oder Frau/Herr
5. Empfänger: Vor- und Nachname, ggf. mit akademischem Grad oder Titel
6. Postfach mit Nummer oder Straße mit Hausnummer
7. Postleitzahl und Bestimmungsort (Postleitzahl wird ohne Leerstelle geschrieben)
8. Bestimmungsland
9. Leerzeile

Die **Bezugszeile** dient der Orientierung des Briefempfängers und des Absenders:
1. Kurzzeichen für Namen werden kleingeschrieben.
2. Für das Datum existieren zwei mögliche Schreibweisen:
   a) Jahr-Monat-Tag, z. B. 2019-07-18
   b) Tag. Monat. Jahr, z. B. 18. 07. 2019

Betreff
Stichwortartige Inhaltsangabe des ganzen Briefes. Sie dient dazu, dem Leser auf den ersten Blick eine Orientierung zu geben. Der Betreff wird ohne Schlusspunkt geschrieben, er kann z. B. durch Fettdruck hervorgehoben werden.

Anrede
Ist der Empfänger bekannt, so wird er mit seinem Namen angesprochen. Ansonsten formuliert man allgemein (z. B.: Sehr geehrte Damen und Herren). Nach der Anrede steht ein Komma.

Gruß
Der Geschäftsbrief wird mit einem Gruß abgeschlossen.
Üblich ist: „Mit freundlichen Grüßen" oder „Mit freundlichem Gruß".
Als distanzierte Grußformel, meist im Rahmen von Mahnungen eingesetzt, gilt die Formulierung „Hochachtungsvoll".

Wiederholung der Firma

Unterschrift
Für die Unterschrift werden in der Regel 3 Zeilen reserviert.
Ist der Unterzeichner (wie im Beispiel) nicht Inhaber des Unternehmens, so gibt ein Kürzel vor der Unterschrift die entsprechende Vollmacht des Unterzeichners an:
ppa. (per prokura) = Prokura
i. V. (in Vertretung) = Handlungsvollmacht
i. A. (im Auftrag) = Einzelvollmacht

maschinenschriftliche Namenswiederholung des Briefverfassers

Anlagenvermerk
Wenn dem Brief eine Unterlage beigefügt ist, wird ein Anlagenvermerk gemacht und die beigefügte Unterlage aufgezählt. Aus Platzgründen kann der Anlagenvermerk auch rechts neben dem Gruß stehen.

Geschäftsführer	Bankverbindungen	Landessparkasse	Fax	Finanzamt 2364
Hans Peters	Bank 3000 Oldenburg IBAN: DE67 3707 5020 2114 2536 66 BIC: 3000DENIXXX	Oldenburg-Bank IBAN: DE86 2804 0114 0112 3264 44 BIC: OLBADEOL261	0441 8XX-9211 E-Mail mail@flybike-werke.dex	Oldenburg Steuer-Nr. 112/8870/0057 USt-ID-Nr. DE 236667691
HR Oldenburg B 2134				

3.2 Angebot

Beispiel Als Reaktion auf seine Anfrage erhält der Kunde Uwe Klein e. K. folgendes Angebot der Fly Bike Werke GmbH.

Fly Bike Werke GmbH

FBW GmbH • Rostocker Str. 334 • 26121 Oldenburg

Fahrradhandel Uwe Klein e. K.
Am Wasserturm 4
66113 Saarbrücken

Ihr Zeichen, Ihre Nachricht	Unser Zeichen, unsere Nachricht	Telefon, Name	Datum
gel/19.02.20XX	bau	0441 88X-X2 Herr Baumann	21.02.20XX

Angebot Mountainbikes
Artikel-Nr. 303 Mountain Unlimited

Sehr geehrte Frau Geldert,

wir danken für Ihre Anfrage und unterbreiten Ihnen folgendes Angebot über unser Modell Mountain Unlimited. Nähere Details über dieses qualitativ hochwertige Mountainbike entnehmen Sie bitte dem beigefügten Produktblatt.

Unser Listenverkaufspreis für Mountain Unlimited beträgt 997,50 €/Stück. Als Händler erhalten Sie gemäß unserer Rabattstaffel 27,5 % Rabatt bis zu einer Bestellmenge von 10 Stück, ab einer Bestellmenge von 11 Stück gewähren wir 29 % Rabatt. Die Lieferzeit beträgt 4 Tage, das Zahlungsziel 30 Tage. Bei Zahlung innerhalb von 8 Tagen gewähren wir 2 % Skonto. Bei langjährigen Kunden wie Ihnen liefern wir ab einem Warenwert von 5.000,00 € frei Lager.

Die Lieferung erfolgt unter Eigentumsvorbehalt; Erfüllungsort und Gerichtsstand ist für beide Vertragspartner Oldenburg. Im Übrigen gelten die Bestandteile unserer allgemeinen Geschäftsbedingungen.

Mit freundlichen Grüßen

Fly Bike Werke GmbH

i. A. *Baumann*

Baumann

Geschäftsführer	Bankverbindungen	Landessparkasse	Fax	Finanzamt 2364
Hans Peters	Bank 3000 Oldenburg IBAN: DE67 3707 5020 2114 2536 66	Oldenburg-Bank IBAN: DE86 2804 0114 0112 3264 44	0441 8XX-9211 E-Mail	Oldenburg
HR Oldenburg B 2134	BIC: 3000DENIXXX	BIC: OLBADEOL261	mail@flybike-werke.dex	Steuer-Nr. 112/8870/0057 USt-ID-Nr. DE 236667691

Ein Angebot ist eine **an eine bestimmte Person gerichtete** Willenserklärung des Verkäufers, unter bestimmten Bedingungen einen Kaufvertrag miteinander abzuschließen. Als Grundlage für einen Kaufvertrag sollte daher bereits das Angebot so vollständig und eindeutig wie möglich formuliert sein. Das Angebot ist an keine bestimmte Form gebunden, jedoch ist eine schriftliche Bestätigung bei mündlichen oder telefonischen Angeboten zu empfehlen.

Willenserklärung, vgl. **2.4**, S. 18

Man unterscheidet verlangte und nicht verlangte Angebote, je nachdem, ob eine Anfrage vorausging oder ob der Lieferer von sich aus ein Angebot unterbreitet.

Bindung an den Antrag, vgl. § 145 BGB

Unter rechtlichen Gesichtspunkten gilt ein Angebot als **Antrag**, an den der Antragende gebunden ist, es sei denn, dass er die Gebundenheit ausgeschlossen hat. Bietet jemand die Ware anders an, als er sie später tatsächlich herausgibt, kann er vom Käufer haftbar gemacht werden.

Ein unverbindliches Angebot ist kein Antrag.

Die Bindung an ein Angebot kann durch sogenannte **Freizeichnungsklauseln** ganz oder teilweise ausgeschlossen werden. Gänzlich unverbindlich wird ein Angebot z. B. durch den Zusatz „Angebot freibleibend" oder „ohne Gewähr". Mit Zusatz der Klausel „nur solange der Vorrat reicht" ist nur der Preis, nicht aber die Menge verbindlich. Der Hinweis „Preis freibleibend" bindet den Anbieter umgekehrt an die Menge, nicht aber an den Preis seines Angebotes.

Angebotsfristen

Bestimmung einer Annahmefrist, vgl. § 148 BGB

Der Anbieter kann für die Gültigkeit seines Angebotes eine Frist setzen. Nach Ablauf dieser Frist ist er an das Angebot nicht mehr gebunden. Wird einem Kaufinteressenten in dessen **Anwesenheit** ein Angebot unterbreitet, ist es nur für die Dauer des Gesprächs bindend. Anwesenheit bedeutet dabei, dass Kunde und Verkäufer persönlich oder telefonisch miteinander sprechen.

Annahmefrist, vgl. § 147 BGB

Wird einem Kunden dagegen in dessen **Abwesenheit** ein Angebot unterbreitet, gilt es nur so lange, wie der Empfänger unter gewöhnlichen Umständen braucht, um es auf gleichem Wege zu beantworten. Übliche Fristen sind z. B. für Briefe sieben Tage, für Faxe zwei Tage und für E-Mails 24 Stunden.

verspätete und abändernde Annahme, vgl. § 150 BGB

§ 130 BGB

Es besteht somit **keine Bindung** mehr an ein Angebot, wenn
- das Angebot nach Ablauf der gesetzten Frist angenommen wurde, da die verspätete Annahme rechtlich ein neuer Antrag ist,
- das Angebot abgeändert oder erweitert wurde, da dies rechtlich ebenfalls ein neuer Antrag ist,
- das Angebot rechtzeitig widerrufen wurde.

Zustandekommen eines Kaufvertrages

Verkäufer		Käufer	
verbindliches Angebot = Antrag	→	Bestellung = Annahme	1. Möglichkeit
verbindliches Angebot = Antrag	→	Bestellung mit Änderungen = neuer Antrag	2. Möglichkeit
Lieferung/Auftragsbestätigung = Annahme	←		
unverbindliches Angebot = kein Antrag	→	Bestellung = Antrag	3. Möglichkeit
Lieferung/Auftragsbestätigung = Annahme	←		

Keine Angebote im rechtlichen Sinne sind unverlangte Preislisten, Werbeanzeigen, Proben und Schaufensterauslagen; sie richten sich an die Allgemeinheit und gelten nur als Aufforderung zum Kauf. Sie werden auch **Anpreisungen** genannt. Hierbei fordert der Anbietende den potenziellen Kunden auf, seinerseits einen Antrag zu unterbreiten.

Bei der **Zusendung unbestellter Waren**, die als Angebot anzusehen ist, muss man unterscheiden, ob der Empfänger der Ware ein Kaufmann oder ein Nichtkaufmann ist, da so entweder das BGB oder das HGB Anwendung findet. Für den Adressaten der unbestellten Leistung besteht weder eine Annahme- noch eine Rücksendungspflicht für die Ware.

Ist der Empfänger der Ware ein Nichtkaufmann, ist sein **Schweigen** als Ablehnung des Angebotes zu interpretieren.

Bei einem Kaufmann mit bereits vorhandenen geschäftlichen Kontakten zum Absender gilt **Schweigen als Annahme** des Angebotes. Der Kaufmann muss das Angebot unverzüglich ablehnen und die Ware auf Kosten des Absenders aufbewahren. Die Pflicht, die Ware zurückzusenden, entfällt. In jedem Fall ist bei der Zusendung unbestellter Ware zu prüfen, ob es sich um sittenwidrige Geschäfte handelt.

Schweigen auf ein Angebot, vgl. § 241 a BGB, vgl. § 362 HGB

Arten von Angeboten	
Angebot	– an eine bestimmte Person gerichtete Willenserklärung (Antrag) – bedarf keiner bestimmten Form – rechtlich bindend (Ausnahmen: Freizeichnungsklausel, Fristsetzung, gesetzliche Annahmefristen)
unverbindliches Angebot	– kein Antrag, keine rechtliche Bindung – Aufforderung an den Empfänger, seinerseits einen Antrag abzugeben

3.3 Inhalte des Angebotes

Um beim Abschluss eines Kaufvertrages rechtliche Unsicherheiten zu vermeiden, können in einem Angebot vorab eine Vielzahl von Inhalten eines Kaufvertrages eindeutig und klar geregelt werden.

allgemeine Vorschriften zum Kaufvertrag, vgl. § 433 ff. BGB

Hierbei ist zu beachten, wer den Kaufvertrag abschließt. Sind nämlich beide Vertragspartner des Kaufvertrages Privatpersonen, so gelten beim Abschluss des Kaufvertrages ausschließlich die Vorschriften aus dem Bürgerlichen Gesetzbuch. Man spricht hier von einem **Privatkauf**. Ein **einseitiger Handelskauf** liegt vor, wenn ein Vertragspartner ein Kaufmann und der andere eine Privatperson ist. Ist der Verkäufer dabei ein Kaufmann und der Käufer eine Privatperson (Verbraucher), so spricht man von einem **Verbrauchsgüterkauf**.

besondere Bestimmungen beim einseitigen Handelskauf, vgl. z. B. § 345 ff. HGB und § 373 ff. HGB

Pflichten aus dem Kaufvertrag (§ 433 BGB)

Der Verkäufer verpflichtet sich	Der Käufer verpflichtet sich
– zur Übergabe einer Ware frei von Sach- und Rechtsmängeln, – zur Übertragung des Eigentums, – zur Annahme (also Beibehaltung) des vereinbarten Kaufpreises.	– zur Zahlung des Kaufpreises, – zur Abnahme der Ware.

Sind beide Vertragspartner Kaufleute, so spricht man von einem **zweiseitigen Handelsgeschäft**. Für alle Kaufleute gelten beim Kaufvertrag neben den allgemeinen Vorschriften auch noch zahlreiche Sonderbestimmungen aus dem Handelsgesetzbuch.

So ist der Kauf eines Computers im Fachgeschäft durch eine Privatperson ein Verbrauchgüterkauf. Kauft dieselbe Person als Angestellter eines Unternehmens, in dem er arbeitet, für das Unternehmen einen Computer bei einem anderen Unternehmen, so liegt ein zweiseitiges Handelsgeschäft vor, bei dem vor allem die Vorschriften des Handelsgesetzbuches zu beachten sind.

In der Praxis hat es sich als hilfreich erwiesen, wenn folgende Inhalte in einem Angebot geregelt sind:
- Art, Güte und Beschaffenheit der Ware
- Erfüllungs- und Erfolgsort
- Gefahrenübergang
- Lieferzeit und Zahlungsbedingungen
- Preis
- Transport- und Verpackungskosten
- Gerichtsstand

Enthält ein Angebot hierzu keine Regelungen, gelten grundsätzlich die gesetzlichen Regelungen.

Art, Güte und Beschaffenheit der Ware

Die Anbieter liefern Informationen über die Eigenschaften ihrer Produkte:
- Die **Art** der Ware ist deren genaue Bezeichnung, ggf. mit Artikelnummer.
- Die **Güte** beschreibt die angebotene Qualität.
- Die **Beschaffenheit** hingegen erhält man durch Prüfung des wahren Zustands der gelieferten Produkte durch Messen, Wiegen oder andere Verfahren.

Will ein Kunde ein nach seinen besonderen Vorgaben gebautes Mountainbike bei der Fly Bike Werke GmbH bestellen, so handelt es sich um sogenannte **Stückschulden**. Die Fly Bike Werke GmbH schuldet ihrem Kunden genau dieses einmalige Mountainbike.

Will ein Kunde ein Mountainbike aus dem normalen Angebot der Fly Bike Werke GmbH kaufen, so schuldet die Fly Bike Werke GmbH dem Kunden kein bestimmtes Mountainbike, sondern nur ein Mountainbike, das mit vielen anderen Mountainbikes Merkmale wie z. B. Gewicht, Größe, Ausstattung und andere Eigenschaften gemein hat. Man spricht hier von sogenannten **Gattungsschulden**. Hier kann die Fly Bike Werke GmbH eine Lieferung Mountainbikes, die verloren geht, durch eine neue Lieferung gleichartiger Mountainbikes ersetzen. Bei einer Stückschuld wäre dies nicht möglich.

Erfüllungs- und Erfolgsort

Bei dem **Erfüllungsort** (Leistungsort) handelt es sich um den Ort, an dem der Schuldner seine Leistungshandlung erbringen muss. Wurde hierzu keine vertragliche Vereinbarung getroffen, ist laut Gesetz der Wohnsitz oder die gewerbliche Niederlassung des Schuldners Erfüllungsort.

Der Leistungserfolg aus dem Kaufvertrag muss am **Erfolgsort** eintreten. Er ist daher vom Erfüllungsort zu unterscheiden, wobei beide Orte auch zusammenfallen können.

Handelt es sich um Warenschulden und wurde keine andere vertragliche Vereinbarung getroffen, so gilt nach den gesetzlichen Regelungen der Sitz des Verkäufers als Erfüllungsort. Der Verkäufer bietet die Ware zur Abholung an seinem Sitz an, der Käufer hat diese abzuholen **(Holschuld)**.

Auch bei einer **Bringschuld** sind der Erfüllungs- sowie der Erfolgsort identisch. Sie liegen jedoch nicht beim Schuldner, sondern beim Gläubiger. Damit der Kaufvertrag erfüllt werden kann, ist es erforderlich, dass der Schuldner die Ware zum Gläubiger bringt.

Schickschulden sind dadurch gekennzeichnet, dass Erfüllungs- und Erfolgsort auseinanderfallen. Erfüllungsort ist der Wohnsitz des Käufers, Erfolgsort der Wohnsitz des Verkäufers. Bei Geldschulden gilt der gesetzliche Erfüllungsort, bei dem der Käufer das Geld von seinem Wohnsitz z. B. überweisen muss. Geldschulden sind daher Schickschulden. Bei Geldschulden wird auch von einer qualifizierten Schickschuld gesprochen, da die Leistungsübermittlung auf Gefahr des Schuldners erfolgt. Anfallende Kosten sind ebenfalls vom Schuldner zu zahlen. Kommt das Geld nicht an, muss er es noch einmal überweisen.

	Holschuld	Bringschuld	Schickschuld
Pflichten von Schuldner und Gläubiger	Der Gläubiger muss die Sache beim Schuldner abholen.	Der Schuldner muss die Sache dem Gläubiger bringen.	Der Schuldner muss die Sache dem Gläubiger schicken (zusenden).
Wo liegen Erfüllungs- und Erfolgsort?	Erfüllungs- und Erfolgsort befinden sich am (Wohn-) Sitz des Schuldners.	Erfüllungs- und Erfolgsort befinden sich am (Wohn-) Sitz des Gläubigers.	Erfüllungsort ist der (Wohn-)Sitz des Schuldners. Erfolgsort ist der (Wohn-) Sitz des Gläubigers.
Beispiel	Alltägliche Warenschulden sind oft Holschulden, z. B. beim Kauf von Kleinmöbeln in einem Selbstbedienungsmöbelgeschäft.	Beim Kauf größerer Möbel wird oft Lieferung durch das Möbelgeschäft vereinbart. In diesem Fall liegt meist eine Bringschuld vor.	Beim Versendungskauf (z. B. Online-Kauf) sind Warenschulden Schickschulden. Der Händler leistet an seinem Ort (gibt Ware an Transporteur); der Erfolg (Eingang der Ware) tritt am Ort des Käufers ein.

Gefahrenübergang

Auch der Gefahrenübergang ist gesetzlich geregelt. Er erfolgt mit der Übergabe der verkauften Sache vom Verkäufer an den Käufer.

Liegt ein Versendungskauf vor, so geht die Gefahr an den Käufer über, sobald der Verkäufer die Ware z. B. an eine Spedition übergeben hat. Kommt es zu einem Schaden, liegt das Risiko beim Käufer.

Lieferzeit und Zahlungsbedingungen

Nach dem Gesetz kann der Gläubiger die Leistung aus dem Kaufvertrag sofort verlangen, der Schuldner sie sofort erfüllen. Vertraglich sind folgende Vereinbarungen zur Lieferzeit üblich:

Vertragsklausel	Wirkung
keine	Lieferung muss sofort, d. h. ohne zeitliche Verzögerung, erfolgen.
innerhalb einer bestimmten Frist	Ware kann an beliebigen Zeitpunkt, spätestens aber bei Fristablauf (z. B. bis 04.08.20XX) geliefert werden.
Fixgeschäft	Ware muss genau am vereinbarten Zeitpunkt geliefert werden (z. B. Hochzeitsbüfett am 04.08.20XX um 18:00 Uhr).
Kauf auf Abruf	Kunde lässt Teil- oder Komplettbestellung innerhalb eines vereinbarten Zeitraumes, spätestens aber bis zu dessen Ablauf liefern (üblich bei Großbestellungen, z. B. von Bau- oder Produktionsmaterial).

Im Zusammenhang mit Lieferbedingungen kann das **Fixgeschäft** (die Lieferung zu einem bestimmten Termin) auch als Termingeschäft bezeichnet werden.

Auch für die Zahlungsbedingungen gibt es gesetzliche Regelungen. Nach ihnen kann der Verkäufer die sofortige Zahlung bei Lieferung der Ware verlangen. Das Geld muss sogar am Fälligkeitstag beim Verkäufer eingetroffen sein, wenn für beide Vertragspartner der Erfüllungsort beim Sitz des Verkäufers liegt. Sind die Erfüllungsorte unterschiedlich, so genügt es, wenn der Käufer das Geld am Tag der Fälligkeit der Zahlung überweist. Vertraglich sind folgende Zahlungsbedingungen in Angeboten zu finden:

Zahlungsbedingung	Wirkung
Anzahlung/Vorkasse	Ware muss vor Auslieferung ganz oder teilweise bezahlt werden.
Zahlung bei Lieferung (gesetzliche Regelung)	Ware muss sofort bei Übergabe bezahlt werden (z. B. Barzahlung im Markt).
Zahlung auf Ziel	Ware muss innerhalb eines vereinbarten Zeitraumes, spätestens bis zu dessen Ablauf, bezahlt werden (Zahlung bis zum 04.08.20XX).

Preis

Je nach Bedeutung des Kunden für einen Lieferanten bzw. dessen Status können unterschiedliche Preisnachlässe vertraglich vereinbart werden:

- **Skonto:** Der Kunde erhält einen Nachlass für die frühzeitige Bezahlung der erhaltenen Waren (z. B. Zahlung wahlweise bis zum 15.07.20XX mit 2 % Skonto oder bis zum 04.08.20XX voll). Zahlt der Kunde erst nach Ablauf der ersten Frist (hier 15.07.20XX), aber spätestens zum Ablauf der zweiten Frist (hier 15.08.20XX), so nimmt er einen sog. **Lieferantenkredit** in Anspruch.
- **Bonus:** Hierbei handelt es sich um eine nachträglich gewährte Preisermäßigung, z. B. für das Erreichen einer bestimmten Umsatzgrenze bis zum Jahresende.
- **Rabatte** sind Preisnachlässe, die ein Lieferant im Gegensatz zum Bonus seinen Kunden vor **dem Kauf** zusagt; die folgende Tabelle zeigt die wichtigsten Rabattarten:

Lieferantenkredit
Der Lieferant gewährt dem Kunden einen Kredit, indem er ihm einen längeren Zahlungszeitraum als den eigentlich gewünschten einräumt. Dieser Kredit ist aber im Vergleich zu einem kurzfristigen Kontokorrentkredit (Überziehungskredit der Hausbank) in der Regel sehr teuer.

Art	Wirkung
Mengenrabatt	Die Preisnachlässe sind nach Absatzmenge gestaffelt.
Treuerabatt	Stammkunden erhalten die Waren günstiger (Treuerabatte ähneln dem Bonus).
Saisonalrabatt	Zum Ende beispielsweise einer Jahreszeit werden Warenüberhänge günstiger verkauft (z. B. Sommerschlussverkauf).
Personalrabatt	Mitarbeiter eines Unternehmens erhalten die Waren günstiger.
Sonderrabatte	Bei Firmenjubiläen, Sortimentswechseln oder Schließungen wird Ware vergünstigt abgegeben.

Transport- und Verpackungskosten

Für den Transport der Ware vom Verkäufer zum Käufer fallen Kosten an, die ebenfalls im Angebot aufgeführt werden. Wer diese Kosten zu tragen hat, regelt zunächst das Gesetz.

Zu den **Transportkosten** zählen das Rollgeld, die Lade- und Entladegebühren sowie die Fracht. Fracht ist der Preis für die eigentliche Beförderung von Gütern, z. B. durch eine Spedition. Das Rollgeld sind spezielle Beförderungskosten, die durch den Transport der Ware vom Verkäufer bis zur Versandstation, z. B. einem Bahnhof, sowie von der Empfangsstation zum Käufer entstehen. Vertraglich kann die Übernahme dieser Kosten wie folgt aufgeteilt werden:

Vertragsklausel	Wirkung
ab Werk	Kunde trägt komplette Transport- und Nebenkosten.
Rollgeld bis Versandstation	Verkäufer trägt Kosten bis zur ersten Verladestation (z. B. Bahnhof, Hafen) an seinem Ort.
Rollgeld bis Empfangsstation	Verkäufer trägt Kosten bis zur letzten Verladestation (z. B. Bahnhof, Hafen) am Ort des Käufers.
frei Haus	Verkäufer trägt komplette Transport- und Nebenkosten.

Der Käufer trägt nach dem Gesetz die **Transportverpackungskosten** für die Ware ab dem Erfüllungsort. Die heute in vielen Fälle üblichen Mehrwegverpackungen werden dem Käufer häufig vom Verkäufer gegen Gebühr für den Transport geliehen, das heißt, der Verkäufer bleibt Eigentümer der Verpackungen. Der Käufer kann diese Verpackungen, wie z. B. eine Palette, zurückschicken und muss nur die Leihgebühr zahlen. Behält er die Verpackungen, werden sie ihm in Rechnung gestellt.

Gerichtsstand

Um eventuelle Streitigkeiten aus dem Kaufvertrag zu klären, muss geregelt sein, welches Gericht zuständig ist, der sogenannte Gerichtsstand. Wurde im Kaufvertrag nichts anderes vereinbart, so gilt der allgemeine Gerichtsstand. Hierbei handelt es sich um den Wohnort bzw. den Unternehmenssitz des Schuldners. Eine Klage, die beim falschen Gericht eingereicht wird, ist unzulässig und wird zurückgewiesen.

Um die Verbraucher zu schützen, ist es bei einem Kaufvertrag mit einer Privatperson aber nicht zulässig, mit dem Unternehmen einen Gerichtsstand vertraglich zu vereinbaren. Hier ist für die Privatperson immer ihr Wohnsitz der Gerichtsstand.

Übersicht: Bestimmungen in Kaufverträgen

Vertragsinhalte	Gesetzliche Regelungen	Vertragliche Regelungen
Art, Güte und Beschaffenheit des Kaufgegenstandes	§ 243 BGB und § 360 HGB: Es ist eine der Gattung nach bestimmte Ware mittlerer Art und Güte zu liefern.	Benennung durch Artikelnummer und handelsübliche Bezeichnung, Festlegung durch Muster, Proben, Normen, Typen, Waren- und Gütezeichen, Abbildungen usw.
Mengenangabe	Handelsbräuche oder das Reingewicht nach § 380 HGB	Angabe in gesetzlichen Maßeinheiten und handelsüblichen Bezeichnungen
Preisangabe	Preis bezogen auf das Nettogewicht	im Normalfall Angabe des Preises pro Einheit einschließlich der Verkaufsverpackung
Preisnachlässe	keine	z. B. Rabatte, Skonti, Boni, Gewichtsabzüge
Kosten der Versandverpackung	§ 448 BGB: Der Käufer trägt die Kosten der Versandverpackung, der Verkäufer die Verkaufsverpackung. § 380 HGB: Das Nettogewicht ist in Rechnung zu stellen.	Mögliche Vereinbarungen können sein: „Verpackung frei", „Verpackung leihweise", „brutto für netto" usw.
Kosten des Transports	§ 448 BGB: Der Verkäufer trägt die Kosten der Übergabe, der Käufer die Kosten der Versendung und der Abnahme.	Mögliche Vereinbarungen können sein: „ab Werk", „unfrei", „frachtfrei", „frei Haus", „Frachtbasis", „Frachtparität".
Lieferzeit	§ 271 BGB: Der Käufer kann sofortige Lieferung verlangen, der Verkäufer kann sofort liefern.	Es können Sofortlieferung, Lieferung innerhalb einer bestimmten Frist, Lieferung zu einem fixen Termin oder Lieferung auf Abruf ausgehandelt werden.
Zahlungszeit	§ 271 BGB: Der Verkäufer kann sofortige Zahlung verlangen.	Es können Vorauszahlungen, Anzahlungen, Zahlung Zug um Zug, Zahlung nach Kauf oder Ratenkauf vereinbart werden.
Eigentumsvorbehalt	§ 449 BGB: Der Verkäufer bleibt bei ausdrücklicher Vereinbarung bis zur vollständigen Begleichung des Kaufpreises Eigentümer der Ware.	– einfacher Eigentumsvorbehalt – verlängerter Eigentumsvorbehalt – erweiterter Eigentumsvorbehalt – nachgeschalteter Eigentumsvorbehalt
Erfüllungsort	§ 269 BGB: Der Erfüllungsort für Warenschulden ist der Wohn- oder Geschäftssitz des Verkäufers, für Geldschulden der des Käufers.	Für die Lieferung und Zahlung kann der Sitz des Verkäufers, des Käufers oder ein anderer Ort vereinbart werden.
Gerichtsstand	Der Gerichtsstand ist der Wohnsitz des jeweils Beklagten.	Abweichungen von den gesetzlichen Regelungen sind nur bei Kaufleuten möglich, die einen Gerichtsstand vereinbaren können.

3.4 Allgemeine Geschäftsbedingungen

In der Regel verfügt heute jedes Unternehmen über vorformulierte Vertragsbedingungen, die als allgemeine Geschäftsbedingungen (AGB) bezeichnet werden. Sie bestehen, damit bestimmte grundsätzliche Bedingungen, die für viele Verträge gelten sollen, nicht für jeden Vertrag zwischen den Vertragsparteien beim Vertragsabschluss neu verhandelt werden müssen.

Ein Unternehmen wird immer dann AGB verwenden, wenn es in seinen Verträgen von einzelnen gesetzlichen Vorschriften abweichen möchte. Dies ist z. B. sehr häufig bei den Lieferungs- und Zahlungsbedingungen oder aber auch bei mangelhaft gelieferter Ware im Zusammenhang mit einem Kaufvertrag der Fall.

Dabei dürfen die AGB die gesetzlichen Regelungen aber nicht zum Nachteil einer Vertragspartei abändern. So wäre eine AGB-Klausel, die dem Käufer bei der Lieferung von mangelhafter Ware jegliche Rechte verweigert, unwirksam. Die wesentlichen Inhalte der gesetzlichen Regelungen dürfen durch die AGB nicht aufgehoben werden. Das Gesetz will die wirtschaftlich schwächere und in rechtlichen Angelegenheiten nicht so erfahrene Vertragspartei gegenüber der stärkeren Vertragspartei, in der Regel ein Unternehmen, schützen.

Damit die AGB für einen Vertrag gültig werden können, muss die Vertragspartei diese zunächst einmal kennen. Dies kann durch einen Aushang im Geschäft des Unternehmens oder durch einen anderen deutlichen Hinweis des Unternehmens, z. B. durch das „Kleingedruckte“ auf einem Vertragsformular, geschehen. Kennt die Vertragspartei die AGB, muss sie ihnen noch zustimmen, was meist durch eine weitere Unterschrift von ihr geschieht.

Durch die Verwendung der AGB kann eine Vielzahl von Verträgen schneller und leichter abgeschlossen werden. Für die Wirksamkeit der AGB müssen unter anderem auch folgende Regelungen beachtet werden:

- Einzelne Absprachen zwischen den Vertragsparteien haben stets Vorrang vor den AGB. Auch können einzelnen Bestimmungen aus den AGB ausgeschlossen werden.
- Eine für eine der Vertragsparteien überraschende Regelung in den AGB wird nicht Bestandteil des Vertrages. Dies ist z. B. dann der Fall, wenn Streitigkeiten aus einem Vertrag vor einem ausländischen Gericht verhandelt werden müssten und nicht in Deutschland nach den gesetzlichen Regelungen.

Auch wenn eine Regelung der AGB unwirksam sein sollte, bleibt der zugrunde liegende Vertrag gültig. Für diese unwirksame Regelung gilt dann wieder die gesetzliche Regelung.

3.5 Bestellung und Bestellungsannahme

Fahrradhandel
Uwe Klein e. K.

Fahrradhandel Uwe Klein e. K. • Am Wasserturm 4 • 66113 Saarbrücken

Fly Bike Werke GmbH
Rostocker Str. 334
26121 Oldenburg

Ihr Zeichen, Ihre Nachricht	Unser Zeichen, unsere Nachricht	Telefon, Name	Datum
bau, 21.02.20XX	gel, 19.02.20XX	0681 3908XX6 Frau Geldert	23.02.20XX

Bestellung Nr. 146 Mountainbikes
Art.-Nr. 303 Mountain Unlimited

Sehr geehrter Herr Baumann,

wir beziehen uns auf Ihr Angebot vom 21.02.20XX und bestellen:

10 Mountainbikes Modell Unlimited zum Gesamtpreis von 7.231,87 € netto (inkl. Rabatt von 27,5 %)

Ihre Zahlungs- und Lieferbedingungen sowie die weiteren Bestandteile Ihrer AGB haben wir zur Kenntnis genommen. Bitte legen Sie Ihrer Lieferung das entsprechende Qualitätszertifikat nach ISO 9001 bei.

Wir bitten Sie, die Lieferzeit von 4 Tagen einzuhalten, und hoffen auf weiterhin gute Geschäftsbeziehungen.

Mit freundlichen Grüßen

Fahrradhandel Uwe Klein e. K

i. A. Geldert

Geldert

Fahrradhandel Uwe Klein e. K. Am Wasserturm 4 66113 Saarbrücken	Saarbrücken-Bank IBAN: DE30 7004 8912 0120 0045 69 BIC: SABADESBXXX	Telefon 0681 685XX1 Telefax 0681 68508XX2 info@fahrradhandel-klein.dex www.fahrradhandel-klein.dex	Finanzamt 1040 Saarbrücken Steuer-Nr. 040/5683/2817 USt-ID-Nr. 15879381

Mit Abgabe der **Bestellung** erklärt sich der Käufer bereit, die Waren zu den im Angebot vereinbarten Bedingungen abzunehmen. Die Bestellung ist rechtlich verbindlich.

Bestellungen sind rechtlich bindend.

Die Bestellung ist an keine Formvorschrift gebunden, wird jedoch zur Vermeidung späterer Schwierigkeiten meistens in schriftlicher Form aufgegeben. Bei eventuell auftretenden Rechtsproblemen dient sie dann als Nachweis bzw. als Beleg für die eigene Ablage. Die Bestellung wird in dem Augenblick wirksam, in dem sie beim Lieferanten eintrifft. Soll eine aufgegebene Bestellung noch widerrufen werden, so muss dieser Widerruf vor bzw. spätestens gleichzeitig mit der Bestellung beim Lieferanten eintreffen.

Wirksamwerden der Willenserklärung, vgl. § 130 BGB

Hinsichtlich der rechtlichen Wirkung unterscheidet man zwischen der

Angebot, vgl. 3.2, S. 29

- **Bestellung als Annahme eines Antrages:** Die Bestellung folgt in allen Punkten einem vorausgegangenen verbindlichen Angebot. Sie sollte sich auf alle dort vereinbarten Einzelheiten beziehen. In diesem Fall kommt durch die Bestellung ein Kaufvertrag zustande.

vgl. Grafik „Zustandekommen eines Kaufvertrages", S. 30

- **Bestellung als Antrag:** Die Bestellung erfolgt mit abgeänderten Angebotsbedingungen, nach Ablauf der Angebotsfrist, ohne vorheriges Angebot oder auf ein unverbindliches Angebot hin. In diesen Fällen sollte die Bestellung alle üblichen Bestandteile eines Angebotes enthalten. Sie gilt als Antrag seitens des Käufers, der Verkäufer kann sie durch eine Auftragsbestätigung oder die Lieferung der bestellten Ware annehmen.

Auftragsbestätigung (Bestellungsannahme)

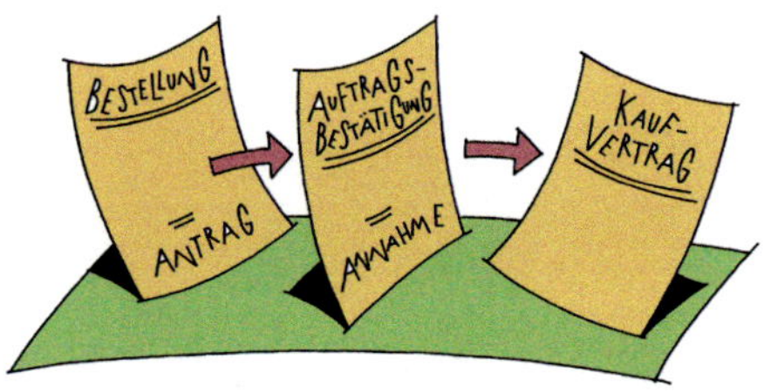

Auftragsbestätigung muss erteilt werden.

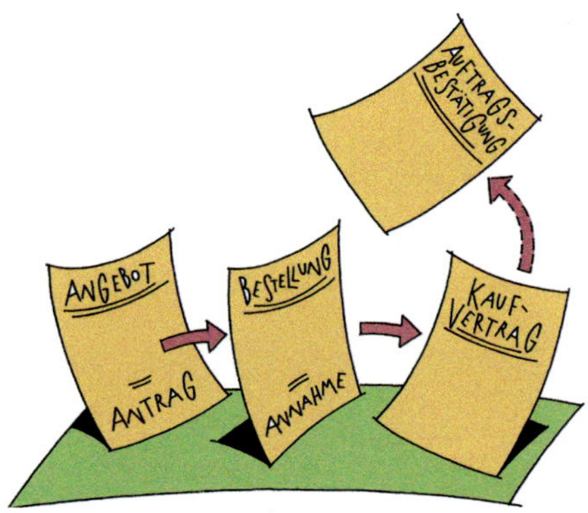

Auftragsbestätigung sollte erteilt werden.

Eine Auftragsbestätigung braucht **nicht erteilt** zu werden, wenn durch die Bestellung ein Angebot unverändert angenommen wurde.

Eine Auftragsbestätigung **sollte erteilt werden**, wenn

- der Lieferzeitpunkt sich verzögert,
- eine mündliche oder telefonische Bestellung wiederholt werden soll, um Missverständnissen vorzubeugen,
- ein Kunde erstmals bestellt,
- die Bestellung sehr umfangreich ist,
- der Kunde ausdrücklich eine Bestätigung wünscht.

In diesen Fällen werden Irrtümer im Vorfeld vermieden.

Eine Auftragsbestätigung **muss erteilt werden**, wenn

- das Angebot abgeändert wurde (§ 150 (2) BGB),
- das Angebot verspätet angenommen wurde (§ 150 (1) BGB),
- das Angebot freibleibend war (§ 145 BGB),
- der Käufer nach einem Widerruf des Angebotes bestellte.

In diesen Fällen waren die Bestellungen nur Anträge.

Die Bestellungen werden in der Verkaufsabteilung mit laufenden Nummern versehen und in der Datei für offene Bestellungen gespeichert. Dies dient der späteren Terminüberwachung.

Bestellung, Auftragsbestätigung, Kaufvertrag	
Bestellung	– Willenserklärung des Käufers – rechtlich bindend (Antrag oder Annahme) – bedarf keiner bestimmten Form
Auftragsbestätigung (Bestellungsannahme)	– Willenserklärung des Verkäufers – bedarf keiner bestimmten Form – nur unter bestimmten Voraussetzungen zwingend
Kaufvertrag	– kommt durch zwei übereinstimmende Willenserklärungen (Antrag und Annahme) zustande

3.6 Verpflichtungs- und Erfüllungsgeschäft

Beispiel Durch die bei der Stahlwerke Krahler AG eingegangene Bestellung ist ein Kaufvertrag geschlossen worden, denn ihr Angebot (Antrag) und die Bestellung der Fly Bike Werke GmbH (Annahme) stellen zwei übereinstimmende Willenserklärungen dar. Hierdurch ergeben sich sowohl für die Stahlwerke Krahler AG als auch für ihren Kunden Verpflichtungen, die zur Erfüllung des Vertrages eingehalten werden müssen.

Der Kaufvertrag besteht aus zwei Teilen, dem Verpflichtungs- und dem Erfüllungsgeschäft. Das **Verpflichtungsgeschäft** wird durch die Übereinstimmung der Willenserklärungen von mindestens zwei Parteien begründet. Der Verkäufer muss den Kaufgegenstand frei von Mängeln entweder an den Käufer selbst oder beim Versendungskauf an einen Frachtführer übergeben, das Eigentum übertragen sowie die Zahlung annehmen. Der Käufer muss den Kaufgegenstand abnehmen und den Kaufpreis zahlen.

Die Erfüllung der im Verpflichtungsgeschäft eingegangenen Pflichten erfolgt im **Erfüllungsgeschäft** (z. B. die konkrete Lieferung und anschließende Bezahlung des Kaufgegenstandes). Sehr häufig fallen Verpflichtungs- und Erfüllungsgeschäft zeitlich zusammen wie bei einem **Platzkauf** oder einer Zahlung **Zug um Zug**.

Platzkauf
Der Erfüllungsort für Käufer und Verkäufer ist identisch.

Zug um Zug
Käufer und Verkäufer erfüllen ihre Pflichten gleichzeitig.

Verpflichtungs- und Erfüllungsgeschäft	
Verpflichtungen aus dem Kaufvertrag für den Verkäufer	– rechtzeitige Annahme des vereinbarten Kaufpreises – Verschaffung des Eigentums an der Ware und vertragsgemäße Lieferung
Verpflichtungen aus dem Kaufvertrag für den Käufer	– Annahme und Prüfung der gelieferten Ware innerhalb der geltenden Fristen – rechtzeitige Bezahlung des vereinbarten Kaufpreises
Erfüllungsgeschäft (Verfügungsgeschäft)	– tatsächliche Erfüllung der vertraglich eingegangenen Verpflichtungen

3.7 Lieferung der Ware

Der Verkäufer erfüllt seine Verpflichtung aus dem Kaufvertrag mit der Bereitstellung bzw. Lieferung der Ware. Um die Übersicht sowohl für den Kunden als auch für den Verkäufer zu erleichtern und dem Kunden die Wareneingangskontrolle zu ermöglichen, wird der Ware ein **Lieferschein** beigefügt, auf dem zumindest Art, Menge und Wert der Ware, Lieferscheinnummer, Datum sowie Kunde und Verkäufer vermerkt sind.

In vielen Unternehmen ist es außerdem üblich, die Ware direkt mitsamt der **Rechnung** zu liefern. Hierbei ist auf die gesetzlich vorgeschriebene Form zu achten, damit der Empfänger den Vorsteuerabzug geltend machen kann.

Fly Bike Werke GmbH

FBW GmbH • Rostocker Str. 334 • 26121 Oldenburg

Fahrradhandel Uwe Klein e. K.
Am Wasserturm 4
66113 Saarbrücken

Lieferschein Nr. 668

Bearbeiter	Kunden-Nr.	Ihre Bestellung Nr.	vom	Versanddatum
Herr Baumann Tel. 0441 88X-X2	10003	146	23.02.20XX	25.02.20XX
Versandart/Freivermerk Lkw/frei Lager		Verpackungsart Kartonage		

Pos.-Nr.	Artikel-Nr.	Artikelbezeichnung	Menge	Mengeneinheit
1	303	Mountainbike Unlimited	10	Stück
		Ware erhalten Ort, Datum, Unterschrift		

Fly Bike Werke GmbH

FBW GmbH • Rostocker Str. 334 • 26121 Oldenburg

Fahrradhandel Uwe Klein e. K.
Am Wasserturm 4
66113 Saarbrücken

Rechnung Nr. 668

Bearbeiter	Kunden-Nr.	Ihre Bestellung Nr.	vom	Versanddatum
Herr Baumann Tel. 0441 88X-X2	10003	146	23.02.20XX	25.02.20XX
Versandart/Freivermerk Lkw/frei Lager		Verpackungsart Kartonage		Geliefert am 25.02.20XX

Pos.-Nr.	Artikel-Nr.	Artikelbezeichnung	Menge	Einzelpreis in €	Rabatt in %	Gesamtpreis in €
1	303	Mountainbike Unlimited	10	997,50	27,5	7.231,87
2	10	Verpackungskosten				–
3	20	Transportkosten				–
					Nettorechnungsbetrag in €	7.231,87
					+19 % Umsatzsteuer in €	1.374,06
					Bruttorechnungsbetrag in €	8.605,93

Bitte überweisen Sie unter Angabe der Rechnungsnummer.

	Datum	Skonto	Skonto in €	Betrag in €
Innerhalb der Skontofrist bis:	05.03.20XX	2 %	172,12	8.433,81
Innerhalb der Zahlungsfrist bis:	24.03.20XX	–	–	8.605,93

Geschäftsführer
Hans Peters
HR Oldenburg B 2134

Bankverbindungen
Bank 3000 Oldenburg
IBAN: DE67 3707 5020 2114 2536 66
BIC: 3000DENIXXX

Oldenburg-Bank
IBAN: DE86 2804 0114 0112 3264 44
BIC: OLBADEOL261

Fax
0441 8XX-9211
E-Mail
mail@flybike-werke.dex

Finanzamt 2364
Oldenburg
Steuer-Nr. 112/8870/0057
USt-ID-Nr. DE 236667691

Gesetzlich vorgeschriebene **Bestandteile einer Rechnung** sind:

- Name und Anschrift von Verkäufer und Kunde
- Ausstellungsdatum
- Lieferdatum
- fortlaufende Rechnungsnummer
- Steuernummer oder Umsatzsteuer-Identifikationsnummer
- Menge und Bezeichnung der Ware
- nach Steuersätzen aufgeschlüsselter Nettowarenwert, Steuersatz und Steuerbetrag
- im Voraus vereinbarte Skonti und Rabatte

Bei Rechnungsbeträgen unter 250,00 € sind Steuernummer und fortlaufende Rechnungsnummer allerdings entbehrlich. Außerdem reichen hier Bruttorechnungsbetrag und Steuersatz aus. In verschiedenen Sonderfällen sind weitere Warenbegleitpapiere erforderlich, z. B. im Außenhandel oder wenn ein Frachtführer bzw. Spediteur mit dem Transport der Ware beauftragt wird.

Berechnung Nettorechnungsbetrag, vgl. 7, S. 77

Um zu vermeiden, dass die Ware verspätet oder gar nicht beim Kunden ankommt, ist es notwendig, für die termingerechte Lieferung der Ware zu sorgen und diese sowohl im eigenen Lager und Fuhrpark als auch bei eventuell beauftragten externen Frachtführern zu überwachen.

3.8 Kaufvertragsarten

Kaufverträge kann man nach folgenden Kriterien unterscheiden:

- Stellung der Vertragspartner
- Warenart und -güte
- vereinbarte Zahlungsbedingungen
- Lieferzeit

Kaufvertragsarten nach Stellung der Vertragspartner

Kaufvertragsart	Erläuterung	Beispiel
Bürgerlicher Kauf	Beide Vertragsparteien sind Privatpersonen.	Herr Walter kauft von seinem Nachbarn einen gebrauchten Blu-Ray-Player.
Verbrauchsgüterkauf	Eine Vertragspartei ist Kaufmann (Gewerbetreibender).	Herr Walter kauft im Warenhaus eine neue Blu-Ray-Disc.
Zweiseitiger Handelskauf	Beide Vertragsparteien sind Kaufleute.	Die Fly Bike Werke GmbH kauft Stahlrohre bei der Stahlwerke Krahler AG.
Kommissionskauf	Der Verkäufer ist lediglich Besitzer der Ware, der Verkauf erfolgt in eigenem Namen gegen Provision.	Im Bahnhofskiosk verkauft der Händler Zeitschriften als Kommissionsware. Er erhält eine Provision für den Verkauf, nicht verkaufte Exemplare werden vom Verlag wieder abgeholt.

Kaufvertragsarten nach Warenart und -güte		
Kaufvertragsart	**Erläuterung**	**Beispiel**
Kauf auf Probe	Kauf mit unbedingtem Rückgaberecht	Herr Walter kauft ein Dolby-Surround-System und vereinbart mit dem Verkäufer ein 14-tägiges Rückgaberecht.
Kauf zur Probe	Kauf einer kleinen Warenmenge als Test, um später die gewünschte Menge zu bestellen	Die Fly Bike Werke GmbH kauft eine kleine Menge Alurahmen, um die Reaktion der Kunden zu testen. Bei entsprechender Nachfrage wird eine größere Menge nachbestellt.
Kauf nach Probe	Kauf entsprechend einem kostenlosen Musterbeispiel	Die Tamino GmbH hat der Fly Bike Werke GmbH ihr neues Bremssystem geschickt. Nachdem es ausprobiert wurde, entschloss man sich, weitere Bremssysteme entsprechend den Mustern zu kaufen.
Bestimmungskauf/ Spezifikationskauf	Nur Menge und Art der Ware werden beim Kauf vereinbart, genaue Details soll der Käufer innerhalb einer bestimmten Frist erklären.	Bei einem Modeschmuckgroßhändler werden 100 Paar Ohrringe aus der neuen Kollektion bestellt. Genaues Design und Farbe werden erst kurz vor der Auslieferung festgelegt.
Gattungskauf	Beim Kauf wird nur die Art oder Klasse der Ware bestimmt – wenn weiterhin nichts Genaueres vereinbart ist, soll „mittlere Qualität" geliefert werden.	Das Beschaffungsamt Essen bestellt bei einem Papiergroßhändler 10 Paletten Kopierpapier in Standardqualität.
Stückkauf	Kauf einer klar spezifizierten Ware, die bei Verlust nicht zu ersetzen ist	speziell angefertigte Möbel, echte Kunstwerke, maßgeschneiderte Kleidung
Ramschkauf/Kauf en bloc/Kauf in Bausch und Bogen	Kauf eines Warenpostens ohne Sicherung der Qualität	Auflösungen von Lagern und Geschäften, Versteigerungen
Kaufvertragsarten nach vereinbarten Zahlungsbedingungen		
Barkauf	Der Kaufpreis wird bei Übergabe der Ware entrichtet.	Herr Walter kauft Lebensmittel im Supermarkt und zahlt an der Kasse.
Zielkauf	Der Kaufpreis wird nach der Lieferung der Ware entrichtet.	Die Fly Bike Werke GmbH kauft die meisten Waren „auf Ziel" mit einem vereinbarten Zahlungsziel von 30 Tagen.
Ratenkauf/ Abzahlungskauf	Der Kaufpreis wird in vereinbarten Raten entrichtet.	Ein Elektronikmarkt bietet für Waren ab 200,00 € die Möglichkeit der Ratenzahlung an.
Kaufvertragsarten nach Lieferzeit		
Kauf auf Abruf	Kauf einer größeren Menge Ware, die erst auf Wunsch des Kunden in Teilmengen geliefert wird	Das Beschaffungsamt Essen ruft von den 10 gekauften Paletten Kopierpapier jede Woche eine Palette ab, sodass nicht die gesamte Bestellmenge beim Käufer gelagert werden muss.
Fixkauf	Lieferung bestellter Ware zu einem kalendermäßig festgelegten Termin	Vereinbarung: „Lieferung am 11.11.20XX fix"
Terminkauf	Lieferung bestellter Ware innerhalb einer bestimmten Frist	Vereinbarung: „Lieferung bis Mitte November", „Lieferung vom 11. bis 18.11.20XX"

LS ▸ LS 55
Zahlungssysteme beurteilen und auswählen

4 Zahlungsverkehr

Unternehmen sollten ihren Kunden jederzeit zufriedenstellende Zahlungsmöglichkeiten anbieten. Dabei sollten sie stets aktuelle Entwicklungen im Zahlungsverkehr im Auge behalten. Auch für die Bezahlung ihrer eigenen Rechnungen sollten Unternehmen immer die Zahlungsform wählen, die für sie die größten Vorteile hat.

4.1 Barzahlung

Das EHI Retail Institute e. V. (EHI) ist ein Forschungs- und Bildungsinstitut für den Handel.

Noch immer ist das Bargeld ein wesentlicher Bestandteil der verschiedenen Zahlungsmöglichkeiten im deutschen Einzelhandel. Laut **EHI Retail Institute** aus dem Jahr 2018 werden 48,3 % des Einzelhandelsumsatzes über das Bargeld abgewickelt. Dies verdeutlicht, dass das Bargeld in der Bevölkerung einen sehr hohen Stellenwert einnimmt.

Bei der Deutschen Bundesbank finden Sie weitere Informationen zur Überprüfung von Banknoten und Münzen: www.bundesbank.de → Aufgaben → Bargeld → Falschgeld

Für die Ausgabe der Euro-Banknoten ist die Deutsche Bundesbank (Zentralbank der Bundesrepublik Deutschland mit Hauptsitz in Frankfurt am Main) mit Genehmigung der Europäischen Zentralbank (EZB) zuständig. Die auf Euro ausgegebene Banknote gilt als das einzige unbeschränkt gesetzliche Zahlungsmittel. Die Euro- und Centmünzen (die Bundesregierung besitzt für die Münzen das alleinige Recht zur Prägung und Ausgabe) sind ebenfalls ein gesetzliches Zahlungsmittel, allerdings nur im begrenzten Umfang. Ein Unternehmen ist nicht verpflichtet, mehr als 50 Münzen pro Zahlungsvorgang vom Kunden anzunehmen.

Eine Barzahlung bedeutet für ein Unternehmen eine unmittelbare Einnahme, die Notwendigkeit des Mahnens und das Risiko einer fehlenden Kontodeckung entfallen. Beim Umgang mit Bargeld kann es aber auch zum Verlust kommen, z. B. durch falsche Herausgabe oder Diebstahl. Außerdem besteht das Risiko, auf **Falschgeld** hereinzufallen. Deswegen muss der Verkäufer die Sicherheitsmerkmale von Münzen und Scheinen kennen.

Sicherheitsmerkmale der Euro-Banknoten

Bedeutung der Barzahlung	
Vorteile für das Unternehmen	**Nachteile für das Unternehmen**
– Es erhält sofort Geld.	– Verlust des Geldes durch Diebstahl oder falsche Herausgabe
– Es trägt nicht das Risiko, dass es kein Geld erhält, falls das Kundenkonto nicht gedeckt ist.	– Es könnte Falschgeld angenommen werden.
– Wenn der Kunde nicht zahlt, fallen keine Kosten für Mahnungen an.	

4.2 Bargeldlose Zahlung

4.2.1 Kartengestützte Zahlungssysteme

Kunden sind zunehmend ohne Bargeld unterwegs und vertrauen darauf, im gesamten Handel mit ihrer Bankkarte bezahlen zu können. Eröffnet ein Kunde ein Girokonto bei einer Bank, wird ihm automatisch eine zugehörige **Debitkarte** ausgegeben. Der offizielle Name dieser Debitkarten der Deutschen Kreditwirtschaft lautet girocard. Überall dort, wo das girocard-Logo zu sehen ist, können Kunden mit dieser Karte am Automaten Geld abheben bzw. an der Kasse mittels Eingabe einer PIN bezahlen. Im Unterschied zu Kreditkarten führt der Kauf mit einer Debitkarte zur sofortigen Belastung des Girokontos. Das Logo ersetzt dabei alle bisherigen Logos für „electronic cash".

Auslaufende Akzeptanzzeichen für electronic cash

Mit der Einführung des einheitlichen Euro-Zahlungsverkehrsraums (**SEPA**) verfolgte die EU-Kommission das Ziel, dass die Bürger Zahlungsverkehrsdienstleistungen im Euro-Raum zu den gleichen Konditionen ausführen können wie im Heimatland (EU-Preisverordnung 2001). Konkret dürfen bei Zahlungen mit girocard im SEPA-Raum in Euro im Ausland keine höheren Kosten als bei vergleichbaren Zahlungen im Inland anfallen.

SEPA
Single Euro Payments Area

Beispiel Frau Merz macht Urlaub in Spanien. Sie kauft im Supermarkt Lebensmittel ein und bezahlt den Betrag von 35,50 € bargeldlos mit ihrer Debitkarte. Die Benutzung der Debitkarte wird im Kassenterminal registriert und der Betrag vom Verfügungsrahmen des Kontos von Frau Merz abgezogen.

Debitkarten mit Co-Branding

Für Zahlungen außerhalb des girocard-Akzeptanznetzes, wie z. B. in der Regel im Ausland, statten die kartenausgebenden Institute die girocard meist mit einem sogenannten Co-Branding eines internationalen Debit-Systems wie Maestro oder V Pay aus. Für den Karteninhaber verläuft der Bezahlvorgang genauso wie im girocard-System. Gegebenenfalls wird ein Auslandsentgelt erhoben.

Des Weiteren werden von den Kreditkartengesellschaften reine **Bargeldbezugskarten** angeboten, die es lediglich erlauben, mit diesen Karten Bargeld an Terminals abzuheben. Sie sind nicht für das bargeldlose Bezahlen im Handel geeignet. Bei MasterCard handelt es sich um die Bargeldbezugskarte Cirrus, bei VisaEurope um die Karte Visa Plus.

electronic cash (Kartenzahlung am „Point of Sale“)

Beispiel Die Kundin Julia Lange kauft im Kaufhaus eine Uhr für 198,00 €. Da sie nicht genug Bargeld dabeihat, tätigt sie den Kauf bargeldlos mit ihrer Debitkarte. Sie wird gebeten, dazu ihre **PIN** in ein Kartenterminal einzugeben.

PIN = Persönliche Identifikationsnummer

Bei dieser Zahlungsform erfolgt die Zahlung mit einer Debitkarte direkt am Ort des Verkaufes, also im Geschäft. Nach Eingabe der PIN wird über das zuständige Rechenzentrum der kontoführenden Bank (online) geprüft, ob Karte und PIN übereinstimmen, die Karte nicht gesperrt ist und eine ausreichende Kontodeckung vorliegt. Ist alles korrekt, wird die Zahlung innerhalb weniger Sekunden freigegeben und ausgeführt.

Für diese Zahlungsweise benötigt der Zahlungsempfänger ein spezielles **Kartenlesegerät**. Üblicherweise werden diese Geräte über die Geldinstitute im Direktvertrieb angemietet. Zu dem monatlichen Mietpreis, der je nach Anbieter unterschiedlich hoch sein kann, und den Kosten für die Online-Verbindung kommen noch Gebühren in Prozent des getätigten Umsatzes hinzu. Für den Händler fallen Gebühren von 0,3 % des Umsatzes an, der Mindestbetrag liegt in der Regel bei 8 Cent (Stand 2019). Diese Kosten werden zulasten des Zahlungsempfängers abgerechnet.

Zahlungsablauf electronic cash

1. Der Verkäufer gibt den Zahlungsbetrag in die Kasse ein.
2. Der Kunde steckt dann seine Debitkarte in das Kartenlesergerät. Die Karte und das Kartenlesegerät sind miteinander verbunden, sodass der Geldbetrag im Lesegerät erscheint.
3. Der Kunde muss den Betrag durch „ok“ bestätigen.
4. Der Kunde gibt seine PIN ein und bestätigt durch „ok“.
5. Folgende Eingaben werden dann online beim zuständigen Rechenzentrum der kontoführenden Bank überprüft:
   - Stimmen Karte und PIN überein?
   - Ist die Karte gesperrt?
   - Ist genug Geld auf dem Konto?
6. Die Bestätigung der Zahlung wird durch den Hinweis „Zahlung erfolgt“ angezeigt.
7. Der Kunde erhält einen Beleg als Zahlungsnachweis und seine Karte zurück.

Vor einigen Jahren ist das Verfahren **electronic cash mit Chip** hinzugekommen. Der Zahlungsvorgang ähnelt dem electronic cash, allerdings wird hier nicht der Magnetstreifen, sondern der Chip der Debitkarte genutzt (auch für die GeldKarte-Funktion zuständig). Dieser Chip wird mit einem von der Bank vorgegebenen, zeitlich beschränkten Guthabenlimit geladen. Der Händler ist nun berechtigt, den Zahlungsbetrag von dem „Chip“ abzuziehen. Falls das Guthaben auf dem Chip aufgebraucht sein sollte, erfolgt die Bezahlung als electronic-cash-Zahlung. Diese Version hat gegenüber electronic cash (mit Magnetstreifen) den Vorteil geringerer Verbindungskosten, da eine Leitung nur bei Bedarf aufgebaut wird.

SEPA-Lastschrift

Beispiel Der Kunde Andreas Huesmann zahlt seine eingekaufte Ware in Höhe von 89,90 € in einem Kaufhaus mit seiner Debitkarte. Nach Einlesen der Debitkarte legt der Kassierer dem Kunden einen Zahlungsbeleg vor und Andreas Huesmann bestätigt mit seiner Unterschrift auf dem Zahlungsbeleg seinen Einkauf.

Für die SEPA-Lastschrift benötigt der Kunde, wie beim electronic cash, eine Debitkarte. Allerdings muss der Kunde seine PIN nicht angeben. Anhand der Daten auf der Debitkarte des Kunden wird eine **SEPA-Lastschrift (Einzugsermächtigung)** eingeleitet. Der Kunde erhält an der Kasse einen Lastschriftbeleg, den er unterschreiben muss. Mit seiner Unterschrift erteilt er dem Unternehmen die Berechtigung, den Betrag von seinem Konto einzuziehen. Dazu reicht das Unternehmen die Lastschrift bei seiner Bank ein, die den Betrag dann vom Konto des Kunden abbucht.

Die SEPA-Lastschrift wird von den Unternehmen immer weniger unterstützt, da hierbei eine Online-Prüfung der Kontodeckung bzw. der Sperrung des Kontos sowie eine Überprüfung der persönlichen Identifikationsnummer (PIN) nicht stattfindet. Das Unternehmen trägt das Risiko, dass der fällige Betrag nicht eingelöst wird.

Das elektronische Lastschriftverfahren (Zahlen mit girocard und Unterschrift) unterliegt seit dem 01.02.2016 der SEPA-Verordnung, d. h., bei Euro-Transaktionen wird nicht mehr zwischen nationalen und grenzüberschreitenden Zahlungen unterschieden. Grundsätzlich gelten in allen SEPA-Ländern dieselben Bedingungen, Rechte und Pflichten.

Zahlungsablauf bei SEPA-Lastschrift

1. Der Rechnungsbetrag wird in die Kasse eingegeben.
2. Der Kunde steckt dann seine Debitkarte in das Kartenlesegerät. Die Karte und das Kartenlesegerät sind miteinander verbunden, sodass der Geldbetrag im Lesegerät erscheint.
3. Es werden zwei Zahlungsbelege (Lastschriften) ausgedruckt. Ein Zahlungsbeleg wird vom Kunden unterschrieben.
4. Der Mitarbeiter des Unternehmens vergleicht die Unterschrift des Kunden auf dem Beleg mit der Unterschrift auf der Karte und überprüft möglichst die Identität des Kunden mithilfe eines Ausweises. Er behält dann den unterschriebenen Beleg ein.
5. Der Kunde erhält einen Zahlungsbeleg, die Karte und gegebenenfalls seinen Ausweis zurück.
6. Das Unternehmen reicht den Beleg bei seiner Bank ein und erhält die Gutschrift.

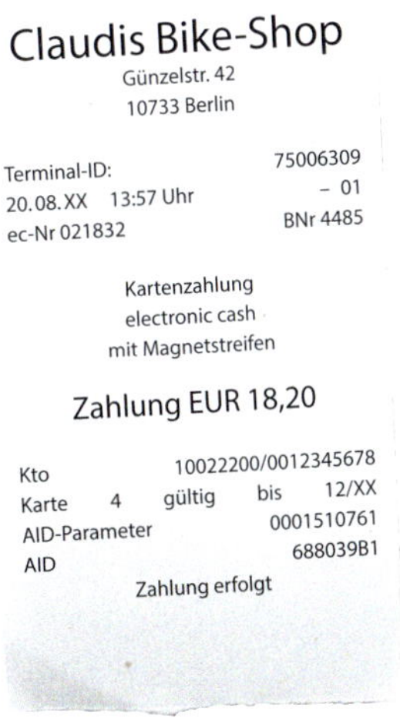

Claudis Bike-Shop
Günzelstr. 42
10733 Berlin

Terminal-ID: 75006309
- 01
20.08.XX 13:57 Uhr
ec-Nr 021832 BNr 4485

Kartenzahlung
electronic cash
mit Magnetstreifen

Zahlung EUR 18,20

Kto 10022200/0012345678
Karte 4 gültig bis 12/XX
AID-Parameter 0001510761
AID 688039B1
Zahlung erfolgt

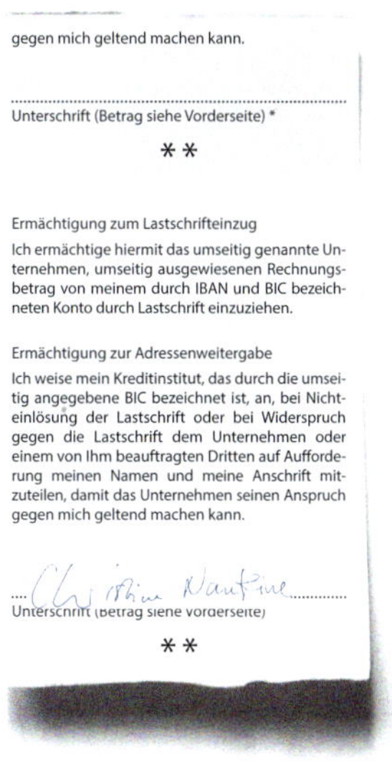

gegen mich geltend machen kann.

Unterschrift (Betrag siehe Vorderseite) *

**

Ermächtigung zum Lastschrifteinzug

Ich ermächtige hiermit das umseitig genannte Unternehmen, umseitig ausgewiesenen Rechnungsbetrag von meinem durch IBAN und BIC bezeichneten Konto durch Lastschrift einzuziehen.

Ermächtigung zur Adressenweitergabe

Ich weise mein Kreditinstitut, das durch die umseitig angegebene BIC bezeichnet ist, an, bei Nichteinlösung der Lastschrift oder bei Widerspruch gegen die Lastschrift dem Unternehmen oder einem von Ihm beauftragten Dritten auf Aufforderung meinen Namen und meine Anschrift mitzuteilen, damit das Unternehmen seinen Anspruch gegen mich geltend machen kann.

Unterschrift (Betrag siehe Vorderseite)

**

GeldKarte

Beispiel Jan Simons fährt mit der U-Bahn in die Innenstadt und zahlt seine Fahrkarte am Fahrkartenautomat mit seiner GeldKarte.

Weitere Informationen zur GeldKarte finden sie unter www.geldkarte.de.

Die GeldKarte, auch „elektronisches Portemonnaie" genannt, funktioniert wie Bargeld und kann zur Zahlung von Kleinbeträgen eingesetzt werden. Eine Debitkarte kann nur dann als GeldKarte genutzt werden, wenn sie mit einem Chip versehen ist und das GeldKarte-Logo trägt. Online mit einem Chipkartenleser oder am Geldautomaten der Hausbank kann der Chip bis zu maximal 200,00 € aufgeladen werden. Der Betrag wird dem Girokonto des Kunden sofort belastet. Eine **Debitkarte mit Chip** ist immer wieder aufladbar. Beim Verlust der GeldKarte kann der Finder über das Guthaben verfügen, da weder PIN noch Unterschrift zum Bezahlen erforderlich sind.

Zahlungsablauf mit GeldKarte

1. Der Verkäufer gibt den Zahlungsbetrag in das Kartenlesegerät ein.
2. Der Kunde steckt dann die GeldKarte in das Lesegerät.
3. Der Betrag wird vom Prepaidguthaben auf dem Chip abgebucht und dem Händler gutgeschrieben.
4. Der Kunde erhält seine Karte zurück.

Kreditkarte

Beispiel Anton Seewald holt sein Auto nach einer größeren Reparatur aus der Autowerkstatt ab. Da die Autowerkstatt alle gängigen Kreditkarten akzeptiert, kann Anton die Rechnung über 1.589,90 € mit seiner VISA Karte zahlen.

Kreditkarten (z. B. American Express, Visa, Diners Club, MasterCard) werden bei der entsprechenden Kreditkartenorganisation beantragt, die die Kreditwürdigkeit prüft und dann über die Vergabe entscheidet. Der Kreditkarteninhaber muss der Kreditkartenorganisation eine Einzugsermächtigung für sein Konto erteilen, damit die Beträge, die er mit der Kreditkarte bezahlt, abgebucht werden können. Inhaber einer Kreditkarte können überall dort, wo im In- und Ausland die entsprechende Kreditkarte akzeptiert wird, Waren oder Dienstleistungen bargeldlos bezahlen. Für die Bereitstellung einer Kreditkarte berechnen die meisten Kreditkartenorganisationen eine Gebühr (Jahresgebühr). Die Gebühren für eine Zahlung mit Kreditkarte belaufen sich für den Händler in allen EU-Staaten (Beschluss des Europaparlaments im Jahr 2014) auf 0,3 % des Zahlungsbetrags.

Kreditkarten sind daran zu erkennen, dass auf der Vorderseite die 12-, maximal 16-stellige Kreditkartennummer geprägt ist.

Bei Bezahlungen mit Kreditkarte wird dem Zahlungsempfänger (z. B. Einzelhändler) der Zahlungsbetrag von der Kreditkartenorganisation erstattet, diese wiederum belastet das Konto des Kreditkarteninhabers (Kunde) bei dessen Kreditinstitut.

Zahlungsablauf mit Kreditkarte

1. Der Rechnungsbetrag wird in die Kasse eingegeben.
2. Der Kunde steckt dann seine Kreditkarte in das Kartenlesegerät.
3. Online wird überprüft, ob die Karte gesperrt ist. Ist die Karte nicht gesperrt, wird die Zahlung freigegeben.
4. Die Kreditkartennummer wird eingelesen und der Kunde muss in der Regel eine PIN eingeben.
5. Es werden zwei Zahlungsbelege ausgedruckt. Ein Zahlungsbeleg wird vom Kunden nur dann unterschrieben, wenn er keine PIN eingegeben hat.
6. Der Mitarbeiter des Unternehmens vergleicht ggf. die Unterschrift des Kunden auf dem Beleg mit der Unterschrift auf der Karte und überprüft möglichst die Identität des Kunden mithilfe eines Ausweises. Er behält dann den unterschriebenen Beleg ein.
7. Der Kunde erhält einen Zahlungsbeleg, die Karte und gegebenenfalls seinen Ausweis zurück.
8. Die Kreditkartenorganisation belastet das Konto des Kunden und schreibt dem Unternehmen den Betrag gut.

Mit Kreditkarte und PIN kann weltweit an Geldautomaten auch Geld vom Konto abgehoben werden. Hierfür werden in der Regel aber Gebühren fällig.

In der Regel werden die getätigten Kreditkartenumsätze gesammelt und gemeinsam (z. B. einmal pro Monat) vom Konto abgebucht.

Kundenkreditkarten
Die **Kundenkarte mit Bezahlfunktion** ist eine sogenannte Kundenkreditkarte. Sie wird von Einzelhandelsunternehmen nur für ihre eigenen Kunden ausgegeben. Mit ihr können die Kunden wie mit einer Kreditkarte bezahlen. Am Ende eines Monats werden die Einkäufe des Kunden von seinem Girokonto abgebucht.

Prepaid-Kreditkarten
Die Prepaid-Kreditkarte bietet den Kunden auf **Guthabenbasis** alle Freiheiten einer normalen Kreditkarte. Mit dieser Karte kann der Kunde Online-Einkäufe tätigen oder im Supermarkt einkaufen gehen. Um eine solche Prepaid-Karte nutzen zu können, muss der Inhaber dieser Karte im Vorfeld per Dauerauftrag oder Überweisung ein Guthaben auf sein Kreditkartenkonto einzahlen. Der Vorteil für den Kunden: Die aufladbare Kreditkarte kann nicht überzogen werden, denn sie wird nur im Plus geführt. Nachteilig ist sicherlich, dass der Kunde immer dafür Sorge tragen muss, dass seine Karte ausreichend gedeckt ist. Die Kartennutzung kostet meist auch Gebühren.

4.2.2 SEPA-Überweisung

Die Überweisung ist in Deutschland eines der häufigsten bargeldlosen Zahlungsmittel. Eine Überweisung ist die Anweisung eines Kontoinhabers, z. B. ein Unternehmen, an sein Kreditinstitut, einen bestimmten Betrag von seinem Konto auf das Konto des Zahlungsempfängers, z. B. des Lieferanten, zu übertragen.

Die Überweisung erfolgt normalerweise elektronisch. Die meisten Unternehmen verfügen über eine Finanzsoftware, mit deren Hilfe täglich die anstehenden Überweisungen eingegeben und als Datensatz gesammelt an die „Hausbank“ übermittelt werden.

Euro-Überweisungen werden seit dem 01.08.2014 über das europaweit bestehende bargeldlose **SEPA-Verfahren** abgewickelt. Neben den EU-Staaten gehören auch Island, Norwegen, Liechtenstein und die Schweiz zum SEPA-Zahlungsraum. Durch das SEPA-Verfahren wird garantiert, dass nicht nur Inlands-, sondern auch Auslandsüberweisungen innerhalb der EU nach einheitlichem Standard vorgenommen werden können. Dazu muss ein Auftraggeber folgende Daten auf einer SEPA-Überweisung angeben:

① IBAN des Kontoinhabers
② Name des Empfängers (Begünstigten)
③ **IBAN** des Empfängers (Begünstigten)
④ **BIC** des Empfängers (nur bei Auslandsüberweisungen)
⑤ Überweisungsbetrag in Euro und Cent
⑥ Verwendungszweck

IBAN
(engl.) „International Bank Account Number“, internationale Kontonummer

BIC
(engl.) „Bank Identifier Code“, international gültige Bankleitzahl

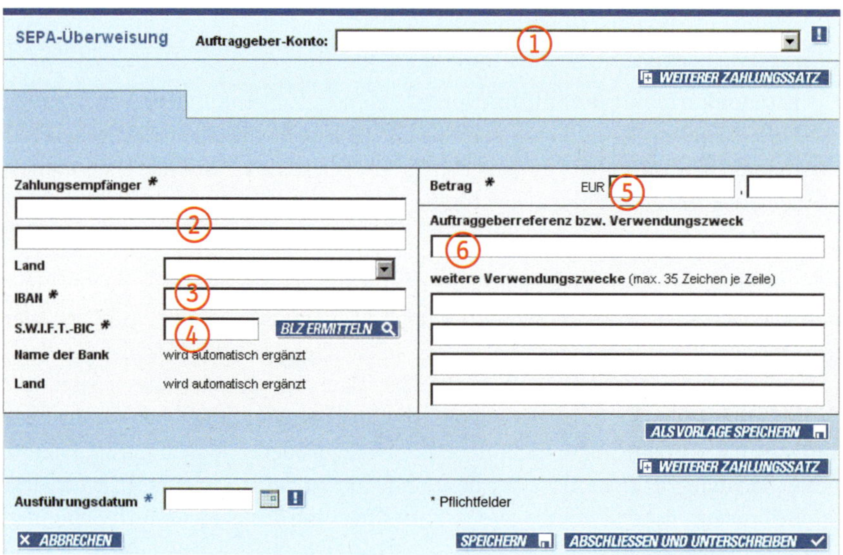
SEPA-Überweisung
Auftraggeber-Konto: ①
WEITERER ZAHLUNGSSATZ
Zahlungsempfänger * ②
Land
IBAN * ③
S.W.I.F.T.-BIC * ④ BLZ ERMITTELN
Name der Bank wird automatisch ergänzt
Land wird automatisch ergänzt
Betrag * EUR ⑤ ,
Auftraggeberreferenz bzw. Verwendungszweck ⑥
weitere Verwendungszwecke (max. 35 Zeichen je Zeile)
ALS VORLAGE SPEICHERN
WEITERER ZAHLUNGSSATZ
Ausführungsdatum *
* Pflichtfelder
ABBRECHEN
SPEICHERN
ABSCHLIESSEN UND UNTERSCHREIBEN

Online-Überweisungsformular

Der Überweisungsauftrag wird vom Auftraggeber unterschrieben und bei der autorisierten Bank eingereicht. Die Bank überprüft den Überweisungsauftrag und leitet den Auftrag an den **SEPA-Clearer** weiter.

SEPA-Clearer
Zahlungssystem der Deutschen Bundesbank. Hier werden nationale und grenzüberschreitende Interbankenzahlungen im SEPA-Format abgewickelt.

Beispiel Die Fly Bike Werke GmbH möchte ihre offene Rechnung über 3.000,00 € für 100 Sättel beim Großhändler Sella SA in Italien per Banküberweisung bezahlen. Der Überweisungsvorgang ist folgender:

1. **Schritt:** Die Fly Bike Werke GmbH erteilt ihrer Bank den SEPA-Überweisungsauftrag.
2. **Schritt:** Es folgt ein Austausch der Überweisung von der Bank des Zahlenden (Fly Bike Werke GmbH) an die Bank des Zahlungsempfängers (Sella SA).
3. **Schritt:** Dieser Austausch enthält folgende Informationen:
   - Angaben des Zahlenden und seiner Bank
   - Angaben des Zahlungsempfängers und seiner Bank
   - Überweisungsbetrag
   - Verwendungszweck (z. B. Rechnungsnummer)
4. **Schritt:** Mit der Überweisungsnachricht wird das Geld dem Zahlungsempfänger (Sella SA) gutgeschrieben, der Nachweis erfolgt über einen Kontoauszug.

Die Banken sind verpflichtet, Überweisungen innerhalb **gesetzlicher Fristen** zu tätigen. Die Frist für eine SEPA-Online-Überweisung national und international beträgt einen Bankarbeitstag, für eine Belegüberweisung zwei Tage. Für Zahlungsempfänger außerhalb des europäischen Raums oder Überweisungen in Fremdwährung gilt eine Frist von vier Tagen, bis der Zahlungsbetrag dem Empfängerkonto gutgeschrieben sein muss.

Der **Widerruf** einer SEPA-Überweisung ist nicht möglich. Ist ein fehlerhafter Überweisungsauftrag bei der Bank eingegangen, ist der Zahlende auf die Unterstützung der Bank angewiesen.

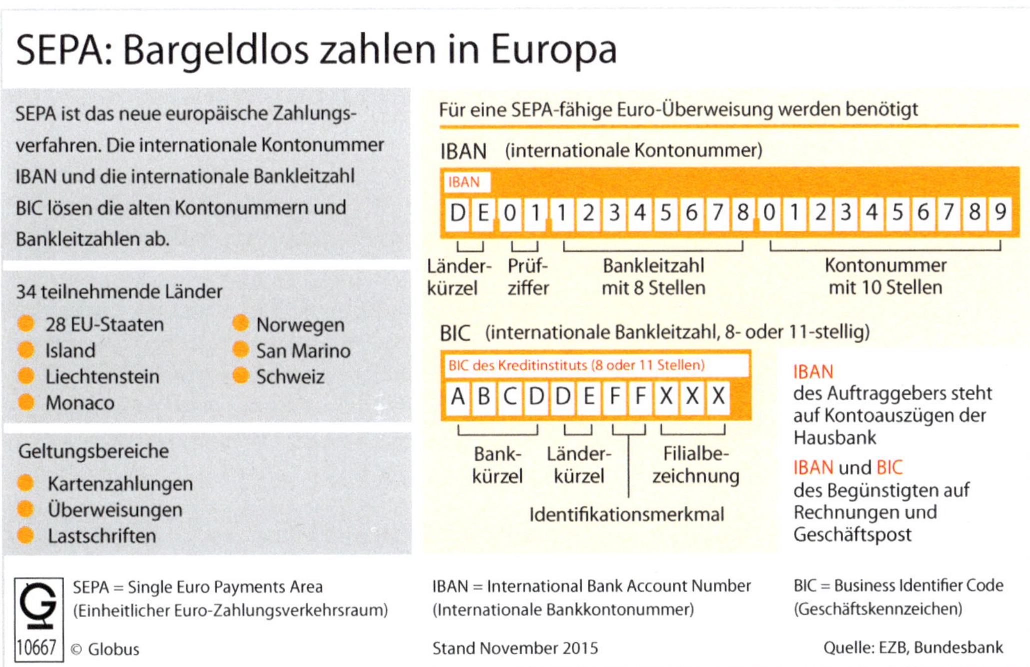

4.2.3 Standardüberweisungen

SEPA-Firmenlastschrift (SEPA B2B Direct Debit)

Mit dem in Deutschland sehr beliebten Lastschriftverfahren lassen sich fällige Rechnungen schnell und effizient begleichen. Die meisten per Lastschrift getätigten Zahlungen sind **regelmäßig wiederkehrende, aber in unterschiedlicher Höhe** anfallende Zahlungen, z. B. für die Mobilfunkrechnung. Es kommt aber auch vor, dass nur einmalig ein Betrag eingezogen werden soll, z. B. zur Bezahlung eines Hotels während einer Geschäftsreise.

Mandat
Auftrag, Ermächtigung

Bei allen Kaufverträgen ist der Verkäufer = Gläubiger des Käufers hinsichtlich des Kaufpreises.

Die SEPA-Firmenlastschrift dient dem Einzug fälliger Forderungen zwischen dem Zahlungspflichtigen und seinem Gläubiger. Dabei erteilt der Zahlungspflichtige dem Zahlungsempfänger ein entsprechendes **SEPA-Lastschriftmandat.** Das **Mandat** umfasst die Zustimmung des Zahlers zum Einzug eines bestimmten Euro-Betrages durch den Zahlungsempfänger und den Auftrag an das eigene Kreditinstitut (Bank) zur Einlösung der Zahlung.

SEPA-Lastschriften haben in der Regel ein festes **Fälligkeitsdatum**, sodass der Zahlende weiß, wann die Kontobelastung erfolgt, und sicherstellen kann, dass sein Geschäftskonto zum Zeitpunkt des Einzugs gedeckt ist.

Ein wichtiges Merkmal der SEPA-Firmenlastschrift ist der **Verzicht auf ein Widerspruchsrecht**. Die Bank des Zahlenden ist verpflichtet, das erteilte Mandat vor der Abbuchung des Betrages auf Übereinstimmung mit der anfallenden Zahlung zu überprüfen. Sofern ein entsprechendes Mandat vorliegt, kann sich der Zahlungsempfänger demnach sicher sein, die Zahlung auch zu erhalten, da eine Rückgabe der Lastschrift ausgeschlossen ist.

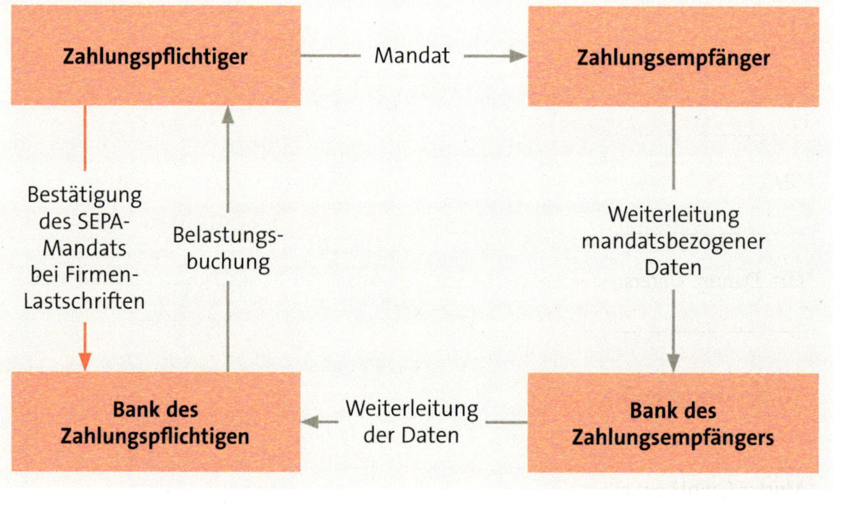

Ablauf des SEPA-Lastschriftverfahrens

SEPA-Basislastschrift (SEPA Direct Debit)

Wie auch beim SEPA-Firmenlastschriftverfahren hat der Zahlungsempfänger dafür zu sorgen, dass der Zahlungspflichtige mit einem SEPA-Lastschriftverfahren einverstanden ist. Einer SEPA-Basislastschrift kann innerhalb von acht Wochen nach der Belastung des Kontos widersprochen werden. Sollte es sich allerdings um eine nicht autorisierte Zahlung handeln, liegt also kein gültiges SEPA-Mandat vor, kann der Zahlungspflichtige innerhalb von 13 Monaten nach Belastung seines Kontos den Lastschriftbetrag zurückverlangen.

SEPA-Lastschriftmandat

Zahlungsempfänger:

Muster GmbH
Musterstr. 123
13579 Irgendwo
Gläubiger-Identifikationsnummer DE99ZZZ05678901234
Mandatsreferenz 987654AB2

Zahlungspflichtiger:

Vorname und Name (Kontoinhaber)

____

Straße und Hausnummer

____

Postleitzahl und Ort

____

Kreditinstitut (Name und BIC)

____

IBAN

____

Ort, Datum, Unterschrift

____

Wiederkehrende Zahlungen

Ich ermächtige die Muster GmbH, Zahlungen von meinem Konto mittels Lastschrift einzuziehen. Zugleich weise ich mein Kreditinstitut an, die von der Muster GmbH auf mein Konto gezogenen Lastschriften einzulösen.

Hinweis: Ich kann innerhalb von acht Wochen, beginnend mit dem Belastungsdatum, die Erstattung des belasteten Betrages verlangen. Es gelten dabei die mit meinem Kreditinstitut vereinbarten Bedingungen.

Folgende Daten muss der **Zahlungspflichtige** im Mandat angeben:
- Name und Anschrift des Kontoinhabers
- Bankverbindung
- Unterschrift mit Ort und Datum

Folgende Daten muss der **Zahlungsempfänger** im Mandat angeben:
- Name, Adresse und **Gläubiger-Identifikationsnummer**
- Mandatsreferenz
- Kennzeichnung, ob das Mandat für wiederkehrende Zahlungen oder eine einmalige Zahlung erteilt wird

Für Deutschland hat die Deutsche Bundesbank die Verwaltung der **Gläubiger-Identifikationsnummern** übernommen. Die Nummer wird über ein elektronisches Verfahren bei der Deutschen Bundesbank beantragt.

SEPA-Sammelüberweisung

In vielen Unternehmen muss täglich eine große Zahl verschiedener Überweisungen getätigt werden, z. B. Gehälter, VL-Zahlungen, Lieferantenrechnungen. Um nicht jede Überweisung einzeln zu tätigen, können die Unternehmen sogenannte Sammelüberweisungen durchführen. Hierbei werden mehrere terminierte SEPA-Überweisungsaufträge an verschiedene Empfänger zu einem **terminierten Sammelauftrag** zusammengefasst und abgesendet. Das Konto des Zahlungspflichtigen wird dann mit der Summe der gesammelten Einzelaufträge belastet.

SEPA-Blitzüberweisung

Blitzüberweisungen werden je nach Kreditinstitut auch als Swift-Überweisung, telegrafische Überweisung, Eilüberweisung oder Expressüberweisung bezeichnet.

Mit einer SEPA-Blitzüberweisung möchten die Banken den Eindruck vermitteln, dass die Überweisung bevorzugt schnell bearbeitet wird. Es gelten allerdings ohnehin **gesetzliche Fristen** für den allgemeinen Zahlungsverkehr. Die Frist einer SEPA-Online-Überweisung national und international beträgt einen Geschäftstag, die einer Belegüberweisung zwei Geschäftstage. Für Zahlungsempfänger außerhalb des europäischen Raums oder eine Überweisung in Fremdwährung gilt eine Frist von vier Geschäftstagen, bis der Zahlungsbetrag dem Empfängerkonto gutgeschrieben sein muss.

Bei der Blitzüberweisung stellen die Kreditinstitute sicher, dass der Betrag in der Regel bereits wenige Stunden später dem Empfängerkonto gutgeschrieben wird. Dafür werden zusätzliche Gebühren (zwischen 5,00 und 25,00 € pro Überweisung) erhoben.

Dauerauftrag

Eine besondere Form der Überweisung ist der Dauerauftrag. Damit weist der Zahlende sein Kreditinstitut an, Zahlungen, die **regelmäßig und in gleicher Höhe** anfallen, für ihn automatisch zu tätigen. Ein Dauerauftrag eignet sich z. B. zur Zahlung von Miete, Kreditraten oder Versicherungsprämien. Daueraufträge können vom Auftraggeber jederzeit durch Widerruf beim beauftragten Kreditinstitut gelöscht werden.

4.2.4 Online-Bezahlverfahren

In den letzten Jahren haben sich neben den klassischen Bezahlsystemen verschiedene Online-Bezahlverfahren etabliert. Dabei gibt es zum einen zusätzliche Funktionen zum altbekannten Girokonto, z. B. giropay und paydirekt, und zum anderen die Bezahlsysteme von speziellen Finanzdienstleistern, z. B. PayPal und „Sofortüberweisung“ der Firma Klarna.

giropay

Dieses Online-Bezahlverfahren wurde 2006 von Teilen der deutschen Kreditwirtschaft gegründet und basiert auf dem Prinzip der Online-Überweisung mit PIN und **TAN**. Um giropay zu nutzen, benötigt jeder Kunde ein für das Online-Banking freigeschaltetes Girokonto. Zusätzlich muss das Kreditinstitut des Kunden an giropay teilnehmen. Zurzeit sind dies über 1 500 Banken und Sparkassen.

Ablauf des Bezahlvorgangs
Die Bezahlung erfolgt über das persönliche Girokonto. Der Kunde wählt beim Einkauf in einem Online-Shop die Zahlungsform giropay aus und gibt die Bankleitzahl oder BIC seines Kreditinstituts an. Klickt der Kunde dann auf den Button „Bezahlen“, wird er automatisch zum Online-Banking seiner Hausbank weitergeleitet. Hier loggt er sich dann mit seinen Daten (Kontonummer, Benutzername, PIN) ein. Nach erfolgreichem Einloggen zeigt sich ihm eine mit allen Daten ausgefüllte Online-Überweisung, die er bei Zahlungsbeträgen über 30,00 € mittels TAN-Eingabe autorisiert. Im Anschluss findet die Zahlung statt.

Bei Kleinbeträgen bis zu 30,00 € kann die TAN-Eingabe entfallen.

TAN
Transaktionsnummer zur Freigabe von Aufträgen an die kontoführende Bank. Die Freigabe kann seit September 2019 nur noch durch weitere Sicherheitsschranken, wie die Eingabe eines Bestätigungscodes (z. B. in einer App der Bank), erfolgen.

Beispiel Die Kundin Frau Heubel kauft für ihre Tochter in einem Online-Shop ein Schaukelpferd zum Preis von 250,50 €. Sie wählt die Zahlungsmöglichkeit giropay. Die Kundin wird vom Online-Shop direkt zum Online-Banking ihrer Hausbank weitergeleitet. Frau Heubel loggt sich dort wie gewohnt ein und bezahlt mithilfe des schon für sie ausgefüllten Überweisungsträgers.

Der **Kunde hat den Vorteil,** dass diese Bezahlung für ihn grundsätzlich kostenlos ist. Des Weiteren muss der Kunde keine persönlichen und sicherheitsrelevanten Daten (PIN, TAN) an Dritte weitergeben. Es wird lediglich die Bankleitzahl oder die BIC weitergegeben.

Der **Händler hat den Vorteil,** dass er sofort nach erfolgreicher giropay-Überweisung eine unwiderrufliche **Zahlungsgarantie** von der Bank des Kunden erhält. Der Zahlungseingang ist außerdem schneller als bei Lastschriften, Kreditkartenzahlungen oder dem SEPA-Lastschriftverfahren. Durch die Zahlungsgarantie kann der Händler zur Zufriedenheit des Kunden den sofortigen Versand der Ware ohne Risiko anweisen.

paydirekt

Mit giropay und paydirekt kann man nur in Euro zahlen.

2014 wurde das Unternehmen für das Bezahlverfahren paydirekt als Zusatzleistung zum Girokonto von etwa 40 deutschen Banken und Sparkassen gegründet. Um sich bei paydirekt registrieren zu können, benötigt der Kunde ein Girokonto bei einer der teilnehmenden Banken oder Sparkassen, einen Online-Banking-Zugang und eine gültige E-Mail-Adresse. Die Registrierung erfolgt im Onlinebanking der Bank des Kunden mit einem Benutzernamen und Passwort. Anschließend kann der Kunde mit paydirekt in Online-Shops direkt von seinem Girokonto bezahlen.

Ablauf des Bezahlvorgangs

Der Kunde wählt in einem Online-Shop bei der Bezahlung paydirekt aus und wird so automatisch zu paydirekt weitergeleitet. Hier loggt er sich mit seinem Benutzernamen und Passwort ein. Nach erfolgreichem Einloggen klickt er noch auf den Button „Bezahlung“ und die Zahlung erfolgt. Das Girokonto wird daraufhin mit der zu zahlenden Summe belastet.

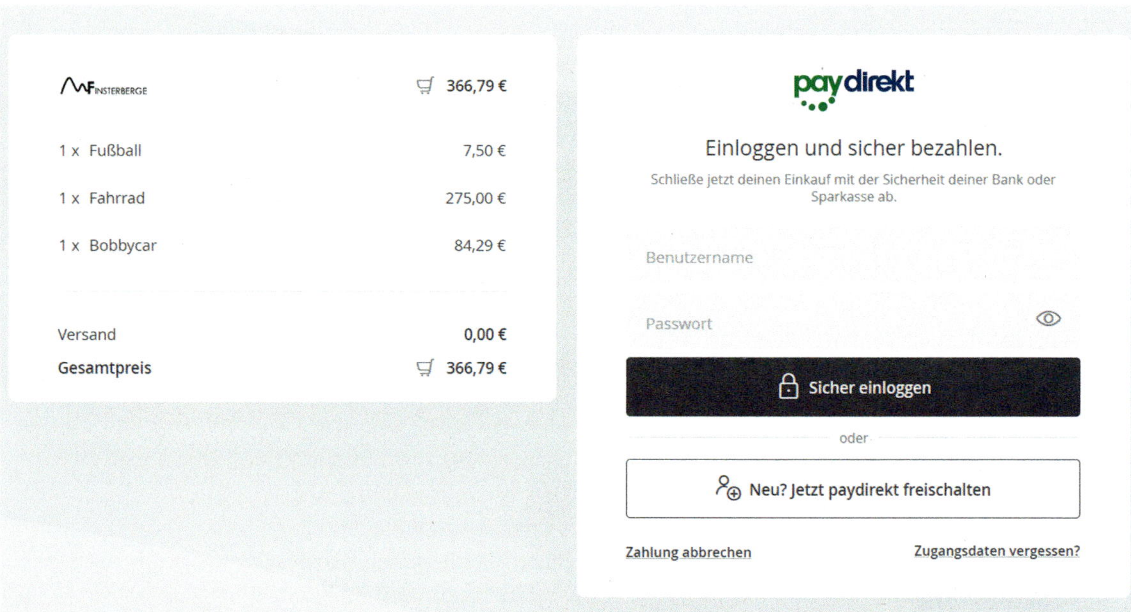

Eingabemaske paydirekt

Beispiel Der Kunde Herr Maus bestellt beim Fanshop Finsterberge online einen Fußball, ein Fahrrad und ein Bobbycar und bezahlt mithilfe der Zahlungsmöglichkeit paydirekt.

Die Kontodaten des Kunden werden nicht an den Händler weitergegeben und die getätigten Zahlungen werden auf dem Kontoauszug oder im Online-Banking des Kunden angezeigt. Sollte der Händler die Ware nicht ordnungsgemäß ausliefern, kann der Kunde innerhalb von 30 Tagen ab Kontobelastung den Leistungsverzug reklamieren. Der Händler muss dann gegenüber paydirekt nachweisen, dass er geliefert hat. Kann der Händler diesen Nachweis nicht erbringen, erhält der Kunde sein Geld zurück (**Käuferschutz**).

Für das Unternehmen enthält auch dieses Bezahlverfahren eine **Zahlungsgarantie**. Die Zahlung findet nur statt, wenn das Konto des Kunden gedeckt ist. In diesem Fall ist der sofortige Versand der Ware möglich. Zusätzlich reduziert dies die Kosten für Mahn- und Risikomanagement und erhöht somit die Liquidität des Händlers.

PayPal

Mit diesem Online-Bezahlverfahren können Kunden weltweit kostenlos bezahlen, Geld senden und Geld empfangen. Es hatte Ende 2019 ca. 300 Millionen aktive Kunden. Die Zahlungsmethode bietet sich als Alternative zur Zahlung mit Kreditkarte oder per Bankeinzug an.

Ablauf des Bezahlvorgangs

Zunächst erfolgt eine Registrierung bei PayPal: Hier muss der Name und eine gültige E-Mail-Adresse sowie eine Bankverbindung oder Kreditkarte hinterlegt werden. Das neue virtuelle Konto wird freigeschaltet, indem PayPal nach einigen Tagen einen kleinen Cent-Betrag als Gutschrift überweist und einen Zahlencode zuschickt. Mit der Eingabe dieses Codes ist das PayPal-Konto aktiviert.

Das PayPal-Konto wird mit dem Bankkonto oder der Kreditkarte verknüpft. Alternativ ist auch das Einzahlen eines Guthabens per Banküberweisung möglich. Das Konto kann nun zum Bezahlen genutzt werden, sofern der Online-Händler dieses Bezahlverfahren anbietet.

Beispiel Die Fly Bike Werke GmbH kauft online Waren im Wert von 78,90 € und bezahlt mithilfe der Zahlungsmöglichkeit PayPal.

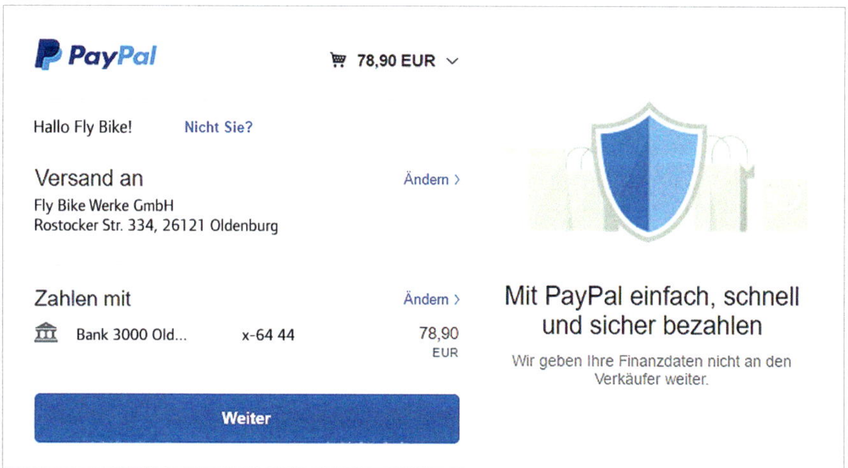

Eingabemaske PayPal

Online-Kunden haben den Vorteil, dass keinerlei sensible Bankdaten angegeben werden müssen und sie nicht an den Händler weitergegeben werden. Sollte der Händler die Ware nicht ausgeliefert haben, kann der Kunde innerhalb von 180 Tagen ab Kontobelastung den Leistungsverzug reklamieren. In diesem Fall überprüft PayPal zunächst den Sachverhalt. Der Händler muss dann gegenüber PayPal nachweisen, dass er geliefert hat. Kann der Händler diesen Nachweis nicht erbringen, erhält der Kunde sein Geld zurück (Käuferschutz).

Sofortüberweisung

Vorkasse
Der Versand der Ware erfolgt erst nach Eingang der Zahlung.

Dieses Online-Bezahlverfahren des schwedischen Zahlungsdienstleisters Klarna basiert auf der Online-Banking-Infrastruktur. Der Verkäufer erhält zunächst eine Echtzeit-Transaktionsbestätigung, jedoch noch nicht die Zahlung selbst. Damit kann der Verkäufer – in der Regel noch schneller als bei der **Vorkasse** per Banküberweisung – die bestellte Ware ohne Risiko versenden bzw. sofort zum Download anbieten.

Ablauf des Bezahlvorgangs

Der Kunde wählt auf der Webseite des Verkäufers die Zahlungsmöglichkeit Sofortüberweisung aus und wird daraufhin auf die Webseite des Dienstleisters weitergeleitet. Auf den folgenden Seiten wählt der Kunde seine Bank aus, gibt seine Bank-Zugangsdaten ein und bestätigt die Überweisung mit einer TAN.

Beispiel Fadime Basbaydar kauft online in einem Baumarkt einen Kaminofen im Wert von 799,00 € und wählt das Bezahlverfahren Sofortüberweisung. Sie wird auf ein bereits vorab ausgefülltes Überweisungsformular weitergeleitet. Sie überprüft die Angaben und wählt ihre Bank aus. Danach gibt sie die üblichen Zugangsdaten für ihr Online-Banking (z. B. PIN) ein. Die Daten werden vom Dienstleister an die Bank weitergeleitet, die Frau Basbaydar eine TAN zuschickt. Nach Eingabe dieser TAN erhält Frau Basbaydar eine Transaktionsbestätigung. Die Firma Klarna prüft Frau Basbaydars Kontostand und veranlasst in ihrem Namen die Online-Überweisung.

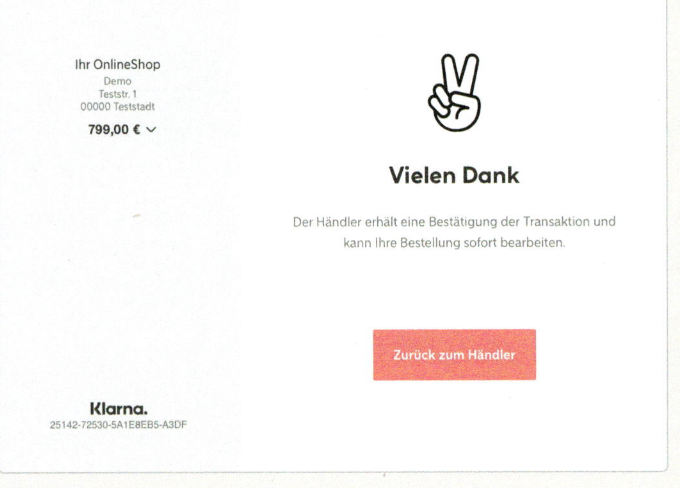

Kunden, die dieses Verfahren nutzen, benötigen kein zusätzliches Konto und müssen sich auch nicht beim Anbieter registrieren. Diese Zahlungsmöglichkeit ist sehr bequem, weil die Überweisungsdaten bereits vorausgefüllt sind. Sensible persönliche Daten (z. B. PIN, TAN) werden hierbei über eine verschlüsselte Verbindung an die Firma Klarna übertragen. Mithilfe dieser Daten überprüft der Dienstleister vor der Ausführung der Zahlung automatisch den aktuellen Kontostand, die Höhe des Dispositionskredits und die letzten Umsätze vom Konto des Kunden, um die Zahlungsfähigkeit sicherzustellen. Ist die Prüfung erfolgt und alles in Ordnung, erhält der Verkäufer eine entsprechende Bestätigung, dass die Zahlung unterwegs auf sein Konto ist. Er kann die bestellte Ware dann sofort versenden.

4.3 Neue Bezahlsysteme

Das Bezahlen mit Karte ist im deutschen Einzelhandel inzwischen weit verbreitet. Der Grund für ihre in den letzten Jahren zunehmende Beliebtheit ist sicherlich das EU-Abkommen über die Abgabe bei Bezahlung mit Kredit- und Debitkarten, das die Transaktionsgebühren für den Händler beim bargeldlosen Zahlungsverkehr gedrosselt hat.

Gebühren, vgl. **4.2.1**, S. 45

Und die Entwicklung hin zum immer einfacheren Bezahlvorgang geht weiter: In vielen deutschen Unternehmen können Kunden inzwischen auch kontaktlos bezahlen. Möglich ist dies mit **NFC**-fähigen Karten oder der GeldKarte mit girogo-Funktion. Auch die Bezahlung mit Smartphones unter Verwendung von entsprechenden Apps wird immer beliebter.

NFC
Near Field Communication; ein auf der RFID-Technik basierender internationaler Übertragungsstandard zum kontaktlosen Austausch von Daten

Terminals, an denen kontaktlos bezahlt werden kann, tragen das **„Kontaktlos-Symbol"**.

4.3.1 Kontaktloses Bezahlen mit NFC-fähigen Karten

In allen Geschäften Deutschlands, in denen das Kontaktlos-Symbol abgebildet ist, kann der Kunde mit seiner Kredit- oder Debitkarte kontaktlos bezahlen, wenn die auch das Kontaktlos-Symbol trägt.

Dazu hält der Kunde die Karte nah an das Kassenterminal und die auf der Karte integrierten Daten werden per Funk an die Kasse übertragen. Bei NFC Zahlungen bis 25,00 € kann aus Sicherheitsgründen eine PIN-Abfrage erfolgen. Bei Beträgen über 25,00 € wird die PIN immer abgefragt.

Mit rund 75 Mio. kontaktlosfähigen Karten (von 100 Mio. Karten insgesamt) ist die girocard die am weitesten verbreitete kontaktlose Karte in Deutschland.

4.3.2 Kontaktloses Bezahlen mit girogo

Die bisher geläufige Funktion der GeldKarte wurde um eine kontaktlose Bezahlfunktion, nämlich um die **girogo-Funktion**, erweitert. Das girogo-Bezahlen basiert auf einer PrePaid-Lösung und wird zum Bezahlen von Kleinstbeträgen auf der Basis deutscher Sicherheits- und Datenschutzrichtlinien genutzt. Der Kunde muss seinen Kartenchip mit einem Geldbetrag aufladen, bevor er die GeldKarte und damit auch die girogo-Funktion nutzen kann. Die GeldKarte kann z. B. am Automaten der Hausbank bis zu 200,00 € aufgeladen werden. Der Maximalbetrag für das kontaktlose Bezahlen beträgt 25,00 €. Dabei werden keine Beträge vom Girokonto des Kunden abgebucht, sondern es wird auf die elektronische Geldbörse zugegriffen.

GeldKarte, vgl. **4.2.1**, S. 45

Die Beliebtheit dieses Systems nimmt aber stark zugunsten der kontaktlosen Debit- und Kreditkarten ab, die sich aufgrund des einfacheren Handlings wahrscheinlich langfristig eher am Markt durchsetzen werden.

4.3.3 Kontaktloses Bezahlen mit dem Smartphone

Für die Unternehmen ist klar: Wer das Handy ohnehin schon den ganzen Tag in der Hand hält, z. B. beim Warten an der Kasse, freut sich bestimmt, auch damit zahlen zu können. Deshalb bieten schon zahlreiche Unternehmen das Bezahlen mit dem Smartphone an. Aus dem Smartphone wird dann eine Kreditkarte. Zwei unterschiedliche Systeme werden momentan für die Kunden angeboten.

- Nutzung des Smartphones als Kreditkarte über eine Wallet-App und
- Nutzung des Smartphones als Kreditkarte über Bezahl-Apps von Händlern.

Nutzung des Smartphones über Wallet-App
Verschiedene Mobilfunkanbieter stellen den Nutzern von Smartphones Wallet-Apps zur Verfügung, mit denen sie kontaktlos bezahlen können.

Beispiele
- Apple Pay
- Google Pay
- Samsung Pay

mobiles Bezahlen = Mobile Payment

Nutzung des Smartphones als Kreditkarte über Händler-Bezahl-Apps
Zusätzlich zu den Wallet-Apps bieten die Einzelhändler auch eigene Apps zum Bezahlen an. Der Kunde lädt sich zunächst die Bezahl-App des Händlers auf sein Smartphone. Danach legt sich der Kunde einen Benutzer-Account an: Name, E-Mail-Adresse, Passwort. Viele Anbieter setzen auf den **QR-Code**, der ähnlich funktioniert wie ein Barcode. Wenn der Kunde dann an der Kasse mit seinem Smartphone und der runtergeladenen Händler-App bezahlen will, scannt er mit dem Smartphone den QR-Code ein. Das Geld wird dann von einem vom Kunden vorher hinterlegten Guthaben abgebucht.

Egal, ob der Kunde mit der Wallet-App oder der Händler-App bezahlt, ihm werden immer reizvolle Rabatte per Coupon angeboten. Zudem erhält der Kunde regelmäßig Werbeangebote der Händler.

Es gibt aber auch **Risiken**, die sich durch das kontaktlose Bezahlen, ob per Karte oder App, ergeben: Der Überblick über den Kontostand könnte verloren gehen und bei Verlust oder Diebstahl der Karte oder des Smartphones drohen finanzielle Verluste.

Die **Haftung beim mobilen Bezahlen** unterliegt einer klaren Regelung. Der Kunde muss nur für solche Transaktionen geradestehen, die er auch selbst veranlasst hat. Sollte das Smartphone des Kunden verloren gegangen sein und mit dem Handy wurden Zahlungen getätigt, kann der Kunde vom Zahlungsdienstleister die Abbuchung zurückverlangen. Allerdings muss der Kunde möglichst schnell seinen Zahlungsdienstleister (SIM-Karten- und Kreditkartensperrung) über den Verlust seiner auf NFC-basierenden Bezahlsysteme (Karte oder Smartphone) informieren. Sollten bis zur Verlustmeldung bereits Transaktionen von Dritten durchgeführt worden sein, haftet der Kontoinhaber hierfür bis zu einem Betrag von 150,00 €. Unbegrenzt haftet der Kunde sogar, wenn er grob fahrlässig oder vorsätzlich seine Sorgfaltspflicht missachtet hat.

4.3.4 Bezahlen mit PAYBACK

Bekannt wurde die PAYBACK Karte durch das Sammeln von Punkten und das Eintauschen der Punkte gegen Prämien. Mittlerweile ist es aber auch für die Kunden möglich, gesammelte Punkte in den Filialen gegen Warengutscheine einzulösen und mit ihnen den Einkauf bzw. einen Teil des Einkaufs an der Kasse zu zahlen.

PAYBACK Kunde kann in Deutschland werden, wer mindestens 16 Jahre alt ist und einen Wohnsitz in Deutschland hat. Die Kunden erhalten von einem PAYBACK Vertragsunternehmen eine PAYBACK Karte mit einer individuellen Kundennummer. Die Anmeldung erfolgt dann entweder im Internet, telefonisch oder schriftlich. Immer mehr Kunden nutzen auch die PAYBACK App.

PAYBACK Vertragspartner sind u. a. Aral, dm-drogerie markt, GALERIA Kaufhof, real, REWE, Thalia oder Fressnapf sowie viele Online-Partner wie Expedia oder myToys.

Bei einem Einkauf von Waren zeigt der Kunde seine PAYBACK Karte oder -App an der Kasse vor und erhält **Gutschriften in Form von PAYBACK Punkten**. Die genauen Konditionen, wie viele Punkte der Kunde auf seinen Einkauf erhält, legen die Vertragspartner individuell fest.

Ab einem gewissen Punktestand kann der Kunde seine Punkte einlösen. PAYBACK bietet dazu zwei verschiedene Möglichkeiten an. Die erste Möglichkeit sieht für den Kunden vor, dass er seine gesammelten Punkte an Service-Terminals in den Märkten in Einkaufsgutscheine umwandelt, und zum anderen kann er mit den Punkten am Point of Sale oder im Internet bei bestimmten Partnern auch direkt bezahlen.

Das mobile Bezahlen (Mobile Payment) mit der PAYBACK App ist seit Juni 2016 in ausgewählten Unternehmen möglich. Der Kunde hinterlegt dazu in der PAYBACK App seine Bankverbindung, wählt eine persönliche PIN und kann dann an der Kasse mit seinem Smartphone bezahlen und auch digital Punkte sammeln. Jede Zahlung ist durch diese PIN geschützt. Die Bezahlfunktion basiert auf QR-Code und NFC-Technologie. Der fällige Betrag wird per Lastschrift eingezogen.

5 Kaufvertragsstörungen

5.1 Reklamationen

Die Reklamation eines Kunden bedeutet in der Regel, dass er von den Leistungen des Unternehmens enttäuscht ist. Jede Reklamation ist aber auch als Chance für das Unternehmen zu interpretieren:

- Zum einen lässt sich durch ein erfolgreiches Beschwerdemanagement aus einem enttäuschten Kunden ein überzeugter Kunde machen.
- Zum anderen gibt es vermutlich ein Verbesserungspotenzial innerhalb des Unternehmens, das genutzt werden sollte.

Aber nicht jeder enttäuschte Kunde beschwert sich. Im schlimmsten Fall zieht der Kunde die Konsequenzen, ohne darüber zu reden. Er geht einem Unternehmen dann nicht nur als Kunde verloren, sondern gibt wahrscheinlich seine Unzufriedenheit an andere potenzielle Kunden weiter. Kunden, die unzufrieden sind, sich aber nicht darüber äußern, sind viel häufiger zu finden als solche, die sich beschweren. Gleichzeitig neigen viele Menschen eher dazu, negative Erfahrungen weiterzuerzählen als positive. Die Folgen negativer Mundpropaganda sollten deshalb niemals unterschätzt werden.

Konsequenzen von Kundenreaktionen für das Unternehmen

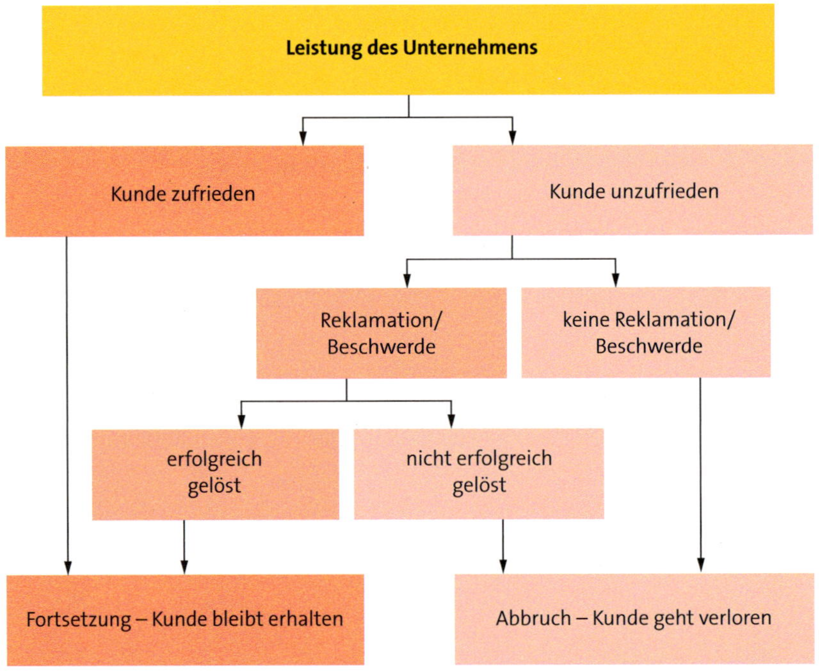

Die häufigste Ursache für Beanstandungen ist die Ware, weil sie Fehler aufweist oder den Kundenerwartungen nicht entspricht. Eine effiziente Abwicklung solcher Reklamationen erfordert nicht nur viel psychologisches Geschick, sondern auch fundierte Kenntnisse im Kaufvertragsrecht.

5.2 Mangelhafte Lieferung

LS ▸ **LS 56**
Mangelhafte Lieferungen erklären

5.2.1 Gewährleistungspflicht des Verkäufers

Der Kaufvertrag verpflichtet den Verkäufer, dem Kunden eine mangelfreie Ware zu übergeben (**Gewährleistungspflicht**). Tut er dies nicht, hat er nicht ordnungsgemäß geleistet, es liegt eine mangelhafte Leistung (Schlechtleistung) vor. Dem Kunden stehen dann verschiedene Ansprüche (**Gewährleistungsrechte**) zu.

Ein **Mangel an der Kaufsache** liegt vor, wenn ihr tatsächlicher Zustand zum Zeitpunkt der Übergabe von der Beschaffenheit abweicht, die Verkäufer und Käufer im Kaufvertrag vereinbart haben. Wurden keine Vereinbarungen getroffen, so muss die Ware für die nach dem Vertrag vorausgesetzte Verwendungsart geeignet sein bzw. die übliche Beschaffenheit aufweisen. Zu der maßgeblichen Beschaffenheit zählen auch Eigenschaften, die der Käufer nach öffentlichen Werbeaussagen erwarten durfte. Wird z. B. ein kosmetisches Präparat als extrem faltenreduzierend angepriesen, so muss es auch tatsächlich nach einer gewissen Zeit diese Wirkung zeigen, ansonsten ist das Präparat mangelhaft.

Sachmangel, vgl. § 434 BGB

Der Käufer kann seine Gewährleistungsansprüche nur innerhalb einer bestimmten Frist nach der Übergabe der Kaufsache geltend machen. Dabei ist zu unterscheiden, ob es sich um einen Verbrauchsgüterkauf oder um einen zweiseitigen Handelskauf handelt.

Gewährleistungsfrist, vgl. § 438 BGB

Die **Gewährleistung beim Verbrauchsgüterkauf** gilt grundsätzlich für zwei Jahre. Bei Verbrauchsgüterkäufen kann die Gewährleistungsfrist weder durch allgemeine Geschäftsbedingungen noch durch individuelle Vereinbarungen verkürzt werden. Das bedeutet jedoch nicht, dass die Sache über diesen Zeitraum hinweg eine entsprechende Haltbarkeit aufweisen muss. Tritt der Mangel innerhalb von sechs Monaten nach Übergabe auf, wird zugunsten des Käufers gesetzlich vermutet, dass er bereits bei Gefahrenübergang vorlag. Der Verkäufer muss dann beweisen, dass diese Vermutung nicht stimmt. Danach liegt die Beweislast beim Käufer, d. h., er muss nachweisen, dass der Mangel bei der Übergabe des Kaufgegenstandes schon vorlag.

Beweislastumkehr bei Verbrauchsgüterkäufen

AGB, vgl. **3.4**, S. 38

Gefahrenübergang, vgl. **3.3**, S. 31

Bei **zweiseitigen Handelsgeschäften** muss die Ware nach Erhalt unverzüglich, d. h. ohne schuldhafte Verzögerung, geprüft werden, wobei jedoch die zur Prüfung benötigte Zeit zu berücksichtigen ist. Bei größeren Liefermengen genügen Stichproben. Anhand der Wareneingangsmeldungen und der Waren- bzw. Materialkontrolle sind aufgetretene Mängel festzustellen und zu reklamieren. Wird bereits bei der Übergabe der Sache ein Mangel festgestellt, so kann die Annahme der Ware verweigert werden. Wird die Ware trotzdem abgenommen, so muss sich der Käufer das Recht der Mängelrüge vorbehalten.

Rügepflicht bei zweiseitigen Handelskäufen, vgl. § 377 HGB

Wareneingangskontrolle, vgl. **HF 2**, **6.2.4**, Band 1

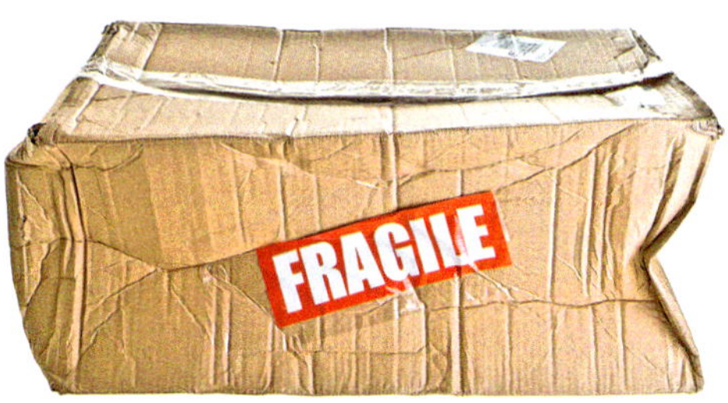

Offene Mängel sind unverzüglich nach der Prüfung zu rügen, **versteckte Mängel** unverzüglich nach der Entdeckung, wobei die Gewährleistungsfrist nicht überschritten werden darf. Sie beträgt zwei Jahre vom Zeitpunkt der Lieferung an.

Offene Mängel werden bei Prüfung der Ware sofort sichtbar.

Versteckte Mängel werden erst nach Verwendung der Ware entdeckt.

§ 377 HGB

(1) Ist der Kauf für beide Teile ein Handelsgeschäft, so hat der Käufer die Ware unverzüglich nach der Ablieferung durch den Verkäufer, soweit dies nach ordnungsmäßigem Geschäftsgange tunlich ist, zu untersuchen und, wenn sich ein Mangel zeigt, dem Verkäufer unverzüglich Anzeige zu machen.

(2) Unterlässt der Käufer die Anzeige, so gilt die Ware als genehmigt, es sei denn, dass es sich um einen Mangel handelt, der bei der Untersuchung nicht erkennbar war.

(3) Zeigt sich später ein solcher Mangel, so muss die Anzeige unverzüglich nach der Entdeckung gemacht werden; anderenfalls gilt die Ware auch in Ansehung dieses Mangels als genehmigt.

(4) Zur Erhaltung der Rechte des Käufers genügt die rechtzeitige Absendung der Anzeige.

(5) Hat der Verkäufer den Mangel arglistig verschwiegen, so kann er sich auf diese Vorschriften nicht berufen.

Platzkaufidentischer Erfüllungsort für Käufer und Verkäufer

Versendungskauf unterschiedlicher Erfüllungsort für Käufer und Verkäufer, vgl. § 379 HGB

Bei mangelhafter Lieferung bei einem **Platzkauf** gilt, dass die mangelhafte Ware sofort zurückgeschickt werden kann. Bei **Versendungskäufen** (Distanzkäufen) muss der Käufer nach § 379 HGB die Ware bis zu der Entscheidung des Verkäufers selbst oder bei einem Dritten ordnungsgemäß aufbewahren, um dem Verkäufer unnötige Kosten zu ersparen. Der Käufer darf aber z. B. verderbliche Waren als Notverkauf unter bestimmten Voraussetzungen versteigern oder zu einem Börsen- oder Marktpreis aus freier Hand verkaufen (lassen).

Zu beachten ist ferner, dass die Gewährleistungsfristen bei zweiseitigen Handelsgeschäften **reduziert** bzw. die Gewährleistung gänzlich ausgeschlossen werden kann. Dies muss jedoch einzelvertraglich ausdrücklich vereinbart werden; eine entsprechende Klausel in den AGB ist nicht wirksam. Der **Gewährleistungsausschluss** ist ferner nicht wirksam bei Übernahme einer Garantie oder arglistig verschwiegenen Mängeln.

Allgemeine Gewährleistungsfristen	
2 Jahre	Regelmäßige kaufrechtliche Verjährungsfrist für Mängel, die mit der Ablieferung beginnt
3 Jahre	Frist bei arglistig verschwiegenen Mängeln, die am Ende des Jahres beginnt, in dem der Mangel entdeckt wurde
5 Jahre	Frist bei Bauwerksmängeln, die mit der Übergabe beginnt
30 Jahre	Frist bei Mängeln als dingliches Recht eines Dritten, aufgrund dessen die Herausgabe der Kaufsache verlangt werden kann, sowie bei im Grundbuch eingetragenen Rechten

5.2.2 Gewährleistungsrechte des Käufers

Steht die Fehlerhaftigkeit der Ware fest, so hat der Käufer gegen den Verkäufer verschiedene Rechte. Zunächst hat er Anspruch auf sogenannte **Nacherfüllung** (vorrangiges Recht), für die dem Verkäufer eine angemessene Frist gesetzt werden muss. Der Käufer kann wahlweise **Nachbesserung** (z. B. Reparatur) der fehlerhaften Sache oder **Ersatz** verlangen. Erst wenn diese Nacherfüllung scheitert, weil sie unmöglich bzw. unverhältnismäßig ist oder wenn die gesetzte Frist erfolglos abläuft, kommen weitere (nachrangige) Ansprüche in Betracht:

Gewährleistungsrechte, vgl. § 437 BGB

Nacherfüllung, vgl. § 439 BGB

- **Rücktritt** bedeutet die Rückgängigmachung des Kaufvertrages. Ware und Geld werden also jeweils an die andere Partei zurückgegeben. Ein Rücktritt ist nur möglich, wenn der Mangel **erheblich** ist.
- **Minderung**, d. h., anstelle eines Rücktritts wird der Kaufpreis herabgesetzt.
- Der Käufer kann **Schadensersatz statt der Leistung** verlangen. Voraussetzung ist, dass der Käufer durch Verschulden des Verkäufers einen Schaden erlitten hat und die Ware erhebliche Mängel hat. Das Rücktrittsrecht wird dadurch nicht ausgeschlossen.
- Der Käufer kann anstelle des Schadensersatzes auch den **Ersatz vergeblicher Aufwendungen** fordern. Dies sind Kosten, die dem Käufer dadurch entstanden sind, dass er auf die (mangelfreie) Warenlieferung vertraut hat.

Nachrangiges Recht:
- Rücktritt, vgl. § 323 BGB
- Minderung, vgl. § 441 BGB
- Schadensersatz, vgl. §§ 280, 281 BGB
- Ersatz vergeblicher Aufwendungen, vgl. § 284 BGB

Ein **erheblicher Mangel** liegt vor, wenn die Ware nur noch eingeschränkt oder gar nicht mehr verwendet werden kann.

Gewährleistungsrechte des Käufers

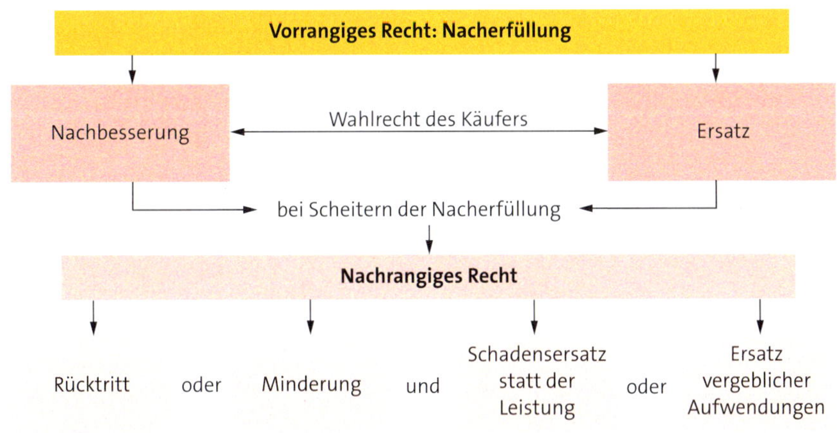

Die **Gewährleistung entfällt**, wenn der Käufer den Fehler bei Abschluss des Kaufvertrages kannte oder infolge grober Fahrlässigkeit nicht kannte. Eine Ausnahme von diesem Grundsatz besteht allerdings, wenn der Verkäufer den Mangel arglistig verschwiegen oder eine ausdrückliche Garantie für eine bestimmte Beschaffenheit der Sache übernommen hat.

Garantie

Mit der Garantie übernimmt der Hersteller oder der Händler **freiwillig** die Verantwortung dafür, dass innerhalb eines bestimmten Zeitraums kein Mangel an einer Sache auftritt. Die Garantie ist in der Regel für den Kunden günstiger als die gesetzliche Gewährleistung, da sie auch Mängel umfasst, die erst nach der Übergabe entstehen, und da sie oft länger als die gesetzliche Gewährleistung bewilligt wird.

Die Garantiekarte des Herstellers wird zusammen mit der Ware übergeben.

Diese Garantierechte sind eine freiwillige Leistung des Herstellers oder des Händlers, die er deshalb nach seinen eigenen Vorstellungen inhaltlich ausgestalten und ggf. auch beschränken kann. Die Garantieerklärung muss **ausdrücklich** erfolgen, nach ihr richten sich die Voraussetzungen und Rechtsfolgen für die Garantieleistungen.

Das gesetzliche Gewährleistungsrecht bleibt neben einer Garantie bestehen, sodass der Kunde innerhalb der gesetzlichen Gewährleistungsfrist wählen kann, ob er die Garantie oder die Gewährleistung in Anspruch nehmen will.

Kulanzumtausch

Unter vielen Kunden ist die Vorstellung verbreitet, man könne ohne jeden Grund innerhalb eines gewissen Zeitraums (z. B. innerhalb von drei Tagen) von einem Vertrag zurücktreten. Dies ist jedoch ein Irrtum. Geschlossene Verträge – sei es schriftlich oder mündlich – sind grundsätzlich einzuhalten.

Kulanz
Großzügigkeit, Entgegenkommen

Da einmal geschlossene Verträge erfüllt werden müssen, besteht auch kein Rechtsanspruch auf Umtausch einer mangelfrei gelieferten Ware gegen eine andere. Ein Unternehmen ist also im Recht, wenn es sich weigert, eine fehlerfreie Ware zurückzunehmen. Nimmt es die Ware trotzdem zurück, so tut es das freiwillig aus **Kulanz**. Dabei bleibt es ihm überlassen, ob es die Ware direkt umtauscht, einen Gutschein ausstellt oder dem Kunden sogar das Geld zurückgibt.

Zielkonflikt, vgl. **HF 1**, **12.3**, Band 1

abschreiben
als Aufwand in der Finanzbuchhaltung berücksichtigen, vgl. **HF 1**, **8.5.1**, Band 1

Die Vorgehensweise beim **Kulanzumtausch** wird situationsbezogen entschieden und in jedem Unternehmen unterschiedlich gehandhabt. Deshalb gibt es dafür keine eindeutigen Regeln. Ein Unternehmen befindet sich bei einem freiwilligen Umtausch in einem Zielkonflikt zwischen einer kundenfreundlichen Regelung im Sinne der Kundenbindung und wirtschaftlichen Interessen. Durch von Kunden zurückgebrachte Waren, die nicht wieder verkäuflich sind, entstehen dem Unternehmen hohe Kosten, weil die Ware **abgeschrieben** werden muss.

Dokumentation und Auswertung

Ein professioneller Umgang mit Reklamationen kann sich nicht nur auf die Bewältigung der jeweiligen Situation beschränken. Vielmehr sollten die Beanstandungen der Kunden systematisch dokumentiert und analysiert werden. Zur Erfassung der Schwachstellen werden in manchen Betrieben **Beschwerdelisten** geführt. Das Personal wird aufgefordert, alle Beanstandungen zu notieren.

Auf Grundlage der gesammelten Informationen können dann geeignete Gegenmaßnahmen zur Behebung der Missstände und zur Vorbeugung weiterer Reklamationen ergriffen werden. Dadurch kann die Kundenzufriedenheit gesteigert und der Arbeitsaufwand für die Bearbeitung künftiger Beschwerden verringert werden.

5.3 Lieferungsverzug

LS ▸ **LS 57**
Lieferungsverzug erklären

Aufgrund des Kaufvertrages ist der Verkäufer zur **rechtzeitigen Lieferung** verpflichtet. Tut er das nicht, gerät er in Lieferungsverzug. Wird eine Bestellung nicht rechtzeitig geliefert, kann dies für den Käufer schwerwiegende Konsequenzen haben: Die Verkaufsbereitschaft ist nicht mehr gewährleistet, Umsatzeinbußen und möglicherweise der Verlust von enttäuschten Kunden sind die Folge. Auch dies kann ein Grund für Reklamationen sein.

5.3.1 Voraussetzungen des Lieferungsverzugs

Zunächst muss geprüft werden, ob sich der Lieferant tatsächlich in Verzug befindet. Dies ist der Fall, wenn die Lieferung fällig ist, der Lieferant die Verspätung zu vertreten hat und der Käufer die Lieferung angemahnt hat bzw. eine Mahnung (dringende Aufforderung zur Lieferung) entbehrlich war.

Wurde im Kaufvertrag **kein Liefertermin** vereinbart, ist die Lieferung sofort nach Vertragsabschluss fällig. Wurde im Kaufvertrag ein Liefertermin angegeben, der **kalendermäßig bestimmt** werden kann, ist die Lieferung nach Ablauf dieses Datums fällig. Dann entfällt die Notwendigkeit der Mahnung. Gleiches gilt, wenn der Lieferant sich selber in Verzug setzt, also erklärt, nicht liefern zu können oder zu wollen.

Kalendermäßig bestimmbare Liefertermine:
- Lieferung am 11. Mai
- Lieferung im Mai
- Lieferung 5 Tage nach Bestellung

Eine Mahnung ist außerdem entbehrlich, wenn es sich um einen **Zweckkauf** handelt. Bei einem Zweckkauf entfällt nach einem bestimmten Termin das Interesse des Käufers an der Ware, z. B. ein kaltes Büfett für eine Jubiläumsfeier. Teilt der Verkäufer von sich aus mit, dass er nicht liefern wird, setzt er sich selbst in Lieferungsverzug. Auch dann ist eine Mahnung des Käufers unnötig.

Wurde ein Liefertermin vereinbart, der **nicht kalendermäßig bestimmt** werden kann, muss der Käufer die fällige Lieferung anmahnen, damit der Verkäufer in Lieferungsverzug kommt. Eine Mahnung unterliegt keinen Formvorschriften. Es empfiehlt sich aber aus Beweisgründen, sie schriftlich abzufassen. Mit dem Zugang der Mahnung gerät der Verkäufer dann in Lieferungsverzug.

Kalendermäßig nicht bestimmbare Liefertermine:
- Lieferung sofort
- Lieferung so bald wie möglich
- Lieferung ab Mai

Voraussetzungen für den Lieferungsverzug

Vertragliche Vereinbarung zum Liefertermin
- keine → Lieferung ist sofort fällig → Mahnung ist entbehrlich
- kalendermäßig bestimmbar → Lieferungsverzug nach Ablauf des vereinbarten Termins → Mahnung ist entbehrlich
- Zweckkauf → Lieferungsverzug nach Ablauf des vereinbarten Termins
- kalendermäßig nicht bestimmbar → Lieferungsverzug durch Mahnung

Mahnung, vgl. 5.5.1, S. 69, vgl. § 286 BGB

5.3.2 Rechte des Käufers bei Lieferungsverzug

Sind die Voraussetzungen für den Lieferungsverzug erfüllt, stehen dem Käufer verschiedene Rechte zu. Der Käufer hat **sofort** das Recht,

- die Lieferung weiterhin zu fordern. Das ist aus Sicht des Käufers sinnvoll, wenn er die Ware anderswo nicht oder nur zu einem höheren Preis beschaffen kann.
- Schadensersatz (Verzögerungsschaden) zu verlangen. Voraussetzung dafür ist, dass den Verkäufer ein **Verschulden** trifft und dem Käufer durch den Lieferungsverzug tatsächlich ein nachweisbarer Schaden entstanden ist.

Ein Verschulden des Verkäufers liegt vor, wenn er die Verzögerung durch fahrlässiges oder vorsätzliches Handeln zu verantworten hat. Kein Verschulden trifft den Verkäufer bei höherer Gewalt, z. B. durch Unwetter oder Streik.

Nach Ablauf einer angemessenen Nachfrist kann der Käufer

- vom Kaufvertrag zurücktreten. Dies ist sinnvoll, wenn der Käufer die Ware anderswo schneller oder günstiger bekommt.
- Schadensersatz statt der Leistung verlangen. Auch hier sind das Verschulden des Verkäufers und ein nachweisbarer Schaden Voraussetzung.
- Ersatz vergeblicher Aufwendungen geltend machen. Diese können dem Käufer bereits vor dem Eintreten des Lieferungsverzugs entstanden sein.

Eine **Nachfrist** muss dem Verkäufer Zeit geben, die Ware zu liefern, ohne dass er sie noch selbst herstellt oder anderswo beschafft. Hier wird also ein relativ enges Zeitfenster vorgegeben. Die Nachfrist kann entfallen, wenn ein Fixkauf oder ein Zweckkauf vorliegt oder der Verkäufer mitteilt, dass er nicht liefern kann.

LS ▸ LS 58
Zahlungsverzug erklären

5.4 Zahlungsverzug

Der Käufer ist aus dem Kaufvertrag verpflichtet, die Ware zu bezahlen. Er kommt in Zahlungsverzug, wenn er den vereinbarten Kaufpreis

- nicht rechtzeitig, nicht vollständig oder gar nicht bezahlt,
- die Zahlung fällig ist und
- er den Zahlungsverzug zu vertreten hat.

Für die Fälligkeit der Zahlung gelten ähnliche Bestimmungen wie beim Lieferungsverzug. Wurde auf der Rechnung ein **kalendermäßig bestimmbarer Zahlungstermin** genannt, gerät der Käufer mit Ablauf dieses Datums in Verzug.

Ist der Termin **nicht kalendermäßig bestimmt**, tritt der Zahlungsverzug

- durch eine Mahnung
- oder automatisch 30 Tage nach Erhalt der Rechnung und bei Fälligkeit ein. Bei Verbrauchsgüterkäufen ist diese Bestimmung auf der Rechnung zu vermerken.

Die **Rechte des Verkäufers** aus dem Zahlungsverzug entsprechen grundsätzlich denen des Käufers aus dem Lieferungsverzug. Der Verkäufer hat **sofort** das Recht,

- auf der Zahlung zu bestehen und
- Schadensersatz (Verzögerungsschaden) zu verlangen.

Der **Basiszinssatz** wird jeweils zum 1. Januar und 1. Juli eines Jahres von der Europäischen Zentralbank (EZB) bekannt gegeben. www.basiszinssatz.de

Grundlage für die Berechnung des Verzögerungsschadens ist der Anspruch auf Zahlung von **Verzugszinsen**. Der Zinssatz pro Jahr beträgt bei Verbrauchsgüterkäufen 5 % und bei Handelskäufen 8 % über dem gültigen **Basiszinssatz**. Gegen Nachweis kann der Verkäufer auch einen höheren Schaden geltend machen.

Nach Ablauf einer angemessenen Nachfrist kann der Verkäufer
- vom Kaufvertrag zurücktreten. Dies ist für den Verkäufer sinnvoll, wenn der Käufer zahlungsunfähig ist, um nicht ganz leer auszugehen.
- Schadensersatz statt der Leistung verlangen (Verschulden des Käufers und ein nachweisbarer Schaden sind Voraussetzung) oder alternativ
- Ersatz vergeblicher Aufwendungen geltend machen.

5.5 Mahnverfahren

Kommt der Käufer seiner Zahlungspflicht nicht nach, kann der Verkäufer mithilfe des kaufmännischen und des gerichtlichen Mahnverfahrens versuchen, seine Ansprüche durchzusetzen.

5.5.1 Kaufmännisches (außergerichtliches) Mahnverfahren

Unter dem kaufmännischen Mahnverfahren versteht man den Versuch des Verkäufers, den Käufer auf außergerichtlichem Wege zur Zahlung zu bewegen. Da es keine Vorschriften für das kaufmännische Mahnverfahren gibt, kann die konkrete Vorgehensweise im Einzelnen sehr unterschiedlich sein.

Schritt 1: Erinnerungsschreiben
Darin wird der Käufer freundlich an die Fälligkeit der Zahlung erinnert.

Schritt 2: Erste Mahnung
Reagiert der Käufer nicht, wird eine erste Mahnung verschickt. Darin wird der Käufer noch einmal zur Zahlung aufgefordert und ihm wird dafür ein bestimmter Termin (Nachfrist) gesetzt. Durch den Hinweis „Mahnung", z. B. in der Betreffzeile, wird das Schreiben eindeutig als Mahnung erkennbar.

Schritt 3: Zweite Mahnung
Mit Ablauf der Nachfrist gerät der Käufer in Zahlungsverzug. Der Verkäufer kann nun Verzugszinsen berechnen. Die zweite, schärfer formulierte Mahnung weist auf diesen Umstand hin und kündigt eventuelle Kosten für das Mahnverfahren an.

Schritt 4: Dritte Mahnung
Der Käufer ist offensichtlich nicht zur Zahlung bereit oder in der Lage. Es wird eine letzte Frist gesetzt mit dem Hinweis, dass nach deren Ablauf das gerichtliche Mahnverfahren oder die Klage eingereicht wird.

Das kaufmännische Mahnverfahren hat in der Praxis an Bedeutung verloren. In der Regel ist bereits auf der Rechnung ein fester Zahlungstermin genannt, sodass der Käufer nach 30 Tagen automatisch in Zahlungsverzug gerät. In den meisten Fällen werden daher verkürzte Mahnverfahren angewendet.

5.5.2 Gerichtliches Mahnverfahren

In einigen Bundesländern können Mahnbescheide auch durch das automatisierte gerichtliche Mahnverfahren (Augema) im Internet erwirkt werden.
www.mahnverfahren.nrw.de

Bleibt das außergerichtliche Mahnverfahren erfolglos, kann der Verkäufer das gerichtliche Verfahren einleiten. Dazu muss er einen Mahnbescheid beim Mahngericht beantragen. Ein solcher Antrag ist im Schreibwarengeschäft oder auch im Internet erhältlich. Der Verkäufer muss darin nur angeben, wie hoch seine Ansprüche sind und worauf er seine Forderungen stützt. Seine Angaben werden vom Gericht nicht überprüft. Das spart einen zeit- und kostenaufwendigen Prozess vor Gericht, führt aber nur dann zum Erfolg, wenn der Schuldner keinen Widerspruch einlegt.

Der Verkäufer kann auf das gerichtliche Mahnverfahren verzichten und den Käufer direkt auf Zahlung verklagen. Zuständig ist das Amtsgericht bzw. bei einem Streitwert über 5.000,00 € das Landgericht am Wohn- bzw. Geschäftssitz des Beklagten. Gegen Gebühr kann das Unternehmen auch ein Inkassobüro einschalten. Damit lagert das Unternehmen sein Mahnwesen aus.

Das gerichtliche Mahnverfahren

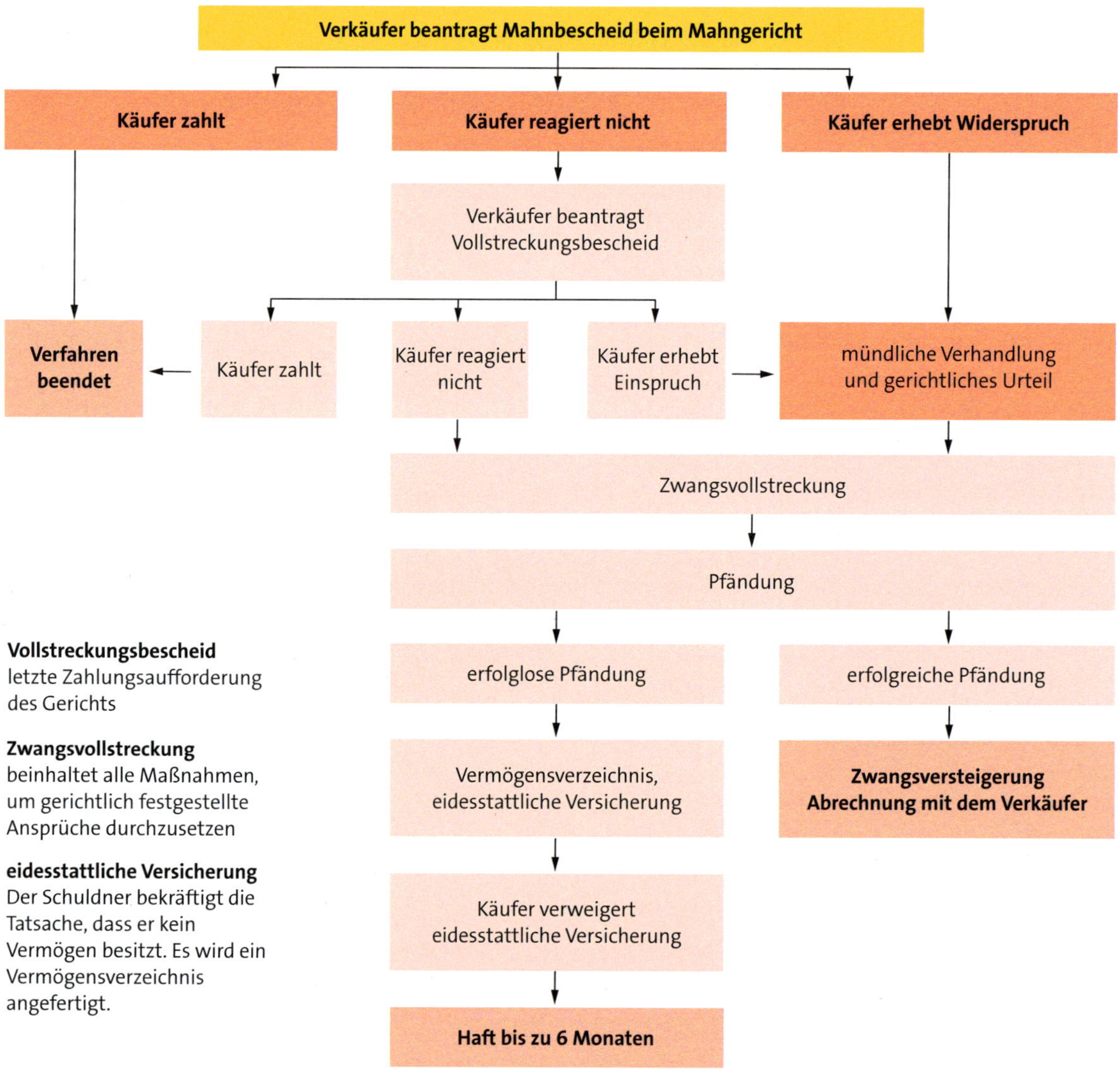

Vollstreckungsbescheid
letzte Zahlungsaufforderung des Gerichts

Zwangsvollstreckung
beinhaltet alle Maßnahmen, um gerichtlich festgestellte Ansprüche durchzusetzen

eidesstattliche Versicherung
Der Schuldner bekräftigt die Tatsache, dass er kein Vermögen besitzt. Es wird ein Vermögensverzeichnis angefertigt.

5.6 Verjährung

Die Ansprüche aus einem Kaufvertrag, z. B. auf Zahlung des Kaufpreises, können verjähren, d. h., nach einem bestimmten Zeitraum werden die Ansprüche nicht mehr vom Gesetz geschützt. Ist ein Anspruch verjährt, braucht der Käufer (Schuldner) nicht mehr zu zahlen. Dies bedeutet aber nicht, dass der Anspruch nicht mehr besteht, denn wenn der Schuldner nach Ablauf der Verjährungsfrist trotzdem zahlt, kann er sich danach nicht mehr auf die Verjährung berufen und sein Geld zurückfordern.

Verjährung, vgl. § 194 ff. BGB

5.6.1 Verjährungsfristen

Ansprüche wegen mangelhafter Leistung (Schlechtleistung) verjähren nach zwei Jahren. Die Frist beginnt mit der Entstehung des Anspruches, d. h. mit der Übergabe der Ware.

Beispiel Die Nordstrad Sportbekleidung GmbH kauft bei der Fly Bike Werke GmbH am 15. Juli 2017 Sportbekleidung aus Gore Tex. Als die Waren am 3. August 2019 erstmalig verkauft werden sollen, stellt sich heraus, dass sie fehlerhaft sind. Die Nordstrad Sportbekleidung GmbH kann jedoch keine Ansprüche geltend machen, da diese verjährt sind.

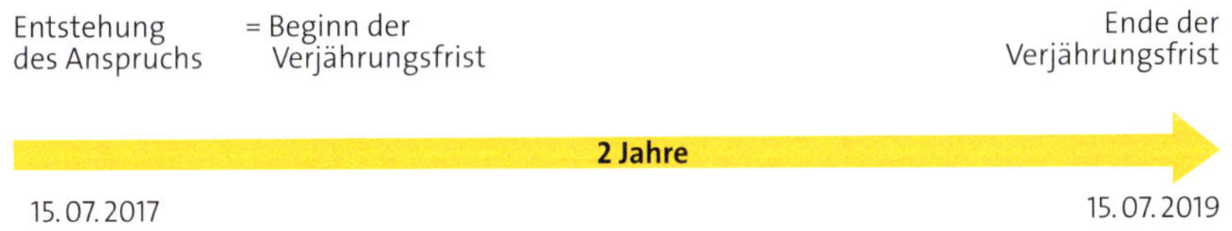

Die regelmäßige Verjährungsfrist für Geldansprüche beträgt drei Jahre. Sie beginnt am Ende des Jahres, in dem der Anspruch entstanden ist.

Beispiel Die Fly Bike Werke GmbH verkauft der Radplus GmbH 1 000 City Räder. Die Rechnung geht der Radplus GmbH am 21. Oktober 2016 zu und ist am 20. November 2016 fällig. Der Anspruch auf die Zahlung des Kaufpreises erlischt mit Ablauf des 31. Dezember 2019.

Für bestimmte Fälle sind besondere Verjährungsfristen vorgesehen. So verjähren Ansprüche aus rechtskräftigen Urteilen oder Vollstreckungsbescheiden erst nach 30 Jahren. Das gerichtliche Mahnverfahren hat daher für den Gläubiger auch den Zweck, die Verjährung seiner Ansprüche zu verhindern. Gleiches gilt für Schadensersatzansprüche, die wegen einer Verletzung des Lebens, des Körpers, der Gesundheit oder der Freiheit entstanden sind. Bestimmte Verbrechen wie z. B. Mord verjähren nie.

Gerichtliches Mahnverfahren, vgl. 5.5.2, S. 70

5.6.2 Neubeginn der Verjährung

Wird die Verjährung unterbrochen, beginnt der Lauf der Verjährung ohne Anrechnung der schon abgelaufenen Frist wieder von vorn. Dies ist der Fall, wenn

- der Schuldner den Anspruch ausdrücklich (z.B. schriftlich), durch eine Teilzahlung oder durch die Zahlung von Verzugszinsen anerkennt,
- der Gläubiger seine Ansprüche gerichtlich geltend macht, also z.B. Klage erhebt oder einen gerichtlichen Mahnbescheid beantragt.

Beispiel Die fällige Rechnung über die City-Räder wird am 20. Dezember 2016 und am 20. Januar 2017 angemahnt. Daraufhin leistet die Radplus GmbH am 15. März 2017 eine Anzahlung von 300,00 €.

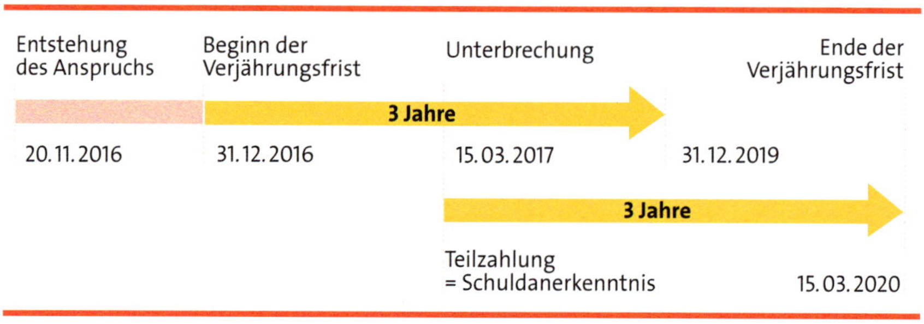

5.6.3 Hemmung der Verjährung

Der Ablauf der Verjährungsfrist wird unter bestimmten Umständen gehemmt. Der Zeitraum, in dem die Verjährung gehemmt ist, wird nicht mit in die Verjährungsfrist eingerechnet. Die Verjährung wird z.B. gehemmt, wenn

- zwischen Schuldner und Gläubiger Verhandlungen über den Anspruch stattfinden,
- Klage erhoben wird,
- der Schuldner um **Stundung** bittet und der Gläubiger sie bewilligt,
- der Gläubiger durch höhere Gewalt an der Rechtsverfolgung seiner Ansprüche gehindert ist,
- ein Mahnbescheid im gerichtlichen Mahnverfahren zugestellt wird.

Stundung
zeitlich begrenzter Zahlungsaufschub

Beispiel Die Fly Bike Werke GmbH hat aufgrund der Teilzahlung vom 15. März 2017 einer Stundung des Restbetrages zugestimmt. Sie bewilligt der Radplus GmbH, die sich vorübergehend in Zahlungsschwierigkeiten befindet, am 1. April 2017 einen Zahlungsaufschub bis zum 31. Juli 2017.

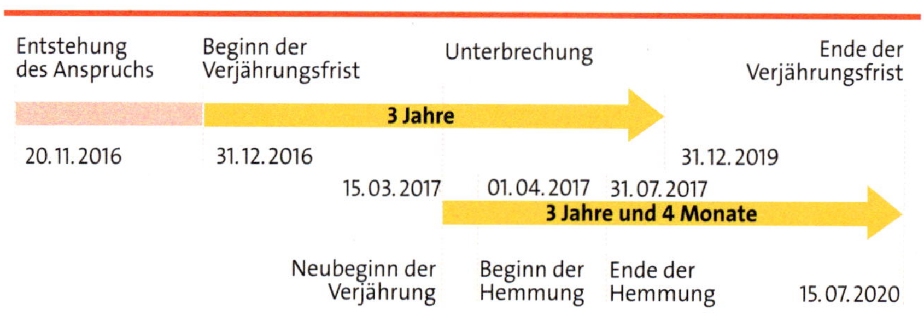

5.7 Annahmeverzug

LS ▸ **LS 59** Annahmeverzug erklären

Liefert der Verkäufer die richtige Ware rechtzeitig und mängelfrei an den richtigen Ort und der Käufer (Warengläubiger) nimmt sie nicht an, so gerät der Käufer in Annahmeverzug. Der Verkäufer hat, bevor er seine Rechte geltend macht, immer zu überprüfen, ob die folgenden drei Voraussetzungen für den Annahmeverzug im Einzelfall erfüllt sind:

- Die Lieferung muss **fällig** sein. Die Fälligkeit der Lieferung ergibt sich aus den Lieferbedingungen, die im Kaufvertrag vereinbart wurden. Wurde vertraglich nichts vereinbart, kann der Schuldner seine Leistung sofort bewirken, der Gläubiger sie sofort verlangen (§ 271 BGB).
- Der Warenschuldner muss dem Warengläubiger die Leistung **tatsächlich anbieten**, sodass dieser die Waren nur noch übernehmen muss. Ein Käufer kommt nicht in Annahmeverzug, wenn der Verkäufer nicht liefern kann.
- Der Warengläubiger hat die Lieferung **nicht angenommen** oder nicht vereinbarungsgemäß abgeholt. Ein Verschulden des Warengläubigers ist für den Annahmeverzug unerheblich.

tatsächliches Angebot, vgl. § 294 BGB

Sind die Voraussetzungen erfüllt, hat der Verkäufer alternativ verschiedene Rechte. Er hat **sofort** das Recht,

- auf Abnahme der Ware zu klagen. Dies bedeutet, dass der Verkäufer auf Abnahme der Ware besteht und sie nach § 374 BGB in einem öffentlichen oder eigenen Lagerhaus auf Kosten des Käufers bis zum Ergebnis der Klage einlagern kann.
- den Ersatz von Mehraufwendungen zu verlangen. Mögliche Mehraufwendungen ergeben sich durch den Transport, die Hinterlegung in einem Lager, die Bearbeitungsgebühren usw.

Hinterlegungsort, vgl. § 374 BGB

Ersatz von Mehraufwendungen, vgl. § 304 BGB

Nach Ablauf einer angemessenen Nachfrist kann der Verkäufer

- vom Kaufvertrag zurücktreten oder
- die Ware auf Kosten des Käufers verkaufen (lassen). In diesem Fall spricht man von einem **Selbsthilfeverkauf**. Der Verkäufer muss den Käufer über Ort und Termin informieren und eine Abrechnung über den erzielten Erlös vorlegen. Liegt dieser unter dem vereinbarten Kaufpreis, muss der Käufer die Differenz tragen, liegt er darüber, ist der Mehrerlös an den Käufer weiterzuleiten. Verderbliche Waren können im Rahmen eines **Notverkaufes** sofort öffentlich versteigert werden. Hat die Ware einen Börsen- oder Marktpreis, kann ein **freihändiger Verkauf** zum laufenden Preis erfolgen.

Versteigerung, vgl. § 383 ff. BGB

Liegt ein Annahmeverzug vor, so ändern sich die rechtlichen Bestimmungen über die Haftung. Die Haftung des Verkäufers beschränkt sich nur noch auf grobe Fahrlässigkeit und Vorsatz. Für leichte Fahrlässigkeit haftet nunmehr der in Annahmeverzug befindliche Käufer, denn: Hätte der Käufer die ordnungsgemäß gelieferte Ware abgenommen, wäre es gar nicht zu einem Schadensfall gekommen.

Wirkungen des Gläubigerverzugs, vgl. § 300 BGB

Rechte des Verkäufers bei Annahmeverzug

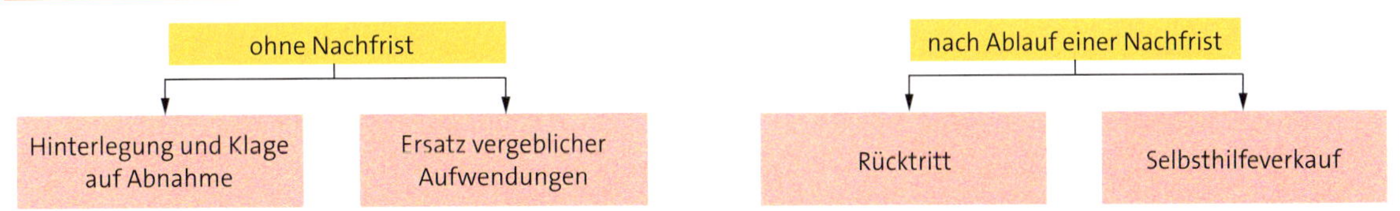

LS ▸ LS 60
Verbraucherschutz beachten

6 Exkurs: Verbraucherschutz

Zu Themen wie Ernährung, Finanzen oder Schulden bieten die Verbraucherzentralen Beratung und Unterstützung. www.verbraucherzentrale.de

„Bei uns ist der Kunde König!“ – Dieses Sprichwort hören wir oft, wenn Unternehmen ihre Produkte oder ihren Service anpreisen. Aber auch ein König kann nicht alles wissen und manchmal den Überblick verlieren. Der Verbraucher sieht sich deshalb oft mit einer Reihe von Problemen konfrontiert:

- Die wachsende Warenvielfalt erschwert die Auswahl sowie den Preis- und Qualitätsvergleich (z. B. bei Haushaltsgeräten).
- Häufig fehlt das Fachwissen, um die in der Werbung gemachten Behauptungen zu überprüfen (z. B. bei technischen Geräten wie Computern).
- Vertragsbedingungen sind unverständlich formuliert, sodass sich der Verbraucher über die Folgen seiner Unterschrift nicht im Klaren ist (z. B. AGB).
- Viele Produkte enthalten Zusatzstoffe, die u. U. gesundheitliche Probleme verursachen können (z. B. Lebensmittel oder Wandfarben).

Die Stiftung Warentest führt Preis- und Qualitätsvergleiche für die verschiedensten Waren und Dienstleistungen durch. Die Ergebnisse werden u. a. in den Zeitschriften „test“ und „Finanztest“ veröffentlicht.

Um diesen Problemen entgegenzuwirken, wurde eine Reihe gesetzlicher Regelungen erlassen, die den Verbraucher informieren und vor Benachteiligungen schützen sollen. Inzwischen ist der Verbraucherschutz zu einem wesentlichen Schutzprinzip des BGB geworden.

Verbraucher im rechtlichen Sinne ist jede natürliche Person, die ein Rechtsgeschäft zu einem Zweck abschließt, der weder einer gewerblichen noch einer selbstständigen Tätigkeit zugerechnet werden kann. Rechtsgeschäfte von Verbrauchern dienen also ausschließlich privaten Zwecken.

Verbraucherschutzbestimmungen

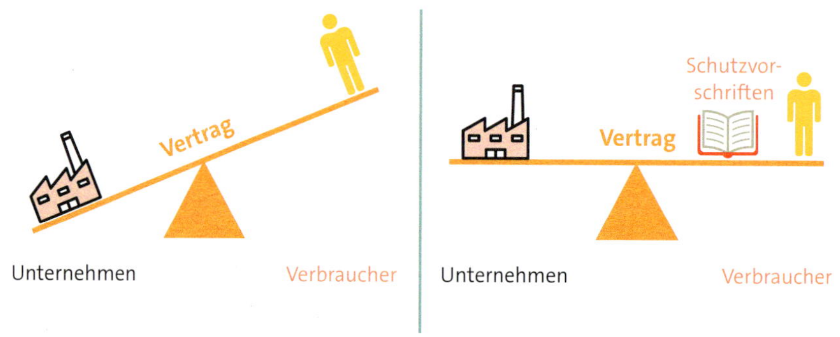

Verbraucherschutzbestimmungen verhindern vertragliche Benachteiligungen des Verbrauchers.

6.1 Verbraucherkreditverträge

Verbraucherkredite, vgl. § 491 ff. BGB

Für Kreditverträge zwischen einem Verbraucher und einem Unternehmen (z. B. einem Geldinstitut) mit einem Nettobetrag über 200,00 € schreibt das BGB u. a. folgende Regelungen vor:

- **Form:** Der Verbraucherkreditvertrag bedarf der Schriftform.
- **Inhalt:** Der Vertrag muss genaue Angaben zu Kreditbetrag, Nominalzins, effektivem Jahreszins, notwendigen Sicherheiten und zusätzlichen Kosten enthalten.

- **Widerruf:** Der Verbraucher kann den Vertrag innerhalb von zwei Wochen ohne Angabe von Gründen widerrufen. Ausreichend ist die **Textform**, wobei die rechtzeitige Absendung genügt. Die Zwei-Wochen-Frist beginnt erst zu laufen, wenn der Verbraucher über sein Widerrufsrecht belehrt worden ist. Die Möglichkeit zum Widerruf endet aber spätestens sechs Monate nach Vertragsabschluss.
- **Kündigung:** Der Kredit kann erst gekündigt werden, wenn der Verbraucher die Raten zweimal nicht beglichen hat, er mit mindestens 10 % der Kreditsumme in Verzug ist (bei Laufzeiten über drei Jahren mit 5 %) und eine zweiwöchige Fristsetzung erfolglos verstrichen ist. Bei einer Kündigung wird der gesamte Kreditbetrag auf einmal fällig.

Widerrufsrecht, vgl. § 355 BGB

Textform
im Gegensatz zur Schriftform ohne Unterschrift oder elektronische Signatur; z. B. E-Mail, Computerfax, SMS oder Messenger-Nachricht

Kündigung, vgl. § 498 BGB

Auch für **Teilzahlungsgeschäfte** (Ratenkäufe) sind die Schutzbestimmungen des BGB anzuwenden. Bei Ratenkäufen vereinbaren Verkäufer und Käufer (Verbraucher), dass der Kunde die Ware erhält, bevor er den Kaufpreis plus entstandener Kosten in Raten abgezahlt hat. Dies gilt allerdings nur, wenn dem Verbraucher mehr als drei Raten gewährt werden.

Teilzahlungsgeschäfte, vgl. § 507 BGB

6.2 Fernabsatzgeschäfte (Internetgeschäfte)

Der Fernabsatzvertrag ist keine neue Vertragsart. Es handelt sich um eine besondere Art des Kaufvertrages zwischen einem Unternehmer und einem Verbraucher, der unter ausschließlicher Verwendung von **Fernkommunikationsmitteln** zustande kommt (§ 312 c BGB).

Fernkommunikationsmittel
- Brief, E-Mail
- Telefongespräch, SMS
- Katalog
- Rundfunk-, Tele- oder Mediendienste

Ein wichtiges Merkmal des Fernabsatzvertrages ist demnach, dass sich die Vertragsparteien bei Vertragsabschluss nicht körperlich gegenüberstehen.

Der Verbraucher muss vor Abschluss des Vertrages klar und verständlich über die Einzelheiten (Vertragsbedingungen) und den geschäftlichen Zweck (kommerziellen Charakter) des Vertrages unterrichtet werden. Außerdem hat der Verbraucher ein Rückgaberecht. Dazu kann er die Ware innerhalb von zwei Wochen ohne Angabe von Gründen zurückschicken. Beträgt der Warenwert mehr als 40,00 €, so erfolgt die Rücksendung auf Kosten des Verkäufers. Möglich ist auch der Widerruf nach § 356 BGB.

Typische Formen des Fernabsatzhandels:
- Internetgeschäfte
- Versandhandel
- Teleshopping

In welchen Fällen schicken Sie online bestellte Waren zurück?

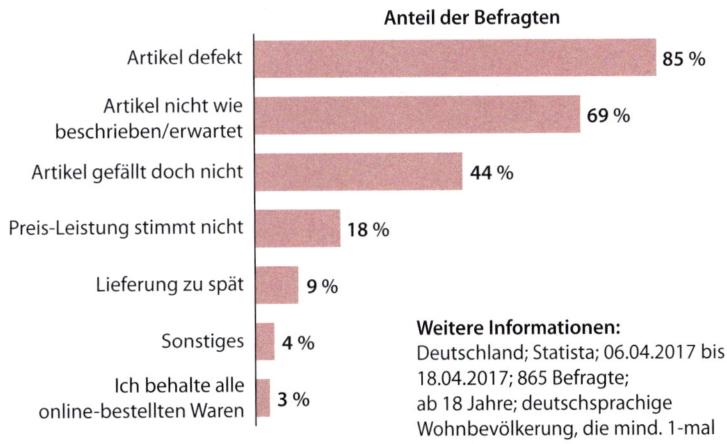

Weitere Informationen:
Deutschland; Statista; 06.04.2017 bis 18.04.2017; 865 Befragte; ab 18 Jahre; deutschsprachige Wohnbevölkerung, die mind. 1-mal im Jahr online einkauft; Online-Umfrage

Quelle: © Statista 2019

6.3 Haustürgeschäfte

Bei Verträgen, die an der Haustür, im Bereich der Wohnung, im öffentlichen Verkehrsbereich (z. B. Fußgängerzone), am Arbeitsplatz oder auf Freizeitveranstaltungen (z. B. Kaffeefahrten) abgeschlossen werden, wird dem Verbraucher ebenfalls das Widerrufsrecht eingeräumt. Es gelten dieselben Regelungen wie beim Kreditvertrag. Das Haustürwiderrufsgesetz gilt nicht, wenn der Verbraucher den Vertreter ausdrücklich zu sich bestellt hat oder wenn der Kaufpreis unter 40,00 € liegt und sofort bezahlt wurde.

6.4 Preis- und Mengenauszeichnung

Preisangabenverordnung (PAngV)

Die Preisangabenverordnung (PAngV) verpflichtet den Verkäufer zur **Preisauszeichnung** seiner Verkaufsware. Jede Ware, die innerhalb oder außerhalb des Verkaufsraumes ausgestellt ist oder vom Verbraucher direkt entnommen werden kann, muss deutlich mit einem Preis gekennzeichnet sein. Bei Dienstleistungen sind Preislisten auszuhängen. Alle Preise sind als Endpreise (inklusive Mehrwertsteuer) anzugeben.

Bei loser Ware (z. B. Obst und Gemüse) ist eine Preisangabe in einer üblichen Mengeneinheit (pro 100 g oder 1 kg) zu machen. Bei verpackter Ware ist zusätzlich zum Endpreis auch der Preis pro Mengeneinheit auszuweisen. Diese Vorschriften sollen es dem Verbraucher ermöglichen, einfach und schnell Preisvergleiche anzustellen.

Eichgesetz

Auf der Grundlage des Eichgesetzes ist abgepackte Ware mit einer eindeutigen Mengenangabe zu versehen. Darüber hinaus muss bei unüblichen Mengen (z. B. bei abgepackter Wurst, Käse oder Fleisch) der Grundpreis (pro 100 g oder 1 kg) angegeben werden. Verpackungen, die mehr Inhalt vortäuschen, als sie tatsächlich haben („Mogelpackungen“), sind verboten.

Preis- und Mengenauszeichnung bei loser Ware

6.5 Produkthaftung

Produkthaftungsgesetz (ProdHaftG)

Erleidet jemand durch ein fehlerhaftes Produkt einen Schaden an seiner Gesundheit oder seinem Leben, so ist der Hersteller dafür haftbar. Auf ein Verschulden des Herstellers kommt es dabei nicht an. Gleiches gilt für Sachschäden, sofern die beschädigte Sache für private Zwecke verwendet wurde. Sachschäden bis zu einer Höhe von 500,00 € muss der Verbraucher jedoch selber tragen.

Die Produkthaftung kann nicht durch persönliche Vereinbarungen (wie z. B. durch AGB) eingeschränkt oder ausgeschlossen werden. Von der gesetzlichen Regelung ausgenommen sind Arzneimittel und landwirtschaftliche Produkte.

7 Buchungen bei Absatzprozessen

LS ▸ **LS 61**
Absatzprozesse buchen

Absatzprozesse enden nicht mit dem Waren- oder Erzeugnisausgang und Rechnungsausgleich. In der Finanzbuchhaltung lösen sie **unterstützende Prozesse der Dokumentation** aus, die nach den Grundsätzen ordnungsmäßiger Buchhaltung im Rahmen der Debitorenbuchhaltung ausgeführt werden.

Debitorenbuchhaltung, vgl. **HF 1**, **9.3**, Band 1

Fly Bike Werke GmbH

FBW GmbH · Rostocker Str. 334 · 26121 Oldenburg

Zweiradhandelsgesellschaft mbH
Unter den Linden 42
10178 Berlin

Konto	Soll	Haben
2400	41.771,40	
5000		35.102,02
4800		6.669,38
Gebucht: 02.06.20XX Lo/Ta		

Rechnung Nr. 258

Bearbeiter	Kunden-Nr.	Ihre Bestellung Nr.	vom	Versanddatum
Herr Baumann Tel. 0441 88X-X2	10007	22	30.05.20XX	02.06.20XX
Versandart/Freivermerk Lkw/frei Lager		Verpackungsart Kartonage		Geliefert am 02.06.20XX

Pos.-Nr.	Artikel-Nr.	Artikelbezeichnung	Menge	Einzelpreis in €	Rabatt in %	Gesamtpreis in €
1	201	Trekking Light	170	299,25	31,00	35.102,02
					Nettorechnungsbetrag in €	35.102,02
					+19 % Umsatzsteuer in €	6.669,38
					Bruttorechnungsbetrag in €	41.771,40

Bitte überweisen Sie unter Angabe der Rechnungsnummer.

	Datum	Skonto	Skonto in €	Betrag in €
Innerhalb der Skontofrist bis:	10.06.20XX	2 %	835,43	40.935,97
Innerhalb der Zahlungsfrist bis:	01.07.20XX	–	–	41.771,40

Die Verkaufspreise der Fly Bike Werke GmbH sind die unverbindlichen Endverbraucherpreise zuzüglich 19 % Umsatzsteuer (unverbindliche Preisempfehlung). Darauf erhalten die Kunden der Fly Bike Werke GmbH, die Fahrradhändler, einen mengenabhängigen **Wiederverkäuferrabatt**.

Beispiel Berechnung Nettorechnungsbetrag

Anzahl ·	Stückpreis in €	=	Gesamtpreis in €
170 ·	299,25	=	50.872,50
	– 31 % Rabatt	=	15.770,48
	Nettorechnungsbetrag	=	35.102,02

Rabattstaffel

Stückzahl	Rabatt
1–10	27,5 %
11–50	29,0 %
51–100	30,0 %
101–250	31,0 %
251–500	32,0 %
> 500	33,0 %

7.1 Sofortrabatte bei Ausgangsrechnungen

Beispiel Verkauf von Fahrrädern (eigene Erzeugnisse) an die Zweiradhandelsgesellschaft mbH, Berlin, auf Ziel

Ausgangsrechnung Nr. 258 (Auszug)

Artikel-Nr.	Artikelbezeichnung	Stück	Einzelpreis	Rabatt	Gesamtpreis
201	Trekking Light	170	299,25 €	31,00 %	35.102,02 €
			Nettorechnungsbetrag in €		35.102,02 €
Versandart	Freivermerk		+ 19 % USt		6.669,38 €
Lkw	frei Lager		Bruttorechnungsbetrag in €		41.771,40 €

Sofortrabatte aller Art sind in Ausgangsrechnungen bereits ausgewiesen und verringern den Listeneinkaufspreis für den Kunden. Auf den Umsatzerlöskonten werden nur die Nettorechnungsbeträge – nach Abzug der Rabatte – gebucht.

1) Buchung der Ausgangsrechnung an die Zweiradhandelsgesellschaft für eigene Erzeugnisse

Grundbuch:

Nr.	Soll	€	Haben	€
1)	2400 Forderungen a.L.L.	41.771,42	5000 Umsatzerlöse f. eigene Erzeugn. 4800 Umsatzsteuer	35.102,02 6.669,38

Beispiel Verkauf von Fahrradanhängern (Handelswaren) an die Radbauer GmbH, München, auf Ziel

Ausgangsrechnung Nr. 412 (Auszug)

Artikel-Nr.	Artikelbezeichnung	Stück	Einzelpreis	Rabatt	Gesamtpreis
601	Fahrradanhänger Kelly	10	90,72 €	10,00 %	816,48 €
605	Fahrradanhänger Sven	10	196,57 €	10,00 %	1.769,13 €
			Nettorechnungsbetrag in €		2.585,61 €
Versandart	Freivermerk		+ 19 % USt		491,27 €
Lkw	frei Lager		Bruttorechnungsbetrag in €		3.076,88 €

1) Buchung der Ausgangsrechnung an die Radbauer GmbH für Handelswaren

Grundbuch:

Nr.	Soll	€	Haben	€
1)	2400 Forderungen a.L.L.	3.076,88	5100 Umsatzerlöse f. Waren 4800 Umsatzsteuer	2.585,61 491,27

7.2 Weiterbelastungen von Aufwendungen an den Kunden

Werden den Kunden z. B. Verpackungs- oder Transportkosten in Rechnung gestellt, so sind diese den Umsatzerlösen hinzuzurechnen. Derartige Rechnungspositionen werden bei Absatzprozessen nicht auf gesonderten Konten erfasst – im Gegensatz zu den Buchungen im Beschaffungsbereich.

Konto Bezugskosten, vgl. **HF 2**, **8.3**, Band 1

Beispiel Verkauf von Handelswaren an die Radplus GmbH unter Berechnung von Transport- und Verpackungskosten auf Ziel

Ausgangsrechnung Nr. 304 (Auszug)

Artikel-Nr.	Artikelbezeichnung	Stück	Einzelpreis	Rabatt	Gesamtpreis
601	Fahrradanhänger Kelly	10	90,72 €	10,00 %	816,48 €
10	Verpackungskosten		25,00 €	0,00 %	25,00 €
20	Transportkostenanteil		50,00 €	0,00 %	50,00 €
			Nettorechnungsbetrag in €		891,48 €
Versandart	Freivermerk		+ 19 % USt		169,38 €
Bahnfracht	frei Lager		Bruttorechnungsbetrag in €		1.060,86 €

Grundbuch:
1) Buchung der Ausgangsrechnung an die Radplus GmbH

Nr.	Soll	€	Haben	€
1)	2400 Forderungen a.L.L.	1.060,86	5100 Umsatzerlöse f. Waren	891,48
			4800 Umsatzsteuer	169,38

Exkurs: Vertriebskosten

Im folgenden Beispiel handelt es sich um Einkäufe, die nicht in der Debitorenbuchhaltung, sondern als Aufwendungen zu erfassen sind. Werden Vertriebskosten an einen Kunden weiterbelastet, werden sie in der Ausgangsrechnung aufgeführt und direkt als Umsatzerlöse verbucht.

Weiterbelastungen von Aufwendungen an den Kunden, siehe oben

Grundbuch:
1) Barkauf von Verpackungsmaterial, 595,00 € brutto
2) Transport von Erzeugnissen an einen Kunden auf Ziel, 1.904,00 € brutto
3) Abschluss der Aufwandskonten über das GuV-Konto

Nr.	Soll	€	Haben	€
1)	6040 Aufw. f. Verpackungsmaterial	500,00		
	2600 Vorsteuer	95,00	2880 Kasse	595,00
2)	6140 Frachten und Fremdlager	1.600,00		
	2600 Vorsteuer	304,00	4400 Verbindlichkeiten a.L.L.	1.904,00
3.1)	8020 GuV-Konto	500,00	6040 Aufw. f. Verpackungsmaterial	500,00
3.2)	8020 GuV-Konto	1.600,00	6140 Frachten und Fremdlager	1.600,00

7.3 Rücksendungen durch Kunden

Beispiel Die Fly Bike Werke haben an die Radbauer GmbH in München eine Falschlieferung veranlasst, da eine falsche Artikelnummer eingegeben wurde. Die Radbauer GmbH sendet die Ware zurück und erhält eine Gutschrift.

Gutschrift Nr. 010 (Auszug)

Artikel-Nr.	Artikelbezeichnung	Stück	Einzelpreis	Rabatt	Gesamtpreis
601	Fahrradanhänger Kelly	10	90,72 €	10 %	816,48 €
		Nettogutschrift in €			816,48 €
		+ 19 % USt			155,13 €
		Bruttogutschrift in €			971,61 €

Grundbuch:

1) Buchung der Ausgangsrechnung an die Radbauer GmbH, München
2) Buchung der Gutschrift an die Radbauer GmbH, München (Stornobuchung)

Nr.	Soll	€	Haben	€
1)	2400 Forderungen a.L.L.	971,61	5100 Umsatzerlöse f. Waren 4800 Umsatzsteuer	816,48 155,13
2)	5100 Umsatzerlöse f. Waren 4800 Umsatzsteuer	816,48 155,13	2400 Forderungen a.L.L.	971,61

Rücksendungen erhöhen die Menge und den Wert der wieder vorhandenen Artikel. Da auch das vereinbarte Entgelt (Nettorechnungsbetrag) für die Gesamtlieferung durch die Rücksendung mit anschließender Gutschrift sinkt, ist die Umsatzsteuer entsprechend zu vermindern. Die Umsatzsteuerminderung erfolgt durch eine Sollbuchung auf dem Konto 4800 Umsatzsteuer.

7.4 Nachträgliche Preisnachlässe

Nachträgliche Preisnachlässe für Kunden vermindern nur die Höhe der Umsatzerlöse, ohne dass Artikel zurückgenommen werden. Diese Preisnachlässe werden zur Erleichterung von Kontrollen auf Unterkonten der Umsatzerlöskonten, z.B. dem Konto 5001 Erlösberichtigungen, erfasst. Auch hier wird das vereinbarte Entgelt (ursprünglicher Nettorechnungsbetrag) für die Gesamtlieferung durch den Preisnachlass nachträglich gesenkt. Die Umsatzsteuer ist entsprechend durch eine Sollbuchung auf dem Konto 4800 Umsatzsteuer zu vermindern.

7.4.1 Preisnachlässe nach Mängelrügen von Kunden

Bei berechtigten Mängelrügen von Kunden ist es häufig sinnvoll, dem Kunden einen Preisnachlass zu gewähren, wenn er dann bereit ist, die gekauften Artikel trotz des Mangels zu behalten. Neben den eigenen Kosten, z.B. für eine Nachbesserung, entfallen für den Hersteller auch die zusätzlichen Transportkosten und eventuell weitere neue Vertriebskosten.

Beispiel Gutschrift an den Kunden Zweiradhandelsgesellschaft mbH, Berlin, aufgrund von Lackschäden an verschiedenen Fahrrädern in Höhe von 10%

Mängel an Fahrrädern	Nettorechnungs-betrag = 100%	Umsatzsteuer = 19%	Bruttorechnungs-betrag = 119%
Ausgangsrechnung	30.000,00€	5.700,00€	35.700,00€
Gutschrift (10%)	3.000,00€	570,00€	3.570,00€
Zahlung (90%)	27.000,00€	5.130,00€	32.130,00€

Grundbuch:

1. Buchung der Ausgangsrechnung an die Zweiradhandelsgesellschaft mbH
2. Buchung der Gutschrift an die Zweiradhandelsgesellschaft mbH
3. Buchung der Banküberweisung der Zweiradhandelsgesellschaft mbH
4. Umbuchung der Erlösberichtigung am Ende der Abrechnungsperiode

Nr.	Soll	€	Haben	€
1)	2400 Forderungen a.L.L.	35.700,00	5000 Umsatzerlöse f. eigene Erzeugn. 4800 Umsatzsteuer	30.000,00 5.700,00
2)	5001 Erlösberichtigungen 4800 Umsatzsteuer	3.000,00 570,00	2400 Forderungen a.L.L.	3.570,00
3)	2800 Bankguthaben	32.130,00	2400 Forderungen a.L.L.	32.130,00
4)	5000 Umsatzerlöse f. eigene Erzeugn.	3.000,00	5001 Erlösberichtigungen	3.000,00

7.4.2 Preisnachlässe durch Kundenboni

Beispiel Der Kunde Zweirad Ritter GmbH hat im letzten Geschäftsjahr 2145 Fahrräder gekauft. Der Bonussatz beträgt 1%.

Gewährung eines Jahresbonus	Nettorechnungs-betrag = 100%	Umsatzsteuer = 19%	Bruttorechnungs-betrag = 119%
Jahresumsatz vor Bonusgutschrift	543.731,60€	103.309,00€	647.040,60€
Bonusgutschrift (1%)	5.437,32€	1.033,09€	6.470,41€
Jahresumsatz nach Bonusgutschrift (99%)	538.294,28€	102.275,91€	640.570,19€

Grundbuch:

1) Buchung der Gutschrift für Jahresbonus an die Zweirad Ritter GmbH
2) Umbuchung der Erlösberichtigung am Ende der Abrechnungsperiode

Nr.	Soll	€	Haben	€
1)	5001 Erlösberichtigungen 4800 Umsatzsteuer	5.437,32 1.033,09	2400 Forderungen a.L.L.	6.470,41
2)	5000 Umsatzerlöse f. eigene Erzeugn.	5.437,32	5001 Erlösberichtigungen	5.437,32

7.4.3 Preisnachlässe durch Kundenskonti

Beispiel Der Kunde Zweiradhandelsgesellschaft mbH begleicht eine Ausgangsrechnung innerhalb der Skontofrist unter Ausnutzung von 2 % Skonto.

Bruttoskonto 720,20 €
– Vorsteuer 114,99 €
= Nettoskonto 605,21 €

$\frac{BS \cdot 100}{119}$ = Nettoskonto

$\frac{BS \cdot 19}{119}$ = Vorsteuerberichtigung

BS = Bruttoskonto

Zahlung unter Abzug von Skonto	Nettorechnungsbetrag = 100 %	Umsatzsteuer = 19 %	Bruttorechnungsbetrag = 119 %
Rechnungsbetrag vor Skonto	30.260,37 €	5.749,47 €	36.009,84 €
Skonto (2 %)	605,21 €	114,99 €	720,20 €
Zahlungsbetrag nach Skonto (98 %)	29.655,16 €	5.634,48 €	35.289,64 €

Grundbuch:
1) Buchung der Ausgangsrechnung an die Zweiradhandelsgesellschaft mbH
2) Buchung des Zahlungseingangs
3) Umbuchung der Erlösberichtigung am Ende der Abrechnungsperiode

Nr.	Soll	€	Haben	€
1)	2400 Forderungen a.L.L.	36.009,84	5000 Umsatzerlöse f. eigene Erzeugn. 4800 Umsatzsteuer	30.260,37 5.749,47
2)	2800 Bankguthaben 5001 Erlösberichtigungen 4800 Umsatzsteuer	35.289,64 605,21 114,99	2400 Forderungen a.L.L.	36.009,84
3)	5000 Umsatzerlöse f. eigene Erzeugn.	605,21	5001 Erlösberichtigungen	605,21

Beispiel Bei der Inanspruchnahme von Skonto stellt sich für den Kunden die Frage, ob sich die vorzeitige Zahlung überhaupt lohnt. Dies kann der Kunde in einer Überschlagrechnung schnell feststellen:

Überschlagrechnung:

$$\frac{\text{Skontosatz in \%} \cdot 360 \text{ Tage}}{\text{Zahlungsziel in Tagen} - \text{Skontofrist in Tagen}} = \frac{2 \cdot 360}{30 - 8} = 32{,}73\,\%$$

Genaue Berechnung:

$$\frac{\text{Nettoskonto in €} \cdot 100 \cdot 360 \text{ Tage}}{\text{Überweisungsbetrag} \cdot \text{Lieferantenkreditfrist}} = \frac{605{,}21 \cdot 100 \cdot 360}{35.289{,}64 \cdot 22} = 28{,}06\,\%$$

Selbst bei einer kurzfristigen Kreditaufnahme zur Überweisung des Rechnungsbetrages zu den aktuellen Zinssätzen lohnt sich damit für den Kunden die Inanspruchnahme des Skontos, da er wohl kaum einen so hohen Zinssatz für den Kredit bezahlen müsste. Die Ersparnis errechnet sich aus der Differenz von Skontoertrag abzüglich Kreditzinsen. Bei einem Zinssatz von 8 % für einen Kredit über 22 Tage wären dies 432,68 € (605,21 € – 172,53 €). Für die Fly Bike Werke bedeuten nicht in Anspruch genommene Skonti eine Erhöhung der Umsatzerlöse und Gewinne, da der Skontoabzug bereits als Preisaufschlag im Verkaufspreis berücksichtigt wurde.

Alles klar?

1 Beschreiben Sie den Absatzprozess von der Anfrage bis zum Versand. Kapitel 1

2 Unterscheiden Sie natürliche und juristische Personen. Kapitel 2

3 Wann beginnt und endet die Rechtsfähigkeit eines Menschen?

4 Wer gilt nach dem Gesetz als geschäftsunfähig, beschränkt geschäftsfähig und voll geschäftsfähig?

5 In welchen Ausnahmefällen kann eine beschränkt geschäftsfähige Person wie eine voll geschäftsfähige Person handeln? Beschreiben Sie drei Fälle.

6 Lösen Sie nachfolgende Fälle und begründen Sie Ihre Entscheidung.

a Der 5-jährige Julius überreicht dem Bäcker einen Zettel seiner Mutter, auf dem „5 Brötchen" steht, legt 1,25 € auf die Theke und erhält vom Bäcker eine Tüte mit 5 Brötchen. Ist ein Kaufvertrag zustande gekommen?

b Die 17-jährige Emma erhält von ihrem Onkel 500,00 € zum Geburtstag geschenkt. Die Eltern sind dagegen, da ihnen der Betrag viel zu hoch erscheint. Darf sie das Geld trotzdem behalten?

c Die 6-jährige Ida kauft sich von ihrem Taschengeld eine kleine Puppe für 3,00 €, die sehr schnell völlig verdreckt ist. Die Eltern wollen vom Händler das Geld zurückhaben.

d Der 14-jährige Engin kauft von einem 20-jährigen Nachbarn eine DVD-Sammlung für 50,00 €. Sein Taschengeld beträgt im Monat nur 25,00 €, er ist aber sehr sparsam. Die Eltern verlangen vom Nachbarn, dass er die DVD-Sammlung wieder zurücknimmt und das Geld an Engin zurückerstattet.

e Der 17-jährige Eric hat mit der Erlaubnis seiner Eltern eine Ausbildung zum Einzelhandelskaufmann begonnen. Er merkt schnell, dass diese Entscheidung für ihn nicht das Richtige war, und kündigt noch in der Probezeit dieses Ausbildungsverhältnis. Die Eltern bestehen auf der Fortführung der Ausbildung.

7 Wie können Rechtsobjekte unterschieden werden?

8 Wer gilt als Eigentümer, wer als Besitzer einer Sache?

9 Erläutern Sie jeweils ein Beispiel für eine empfangsbedürftige und für eine nicht empfangsbedürftige Willenserklärung.

10 Wodurch unterscheiden sich einseitige und mehrseitige Rechtsgeschäfte?

11 Prüfen Sie bei den nachfolgenden Rechtsgeschäften, ob es sich um ein

1 = einseitiges Rechtsgeschäft mit empfangsbedürftiger Willenserklärung,

2 = einseitiges Rechtsgeschäft mit nicht empfangsbedürftiger Willenserklärung,

3 = mehrseitiges Rechtsgeschäft, das einseitig verpflichtend ist,

4 = mehrseitiges Rechtsgeschäft, das mehrseitig verpflichtend ist,

handelt.

a Ein Großvater schenkt seinem Sohn 10.000,00 € zur Geburt des ersten Kindes.
b Ein Arbeitgeber kündigt den Arbeitsvertrag mit einem unzuverlässigen Mitarbeiter.
c Ein schwer kranker Mensch schreibt sein Testament.
d Ein junger Mann kauft sich endlich sein Traumauto.
e Werner ist glücklich, gerade hält er den ersehnten Ausbildungsvertrag unterschrieben in den Händen.
f Ein Vater bürgt bei einer Bank für den Kredit seines Sohnes.
g Ein Katzenhalter bietet 500,00 € für das Finden (und die Rückgabe) seiner verloren gegangenen Katze.
h Ein Unternehmer erteilt einem verdienten Mitarbeiter eine Einkaufsvollmacht.
i Ein Versandhaus schreibt einem zahlungsunwilligen Kunden eine Mahnung.

12 Worin liegt der Unterschied zwischen bürgerlichen Rechtsgeschäften und Handelsgeschäften?

Kapitel 3

13 Welche Bestandteile beinhaltet die Vertragsfreiheit?

14 Beschreiben Sie den Vertragsinhalt und die Vertragspartner bei einem Mietvertrag und einem Berufsausbildungsvertrag.

15 Erläutern Sie drei Formvorschriften für Rechtsgeschäfte.

16 Wann gilt ein Rechtsgeschäft als nichtig? Erläutern Sie drei Beispiele.

17 Welche Verträge könnte die Fly Bike Werke GmbH in den nachfolgenden Fällen abschließen, wenn kein Kaufvertrag angestrebt wird?

Vertragsinhalte:
a Reparatur der Effektlackieranlage
b Aufnahme eines weiteren Gesellschafters, um das Eigenkapital des Unternehmens zu erhöhen
c befristete (3 Jahre) Nutzung eines Pkw durch den Geschäftsführer
d unbefristete Beschäftigung von weiteren zwei Lagerarbeitern
e Mitnutzung einer nahe gelegenen Lagerhalle eines anderen Unternehmens
f Aufnahme eines langfristigen Kredites bei der Hausbank zur Betriebserweiterung
g kurzfristige Überlassung eines Werkzeuges ohne Entgeltzahlung

18 Wann gilt ein Rechtsgeschäft als anfechtbar? Erläutern Sie drei Beispiele.

19 Geben Sie in den nachfolgenden Fällen an, ob die ggf. beabsichtigten Rechtsgeschäfte nichtig oder anfechtbar sein könnten. Begründen Sie kurz Ihre Entscheidung (z. B. „Nichtig, weil …").
a Landwirt Erwin verkauft in mündlicher Absprache dem Landwirt Maul seinen Hof.
b Unternehmer Karlson hat Steuern hinterzogen. Sein Buchhalter fordert eine Lohnerhöhung, andernfalls würde er Anzeige erstatten. Karlson stimmt zähneknirschend zu.

- **c** Großhändler Mull droht seinem Kunden mit einer Klage vor Gericht, wenn er die längst fällige Rechnung nicht umgehend bezahlt.
- **d** Der Personalchef eines Industrieunternehmens schließt schriftlich einen Arbeitsvertrag mit einem neuen Mitarbeiter für die Verkaufsabteilung, da er die Bewerbungsunterlagen vertauscht hat. Der neue Mitarbeiter ist von Beruf tatsächlich Bäcker und wollte in der Kantine beschäftigt werden.
- **e** In einem schriftlichen Angebot vertippt sich eine Verkaufssachbearbeiterin und bietet einen Artikel im Wert von 1.999,00 € für 199,00 € an. Der Kunde bestellt (natürlich) sofort.

20 Was versteht der Gesetzgeber unter einem Angebot?

21 Erklären Sie den Begriff der Freizeichnungsklausel und nennen Sie drei Beispiele.

22 Wie kommt ein Kaufvertrag zustande? Beschreiben Sie drei Möglichkeiten.

23 Erläutern Sie vier Inhalte eines Angebots.

24 Was versteht man unter einem Verbrauchsgüterkauf?

25 Erklären Sie die vertraglich vereinbarten Zahlungsbedingungen Vorauszahlung, Anzahlung und Zielkauf bzw. Kreditkauf.

26 Unterscheiden Sie die Bring- und die Schickschuld im Zusammenhang mit einem Kaufvertrag.

27 Erklären Sie die Bedeutung von allgemeinen Geschäftsbedingungen.

28 Unterscheiden Sie Barzahlung und bargeldlose Zahlung und geben Sie für jede Zahlungsart ein Beispiel an. Kapitel 4

29 Erläutern Sie die Bezahlformen POS und ELV.

30 Beschreiben Sie, wie Bezahldienste im Internet (z. B. PayPal) funktionieren.

31 Welche Konsequenzen kann ein unzufriedener Kunde für ein Unternehmen haben? Kapitel 5

32 Erklären Sie den Unterschied zwischen einem offenen und einem versteckten Mangel.

33 Erläutern Sie die Gewährleistungsrechte des Käufers bei fehlerhafter Ware. Unterscheiden Sie dabei auch vorrangige und nachrangige Rechte.

34 Nennen Sie die vier allgemeinen Gewährleistungsfristen.

35 Was versteht man unter „Beweislastumkehr“?

36 Worin unterscheiden sich Gewährleistung und Kulanz?

37 Welche Voraussetzungen müssen gegeben sein, damit ein Verkäufer in Lieferungsverzug gerät?

38 Ein Blu-Ray-Player läuft vier Monate nach dem Kauf nicht mehr. Der Käufer verlangt Nachbesserung. Der Verkäufer lehnt das ab.
- **a** Warum lehnt der Verkäufer die Nachbesserungsforderung hier ab?
- **b** Wie kann eine Nacherfüllung in diesem Fall noch erfolgen?

39 Der Lautsprecher eines Smartphones funktioniert innerhalb von zwei Monaten nach dem Kauf – auch nach zwei Reparaturversuchen des Verkäufers – nicht ohne „Knarrtöne". Der Verkäufer bietet einen Preisnachlass. Der Kunde ist daran nicht interessiert. Wie ist die Rechtslage?

40 Ein Smartphone funktioniert acht Monate nach dem Kauf gar nicht mehr. Der Verkäufer vermutet einen Wasserschaden. Wie ist die Rechtslage?

41 Erläutern Sie die Rechte des Käufers beim Lieferungsverzug.

42 Beschreiben Sie das kaufmännische Mahnverfahren.

43 Erklären Sie den Ablauf des gerichtlichen Mahnverfahrens.

44 Was versteht der Gesetzgeber unter dem Begriff der Verjährung?

45 Welche Gründe führen zu einem Neubeginn der Verjährung, welche zu einer Hemmung der Verjährung?

46 Welche Rechte hat der Verkäufer bei einem Annahmeverzug?

Kapitel 6

47 Welche Regelungen schreibt das BGB für Verbraucherkreditverträge vor?

48 Erläutern Sie die Besonderheiten bei Fernabsatzgeschäften.

49 Bilden Sie die Buchungssätze für nachfolgende Geschäftsvorfälle:

1. Ausgangsrechnung: Verkauf von eigenen Erzeugnissen auf Ziel, Rechnungsbetrag inkl. 19 % USt 99.365,00 €. Im Rechnungsbetrag ist eine Frachtkostenpauschale in Höhe von 595,00 € (brutto) enthalten.
2. Kontoauszug mit Bankgutschrift: Ein Käufer unserer Erzeugnisse überweist nach Abzug von 3 % Skonto 18.468,80 € auf unser Bankkonto.
3. Eingangsrechnung: Verpackungsmaterialeinkauf auf Ziel für den sofortigen Verbrauch (Verpackung eigener Erzeugnisse) zum Nettopreis von 8.500,00 € zzgl. Anlieferungskosten von 300,00 € netto zzgl. 19 % USt
4. Bonusgutschrift an einen Kunden von eigenen Erzeugnissen: Nettojahresumsatz 680.000,00 €, Bonussatz 0,75 % zzgl. 19 % USt
5. Gutschrift an einen Kunden: Verkaufte Handelswaren im Nettowert von 24.000,00 € werden zu 80 % gegen Gutschrift zzgl. 19 % USt zurückgenommen.

HANDLUNGSFELD 5

Personal

1 Aufgaben der Personalwirtschaft

Qualifizierte Mitarbeiter stellen in jedem Unternehmen einen entscheidenden Wettbewerbsvorteil dar. Im Wettbewerb um eine erfolgreiche Leistungserstellung von Waren und Dienstleistungen sind es immer auch die Mitarbeiter, die für den Erfolg der Unternehmen sorgen. Wegen der hohen Bedeutung des Personals gibt es in vielen Unternehmen eigene „Personalwirtschafts-Abteilungen“, die sich mit allen Belangen der Mitarbeiter beschäftigen.

Die Personalabteilung wird damit zum Bindeglied zwischen der Unternehmensleitung und den Mitarbeitern. Sie ist nicht nur verantwortlich für die verwaltungsmäßige Abwicklung der Einstellung, die Führung der Personalakten und die Ausführung der Entgeltabrechnungen, sondern sie kümmert sich auch um eine angemessene Qualifizierung durch Weiterbildungsangebote. Auch eine Beratung, z.B. zu vermögenswirksamen Leistungen oder betrieblicher Altersvorsorge, kann die Personalabteilung übernehmen.

Geschäftsprozess, Kern- und Unterstützungsprozesse, vgl. **HF 1**, **5.2**, Band 1

Kernaufgaben der Personalwirtschaft sind somit die Bereitstellung und der zielorientierte Einsatz von Personal. Diese Prozesse zählen zu den Unterstützungsprozessen (Supportprozessen) eines Unternehmens.

Personalwirtschaft als Unterstützungsprozess

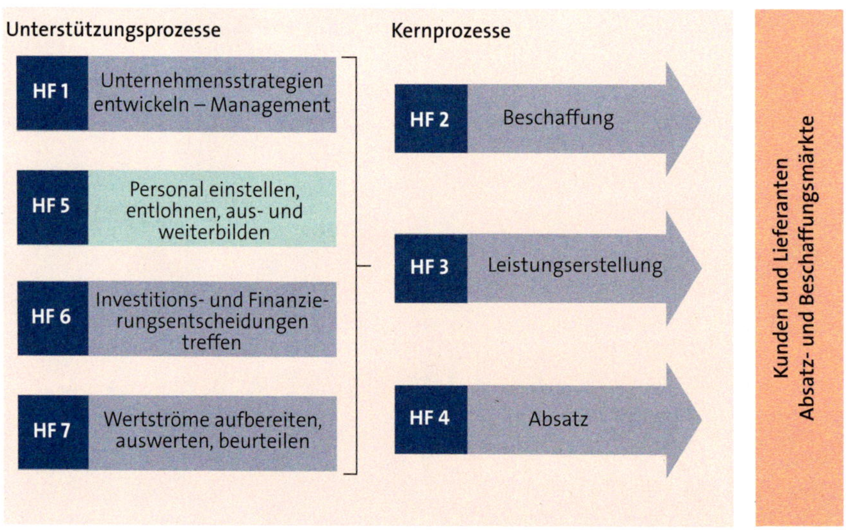

Die Mitarbeiter müssen nicht nur für ihre Aufgaben angemessen qualifiziert sein. Der Bedarf an Mitarbeitern muss auch permanent ermittelt und entsprechend qualifizierte Mitarbeiter müssen beschafft werden. Deshalb ist die Personalbeschaffung eine weitere Teilaufgabe der Personalwirtschaft.

2 Personal beschaffen und einstellen

LS ▸ **LS 62**
Personalbedarf planen und Personal beschaffen

2.1 Personaleinsatzplanung

Mithilfe der Personaleinsatzplanung versucht ein Unternehmer die Anzahl der Mitarbeiter zu planen bzw. festzulegen, die während der Produktions- bzw. Geschäftszeiten die anfallenden Arbeiten, wie z. B. Herstellen von Fahrrädern oder Verwaltungstätigkeiten, erledigen. Hierbei versucht der Unternehmer den Personaleinsatz so zu planen, dass auf der einen Seite ausreichend Personal vorhanden ist, auf der anderen Seite sollen aber auch möglichst keine unnötigen Kosten, z. B. durch eine Überbesetzung einer Abteilung, entstehen. Bei der Personaleinsatzplanung sind u. a. die Arbeitszeit des Mitarbeiters und die Produktions- bzw. Geschäftszeiten zu berücksichtigen:

Arbeitszeit des Mitarbeiters

Jeder Mitarbeiter steht dem Unternehmer nur für einen vereinbarten Zeitraum zur Verfügung. Dieser Zeitraum ergibt sich aus dem Arbeitsvertrag oder dem Tarifvertrag und dem Arbeitszeitgesetz. Unter Umständen haben einige Mitarbeiter auch eine Teilzeitbeschäftigung in ihrem Arbeitsvertrag vereinbart. Auch dies muss bei der Personaleinsatzplanung berücksichtigt werden. Eine Beschäftigung über die vertraglich festgelegte Arbeitszeit hinaus ist zwar innerhalb gesetzlicher Grenzen möglich, kann aber beim Unternehmer zu stark steigenden Personalkosten führen. Dies ist immer dann der Fall, wenn Überstunden nicht durch Freizeit, sondern durch Zuschläge zum Entgelt abgegolten werden.

Arbeitsvertrag, vgl. **3.1**, S. 100

Arbeitszeitgesetz, vgl. **9.1**, S. 148

Tarifvertrag, vgl. **3.2**, S. 102

Produktions- bzw. Geschäftszeiten

Dem Unternehmer steht es frei, wann und wie lange er Güter produziert. Er wird sich hierbei an selbst gesteckten Produktionszielen oder der Anzahl der nachgefragten Güter orientieren. Die Produktionsmenge kann innerhalb eines Jahres schwanken. So werden z. B. zum Frühjahresbeginn mehr Fahrräder verlangt als im Oktober.

2.2 Personalbedarfsplanung

Aufgabe der Personalbedarfsplanung ist es, abzuschätzen, wie groß der Personalbedarf eines Unternehmens in der Zukunft sein wird. Dabei geht es im Rahmen der Personalbedarfsermittlung nicht nur um absolute Mitarbeiterzahlen (Quantität), sondern auch um die notwendigen Qualifikationen (Qualität), die die Mitarbeiter haben müssen.

2.2.1 Quantitative Personalplanung

Grundlage der quantitativen Bedarfsplanung können z. B. festgesetzte Arbeitszeiten oder vorgegebene Stellenpläne sein.

Bei der quantitativen Personalplanung wird vom aktuellen Personalbestand ausgegangen. Der gegenwärtige Personalbestand (Ist-Bestand) kann sich durch vorhersehbare Ereignisse verändern:

Beispiele
- Ein Mitarbeiter erreicht die Altersgrenze und scheidet aus dem aktiven Erwerbsleben aus.
- Ein befristetes Arbeitsverhältnis läuft aus.

Ersatzbedarf ergibt sich, wenn bei gleichbleibender Beschäftigungslage Personal ausscheidet.

Diese Personalveränderungen sind vorhersehbar und daher gut planbar. Nicht planbar, sondern allenfalls schätzbar sind dagegen unvorhersehbare Personalveränderungen wie langfristige Krankheit, Kündigung oder gar Tod. Alle genannten Personalveränderungen führen dazu, dass bei gleichbleibender Geschäftslage ein **Ersatzbedarf** besteht, der rechtzeitig gedeckt werden muss. Das kann entweder durch Neueinstellungen geschehen oder auch durch geplante Zugänge wie z. B. die Übernahme von eigenen Auszubildenden oder die Rückkehr einer Mitarbeiterin aus der Elternzeit.

Neubedarf ergibt sich bei Betriebserweiterungen oder höherer Beschäftigung.

Darüber hinaus kann es auch einen **Neubedarf** geben, der sich aus der gesamtunternehmerischen Zielsetzung ergibt.

Beispiel
- Es werden weitere Geschäftsstellen eröffnet.
- Es werden zusätzliche Sortimentsbereiche angeboten.
- Das Kundenbindungskonzept hat Erfolg und die Kundenfrequenzen steigen.

Es kann aber auch gute Gründe für Personaleinschränkungen geben. Dieser **Minderbedarf** muss natürlich auch geplant werden.

Rationalisierung
zweckmäßige Anordnung von Arbeitsabläufen zur Steigerung der Effizienz

Beispiel
- **Rationalisierung**smaßnahmen
- Kundenfrequenzrückgang durch Neueröffnung eines Wettbewerbers
- Auslagerung einer Abteilung oder eines Stabes an ein externes Unternehmen (Outsourcing)

Fluktuation
(lat.) Wechsel, Schwankung; hier die freiwillige Aufgabe eines Arbeitsplatzes

Ordentliche Kündigung, vgl. **4.2.1**, S. 107

Nicht immer ist es möglich, diesen Minderbedarf durch natürliche **Fluktuation** aufzufangen. Ordentliche Kündigungen für bestimmte Mitarbeiter können die Folge sein. Der **Einsatzbedarf** als Ergebnis der Personalbedarfsplanung ist genau jener Bedarf, der zur Verwirklichung geplanter Aufgaben notwendig ist. Darüber hinaus berücksichtigt der **Reservebedarf** alle Situationen, die durch Fehlzeiten, Arbeitsausfälle oder die Einarbeitung neuer Mitarbeiter entstehen können, und ergänzt den Einsatzbedarf so, dass alle betrieblichen Arbeitsabläufe aufrechterhalten werden.

2.2.2 *Qualitative Personalplanung*

Die qualitative Personalplanung geht nicht nur von absoluten Zahlen aus, sondern auch von den **Qualifikationen der Mitarbeiter**. Der Abteilungsleiter braucht beispielsweise ein anderes Qualifikationsprofil als die Teilzeitkraft in der Telefonzentrale. Die jeweilige Stellenbeschreibung im Unternehmen gibt über die vom entsprechenden Mitarbeiter erwarteten Qualifikationen Auskunft.

Stellenbeschreibung

Eine Stellenbeschreibung ist ein wichtiges **innerbetriebliches Organisationsmittel**, denn sie enthält eine genaue Beschreibung der jeweiligen Stelle und ihre Einordnung in den betrieblichen Prozessablauf. Sie beschreibt, welche Kompetenz der Stelleninhaber hat, welchem anderen Mitarbeiter die Stelle unterstellt ist und wem gegenüber dieser Stelleninhaber weisungsbefugt ist. Sie legt aber auch fest, welche Anforderungen an den Stelleninhaber gestellt werden, z. B.:

- Schulbildung
- Berufsausbildung
- Praxiserfahrung
- Sprachkenntnisse
- EDV-Kenntnisse
- Kommunikationsfähigkeit
- Problemlösungsfähigkeit

Stelle
kleinste Organisationseinheit im Unternehmen

Stellen- und Abteilungsbildung,
vgl. **HF 1**, **4.1.1–4.1.2**, Band 1

Neben diesem eher tabellarischen Teil enthält die Stellenbeschreibung auch eine ausformulierte Beschreibung der anfallenden Tätigkeiten. Die Stellenbeschreibung dient also als Grundlage z. B. für Stellenausschreibungen im Rahmen der Personalbeschaffung, ist aber auch eine wichtige Hilfe bei der Einarbeitung neuer Mitarbeiter, da sie alle wichtigen Informationen enthält.

Beispiel Bezeichnung der Stelle: Sachbearbeitung Verkauf
Einzelaufgaben der Stelle (Fachaufgaben): Pflege der direkten Kundenbeziehungen; Verkaufsgespräche mit kompetenter und effizienter fachlicher Beratung des Kunden; Verhandlungen, Besprechungen und allgemeine Kontaktpflege; Abschluss von Kaufverträgen, Erstellen von Auftragsbestätigungen, Lieferscheinen und Rechnungen; Terminabsprachen und Terminüberwachung; Erstellen von Angeboten; Bearbeiten von Kundenreklamationen; Veranlassung von Ersatzlieferungen und Gutschriften; in Einzelfällen Abweichungen von den üblichen Vertriebswegen vereinbaren, veranlassen und überwachen (z. B. Streckengeschäfte).

2.3 Beschaffungswege

Will ein Unternehmen eine Stelle neu besetzen, versucht es auf jeden Fall die geeignete Person für diese Position zu finden, da eine Fehlbesetzung – z.B. aufgrund von Leistungsmängeln des neuen Mitarbeiters, notwendigen Qualifizierungsmaßnahmen oder sogar einer notwendigen Neubesetzung der Stelle – hohe Kosten verursachen kann.

Voraussetzung dafür ist einerseits die Erstellung eines **Anforderungsprofils** der zu besetzenden Stelle (Sollprofil) auf Grundlage der dort anfallenden Aufgaben. Zum anderen muss im Rahmen der Bewerberauswahl für jeden Bewerber ein **Fähigkeitsprofil** (Istprofil) erstellt werden, das seine Qualifikationen und Neigungen wiedergibt. Das **Eignungsprofil** ergibt sich dann aus der Schnittmenge von Anforderungs- und Fähigkeitsprofil.

Eine freie Stelle kann sowohl innerbetrieblich als auch extern, also auf dem Arbeitsmarkt, angeboten werden. Aus der bereits erläuterten Stellenbeschreibung ergibt sich dann auch die **Stellenausschreibung**, die notwendig ist, wenn neues Personal angeworben werden soll.

Der zukünftige Bewerber muss der Stellenausschreibung Folgendes entnehmen können:

- Aufgabengebiet, für das der Mitarbeiter gesucht wird
- Einsatzort
- Anforderungen und Erwartungen des Unternehmens
- Schul- und Ausbildung
- Berufserfahrung
- Dauer und zeitlicher Umfang der Beschäftigung (Vollzeit/Teilzeit/ggf. Befristung)
- mögliche Aufstiegschancen
- Hinweis auf tarifliche oder übertarifliche Bezahlung
- Ansprechpartner für die Bewerbung

Bei Stellenausschreibungen sowie allen weiteren Personalentscheidungen sind immer auch die gesetzlichen Vorgaben des **Allgemeinen Gleichbehandlungsgesetzes (AGG)** zu beachten. Diese verbieten jegliche Form von Diskriminierung im Hinblick auf Geschlecht, Alter, ethnische Herkunft, Rasse, Religion, Behinderung oder sexuelle Identität zu Ungunsten der Bewerber. Stellenausschreibungen müssen entsprechend neutral formuliert sein.

Das AGG im Arbeitsrecht

AGG: Allgemeines Gleichbehandlungsgesetz

Verbot der Benachteiligung von Beschäftigten
aus Gründen der Rasse, wegen der ethnischen Herkunft, des Geschlechts, der Religion, des Alters oder der sexuellen Identität

- **beim Zugang zu einem Arbeitsplatz** (z.B. in Stellenausschreibungen, Vorstellungsgesprächen)
- **bei den Beschäftigungs- und Arbeitsbedingungen** (z.B. beim Lohn oder Gehalt, in Teilzeitregelungen, bei Festlegung von Altersgrenzen)
- **beim beruflichen Aufstieg** (z.B. bei Beförderungen, Leistungsbeurteilungen, Prämienzahlungen)

Unter bestimmten Bedingungen kann jedoch eine unterschiedliche Behandlung erlaubt sein: wegen wesentlicher beruflicher Anforderungen, wegen des Alters oder der Religion

Rechte der Beschäftigten
- Beschwerde wegen einer Benachteiligung
- Arbeitsverweigerung, wenn Belästigung oder sexuelle Belästigung am Arbeitsplatz nicht abgestellt wird
- Wegen eines Verstoßes gegen das Benachteiligungsverbot kann innerhalb von 2 Monaten Anspruch auf Schmerzensgeld bzw. Schadensersatz erhoben werden

Was der Arbeitgeber tun muss

die Mitarbeiter informieren bzw. schulen

Benachteiligungen unterbinden (Überprüfung der betrieblichen Abläufe und Strukturen, von Betriebsvereinbarungen, Arbeits- und Tarifverträgen, Stellenanzeigen usw.)

Mitarbeiter auch vor Benachteiligung durch Kollegen, Kunden, Lieferanten schützen

eine Beschwerdestelle einrichten

Vorstellungsgespräche dokumentieren

ZAHLENBILDER 243 815

2.3.1 Interne Personalbeschaffung

Die **innerbetriebliche (interne) Stellenausschreibung**, z. B. am Schwarzen Brett, in der Unternehmenszeitung oder im Intranet des Unternehmens, hat den Vorteil, dass der zukünftige Mitarbeiter das Unternehmen schon kennt. Die Fähigkeiten und Fertigkeiten des Mitarbeiters sind dem Unternehmen bekannt, sodass eine Fehlbesetzung weitgehend vermieden werden kann. Wenn es um einen Aufstieg geht, fördert das die Motivation anderer Mitarbeiter, sich innerbetrieblich einzusetzen. Teure Stellenanzeigen und aufwendige Auswahlverfahren können so vermieden werden.

Nachteile der internen Personalbeschaffung können eine zu geringe Bewerberauswahl und hohe Fortbildungskosten sein. Abgelehnte Bewerber können sich zurückgesetzt fühlen, was negative Auswirkungen auf die Mitarbeitermotivation und das Betriebsklima haben kann.

Mitarbeitermotivation, vgl. **8**, S. 144

2.3.2 Externe Personalbeschaffung

Bei der externen Suche nach geeigneten neuen Mitarbeitern stehen folgende Möglichkeiten zur Verfügung, die möglichst zeitgleich genutzt werden sollten.

Stellenanzeigen

Der Stellenmarkt in Internetportalen oder Fachzeitschriften bietet eine gute Chance, viele Interessenten anzusprechen. Die Stellenanzeige sollte ein genaues Profil der geforderten Qualifikationen aufweisen. Eine Bewerbung ist nur dann lohnenswert, wenn der Bewerber die benannten Anforderungen erfüllen kann.

Als Informationen für die möglichen Bewerber gehören folgende Bestandteile zu einer Stellenausschreibung als Anzeige:

- Name und Adresse des ausschreibenden Unternehmens
- Bezeichnung der Stelle
- Gründe für die Stellenanzeige
- Informationen zum suchenden Unternehmen, z. B. Sortiment
- Anforderungen an den möglichen Bewerber
- eventuell Hinweise auf das Gehalt oder Sozialleistungen des Unternehmens
- Hinweise zur Vorgehensweise, insbesondere bei Online-Bewerbungen

w/m/d steht für männlich/weiblich/divers. Mit der Angabe „divers" schützt man Menschen, die sich weder männlich noch weiblich fühlen, im Sinne des Allgemeinen Gleichbehandlungsgesetzes (AGG) vor Diskriminierung.

Fly Bike Werke GmbH

Wir gehören zu den führenden deutschen Herstellern qualitativ hochwertiger Sport- und Freizeiträder. Kundenorientierung und Kollegialität bestimmen unseren Erfolg. Unsere Mitarbeiter erhalten Förderung und Freiraum. Sind Sie dabei? Wir suchen zum nächstmöglichen Zeitpunkt eine/n

Sachbearbeiter (w/m/d) im Vertrieb

Unsere Kunden erwarten eine optimale und professionelle Auftragsabwicklung. Für Sie ist die Pflege der direkten Kundenbeziehungen genauso wichtig wie die kompetente und effiziente fachliche Beratung unserer Kunden. Sie haben bereits Erfahrungen im Bereich Vertrieb und wollen diese auch weiterhin optimal für unsere nationalen und internationalen Kunden im Groß- und Einzelhandel umsetzen. Dann sollten wir uns kennenlernen.

Ihre Aufgaben

- Verhandlungen, Besprechungen und allgemeine Kundenpflege
- Abschluss von Kaufverträgen
- Erstellen von Auftragsbestätigungen, Lieferscheinen und Rechnungen
- Erstellen von Angeboten und Bearbeiten von Kundenreklamationen

Unser Angebot

- Mitarbeit in einem dynamischen Team
- Leistungsorientierte Vergütung
- Weiterbildungsmöglichkeiten
- Standort ist Oldenburg

Anforderungen

- kaufmännische Berufsausbildung und mehrjährige Berufserfahrung im Bereich Vertrieb
- Verhandlungsgeschick
- gute Kenntnisse gängiger PC-Programme
- Kundenorientierung, Flexibilität, Belastbarkeit, freundliches Auftreten
- gute Deutsch- und Englischkenntnisse in Wort und Schrift

Kontakt:
Fly Bike Werke GmbH, Herr C. Steffes
Rostocker Str. 334, D-26121 Oldenburg
Tel. 0441 8XX-0
E-Mail: c.steffes@flybike-werke.dex
www.flybike-werke.dex

Bundesagentur für Arbeit

Bei der Suche nach Mitarbeitern werden immer stärker die Möglichkeiten des Internets genutzt. Über die Jobbörse der Bundesagentur für Arbeit können sich Stellensuchende online oder an den Info-Terminals der Arbeitsagenturen über offene Stellen informieren. Dazu ist es notwendig, dass sich Unternehmen, die einstellen möchten, bei der Arbeitsagentur registrieren lassen.

2.4 Bewerber auswählen und Eignung feststellen

Die in der Praxis gebräuchlichsten Methoden zur Bewerberauswahl sind die Auswertung der **Bewerbungsunterlagen** und das **Vorstellungs- oder Auswahlgespräch**. Daneben werden – seltener – auch Einstellungstests (Persönlichkeitstests) oder biografische Fragebögen eingesetzt.

Für Stellen mit Führungs- und Planungsaufgaben kommt häufig das Assessment-Center infrage, ein Gruppenauswahlverfahren mit mehreren Beobachtern, bei dem unterschiedliche Auswahlinstrumente (z.B. Gruppendiskussionen, Rollenspiele, Vorträge, computergestützte Planspiele) angewendet werden.

2.4.1 Bewerbungsunterlagen

Auf eine Anzeige in Internetportalen oder auf einem Aushang im eigenen Unternehmen bewerben sich in der Regel viele Interessenten. Durch die große Anzahl von Bewerbern wird es möglich und nötig, ein geeignetes Auswahlverfahren durchzuführen, mit dessen Hilfe der richtige Mitarbeiter für das Unternehmen gefunden werden kann. Ein ernsthaft durchgeführtes Auswahlverfahren nimmt einige Zeit in Anspruch. Daher ist es fair, allen Bewerbern zunächst den **Eingang** ihrer Bewerbungsunterlagen zu **bestätigen**.

Ist die Stelle nur intern ausgeschrieben worden, wird in der Regel das hier beschriebene Verfahren – wenn überhaupt – nur stark verkürzt Anwendung finden, da der Mitarbeiter seinem Arbeitgeber durch seine bisherige Tätigkeit ja schon bestens bekannt ist.

Zu einer schriftlichen Bewerbung gehören gewöhnlich nachstehende Bewerbungsunterlagen, die von jedem Bewerber, auch bei Online-Bewerbungen, erwartet werden können:

- Bewerbungsschreiben (Anschreiben)
- Lebenslauf
- Lichtbild
- Zeugniskopien (in logischer Reihenfolge)

Außerdem können entsprechend der Stellenausschreibung besondere Unterlagen verlangt werden:

- Zertifikate über besuchte Kurse und Schulungen
- Praktikumsbescheinigungen
- polizeiliches Führungszeugnis

Bewerbungsschreiben

Das Anschreiben oder Bewerbungsschreiben soll dem Personalbeauftragten die Informationen der gesamten Bewerbung auf einen Blick darstellen und die wesentlichen Dinge betonen. Es soll den bisherigen Berufsweg kurz erklären und Auskunft über Kenntnisse, Fähigkeiten und Erfahrungen geben, die für die angestrebte Stelle wichtig sind. Der Bewerber sollte genau begründen können, warum er für die ausgeschriebene Stelle besonders geeignet ist, und auch, warum er sie haben möchte.

Das Anschreiben sollte den Vorgaben der **DIN 5008** genügen. Da es darum geht, die Qualität der eigenen Bewerbung gegenüber anderen Bewerbern herauszustellen, sollte auch beim Papier nicht gespart werden und Schreibpapier mit einer Stärke von mindestens 80 g gewählt werden. Selbstverständlich sind alle Schriftstücke in richtiger Rechtschreibung zu verfassen. Das Anschreiben und der Lebenslauf müssen **eigenhändig unterschrieben** werden.

Name und Anschrift des Absenders

Sara Reiger
Kampstr. 62
20357 Hamburg

Hamburg, 6. Juni 20XX

Ort und Datum des Schreibens

Fly Bike Werke GmbH
Herrn C. Steffes
Rostocker Str. 334
26121 Oldenburg

Anschrift des Unternehmens

Bewerbung als Sachbearbeiterin Vertrieb
Ihre Stellenanzeige in der Nordwest-Zeitung vom 30. Mai 20XX, unser Telefonat von heute

Betreffzeile

Sehr geehrter Herr Steffes,

Anrede

Text mit dem Grund der Bewerbung und Hinweis auf Kenntnisse und Fähigkeiten

vielen Dank für das informative Telefongespräch. Meine Erfahrungen im Radsportbereich würde ich gerne nutzen, um Ihren Kundenstamm zu betreuen und zu erweitern.

Zurzeit bin ich als Verkaufssachbearbeiterin bei der Schaub-Cycle GmbH in Hamburg tätig. Ich bin dort für den Vertrieb in Deutschland und Österreich zuständig. Die Akquisition von Neukunden gehört ebenfalls zu meinen täglichen Aufgaben. Neben meiner Berufserfahrung in dieser Branche sind mir Ihr Unternehmen und Ihre Produkte auch privat als Kundin bestens bekannt.

Bei meinem jetzigen Arbeitgeber trage ich die Verantwortung für die Absatzziele in meinem Verkaufsgebiet. Ich vertrete mein Unternehmen auf Messen und nutze diese Gelegenheiten auch für aktive Kundengespräche.

Die Anwendung von SAP und des Microsoft-Office-Pakets ist für mich selbstverständlich. Während meiner Schulzeit und in weiteren Seminaren habe ich vertragssicheres Englisch in Wort und Schrift gelernt.

Über eine Einladung zu einem persönlichen Gespräch würde ich mich sehr freuen.

Mit freundlichen Grüßen

Grußformel

Sara Reiger

Unterschrift

Anlagen

Hinweis auf Anlagen

Lebenslauf

Ein lückenloser Lebenslauf ist ein wichtiger Bestandteil einer aussagekräftigen und vollständigen Bewerbung. Er muss den Leser über den persönlichen Lebensweg des Bewerbers und über seine fachliche Eignung informieren. Ein tabellarischer Lebenslauf, der fehlerfrei mit einem Textverarbeitungsprogramm geschrieben ist, gilt als Standard. So lassen sich Informationen übersichtlich gliedern, damit wichtige Daten schnell erfasst werden können.

Für die Prüfung der Vollständigkeit eines tabellarischen Lebenslaufes kann man sich an nachstehender Grundform orientieren:

1. Persönliche Angaben
- Vor- und Nachname
- Anschrift
- Telefonnummer und E-Mail-Adresse
- Geburtsdatum und -ort

2. Schulbildung
- Schulform und -ort
- Abschluss

3. Berufsausbildung
- Ausbildungsdauer
- Art der Berufsausbildung
- Ausbildungsbetrieb
- Abschluss

4. Berufspraxis
- Zeitdauer
- Stellenbezeichnung, Position
- Unternehmen, Ort
- Arbeitsgebiet

5. Sonstige Kenntnisse
- Fremdsprachen
- EDV-Kenntnisse

Lebenslauf

Persönliche Daten

Name	Sara Reiger
Adresse	Kampstr. 62 20357 Hamburg
Telefon	040 663 54 XX
E-Mail	Sara.reiger@hamburgonline.dex
Geburtstag	13. April 1982
Geburtsort	Berlin

Bildungsweg

1998–2001	Ausbildung zur Kauffrau im Groß- und Außenhandel, Fachrichtung Großhandel, Schaub-Cycle GmbH, Hamburg
1994–1998	Wilhelm-Maybach-Realschule, Berlin mittlerer Abschluss

Berufstätigkeit

2007–20XX	Verkaufssachbearbeiter bei der Schaub-Cycle GmbH, Hamburg, seit 4 Jahren betreue ich das Vertriebsgebiet Deutschland und Österreich
2001–2007	kaufmännische Angestellte bei der Schaub-Cycle GmbH, Hamburg, Abteilung Einkauf
EDV	MS-Office (Word, Excel, PowerPoint, Access, Outlook), SAP Business One
Fremdsprachen	vertragssicheres Englisch

Hamburg, 6. Juni 20XX

Sara Reiger

Lichtbild

Das Lichtbild ist zwar nicht objektiv zu beurteilen, aber gerade deswegen ein ausschlaggebendes Beurteilungskriterium. Wer auf dem Foto gut wirkt, hat gute Chancen, auch mit seiner Bewerbung Erfolg zu haben. Dieser Stellenwert von Bewerbungsfotos sollte aber nicht dazu führen, dass alte Urlaubsfotos, auf denen Bewerber sich besonders vorteilhaft getroffen fühlen, hervorgeholt werden, denn spätestens beim Vorstellungsgespräch wird jeder Bewerber „Farbe bekennen müssen“. Das Format des Fotos sollte etwas größer als ein Passbild sein.

Das Gesicht sollte in allen Bereichen gut ausgeleuchtet, scharf und kontrastreich sein. Reflexionen, Schatten oder gar rote Augen sind auf jeden Fall zu vermeiden. Insofern sollte man wirklich in die Bewerbung investieren und keine Fotos aus preiswerten Schnellfotoautomaten für die Bewerbung verwenden. Die eigene Bewerbung soll besser sein als die der Mitbewerber.

Zeugnisse

Arbeitszeugnis, vgl. **10**, S. 154

Der Bewerbung liegen in der Regel Kopien von Ausbildungsabschlüssen und Arbeitszeugnissen in logischer, z. B. zeitlicher, Reihenfolge bei. Zeugnisse haben häufig einen hohen Aussagewert bei der Beurteilung und Auswahl von Bewerbern, obwohl Zeugnisnoten nicht wirklich etwas über die Berufseignung anzeigen. Außerdem wird die Aussagekraft von Zeugnissen noch dadurch vermindert, dass Leistungen nur in seltenen Fällen wirklich objektiv vergleichbar sind. So unterscheidet sich z. B. das Niveau von Ausbildungsabschlüssen oft und Arbeitszeugnisse sind unter Umständen Gefälligkeitsbeurteilungen.

Bewerbungsmappe

Die vollständigen Bewerbungsunterlagen sollten sich ungelocht in einem Klemmhefter befinden, wobei das Anschreiben bei Postversand oder persönlicher Abgabe im Unternehmen obenauf liegt. Alles zusammen kommt in einem festen DIN-A4-Umschlag.

2.4.2 *Vorstellungsgespräch*

Eine Einladung zu einem Vorstellungsgespräch ist eine erste Vorentscheidung für die eingeladenen Bewerber. Vorstellungsgespräche haben zwei Aufgaben: Zum einen dienen sie dem Arbeitgeber durch den persönlichen Eindruck zur Vervollständigung seines Gesamtbildes über den Bewerber, andererseits dienen sie dem Bewerber zu weiteren Informationen über seinen möglichen Arbeitsplatz und Arbeitgeber.

Der Arbeitgeber informiert sich im Vorstellungsgespräch über persönliche Eigenschaften des Bewerbers wie
- Kontaktfähigkeit,
- Selbstbewusstsein,
- Entschlusskraft,
- Energie,
- Beharrlichkeit,
- Anpassungsfähigkeit,

und über äußere Eigenschaften wie
- Aussehen und Benehmen,
- Körpersprache,
- Sprechweise.

Mögliche Fragen an den Bewerber

Folgender Fragenkatalog kann den Bewerber ein wenig „aus der Reserve locken“ und aufschlussreiche Informationen bringen:

Fragen zur Bewerbung
- Weshalb haben Sie sich bei uns beworben?
- Was erwarten Sie von uns?
- Weswegen wollen Sie Ihre bisherige Stelle wechseln?
- Was hat Ihnen an unserer Stellenanzeige besonders gefallen?
- Was wissen Sie über unser Unternehmen?

Fragen zur Selbstkritik
- Was sind Ihre Stärken?
- Was sind Ihre Schwächen?
- Warum sollen wir Sie einstellen?

Fragen zu Ausbildung und Beruf
- Warum haben Sie Ihren Ausbildungsberuf gewählt?
- Was hat Ihnen an Ihrer Ausbildung besonders gefallen und was nicht?
- Welches ist Ihr Traumberuf?
- Wie stellen Sie sich Ihre berufliche Zukunft vor?

Fragen zur Freizeitgestaltung
- Was tun Sie in Ihrer Freizeit?
- Welche Hobbys haben Sie?

Nicht zulässige Fragen im Vorstellungsgespräch

Weitere Fragen können sich auf die wirtschaftliche Lage und den Gesundheitszustand des Bewerbers beziehen. **Nicht zulässig** sind Fragen nach Gewerkschaftszugehörigkeit, Betriebsratstätigkeit, einer bestehenden Schwangerschaft oder anstehender Familienplanung. Um Bewerber vor unzulässigen Fragen zu schützen, wird ihnen in diesen Fällen das „Recht zur Lüge“ eingeräumt. Eine Schwangere darf also z. B. die Schwangerschaft leugnen, ohne dass der Arbeitgeber deshalb das Recht hat, den Arbeitsvertrag später wegen arglistiger Täuschung anzufechten.

Bei der Bewertung von Vorstellungsgesprächen ist zu berücksichtigen, dass der gewonnene Eindruck subjektiv ist und durch persönliche Sympathie oder Antipathie verzerrt werden kann. Daher wird häufig eine zweite Person (z. B. der zukünftige Vorgesetzte) zum Gespräch hinzugezogen. Zur Erhöhung der Objektivität und besseren Vergleichbarkeit der Bewerber werden **strukturierte Interviews** durchgeführt (d. h., der Gesprächsablauf wird im Voraus festgelegt).

Ein typischer Ablauf eines Vorstellungsgesprächs

1. Gegenseitige Begrüßung unter Beachtung folgender Grundregeln:
   a) Wer einen Raum betritt, grüßt zuerst.
   b) Frauen werden zuerst begrüßt (es sei denn, die Rangfolge der Anwesenden lässt es nicht zu).
   c) Der Händedruck ist fest, währenddessen hält man Blickkontakt.
   d) Der Bewerber setzt sich als Letzter, es sei denn, er wird ausdrücklich aufgefordert, vorab Platz zu nehmen.
   e) Angebotene Getränke nimmt der Bewerber an.
   f) Bei Heißgetränken werden die Tassen zum Einschenken angehoben.
2. Kurze Vorstellung von Bewerber und Unternehmen
3. Der Bewerber beantwortet Fragen zu Berufswahl, Bewerbung.
4. Persönliche Situation (z. B. Hobbys, Freizeitaktivitäten)
5. Die Möglichkeit, selbst Fragen zu stellen (z. B. zur Ausbildung)
6. Gesprächsabschluss und Verabschiedung

3 Regelungen in Arbeitsverträgen

LS ▶ LS 63 Einen Arbeitsvertrag schließen

3.1 Gesetzliche Regelungen

Zustandekommen von Verträgen, vgl. HF 4, 2, S. 13

Mit dem Arbeitsvertrag gehen Arbeitgeber und Arbeitnehmer eine gegenseitige Verpflichtung ein. Er beinhaltet die Leistungspflicht des Arbeitnehmers und die Verpflichtung zur Zahlung eines Gehaltes durch den Arbeitgeber. Wie andere Verträge kommt auch ein Arbeitsvertrag durch **zwei übereinstimmende Willenserklärungen** zustande .

Der Arbeitgeber muss entsprechend den Regelungen des Nachweisgesetzes dem neuen Arbeitnehmer spätestens einen Monat nach der Einstellung einen **schriftlichen Vertrag** vorlegen, es sei denn, der neue Arbeitnehmer arbeitet weniger als 400 Stunden pro Jahr für das Unternehmen.

Wesentliche **Inhalte** des Arbeitsvertrags können sein:
- Name und Anschrift der Vertragsparteien
- Art und Umfang der Tätigkeit
- Einsatzort
- Beginn und Dauer des Arbeitsverhältnisses
- Probezeit
- Kündigungsfristen
- Entgelt
- Dauer der Arbeitszeit
- Urlaub
- Hinweise auf anzuwendende Gesetze, Tarifverträge und Betriebsvereinbarungen

Gesetzlicher Arbeitsschutz, vgl. 9, S. 148

In einem Arbeitsvertrag können die Vertragsparteien aber nicht alles frei vereinbaren. So sind z. B. die gesetzlichen Regelungen des **Arbeitsschutzes** zu beachten, die in verschiedenen Gesetzen und Rechtsverordnungen sowie in den von den Trägern der Unfallversicherung erlassenen Unfallverhütungsvorschriften zu finden sind. Auch gegen das **Arbeitszeitgesetz** darf nicht verstoßen werden.

Tarifvertragliche Regelungen, vgl. 3.2, S. 102

Wird ein Arbeitsvertrag zwischen Mitgliedern der Tarifvertragspartner (Gewerkschaften und Arbeitgeber bzw. Arbeitgeberverbände) geschlossen, so sind die Regelungen des **Tarifvertrags** auf das Arbeitsverhältnis anzuwenden. Das gilt auch, wenn im einzelnen Arbeitsvertrag nicht ausdrücklich auf den Tarifvertrag Bezug genommen wird.

Betriebsrat, vgl. 5.1, S. 111

Darüber hinaus können zwischen dem Betriebsrat und dem Arbeitgeber **Betriebsvereinbarungen** geschlossen werden, die für die Arbeitnehmer eines Unternehmens unmittelbar gelten. Diese Betriebsvereinbarungen müssen in schriftlicher Form getroffen und von Arbeitgeber und Betriebsrat unterzeichnet werden.

Durch Betriebsvereinbarungen können z. B. geregelt werden:
- zusätzliche Maßnahmen zur Verhütung von Arbeitsunfällen und Gesundheitsschädigungen
- Maßnahmen zur Förderung der Vermögensbildung
- Pausenregelungen
- Regelungen zur flexiblen Arbeitszeit
- Sondervergütungen

Mit dem Abschluss des Arbeitsvertrags übernehmen Arbeitgeber und Arbeitnehmer eine Reihe von Pflichten.

Pflichten des Arbeitgebers	Pflichten des Arbeitnehmers
Vergütungspflicht	Arbeitspflicht
Beschäftigungspflicht	Verschwiegenheitspflicht
Urlaubsgewährungspflicht	Verbot der Bestechlichkeit
Fürsorgepflicht	Wettbewerbsverbot
Zeugnispflicht	

Arbeitsvertrag für Angestellte unter Verweis auf den Tarifvertrag

Fly Bike Werke GmbH

Zwischen der Fly Bike Werke GmbH, Rostocker Str. 334, 26121 Oldenburg (Arbeitgeber)

und Frau Sara Reiger geb. am 13.04.1982
wohnhaft in Kampstr. 62
20357 Hamburg (Arbeitnehmerin) wird folgender Arbeitsvertrag geschlossen.

§ 1 Inhalt und Beginn des Arbeitsverhältnisses
I. Die Arbeitnehmerin tritt ab 01.09.20XX als Sachbearbeiterin Vertrieb auf unbestimmte Zeit in die Dienste des Arbeitgebers.
II. Der Arbeitsvertrag bezieht sich auf eine Tätigkeit in Oldenburg. Der Arbeitgeber behält sich vor, der Arbeitnehmerin im Rahmen des Unternehmens auch an einem anderen Ort eine andere oder zusätzliche, der Vorbildung und den Fähigkeiten entsprechende Tätigkeit zu übertragen.

§ 2 Arbeitszeit
I. Die Arbeitszeit richtet sich nach den für den Betrieb geltenden tariflichen und betrieblichen Bestimmungen.
II. Die Arbeitnehmerin ist verpflichtet, im Rahmen des ArbZG und des MTV Mehrarbeit zu leisten.

§ 3 Arbeitsvergütung und Urlaubsanspruch
I. Die Angestellte erhält eine monatliche Vergütung nach dem Entgelttarifvertrag.
a) Grundentgelt nach der Entgeltgruppe EG 4;
b) Leistungsentgelt in Höhe von 200,00 €;
c) eine außerordentliche monatliche Zulage in Höhe von 50,00 €.
Übertarifliche Zahlungen sind bei tariflichen Entgelterhöhungen anrechenbar.
II. Die Arbeitsvergütung ist jeweils am Monatsende auszuzahlen.
III. Der Urlaubsanspruch richtet sich nach dem Manteltarifvertrag. Er beträgt zurzeit 30 Arbeitstage pro Kalenderjahr.

§ 4 Besondere Vergütungen
Neben dem in § 3 festgelegten Arbeitsentgelt werden noch folgende besondere Vergütungen gezahlt:
I. Urlaubsgeld 500,00 €
II. Weihnachtsgeld 50 % eines Monatsentgelts (ohne Zulagen)
III. Zuschuss zu vermögenswirksamen Leistungen (VL) 26,00 €

§ 5 Fehlzeiten
I. Die Arbeitnehmerin ist verpflichtet, im Falle der Dienstverhinderung den Grund und die voraussichtliche Dauer der Verhinderung vorher bzw. unverzüglich mitzuteilen und im Falle der Erkrankung diese bis zum Ablauf des 3. Werktages nach Eintritt der Dienstverhinderung nachzuweisen.

§ 6 Verschwiegenheitspflicht
Die Arbeitnehmerin ist verpflichtet, über alle Betriebs-und Geschäftsgeheimnisse sowie über alle betriebsinternen vertraulichen Angelegenheiten Stillschweigen zu bewahren.

§ 7 Beendigung des Arbeitsverhältnisses
I. Das Arbeitsverhältnis endet zum Ablauf des Monats, in dem die Arbeitnehmerin das Alter erreicht, in dem sie einen Anspruch auf gesetzliche Regelaltersrente erwirbt.
II. Das Arbeitsverhältnis kann mit der Frist von 1 Monat zum Monatsende gekündigt werden.
Bei längerer Betriebszugehörigkeit verändert sich die Kündigungsfrist entsprechend (siehe MTV und KSchG).

§ 8 Änderungen des Arbeitsvertrages
Änderungen dieses Vertrages bedürfen der Schriftform.

§ 9 Bestandteile des Vertrages
Die Angaben im Einstellungsfragebogen und in den Bewerbungsunterlagen sind Bestandteil des Arbeitsvertrages. Die unwahre Beantwortung der Fragen berechtigt zur Anfechtung oder außerordentlichen Kündigung des Arbeitsvertrages.

Oldenburg, den 27.06.20XX

H. Peters
Arbeitgeber

Sara Reiger
Arbeitnehmerin

LS ▸ LS 64
Tarifkonflikte verstehen

Rechtliche Grundlagen des Tarifvertrags bilden das Grundgesetz (Art. 9 Abs. 3 GG) sowie das Tarifvertragsgesetz (TVG).

3.2 Tarifvertragliche Regelungen

Grundlage für das Entgelt, den Urlaubsanspruch, die Arbeitszeiten und Arbeitsbedingungen der Arbeitnehmer ist – neben den gesetzlichen Bestimmungen – der **Tarifvertrag**. Ein Tarifvertrag ist ein schriftlicher Vertrag zwischen den sogenannten **Tarif- oder Sozialpartnern**. Dabei handelt es sich um einen einzelnen Arbeitgeber oder einen Arbeitgeberverband auf der einen Seite und um eine Gewerkschaft als Interessenvertretung der Arbeitnehmer auf der anderen Seite. Gegenstand eines solchen Tarifvertrages ist die Regelung arbeitsrechtlicher Fragen.

Tarif
Einheitliche Bedingungen für bestimmte Leistungen

Autonomie
Selbstbestimmung

Den Tarifpartnern wird vom Gesetzgeber ausdrücklich gestattet, die **Tarife** für Arbeitsleistungen durch vertragliche Verhandlungen eigenverantwortlich und ohne seine Einflussnahme zu bestimmen. Deshalb spricht man auch von der **Tarifautonomie**. Man unterscheidet verschiedene Arten von Tarifverträgen:

Ein **Manteltarifvertrag** ist ein auf längere Zeit angelegter Tarifvertrag. Darin werden diejenigen Arbeitsbedingungen geregelt, die nicht ständiger Änderung unterliegen, wie z. B. Arbeitszeit (einschließlich Pausen), Urlaub, Kündigungsfristen, Zuschläge bei Mehr-, Nacht- und Feiertagsarbeit, vermögenswirksame Leistungen, Altersversorgung.

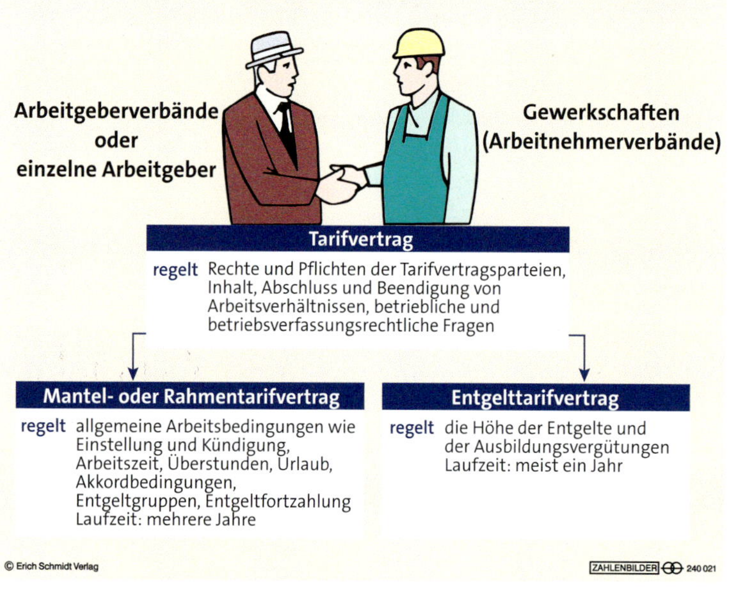

Im **Rahmentarifvertrag** sind die Bewertungsgrundsätze für die Entlohnung festgeschrieben, d. h. die **Eingruppierung** in eine bestimmte Entgeltgruppe. Diese Einteilung ist sinnvoll, weil sich die Rahmenbedingungen der Entlohnung in der Regel nicht so schnell ändern wie die oft jährlich neu verhandelten Entgeltsätze.

Ein **Entgelttarifvertrag** regelt das Arbeitsentgelt für einen bestimmten Zeitraum, meist ein Jahr. Er regelt die Entgelte für die verschiedenen Gruppen von Arbeitnehmern, aber auch Zuschläge, Urlaubs- und Weihnachtsgeld sowie die Auszubildendenvergütungen.

3.2.1 Gültigkeit von Tarifverträgen

Wo gilt ein Tarifvertrag?

www.tarifregister.nrw.de

Ein Tarifvertrag gilt nur innerhalb eines bestimmten **geografischen Gebiets**. Nach dem Geltungsbereich unterscheidet man Landes-, Bezirks-, Orts- und Werkstarife. Der Tarifvertrag kann für das ganze Bundesgebiet gelten oder für ein oder mehrere Bundesländer, Landesbezirke oder ein einzelnes Unternehmen. Der **betriebliche Geltungsbereich** eines Tarifvertrags setzt die Zugehörigkeit des Betriebes zu dem Wirtschaftszweig voraus, für den der Tarifvertrag abgeschlossen wurde.

Für wen gilt ein Tarifvertrag?

Die Regelungen des Tarifvertrags gelten unmittelbar und zwingend für die Arbeitsverhältnisse von Mitgliedern der Tarifvertragspartner. Hierbei spricht man von **Tarifgebundenen**. Somit findet der Tarifvertrag auf ein Arbeitsverhältnis auch dann

Anwendung, wenn im einzelnen Arbeitsvertrag nicht ausdrücklich auf den Tarifvertrag Bezug genommen wird. Wirkung entfaltet ein Tarifvertrag aber nicht nur zwischen den Tarifpartnern. Durch eine sogenannte **Allgemeinverbindlichkeitserklärung** des Bundesministeriums für Wirtschaft und Energie kann ein Tarifvertrag auch über die Vertragsbeteiligten hinaus erstreckt werden. Sie sichert den nicht gewerkschaftlich organisierten Arbeitnehmern die rechtliche Gleichstellung mit den Gewerkschaftsmitgliedern zu.

In vielen Betrieben werden die nicht tarifgebundenen Mitarbeiter den tarifgebundenen auch über eine Betriebsvereinbarung oder eine individuelle Klausel im Arbeitsvertrag gleichgestellt. Gilt ein Tarifvertrag nur für eine bestimmte Gruppe von Arbeitnehmern, so ist der **fachliche Geltungsbereich** gesondert definiert.

Bestimmungen des Arbeitsvertrags oder Betriebsvereinbarungen, die Tarifvertragsregelungen widersprechen, sind unwirksam, es sei denn, die individuelle Regelung sieht eine Leistung **über** Tarif vor. Eine zugunsten des Arbeitnehmers wirkende Abweichung gegenüber dem Tarifvertrag ist also jederzeit möglich (**Günstigkeitsprinzip**).

Tarifverträge sind in der Regel **zeitlich befristet**, d. h., sie werden nur für eine bestimmte Dauer geschlossen. Während der Laufzeit eines Tarifvertrags darf es keine Arbeitskämpfe wegen Angelegenheiten geben, die in dem betreffenden Tarifvertrag geregelt wurden. Ein Tarifvertrag dient damit auch der Begründung einer sogenannten **Friedenspflicht** zwischen Arbeitnehmern und Arbeitgebern. Läuft ein Tarifvertrag aus, formulieren die entsprechenden Ausschüsse der Tarifpartner ihre Forderungen und Absichten für den Abschluss eines neuen Tarifvertrags. Es beginnen die Tarifverhandlungen. Bis zum Abschluss eines neuen Tarifvertrags sind die nachfolgenden Stationen möglich:

Beendigung und Abschluss neuer Tarifverträge

Der Weg zum neuen Tarifvertrag

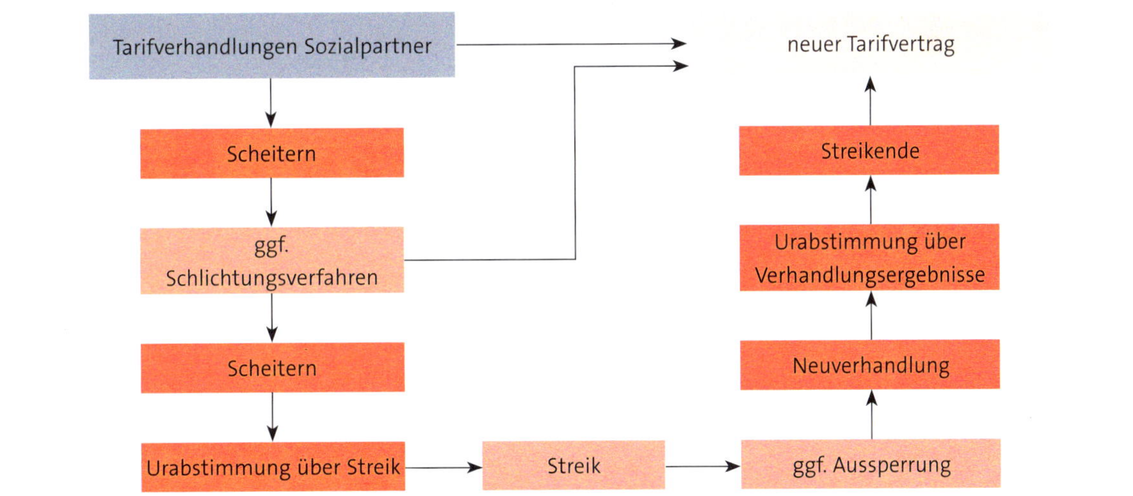

3.2.2 Entgeltrahmenabkommen (ERA)

In der Elektro- und Metallindustrie wird die Höhe des Arbeitsentgeltes entweder **einzelvertraglich** im Arbeitsvertrag geregelt oder ergibt sich aus Regelungen der **Entgelttarifverträge**.

Traditionell wurde bei Tarifverträgen eine Trennung in einen **Gehalt**sbereich für Angestellte und einen **Lohn**bereich für Arbeiter vorgenommen. Durch die zunehmende Technisierung im Produktionsbereich wandelte sich jedoch das Berufsbild des Arbeiters weg vom unermüdlichen Werker hin zum hochqualifizierten Betriebsmanager. Die unterschiedlichen Entgeltsysteme waren daher sachlich kaum mehr begründbar. Lohn- und Gehaltstarifrahmenabkommen wurden nach und nach durch einheitliche **Entgeltrahmenabkommen (ERA)** ersetzt.

Entgeltformen, vgl. **6.1**, S. 114

Grundsätzliche Merkmale der ERA sind:
- Sie gelten für alle Betriebsangehörigen gleich.
- Sie haben zwei Kernkomponenten: Grundentgelt und Leistungsentgelt.
- Beim Leistungsentgelt kann aus einem breiten Spektrum von Vergütungssystemen ausgewählt werden.
- Neue Anforderungsmerkmale wie Führung, Kooperation und Kommunikation fließen in die Arbeitsbewertung mit ein.
- Als Ausgleich für belastende Umwelteinflüsse, insbesondere im Produktionsbereich, ist eine Belastungszulage vorgesehen, die bis zu 10 % des **Eckentgeltes** ausmachen kann.

Eckentgelt
Tarifgruppe, aus der sich durch prozentuale Zu- und Abschläge die Tarifentgelte für andere Entgeltgruppen ergeben; häufig Gegenstand von Tarifverhandlungen

ERA – ein neues Entlohnungssystem

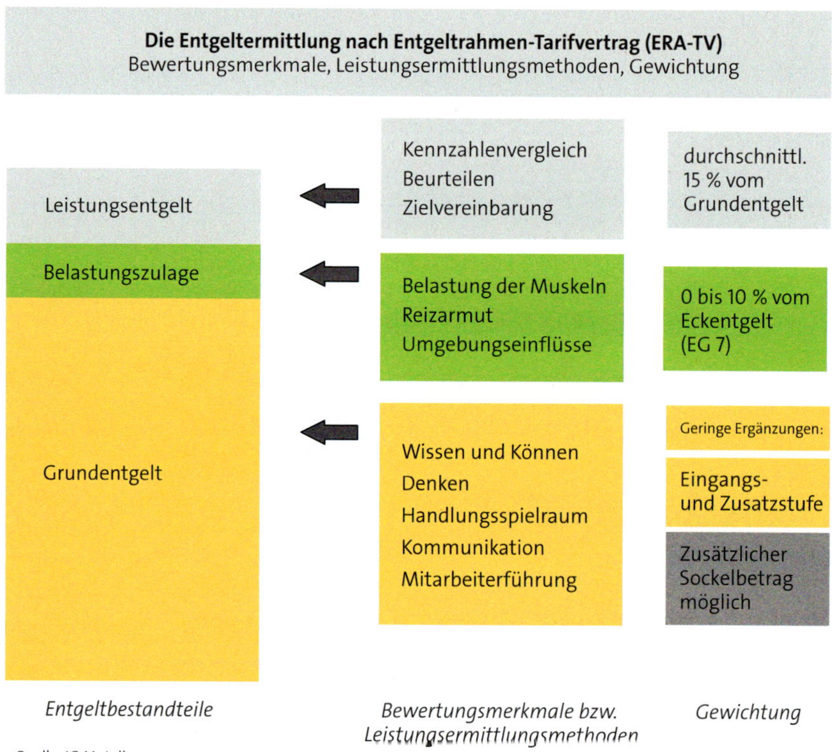

Quelle: IG Metall

Das **Grundentgelt** ist die feste Einkommenskomponente der tariflichen Entlohnung, es wird unabhängig von einem bestimmten Arbeitsergebnis festgelegt.

Die dabei angewandten Einstufungskriterien sind:
- Wissen und Können (Fachkenntnisse, Arbeitskenntnisse, Erfahrung)
- Denken
- Handlungsspielraum
- Kooperation und Kommunikation
- Mitarbeiterführung

Spätestens nach einer sechsmonatigen Betriebszugehörigkeit hat jeder Arbeitnehmer Anspruch auf ein zusätzliches **Leistungsentgelt**. Dieses kann individuell bis zu 30 % des Grundentgeltes erreichen und soll im Durchschnitt der Beschäftigten bei 15 % liegen.

Vergütete Leistungsmerkmale können dabei sein:
- Ergebnisse periodischer Leistungsbeurteilungen
- Erfüllung von Zielvereinbarungen
- Kennzahlenvergleiche

ERA-Monatsgrundentgelte für Beschäftigte der Metall- und Elektro-Industrie in NRW, gültig ab 1. April 2018

Entgeltgruppe		Grundentgelte (Monat)	nachrichtlich 110 %[2]	nachrichtlich Stundenentgelte[3]
		€	€	€
Entgeltgruppe EG 1		2.440,50	2.684,55	16,03
Entgeltgruppe EG 2		2.470,00	2.717,00	16,22
Entgeltgruppe EG 3		2.498,50	2.748,35	16,41
Entgeltgruppe EG 4		2.537,50	2.791,25	16,67
Entgeltgruppe EG 5		2.590,50	2.849,55	17,01
Entgeltgruppe EG 6		2.657,50	2.923,25	17,45
Entgeltgruppe EG 7		2.741,00	3.015,10	18,00
Entgeltgruppe EG 8		2.883,50	3.171,85	18,94
Entgeltgruppe EG 9		3.116,50	3.428,15	20,47
Entgeltgruppe EG 10		3.425,00	3.767,50	22,50
Entgeltgruppe EG 11		3.840,50	4.224,55	25,22
Entgeltgruppe EG 12	bis zum 36. Monat	3.957,50	4.353,25	25,99
	nach dem 36. Monat	4.395,50	4.835,05	28,87
Entgeltgruppe EG 13	bis zum 18. Monat	4.422,50	4.864,75	29,05
	nach dem 18. Monat	4.682,50	5.150,75	30,76
	nach dem 36. Monat	5.202,50	5.722,75	34,17
Entgeltgruppe EG 14[1]	bis zum 12. Monat	5.024,00	5.526,40	33,00
	nach dem 12. Monat	5.338,00	5.871,80	35,06
	nach dem 24. Monat	5.652,50	6.217,75	37,13
	nach dem 36. Monat	6.281,50	6.909,65	41,26

1) Für Beschäftigte, die zuvor bei demselben Arbeitgeber mindestens 36 Monate in die EG 13 eingruppiert waren, gelten die ersten 12 Monate der EG 14 als zurückgelegt.
2) Nach dem Entgeltrahmenabkommen erhalten alle Beschäftigten betriebsdurchschnittlich eine Leistungszulage von circa 10 % bzw. ein Leistungsentgelt von mindestens 10 %. Daher werden die 110-%-Beträge hier nachrichtlich ausgewiesen.
3) Ermittelt anhand der Formel: Tarifliches Monatsgrundentgelt der Entgeltgruppe / (35 · 4,35)

Quelle: https://metall.nrw/fileadmin/std_project/content_data/Downloads/Tarif/Tarifdownload/Tarifentwicklung_Tabellen/ERA-Entgelttabellen_2018___2020.pdf

LS ▸ LS 65
Ein Arbeitsverhältnis beenden

4 Freisetzung von Mitarbeitern

Ein Arbeitsverhältnis kann aus verschiedenen Gründen beendet werden:

- wenn ein **befristeter Arbeitsvertrag** vorliegt, endet das Arbeitsverhältnis nach Vertragsablauf;
- wenn zwischen dem Arbeitgeber und Arbeitnehmer der Arbeitsvertrag im gegenseitigen Einvernehmen – durch einen sogenannten **Auflösungsvertrag** – gelöst wird;
- wenn eine **Kündigung** durch den Arbeitgeber oder den Arbeitnehmer ausgesprochen wird.

Besonders wenn der Arbeitgeber kündigt, kommt es häufig zu Interessenkonflikten. Der unternehmerischen Entscheidungsfreiheit des Arbeitgebers, die auch die Entscheidung für oder gegen einen bestimmten Mitarbeiter beinhaltet, steht das dringende Interesse des Arbeitnehmers am Erhalt seines Arbeitsplatzes gegenüber. Das Kündigungsschutzgesetz versucht hier einen Ausgleich zwischen den Beteiligten zu schaffen. Es gelten besondere Anforderungen an die ordentliche und außerordentliche Kündigung.

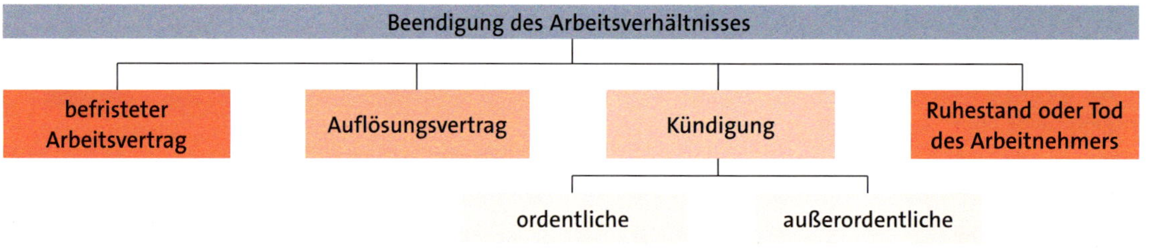

4.1 Kündigungsschutz

Allgemeine Anforderungen an eine Kündigung

Je nach Art der Kündigung müssen sich beide Parteien an gesetzliche Vorgaben halten. Unabhängig davon, wer das Arbeitsverhältnis gekündigt hat, ist für die Kündigung grundsätzlich die **Schriftform** vorgeschrieben (§ 623 BGB). Ein Verstoß gegen diese Vorschrift lässt die Kündigung unwirksam werden. Außerdem muss für die Wirksamkeit der Kündigung die Anhörung des Betriebsrates erfolgen, sofern ein solcher in dem Unternehmen vorhanden ist.

Formvorschriften, vgl. HF 4, 2.4, S. 18
Betriebsrat, vgl. 5.1, S. 111

Rechtsgrundlage für den allgemeinen Kündigungsschutz ist das **Kündigungsschutzgesetz (KSchG)**. Es gilt für Unternehmen mit mehr als zehn Arbeitnehmern. In Unternehmen mit fünf bis zehn Mitarbeitern gilt der Kündigungsschutz nur für Arbeitsverhältnisse, die bereits vor dem 31.12.2003 bestanden. Außerdem gilt das Gesetz nur, wenn der betreffende Arbeitnehmer dem Unternehmen mehr als sechs Monate ohne Unterbrechung angehört hat.

Für folgende Arbeitnehmergruppen gilt ein **besonderer Kündigungsschutz**:

Arbeitnehmerinnen während des Mutterschutzes: Die Kündigung einer Mitarbeiterin während ihrer Schwangerschaft und bis zum Ablauf von vier Monaten nach ihrer Entbindung ist unzulässig, sofern dieser Umstand dem Arbeitgeber zum Zeitpunkt der Schwangerschaft oder Entbindung bekannt war.

Mutterschutzgesetz und andere Arbeitnehmerschutzgesetze, vgl. **9.1**, S. 148

Arbeitnehmerinnen und Arbeitnehmer in Elternzeit: Ab dem Zeitpunkt, von dem an Elternzeit verlangt wird, darf der Arbeitgeber nicht mehr kündigen. Dies gilt somit während der Elternzeit und höchstens acht Wochen vor Beginn der Elternzeit.

Elternzeit
Mütter und Väter haben jeweils einen Anspruch auf Elternzeit bis zur Vollendung des dritten Lebensjahres des Kindes.

Schwerbehinderte: Besteht das Arbeitsverhältnis eines Schwerbehinderten länger als sechs Monate, kann er nur gekündigt werden, wenn die Zustimmung des Integrationsamtes vorliegt. Das gilt sowohl für die ordentliche als auch für die außerordentliche Kündigung. Die Kündigungsfrist bei der ordentlichen Kündigung beträgt mindestens vier Wochen.

Mitglieder des Betriebsrates und der Jugend- und Auszubildendenvertretung: Bei den genannten Personen ist eine ordentliche Kündigung während ihrer Amtszeit und innerhalb eines Jahres nach Beendigung der Amtszeit generell unzulässig. Aus wichtigem Grund kann jedoch eine außerordentliche Kündigung ausgesprochen werden, wenn der Betriebsrat ihr zugestimmt hat.

4.2 Arten der Kündigung

4.2.1 Ordentliche Kündigung

Von einer **ordentlichen** oder auch **fristgerechten** Kündigung wird gesprochen, wenn der Kündigende das Arbeitsverhältnis unter Einhaltung einer Kündigungsfrist beenden will. Eine ordentliche Kündigung ist eine **einseitige empfangsbedürftige Willenserklärung**. Sie wird daher erst dann rechtswirksam, wenn sie dem Vertragspartner zugeht. Beendet der Arbeitgeber das Arbeitsverhältnis, muss im Kündungsschreiben darauf hingewiesen werden, dass sich der Arbeitnehmer unverzüglich bei der zuständigen Agentur für Arbeit als Arbeit suchend melden muss.

Willenserklärung, vgl. **HF 4**, **2.4**, S. 18

Tarifvertrag, vgl. **3.2**, S. 102

Der Arbeitgeber hat bei der ordentlichen Kündigung je nach Dauer der Betriebszugehörigkeit des Mitarbeiters unterschiedlich lange **Kündigungsfristen** einzuhalten. So beträgt die **Grundkündigungsfrist** während der ersten zwei Beschäftigungsjahre vier Wochen zum 15. eines Monats oder zum Monatsende und verlängert sich auf bis zu sieben Monate. Während einer Probezeit beträgt die beidseitige Kündigungsfrist zwei Wochen. In Tarifverträgen können abweichende Kündigungsfristen vereinbart werden.

Der Betriebsrat ist vor jeder Kündigung zu hören. Ansonsten ist sie unwirksam (§ 102 BetrVG). Die Äußerungsfrist beträgt bei ordentlichen Kündigungen 1 Woche. Bei außerordentlichen Kündigungen muss sich der Betriebsrat spätestens innerhalb von 3 Tagen äußern. Äußert sich der Betriebsrat nicht, gilt seine Zustimmung als erteilt.

Rechte des Betriebsrats, vgl. **5.1**, S. 111

Ist das Kündigungsschutzgesetz anzuwenden, so darf der Arbeitgeber nur **sozial gerechtfertigte** Kündigungen aussprechen. Die Gründe für eine solche Kündigung können betriebsbedingt, verhaltensbedingt oder personenbedingt sein.

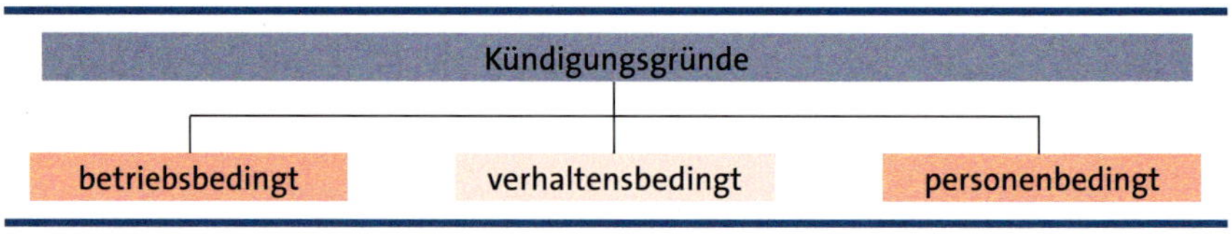

Betriebsbedingte Kündigung

Der Weiterbeschäftigung des Arbeitnehmers stehen betriebliche Notwendigkeiten entgegen und die Kündigung muss unvermeidbar sein.

Beispiel Gründe für eine betriebsbedingte Kündigung:
- Rationalisierung, z. B. der Abbau von Arbeitsplätzen, da der Umfang der vorhandenen bzw. anfallenden Arbeit zu gering ist
- Verkleinerung des Unternehmens, z. B. Betriebsschließung
- Absatzschwierigkeiten bzw. Umsatzeinbußen

Auswahlrichtlinien bei Kündigungen bedürfen der Zustimmung des Betriebsrates (§ 95 BetrVG).

Für die Auswahl der zu kündigenden Mitarbeiter hat der Arbeitgeber folgende soziale Kriterien zu berücksichtigen (**Sozialauswahl**, siehe auch § 1 (3) KSchG):
- Dauer der Betriebzugehörigkeit
- Lebensalter
- Unterhaltspflichten
- Schwerbehinderung

Unter mehreren vergleichbaren Arbeitnehmern ist denjenigen zu kündigen, die am wenigsten schutzbedürftig sind. Mitarbeiter, deren Weiterbeschäftigung aufgrund ihrer Qualifikationen und Eigenschaften im betrieblichen Interesse liegt, müssen nicht in die Sozialauswahl einbezogen werden.

Verhaltensbedingte Kündigung

Funktionen der Abmahnung:
- Hinweisfunktion
- Ermahnungsfunktion
- Warnfunktion
- Dokumentationsfunktion

Die Kündigungsgründe liegen in einem Fehlverhalten des Arbeitnehmers. Eine verhaltensbedingte Kündigung ist erst dann zulässig, wenn der Arbeitgeber das Fehlverhalten vorher abgemahnt hat. Eine **Abmahnung** erfolgt in der Regel schriftlich. Darin wird der Arbeitnehmer auf sein Fehlverhalten hingewiesen und gerügt. Er wird zu vertragsmäßigem Verhalten aufgefordert und erhält die Ankündigung, dass ihm bei weiterem Fehlverhalten Konsequenzen bis hin zur Kündigung drohen.

Beispiel Gründe für eine verhaltensbedingte Kündigung:
- Mitarbeiter kommt der Arbeitspflicht nicht nach
- Mitarbeiter erbringt dauerhaft nur unterdurchschnittliche Arbeitsleistungen (um ca. 25 % bis 50 % schlechter als bei vergleichbaren Mitarbeitern)
- Mitarbeiter kommt mehrfach zu spät
- Tätlichkeiten, z. B. wird der Arbeitgeber durch einen Angestellten körperlich angegriffen
- Mitarbeiter verstößt gegen ein bestehendes Alkohol- oder Rauchverbot

Personenbedingte Kündigung

Bei der personenbedingten Kündigung liegen die Kündigungsgründe in der Person des Arbeitnehmers. Diese Gründe beeinträchtigen seine Arbeitsfähigkeit oder behindern sie sogar vollständig.

Beispiel Gründe für eine personenbedingte Kündigung:
- Krankheit unter gleichzeitiger negativer Gesundheitsprognose für die Zukunft
- sehr häufige Kurzerkrankungen
- eine krankheitsbedingte Minderung der Leistungsfähigkeit, die dem Arbeitgeber nicht mehr zugemutet werden kann

Bevor der Arbeitgeber die Kündigung ausspricht, muss er eine **Interessenabwägung** vornehmen, d. h., er muss das eigene Interesse an der Kündigung den Interessen des Arbeitnehmers an der Weiterbeschäftigung gegenüberstellen. Dies erfolgt in der Praxis häufig erst vor dem **Arbeitsgericht**, wenn der Arbeitnehmer **Kündigungsschutzklage** erhebt. Dort wird dann entschieden, welche Interessen überwiegen.

Überlegungen zugunsten des Arbeitgebers
- Wiederholungsgefahr, z. B. des unentschuldigten Fernbleibens vom Arbeitsplatz
- Schutz der übrigen Arbeitnehmer, z. B. bei tätlichen Übergriffen
- Vermeidung von Störungen des Betriebsablaufes

Überlegungen zugunsten des Arbeitnehmers
- Dauer der Betriebszugehörigkeit und Alter des Arbeitnehmers
- Unterhaltspflichten des Arbeitnehmers
- Lage auf dem Arbeitsmarkt

4.2.2 *Außerordentliche Kündigung*

Eine außerordentliche Kündigung beendet das Arbeitsverhältnis ohne Beachtung der sonst geltenden Kündigungsfristen. Bei unkündbaren Arbeitsverhältnissen muss in solchen Fällen eine Auslauffrist eingehalten werden. In den meisten Fällen ist die außerordentliche Kündigung mit einer **fristlosen Kündigung** gleichzusetzen. Eine fristlose Kündigung kann sowohl vom Arbeitgeber als auch vom Arbeitnehmer ausgesprochen werden. Nach § 626 BGB muss dazu allerdings ein **wichtiger Grund** vorliegen. Ein wichtiger Grund macht dem Kündigenden die Fortsetzung des Arbeitsverhältnisses bis zum nächsten ordentlichen Kündigungstermin unzumutbar.

Beispiel Gründe für eine fristlose Kündigung
Tätlichkeiten, Betrug, Unterschlagung, Diebstahl, Androhung von Krankheit, Vortäuschen von Arbeitsunfähigkeit, grobe Beleidigung, beharrliche Arbeitsverweigerung

Prinzipiell können alle Gründe, die zu einer verhaltens-, personen- oder auch betriebsbedingten ordentlichen Kündigung führen, nach Rechtsprechung der Arbeitsgerichte auch zu einer außerordentlichen Kündigung führen. Die außerordentliche Kündigung muss innerhalb von zwei Wochen nach Bekanntwerden des Grundes, der zur Kündigung führen soll, ausgesprochen werden. Erfolgt sie später, ist sie unwirksam. Auch eine außerordentliche Kündigung kann nur verhindert werden, wenn der Arbeitnehmer innerhalb von drei Wochen nach Zugang der Kündigung eine **Kündigungsschutzklage** beim Arbeitsgericht erhebt.

Betriebsbedingte außerordentliche Kündigungen können durch Betriebsstilllegungen entstehen.

4.3 Folgen des Arbeitsplatzverlustes

Unabhängig von der Schuldfrage der jeweiligen Vertragspartner ist der Arbeitsplatzverlust für den betroffenen Arbeitnehmer immer mit einer vorübergehenden Arbeitslosigkeit verbunden. Folgen dieser Situation sind sowohl für den Betroffenen als auch für die gesamte Gesellschaft auszumachen.

Folgen von Arbeitslosigkeit

	finanzielle Belastungen	soziale Belastungen
Folgen für den Einzelnen	– Einkommenseinbußen – Schulden entstehen – Lebensstandard sinkt – Humankapital wird vernichtet	– soziale Kontakte zu Arbeitskollegen fehlen – Gefühl, überflüssig zu sein – Spannungen in der Familie – Selbstachtung sinkt
Folgen für die Gesellschaft	– Mindereinnahmen bei den Sozialversicherungsbeiträgen und Steuern – Mehrausgaben für Versicherungsleistungen und Transfers – höhere Belastung der Arbeitseinkommen	– Kluft zwischen Arm und Reich wächst – soziale Spannungen entstehen – Gefahr der politischen Radikalisierung (Weimarer Republik)

Übersicht: Freisetzung von Mitarbeitern

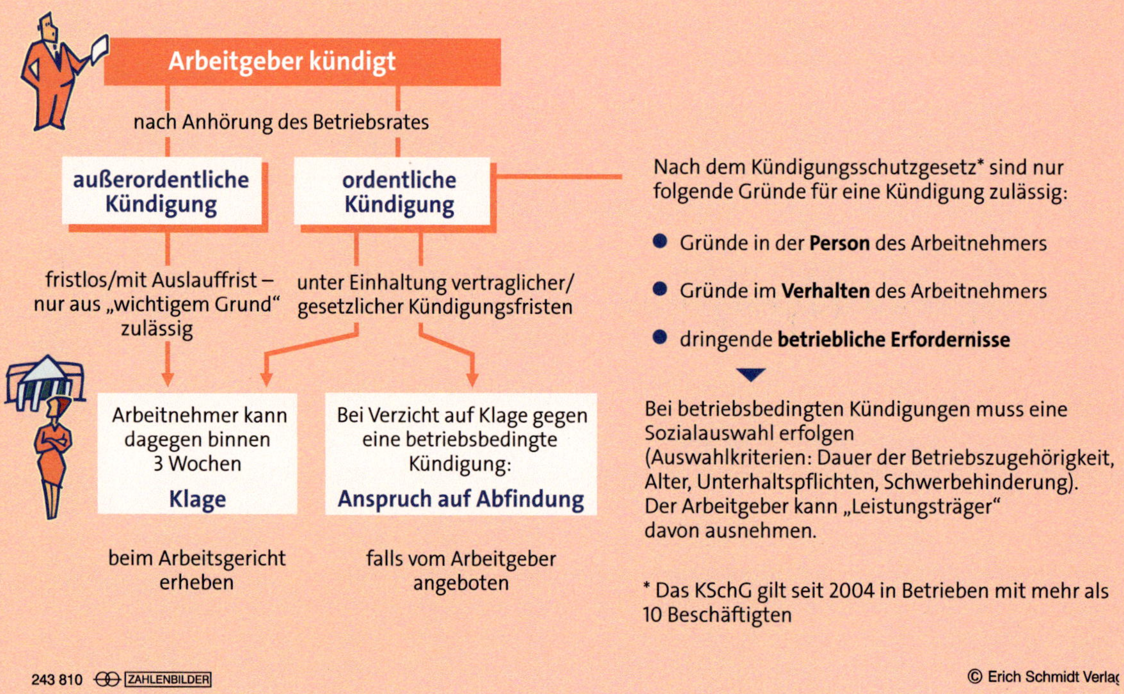

5 Mitbestimmung und Mitwirkung

LS 66
Betriebliche Mitbestimmung organisieren

5.1 Betriebsrat und Jugend- und Auszubildendenvertretung

Das **Betriebsverfassungsgesetz (BetrVG)** regelt die Interessenvertretung der Arbeitnehmer in den Betrieben der privaten Wirtschaft. Es ermöglicht die Bildung von Betriebsräten, die als gewählte Vertretungsorgane der Beschäftigten über abgestufte Mitbestimmungs- und Mitwirkungsrechte verfügen. Das Betriebsverfassungsgesetz stellt damit eine wichtige gesetzliche Regelung für die Interessenvertretung der Arbeitnehmer dar.

Ein Betriebsrat kann immer dann gewählt werden, wenn ständig mindestens fünf wahlberechtigte Arbeitnehmer beschäftigt sind, von denen drei wählbar sein müssen. Wahlberechtigt sind alle Arbeitnehmer und Auszubildenden, die mindestens 18 Jahre alt sind (**aktives Wahlrecht**). Wählbar sind alle Mitarbeiter, die mindestens sechs Monate dem Betrieb angehören (**passives Wahlrecht**). Der Betriebsrat wird regelmäßig zwischen dem 1. März und dem 31. Mai eines Jahres gewählt. Seine Amtszeit beträgt vier Jahre. Die Zahl seiner Mitglieder richtet sich dabei nach der Anzahl der Mitarbeiter im Betrieb (§ 9 BetrVG).

Der Betriebsrat veranstaltet regelmäßig **Betriebsversammlungen** für alle Beschäftigten. Dort werden Angelegenheiten behandelt, die den Betrieb oder seine Arbeitnehmer unmittelbar betreffen. Die Betriebsversammlung selbst besitzt keine eigene Entscheidungskompetenz. Allerdings kann der Betriebsrat auf Grundlage eines Beschlusses der Betriebsversammlung mit dem Arbeitgeber eine **Betriebsvereinbarung** abschließen, in der spezielle Bedingungen für die Arbeitsverhältnisse im Betrieb festgelegt werden. Sie gelten zwingend für jeden Arbeitnehmer.

Betriebsvereinbarung, vgl. **3.1**, S. 100

Größe des Betriebsrates und der Jugend- und Auszubildendenvertretung (Auszug)

Anzahl der wahlberechtigten Mitarbeiter im Betrieb	Anzahl der Betriebsratsmitglieder	Anzahl der wahlberechtigten Jugendlichen/Auszubildenden	Anzahl der Mitglieder der JAV
5 – 20	1	5 – 20	1
21 – 50	3	21 – 50	3
51 – 100	5	51 – 150	5
101 – 200	7	151 – 300	7
201 – 400	9	301 – 500	9
401 – 700	11	501 – 700	11
701 – 1 000	13	701 – 1 000	13
1 001 – 1 500	15	mehr als 1 000	15

Die **Rechte des Betriebsrates** reichen von der Informationspflicht des Arbeitgebers in wirtschaftlichen Angelegenheiten bis zu Mitbestimmungsrechten in sozialen Angelegenheiten.

Mitbestimmungsrecht in sozialen Angelegenheiten	Mitwirkungsrecht in personellen Angelegenheiten	Unterrichtungsrecht in wirtschaftlichen Angelegenheiten
Der Betriebsrat hat, soweit eine gesetzliche oder tarifliche Regelung nicht besteht, u. a. in folgenden Fällen mitzubestimmen: 1. Betriebsordnung und Arbeitnehmerverhalten 2. Beginn, Ende und Verteilung der täglichen Arbeitszeit, Pausen 3. Urlaubsplan 4. Einführung von technischen Einrichtungen zur Überprüfung von Verhalten und Leistung der Arbeitnehmer 5. Unfallverhütung 6. Sozialeinrichtungen im Betrieb 7. betriebliche Entlohnungsgrundsätze 8. Akkord- und Prämiensätze 9. betriebliches Vorschlagswesen	Der Betriebsrat ist bei der Durchführung einer Maßnahme zu beteiligen durch: 1. Informationsrechte: Einstellung, Ein- und Umgruppierung, Versetzung (z. B. Einsicht in Personalakten) 2. Vorschlagsrechte: Durchführung betrieblicher Bildungsmaßnahmen 3. Aktionsrechte: Kündigung	Der Arbeitgeber muss den Betriebsrat bzw. Wirtschaftsausschuss unterrichten, sich mit ihm beraten (Beratungsrecht) über: 1. wirtschaftliche und finanzielle Lage 2. Produktions- und Absatzlage 3. Investitionen und Rationalisierungen 4. Arbeitsmethoden 5. Stilllegen, Verlegen und Zusammenschließen von Betrieben 6. Änderungen der Betriebsorganisation 7. Gestaltung des Arbeitsplatzes

Quelle: Workshop Zukunft, Hans-Böckler-Stiftung, Themenheft 10, Mitbestimmen, Mitgestalten, Mitverantworten, S. 8

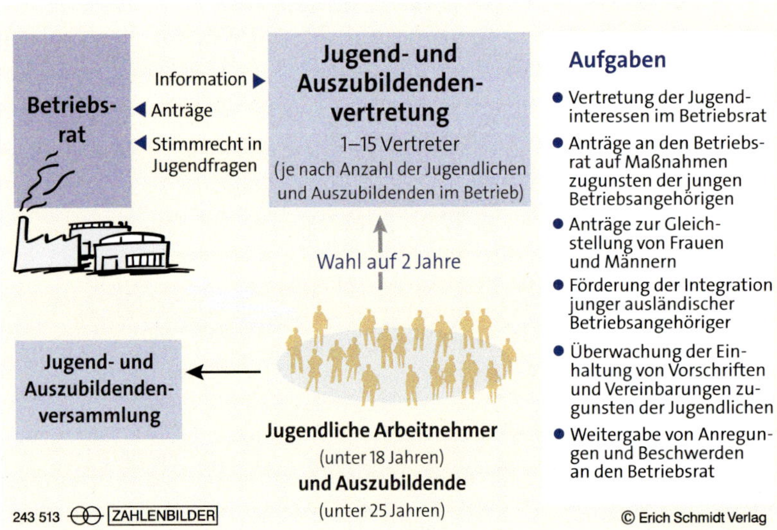

Jugend- und Auszubildendenvertretungen (JAV) werden in Betrieben mit mindestens fünf jugendlichen Arbeitnehmern oder Auszubildenden gewählt. Die Amtszeit beträgt zwei Jahre. Die Mitgliederzahl richtet sich dabei nach der Zahl der Jugendlichen und Auszubildenden im Betrieb.

Die JAV nimmt mit mindestens einem Vertreter an den Betriebsratssitzungen teil und soll allen Arbeitnehmern unter 18 Jahren und Auszubildenden bis zu 25 Jahren die Möglichkeit einer aktiven Beteiligung am Betriebsgeschehen geben. Die JAV ist kein selbstständiges Organ der Betriebsverfassung, sondern bleibt dem Betriebsrat nachgeordnet. Sie kann nur durch dessen Vermittlung auf den Arbeitgeber einwirken. Die Wahlen zur JAV finden in der Zeit zwischen dem 1. Oktober und dem 30. November statt.

5.2 Die Rolle der Gewerkschaften

Für die Arbeitnehmer sind Entscheidungen über Entlohnung, Arbeitszeiten und sichere Arbeitsplätze wichtig, denn sie bestimmen die Qualität ihres Lebens. Viele Forderungen von Arbeitnehmern verursachen aus Sicht der Arbeitgeber Kosten, die die Höhe der Gewinne und die Konkurrenzfähigkeit beeinträchtigen. Unter Berücksichtigung dieser gegensätzlichen Interessen muss eine Einigung erzielt werden.

Über viele Inhalte des Arbeitsverhältnisses einigen sich Arbeitgeber und Arbeitnehmer in einem Arbeitsvertrag. Hier findet eine **einzelvertragliche Regelung** von Arbeitsbedingungen statt. Dabei kann der Arbeitgeber seine Interessen weitgehend durchsetzen, weil er in der stärkeren Position ist. Er ist Eigentümer der Produktionsmittel und verfügt über die größeren finanziellen Reserven. Dem Arbeitnehmer steht demgegenüber in der Regel nur seine Arbeitskraft als Quelle seines Einkommens zur Verfügung. Deshalb begannen schon im 19. Jahrhundert Arbeitnehmer, sich in Gewerkschaften zusammenzuschließen und gemeinsame Forderungen, also eine **kollektivvertragliche Regelung**, durchzusetzen.

Arbeitsvertrag, vgl. **3.1**, S. 100

Die Gewerkschaften haben die Aufgabe, die Interessen der abhängig Beschäftigten zu vertreten und sie durchzusetzen. Dies erreichen sie z. B. durch Lohnerhöhungen, Verbesserung der Arbeitsbedingungen und Rechtsschutz. In Betrieben, in denen Gewerkschaftsmitglieder angestellt sind, hat die Gewerkschaft selbstständige Beteiligungs-, Antrags- und Zugangsrechte und nimmt auf diesem Weg an der betrieblichen Mitbestimmung teil. Im Rahmen der Mitbestimmung auf Unternehmensebene besetzen die Gewerkschaften einen Teil des Aufsichtsrates. In den Gewerkschaften Deutschlands sind knapp über 18 % der Arbeitnehmer organisiert, während 80 % bis 90 % der Arbeitgeber in Arbeitgeberverbänden organisiert sind (Stand Ende 2018). Schon seit Längerem haben die Gewerkschaften mit stetig sinkenden Mitgliederzahlen zu kämpfen.

Der Deutsche Gewerkschaftsbund (DGB) ist die Dachorganisation von acht sogenannten **Industriegewerkschaften**. Sie organisieren alle Arbeitnehmer eines Unternehmens bzw. einer Branche, unabhängig von

- dem ausgeübten Beruf (ob Dreher, Elektriker oder kaufmännische Angestellter) und
- dem Qualifikationsstatus (ob Hilfsarbeiter, Facharbeiter oder Ingenieur).

Darin unterscheidet sich der DGB vom Deutschen Beamtenbund (DBB) und kleineren Gewerkschaften, wie z. B. Marburger Bund (Fachgewerkschaft für Mediziner), sowie von den meisten Gewerkschaften in Großbritannien, die **Berufsgewerkschaften** geblieben sind.

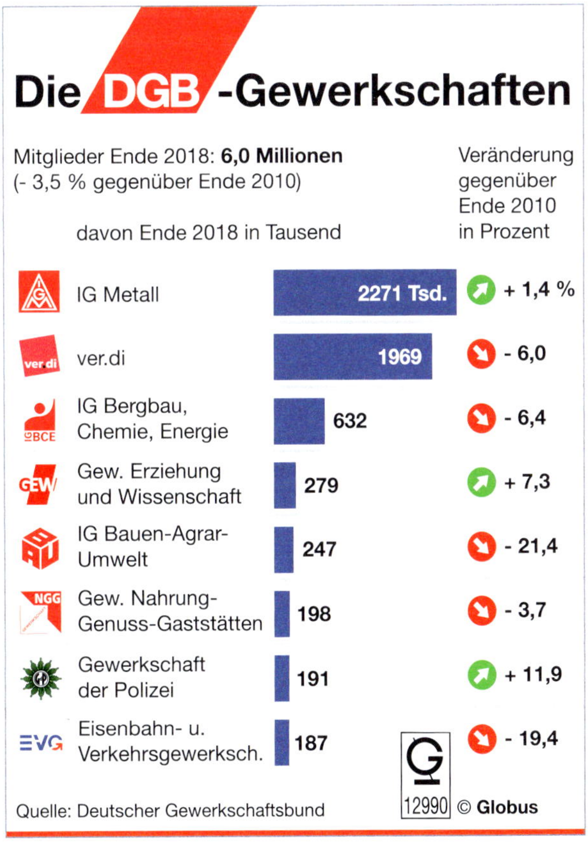

6 Entgelt

LS LS 67 Entgeltformen unterscheiden

6.1 Entgeltformen

Zeitentgelt

Beim Zeitentgelt wird die Arbeitszeit vergütet, die der Mitarbeiter dem Unternehmen zur Verfügung stellt. Das Zeitentgelt ist leistungsunabhängig und wird im Regelfall pro Monat angegeben und ausgezahlt. Es kann aber in bestimmten Fällen auch auf Wochen oder Stunden umgerechnet werden. Das Zeitentgelt ist eine feste Vergütung, die für die Anwesenheit des Mitarbeiters gezahlt wird, da mittelfristig davon ausgegangen wird, dass der Mitarbeiter mindestens die Normalleistung erbringt.

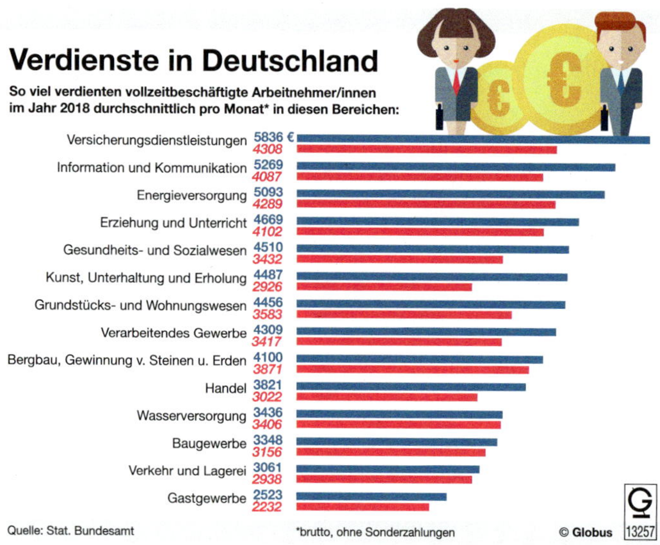

Zeitentgelt findet dort **Anwendung**,

- wo eine exakte Leistungsbewertung unmöglich ist,
- wo besondere Anforderungen an schöpferische, kreative oder dispositive Leistungen gestellt werden,
- wo sicherheitsrelevante Arbeiten ausgeführt werden,
- wo die Arbeitsqualität im Vordergrund steht oder
- wo die Leistung nicht durch die Mitarbeiter beeinflussbar ist (z. B. bei gegebenen Taktzeiten).

Vorteile beim Einsatz des Zeitentgelts:

- leicht nachvollziehbare Abrechnung (für den Mitarbeiter)
- geringer Erstellungsaufwand (für den Betrieb)
- vorhersehbares Einkommen (für den Mitarbeiter)
- konstante Entgeltsumme (für den Betrieb)
- Schonung von Mensch und Betriebsmitteln

Nachteile beim Einsatz des Zeitlohns:

- Anreiz für Mehrleistung fehlt (für den Mitarbeiter)
- Mehrleistung wird nicht honoriert (für den Mitarbeiter)
- Lohnstückkosten sind schwer kalkulierbar (für den Betrieb)

Entgeltgruppen (EG) des ERA, vgl. **3.2.2**, S. 104

Beispiel Frau Nemitz-Müller erhält als Sachbearbeiterin in der Disposition ein monatliches Grundentgelt in Höhe von 3.124,00 € (EG 5). Dies entspricht einem (Brutto-)Stundenentgelt von 20,55 €.

Leistungsentgelt

Leistungsentgelte können nach dem aktuellen **ERA** in zwei Formen erbracht werden:

- In Form eines **Leistungszuschlags** zum Grundentgelt. Dieses Modell entspricht dem einheitlichen ERA-Grundaufbau und ist mittlerweile als Standardmodell anzusehen.
- In Form eines **Akkordentgelts**, bei dem sich die Entgelthöhe linear zur Arbeitsleistung verhält.

ERA
Entgeltrahmenabkommen, vgl. **3.2.2**, S. 104

Für die Anwendbarkeit des Akkordentgelts müssen drei wichtige Voraussetzungen gegeben sein:

1) **Akkordfähigkeit:**
Der Ablauf der zu entlohnenden Tätigkeit ist gleichartig und regelmäßig sowie leicht und genau messbar.
2) **Akkordreife:**
Die zu entlohnende Tätigkeit wird vom Mitarbeiter nach entsprechender Übung beherrscht.
3) **Unmittelbare Beeinflussbarkeit der Leistung** durch den Mitarbeiter.

Das Akkordentgelt kann mithilfe von zwei Verfahren ermittelt werden.

Akkordentgelt

Geldakkord	Zeitakkord
Hier wird die Normalleistung in ein **Entgelt je** (produziertem) **Stück** umgerechnet.	Hier wird die Normalleistung in Form einer **Zeitanrechnung je** (produziertem) **Stück** umgerechnet.

In beiden Fällen geht man dabei vom zeitbezogenen Grundentgelt der jeweiligen Entgeltgruppe aus. Diesem wird bereits vor der Umrechnung ein sogenannter **Akkordzuschlag** hinzugefügt, der ausgleichen soll, dass unproduktive Erhol- und Verteilzeiten beim Zeitentgelt mitbezahlt werden, während sie beim Akkordentgelt zu Vergütungskürzungen führen müssen. Das Äquivalent zum Zeitentgelt ist deshalb der **Akkordrichtsatz**.

Beispiel Bei der Fly Bike Werke GmbH möchte der ungelernte Sattelmontierer Ole Peterson in eine Akkordentlohnung wechseln. In Entgeltgruppe 2 stehen ihm nach dem ERA für die Metall- und Elektroindustrie in Niedersachsen ein monatliches Grundentgelt von 2.364,00 € sowie eine Schmutzzulage von 50,00 € zu. Die durchschnittliche tarifliche Arbeitszeit beträgt monatlich 164 Stunden und der Akkordzuschlag ist mit 10 % anzusetzen.

Umrechnung auf Stundenvergütung:	2.414,00 € : 164 = 14,72 €
Akkordzuschlag je Stunde:	10 % von 14,72 € = 1,47 €
Akkordrichtsatz je Stunde:	14,72 € + 1,47 € = 16,19 €

Geld- und Zeitakkord führen bei gleicher Leistung zu gleicher Vergütung.

Beim **Geldakkord** ermittelt sich das Entgelt durch die Formeln

Geldakkord = Stückzahl · Akkordsatz je Stück

$$\text{Akkordsatz je Stück} = \frac{\text{Akkordrichtsatz je Stunde*}}{\text{Normalleistung je Stunde*}}$$

* Prinzipiell können hier auch andere Zeiteinheiten wie Tage, Wochen oder Monate gewählt werden, die gewählte Zeiteinheit muss aber in Zähler und Nenner identisch sein.

Beispiel Als Normalleistung für die Montage von Fahrradsätteln werden 12 Stück je Stunde ermittelt. Herr Peterson hat im Monat Mai an 20 Arbeitstagen mit jeweils 8 Arbeitsstunden 2000 Stück montiert.

$$\text{Akkordsatz je Stück} = \frac{14{,}72\ €}{12} = 1{,}227\ €$$

Geldakkord = 2000 · 1,227 € = 2.454,00 €

Fazit: Die Umstellung auf Akkordentgelt bringt Herrn Peterson einen Mehrverdienst in Höhe von 40,00 €.

Beim **Zeitakkord** lautet die Berechnungsweise:

Zeitakkord = Stückzahl · Vorgabezeit je Stück · Minutenfaktor

$$\text{Vorgabezeit je Stück} = \frac{60}{\text{Normalleistung je Stunde}}$$

$$\text{Minutenfaktor} = \frac{\text{Akkordrichtsatz je Stunde}}{60}$$

Beispiel Es gelten die gleichen Angaben wie im Beispiel zuvor.

$$\text{Vorgabezeit je Stück} = \frac{60}{12} = 5\ \text{Minuten}$$

$$\text{Minutenfaktor} = \frac{14{,}72\ €}{60} = 0{,}2453\ €$$

Zeitakkord = 2000 · 5 · 0,2453 € = 2.453,00 €

Fazit: Das Ergebnis entspricht dem Geldakkord (1,00 € Rundungsdifferenz).

Vorteil des Zeitakkords gegenüber dem Geldakkord ist, dass bei Tarifänderungen lediglich einmalig der Multiplikator (Minutenfaktor) angepasst werden muss und nicht die große Menge der Akkordsätze.

Allgemeine **Vorteile** des Akkordentgelts:
- Anreiz zu erhöhter Leistung (durch den Mitarbeiter)
- Betrieb trägt kein Risiko für Minderleistung von Mitarbeitern
- konstante Lohnstückkosten für den Betrieb

Dabei sind allerdings arbeitsrechtliche und tarifvertragliche Schranken zu beachten. So darf auch bei Minderleistung eines Arbeitnehmers das tarifliche Grundentgelt nicht unterschritten werden.

Allgemeine **Nachteile** des Akkordentgelts:
- gesundheitliche Gefahren durch übersteigertes Arbeitstempo
- Gefahr des erhöhten Betriebsmittelverschleißes
- kein Anreiz für umsichtiges Arbeiten
- aufwendige Entgeltabrechnung durch den Betrieb

Im Rahmen des Arbeitsverhältnisses hat der Arbeitgeber auch eine Pflicht der Fürsorge für seine Mitarbeiter. Um schädigende Überlastungen zu vermeiden, steigt das Akkordeinkommen ab einem bestimmten Leistungsrad nur noch unterproportional zur Mengenleistung, ab einer Obergrenze (z. B. 130 %) überhaupt nicht mehr.

Unternehmen können die Vergütung ihrer Mitarbeiter auch durch weitere Leistungsanreize, z. B. in Form von **Prämien**, ergänzen. Prämien können unregelmäßig oder auch regelmäßig gezahlt werden und werden als sogenannte übertarifliche Zulage in der Entgeltabrechnung ausgewiesen. Sie können in ihrer Höhe schwanken und werden häufig mit der Erreichung einer individuellen Zielvorgabe verknüpft.

Prämien als weitere Form des Leistungsentgelts

Mögliche Prämienarten sind:
- Zeitersparnisprämie
- Mengenprämie
- Güteprämie
- Materialersparnisprämie
- Nutzungsprämie (Maschinenauslastung)
- Termineinhaltungsprämie
- Unfallverhütungsprämie
- Umsatzprämie

Prämien bieten eine breitere Anreizwirkung als der Akkordlohn.

Beispiel Ein Vertreter erhält ein Grundentgelt von 1.500,00 €. Darüber hinaus erhält er 1 % Umsatzprämie, bis zu 150,00 € Termineinhaltungsprämie und eine Unfallverhütungsprämie von 500,00 € am Jahresende auf die schadensfreie Nutzung seines Dienstwagens.

Weitere Entgeltmodelle

Sachbezüge erhalten als Entgeltersatzleistung einen immer höheren Stellenwert bei der Motivierung von Mitarbeitern. Dazu zählen sogenannte **Incentive-Reisen**, **Firmenwagen** (mit privater Nutzung) oder eine attraktive **Firmenwohnung**. Diese geldwerten Bezüge sind allerdings im Rahmen der Einkommensteuerermittlung wie Geldbezüge zu versteuern.

Incentive-Reisen
Reisen mit hohem privatem Erlebnischarakter

Gewinnbeteiligungen der Mitarbeiter können entweder über direkte Zuwendung oder durch Kapitalbeteiligung erfolgen. Bei der reinen Erfolgsbeteiligung ist der Mitarbeiter kein Anteilseigner, sondern erhält einen vorab bestimmten Anteil am Unternehmenserfolg der abgelaufenen Periode in Form einer Prämie. Das Grundentgelt ist bei diesen Verfahren meist vorab entsprechend reduziert. Bei **Kapitalbeteiligungen** kann der Mitarbeiter entweder als Gesellschafter/Aktionär zum Eigenkapitalgeber oder als Anleihenbesitzer zum Fremdkapitalgeber werden. Die daraus entstehenden Erträge fließen ihm zusätzlich zum Arbeitsentgelt zu, sind jedoch auch mit einem gewissen Verlustrisiko verbunden.

Eine oft diskutierte und nur selten angewandte Variante der Gewinnbeteiligung ist der **Investivlohn**. Hier wird den Arbeitnehmern ein bestimmter Anteil des vereinbarten Entgeltes nicht ausgezahlt, sondern fließt entweder in die betriebliche Anlage oder in einen überbetrieblichen Vermögensfonds. Mit steigendem Investivvermögen wächst mit der Zeit auch der Ertragsrückfluss (Gewinnausschüttungen, Zinsen) des Mitarbeiters. Dies kann auch Mitarbeitern mit geringem Verdienstpotenzial (z.B. Hilfsarbeitern) zu einem einträglichen Einkommen verhelfen.

ALG II
Arbeitslosengeld II, ugs. meist „Hartz IV", Grundsicherungsleistung für erwerbsfähige Arbeitslose, vgl. **6.2.3** Gesetzliche Sozialversicherungsbeiträge, S. 125

Speziell an diese Gruppe wenden sich sogenannte **Kombilohn**-Modelle. Gerade Berufseinsteiger, Unqualifizierte und ältere Arbeitnehmer machen die Erfahrung, dass die am Arbeitsmarkt zu erzielenden Vergütungen nicht wesentlich höher, oft sogar geringer sind als staatliche Transferzahlungen für Erwerbslosigkeit. Im Falle einer Arbeitsaufnahme werden deshalb zum Arbeitsentgelt von staatlichen Trägern noch Zusatzleistungen gewährt. Der Umfang dieser „Aufstocker" im Rahmen von **ALG II** ist jedoch stark begrenzt und deckt oft nur die bei einer Arbeitsaufnahme zusätzlich anfallenden Kosten für Berufskleidung, Fahrgeld usw. ab.

Übersicht: Entgeltformen

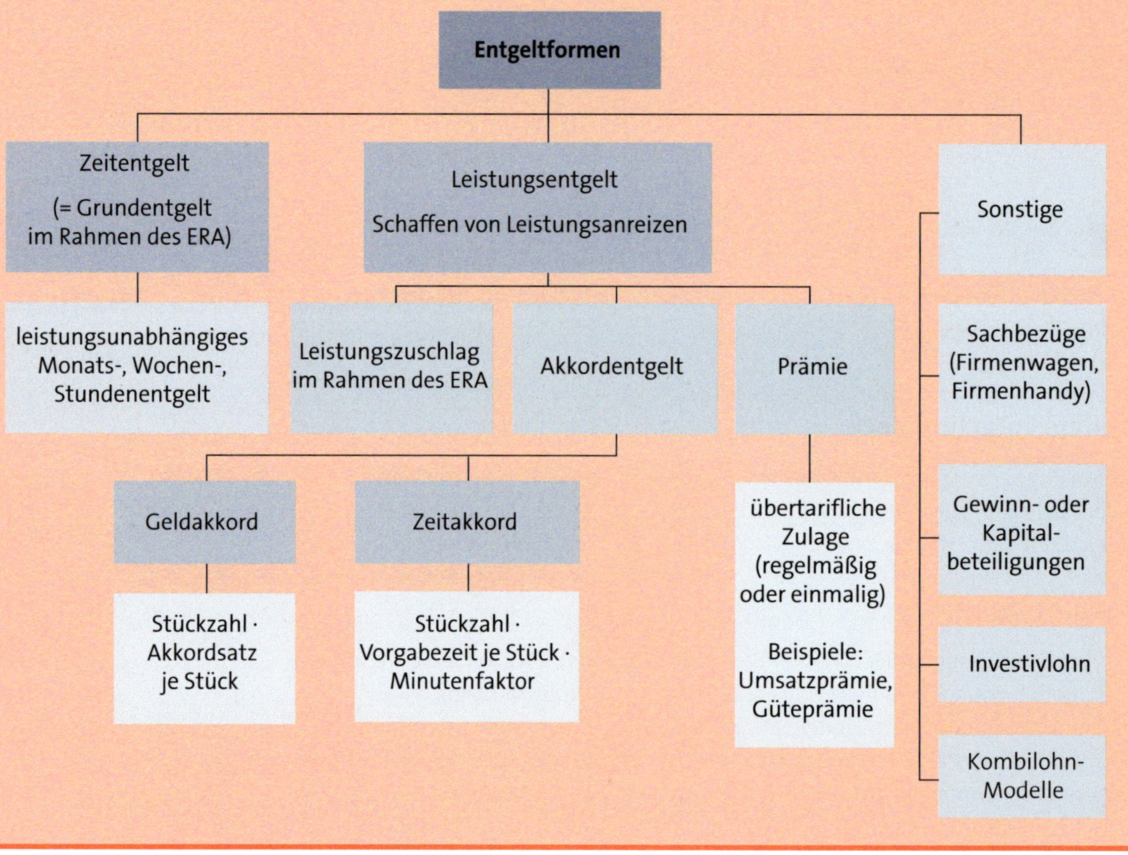

6.2 Entgeltabrechnung

LS ▸ **LS 68** Eine Entgeltabrechnung prüfen

Das Entgelt eines Arbeitnehmers kann aus zwei Perspektiven betrachtet werden. Aus **Sicht des Arbeitgebers** verursacht die Entgeltzahlung an den Arbeitnehmer Personalkosten. Aus **Sicht des Arbeitnehmers** stellt die monatliche Entgeltzahlung das Einkommen, seine Lebensgrundlage, dar.

Allerdings besteht ein wesentlicher Unterschied zwischen dem Bruttoentgelt, das der Arbeitgeber zahlt, und dem Nettoentgelt, das der Arbeitnehmer am Monatsende tatsächlich zur Verfügung hat.

Stufen der Entgeltabrechnung

	Monatsentgelt lt. Arbeitsvertrag
+	Sonderzahlungen (z. B. Weihnachts- und Urlaubsgeld, übertarifliche Zulagen)
+	vermögenswirksame Leistungen (Arbeitgeberanteil)
=	**sozialversicherungspflichtiges Bruttoentgelt**
–	Steuerfreibetrag (auf der Lohnsteuerkarte eingetragen)
=	**steuerpflichtiges Bruttoentgelt**
–	steuerliche Abzüge
–	Sozialversicherungsbeiträge (Abzug vom SV-pflichtigen Bruttoentgelt)
=	**Nettoentgelt**
–	vermögenswirksames Sparen (Arbeitgeber- + Arbeitnehmeranteil)
–	Vorschuss
=	**Nettoauszahlungsbetrag**

Beispiel Entgeltabrechnung, vgl. S. 132

steuerliche Abzüge, vgl. **6.2.2**, S. 121

Sozialversicherung, vgl. **6.2.3**, S. 125

vermögenswirksame Leistungen, vgl. **6.2.4**, S. 130

6.2.1 Bruttoentgelt

Die Höhe des Bruttoentgelts wird im Arbeitsvertrag schriftlich fixiert. Sind Arbeitnehmer und Arbeitgeber tariflich gebunden (Mitglied der Tarifparteien) oder wurde der Tarifvertrag für allgemein verbindlich erklärt, ist die Mindesthöhe des Entgelts abhängig von der Einstufung des Arbeitnehmers in eine **Entgeltgruppe**. Diese richtet sich nach der Ausbildung und dem Aufgabengebiet des Arbeitnehmers.

Tarifparteien, vgl. **3.2**, S. 102

Entgeltrahmenabkommen, vgl. **3.2.2**, S. 104

Zudem ist die Entgelthöhe abhängig von der **Beschäftigungsdauer** innerhalb der jeweiligen Gruppe (Beschäftigungsjahr). Trotz Tarifgebundenheit kann zwischen Arbeitnehmer und Arbeitgeber ein höherer Verdienst vereinbart werden als tariflich vorgeschrieben, ein niedrigerer Verdienst ist aber arbeitsrechtlich nicht möglich.

Allgemeinverbindlichkeitserklärung und Günstigkeitsprinzip, vgl. **3.2.1**, S. 102

Sind Arbeitnehmer und Arbeitgeber tariflich nicht gebunden und wurde der Tarifvertrag vom Minister für Arbeit und Soziales nicht für allgemein verbindlich erklärt, so kann das Entgelt zwischen Arbeitgeber und Arbeitnehmer frei von tariflichen Vorgaben vereinbart werden.

Das sozialversicherungspflichtige Bruttoentgelt

Sozialversicherungsbeiträge, vgl. **6.2.3**, S. 125

vermögenswirksame Leistungen, vgl. **6.2.4**, S. 130

Zum Bruttoentgelt gehören alle Leistungen, die dem Arbeitnehmer im Rahmen seines Arbeitsverhältnisses gezahlt werden. Auch alle Sonderzahlungen wie z. B. Urlaubsgeld, Weihnachtsgeld, Prämien, Fahrtkostenerstattung, vermögenswirksame Leistungen und Sachwerte erhöhen das Bruttoentgelt. Die Summe aller Entgeltleistungen ist Grundlage für die Berechnung der gesetzlichen Sozialversicherungsbeiträge und wird auch als sozialversicherungspflichtiges Bruttoentgelt bezeichnet.

Das steuerpflichtige Bruttoentgelt

Das steuerpflichtige Bruttoentgelt bildet die Grundlage für die Berechnung der steuerlichen Abzüge. Das sozialversicherungspflichtige Bruttoentgelt und das steuerpflichtige Bruttoentgelt können übereinstimmen. Nur wenn der Arbeitnehmer beim zuständigen Finanzamt einen **Steuerfreibetrag** beantragt hat, muss dieser vom sozialversicherungspflichtigen Bruttoentgelt abgezogen werden, um das steuerpflichtige Bruttoentgelt zu erhalten.

Einkommensteuererklärung, vgl. **Exkurs**, S. 124

Steuerfreibeträge mindern das steuerpflichtige Arbeitsentgelt. Sie werden entweder direkt vom Finanzamt gewährt und werden damit bereits bei der monatlichen Berechnung der Steuern berücksichtigt, oder sie können vom Arbeitnehmer am Jahresende durch die Einkommensteuererklärung zurückgefordert werden. Steuerfreibeträge können vom Finanzamt bei erhöhten Werbungskosten, Sonderausgaben oder außergewöhnlichen Belastungen eingetragen werden:

- **Werbungskosten** sind Aufwendungen zur Erwerbung, Sicherung und Erhaltung der Einkünfte wie Fachliteratur, Fortbildung, Berufskleidung, Fahrten zwischen Wohnung und Arbeitsstätte.
- **Sonderausgaben** sind Aufwendungen der Lebensführung, die steuerlich begünstigt werden. Hierzu zählen Vorsorgeaufwendungen wie z. B. Beiträge zur gesetzlichen Sozialversicherung und zu privaten Kranken-, Pflege-, Unfall-, Haftpflicht- oder Lebensversicherungen.
- Von **außergewöhnlichen Belastungen** spricht man, wenn einem Arbeitnehmer größere Aufwendungen als der überwiegenden Mehrzahl der Steuerpflichtigen vergleichbarer Einkommensverhältnisse entstehen. Hierzu zählen u. a. Kosten für Kinderbetreuung oder Heim- und Pflegekosten für bedürftige Angehörige.

6.2.2 Steuerliche Abzüge

Die steuerlichen Abzüge setzen sich zusammen aus:
- Lohnsteuer/Einkommensteuer
- Kirchensteuer
- Solidaritätszuschlag

Der Staat erhebt auf die Einkommen aller natürlichen Personen, die im Inland wohnen und arbeiten, **Einkommensteuer**. Sie stellt eine der wichtigsten Einnahmequellen des Staates dar. Der Einkommensteuer unterliegen Einkünfte aus:
- nicht selbstständiger Arbeit
- selbstständiger Arbeit
- Gewerbebetrieb
- Kapitalvermögen
- Vermietung und Verpachtung, Land- und Forstwirtschaft
- sonstigen Einkünften (z. B. aus Renten, Unterhaltsleistungen, Vermietung beweglicher Gegenstände)

Die **Lohnsteuer** ist eine besondere Form der Einkommensteuer, die nur die Einkünfte aus nicht selbstständiger Arbeit besteuert. Die Lohnsteuer wird jeden Monat vom steuerpflichtigen Bruttoentgelt abgezogen und vom Arbeitgeber direkt an das Finanzamt überwiesen. Der Einkommensteuertarif legt fest, mit welchem prozentualen Steuersatz das Einkommen besteuert wird.

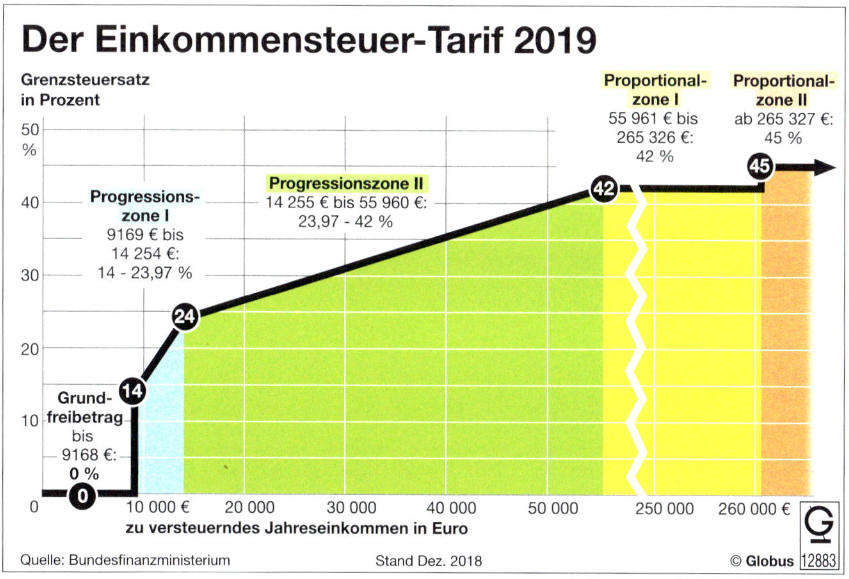

Grundfreibetrag 2019 (steuerfreies Einkommen für den notwendigen Lebensunterhalt): 9.168,00 €

Kinderfreibetrag 2019 (sichert die angemessene Versorgung der Kinder): 7.620,00 €

Arbeitnehmer, die einer Steuer erhebenden Religionsgemeinschaft angehören, zahlen außerdem **Kirchensteuer**. Die derzeitige Kirchensteuer beträgt 9 % (in Bayern und Baden-Württemberg 8 %) von der zu zahlenden Lohnsteuer.

Als Maßnahme zur Bewältigung der finanziellen Erblasten im Zusammenhang mit der deutschen Wiedervereinigung und zur langfristigen Sicherung des Aufbaus in den neuen Ländern wird bundesweit ein **Solidaritätszuschlag** in Höhe von derzeit 5,5 % der Lohnsteuer erhoben. Der Solidaritätszuschlag wird erst erhoben, wenn die Lohnsteuer einen bestimmten Betrag, die sogenannte Nullzone, übersteigt.

Die Angaben für die Berechnung der steuerlichen Abzüge (Lohnsteuerabzugsmerkmale) werden den Arbeitgebern seit 2011 über ein elektronisches Verfahren zum Abruf bereitgestellt. Zuvor entnahmen die Arbeitgeber diese Angaben den vom Einwohnermeldeamt ausgestellten Lohnsteuerkarten. Wichtige **Lohnsteuerabzugsmerkmale** sind:

- die Steuerklasse
- die Zahl der Kinderfreibeträge
- der zu berücksichtigende Steuerfreibetrag
- die Religionszugehörigkeit

IT-gestützte Entgeltabrechnungen, vgl. **6.3**, S. 136

Die Höhe der steuerlichen Abzüge kann man z. B. **Lohnsteuertabellen** entnehmen. Aus diesen Tabellen lässt sich in Abhängigkeit von der Steuerklasse und der Anzahl der Kinderfreibeträge für jedes Bruttoentgelt die Höhe der Lohn- und Kirchensteuer sowie des Solidaritätszuschlags ablesen. Auch IT-gestützte Lohn- und Gehaltsabrechnungsprogramme, die in Unternehmen für die Entgeltabrechnung eingesetzt werden, ermitteln die Steuerabzüge nach amtlich anerkannten Formeln.

Allgemeine Tabelle **MONAT bis 2.789,99 €**

Lohn/ Gehalt bis	Steuerklasse	Lohn-steuer	ohne Kinderfreibetrag			Anzahl Kinderfreibeträge (nur Steuerklassen I–IV)																				
						0,5			1,0			1,5			2,0			2,5			3,0		
			SolZ 5,5%	Kirchensteuer 8%	9%	SolZ 5,5%	Kirchensteuer 8%	9%	SolZ 5,5%	Kirchensteuer 8%	9%	SolZ 5,5%	Kirchensteuer 8%	9%	SolZ 5,5%	Kirchensteuer 8%	9%	SolZ 5,5%	Kirchensteuer 8%	9%	SolZ 5,5%	Kirchensteuer 8%	9%
2.747,99	I	355,66	19,56	28,45	32,00	14,58	21,21	23,86	9,89	14,39	16,19	3,76	7,98	8,98	0,00	2,41	2,71	0,00	0,00	0,00	0,00	0,00	0,00
	II	309,66	17,03	24,77	27,86	12,20	17,74	19,96	7,65	11,13	12,52	0,00	4,98	5,60	0,00	0,31	0,35	0,00	0,00	0,00	0,00	0,00	0,00
	III	124,33	0,00	9,94	11,18	0,00	4,81	5,41	0,00	0,61	0,68	0,00	0,00	0,00	0,00	0,00	0,00	0,00	0,00	0,00	0,00	0,00	0,00
	IV	355,66	19,56	28,45	32,00	17,03	24,78	27,87	14,58	21,21	23,86	12,20	17,74	19,96	9,89	14,39	16,19	7,65	11,14	12,53	3,76	7,98	8,98
	V	651,33	35,82	52,10	58,61																		
	VI	686,83	37,77	54,94	61,81																		
2.750,99	I	356,41	19,60	28,51	32,07	14,62	21,26	23,92	9,92	14,44	16,24	3,88	8,03	9,03	0,00	2,45	2,75	0,00	0,00	0,00	0,00	0,00	0,00
	II	310,41	17,07	24,83	27,93	12,23	17,80	20,02	7,68	11,18	12,57	0,00	5,02	5,65	0,00	0,34	0,38	0,00	0,00	0,00	0,00	0,00	0,00
	III	125,00	0,00	10,00	11,25	0,00	4,85	5,45	0,00	0,65	0,73	0,00	0,00	0,00	0,00	0,00	0,00	0,00	0,00	0,00	0,00	0,00	0,00
	IV	356,41	19,60	28,51	32,07	17,07	24,84	27,94	14,62	21,26	23,92	12,24	17,80	20,03	9,92	14,44	16,24	7,69	11,18	12,58	3,88	8,03	9,03
	V	652,33	35,87	52,18	58,70																		
	VI	688,00	37,84	55,04	61,92																		
2.753,99	I	357,16	19,64	28,57	32,14	14,66	21,32	23,99	9,96	14,50	16,31	4,01	8,08	9,09	0,00	2,49	2,80	0,00	0,00	0,00	0,00	0,00	0,00
	II	311,16	17,11	24,89	28,00	12,27	17,85	20,08	7,72	11,23	12,63	0,00	5,07	5,70	0,00	0,37	0,41	0,00	0,00	0,00	0,00	0,00	0,00
	III	125,66	0,00	10,05	11,30	0,00	4,89	5,50	0,00	0,68	0,76	0,00	0,00	0,00	0,00	0,00	0,00	0,00	0,00	0,00	0,00	0,00	0,00
	IV	357,16	19,64	28,57	32,14	17,11	24,90	28,01	14,66	21,32	23,99	12,27	17,86	20,09	9,96	14,50	16,31	7,72	11,24	12,64	4,01	8,08	9,09
	V	653,33	35,93	52,26	58,79																		
	VI	689,00	37,89	55,12	62,01																		
2.756,99	I	357,91	19,68	28,63	32,21	14,69	21,38	24,05	10,00	14,54	16,36	4,13	8,13	9,14	0,00	2,52	2,84	0,00	0,00	0,00	0,00	0,00	0,00
	II	311,83	17,15	24,94	28,06	12,31	17,90	20,14	7,75	11,28	12,69	0,00	5,12	5,76	0,00	0,40	0,45	0,00	0,00	0,00	0,00	0,00	0,00
	III	126,16	0,00	10,09	11,35	0,00	4,93	5,54	0,00	0,72	0,81	0,00	0,00	0,00	0,00	0,00	0,00	0,00	0,00	0,00	0,00	0,00	0,00
	IV	357,91	19,68	28,63	32,21	17,15	24,95	28,07	14,69	21,38	24,05	12,31	17,91	20,15	10,00	14,54	16,36	7,76	11,29	12,70	4,13	8,13	9,14
	V	654,33	35,98	52,34	58,88																		
	VI	690,16	37,95	55,21	62,11																		
2.759,99	I	358,58	19,72	28,68	32,27	14,73	21,43	24,11	10,03	14,60	16,42	4,26	8,18	9,20	0,00	2,56	2,88	0,00	0,00	0,00	0,00	0,00	0,00
	II	312,58	17,19	25,00	28,13	12,34	17,96	20,20	7,79	11,33	12,74	0,00	5,16	5,80	0,00	0,43	0,48	0,00	0,00	0,00	0,00	0,00	0,00
	III	126,83	0,00	10,14	11,41	0,00	4,97	5,59	0,00	0,74	0,83	0,00	0,00	0,00	0,00	0,00	0,00	0,00	0,00	0,00	0,00	0,00	0,00
	IV	358,58	19,72	28,68	32,27	17,19	25,01	28,13	14,73	21,43	24,11	12,35	17,96	20,21	10,03	14,60	16,42	7,79	11,34	12,75	4,26	8,18	9,20
	V	655,50	36,05	52,44	58,99																		
	VI	691,16	38,01	55,29	62,20																		
2.762,99	I	359,33	19,76	28,74	32,33	14,77	21,49	24,17	10,07	14,65	16,48	4,38	8,23	9,26	0,00	2,60	2,92	0,00	0,00	0,00	0,00	0,00	0,00
	II	313,25	17,22	25,06	28,19	12,38	18,01	20,26	7,82	11,38	12,80	0,00	5,20	5,85	0,00	0,46	0,51	0,00	0,00	0,00	0,00	0,00	0,00
	III	127,50	0,00	10,20	11,47	0,00	5,01	5,63	0,00	0,77	0,86	0,00	0,00	0,00	0,00	0,00	0,00	0,00	0,00	0,00	0,00	0,00	0,00
	IV	359,33	19,76	28,74	32,33	17,23	25,06	28,19	14,77	21,49	24,17	12,38	18,02	20,27	10,07	14,65	16,48	7,83	11,39	12,81	4,38	8,23	9,26
	V	656,50	36,10	52,52	59,08																		
	VI	692,16	38,06	55,37	62,29																		
2.765,99	I	360,08	19,80	28,80	32,40	14,81	21,54	24,23	10,11	14,70	16,54	4,51	8,28	9,32	0,00	2,64	2,97	0,00	0,00	0,00	0,00	0,00	0,00
	II	314,00	17,27	25,12	28,26	12,42	18,07	20,33	7,86	11,44	12,87	0,00	5,25	5,90	0,00	0,49	0,55	0,00	0,00	0,00	0,00	0,00	0,00
	III	128,00	0,00	10,24	11,52	0,00	5,05	5,68	0,00	0,81	0,91	0,00	0,00	0,00	0,00	0,00	0,00	0,00	0,00	0,00	0,00	0,00	0,00
	IV	360,08	19,80	28,80	32,40	17,27	25,12	28,26	14,81	21,54	24,23	12,42	18,07	20,33	10,11	14,70	16,54	7,86	11,44	12,87	4,51	8,28	9,32
	V	657,50	36,16	52,60	59,17																		
	VI	693,33	38,13	55,46	62,39																		
2.768,99	I	360,83	19,84	28,86	32,47	14,85	21,60	24,30	10,14	14,76	16,60	4,63	8,33	9,37	0,00	2,68	3,01	0,00	0,00	0,00	0,00	0,00	0,00
	II	314,75	17,31	25,18	28,32	12,46	18,12	20,39	7,89	11,48	12,92	0,00	5,30	5,96	0,00	0,52	0,59	0,00	0,00	0,00	0,00	0,00	0,00
	III	128,66	0,00	10,29	11,57	0,00	5,09	5,72	0,00	0,84	0,94	0,00	0,00	0,00	0,00	0,00	0,00	0,00	0,00	0,00	0,00	0,00	0,00
	IV	360,83	19,84	28,86	32,47	17,31	25,18	28,33	14,85	21,60	24,30	12,46	18,12	20,39	10,14	14,76	16,60	7,90	11,49	12,92	4,63	8,33	9,37
	V	658,50	36,21	52,68	59,26																		
	VI	694,16	38,17	55,53	62,47																		
2.771,99	I	361,58	19,88	28,92	32,54	14,89	21,66	24,36	10,18	14,81	16,66	4,75	8,38	9,42	0,00	2,71	3,05	0,00	0,00	0,00	0,00	0,00	0,00
	II	315,41	17,34	25,23	28,38	12,49	18,18	20,45	7,93	11,54	12,98	0,00	5,34	6,01	0,00	0,55	0,62	0,00	0,00	0,00	0,00	0,00	0,00
	III	129,33	0,00	10,34	11,63	0,00	5,13	5,77	0,00	0,88	0,99	0,00	0,00	0,00	0,00	0,00	0,00	0,00	0,00	0,00	0,00	0,00	0,00
	IV	361,58	19,88	28,92	32,54	17,35	25,24	28,39	14,89	21,66	24,36	12,50	18,18	20,45	10,18	14,81	16,66	7,93	11,54	12,98	4,75	8,38	9,42
	V	659,50	36,27	52,76	59,35																		
	VI	695,33	38,24	55,62	62,57																		
2.774,99	I	362,33	19,92	28,98	32,60	14,92	21,71	24,42	10,22	14,86	16,72	4,88	8,43	9,48	0,00	2,75	3,09	0,00	0,00	0,00	0,00	0,00	0,00
	II	316,16	17,38	25,29	28,45	12,53	18,23	20,51	7,97	11,59	13,04	0,00	5,38	6,05	0,00	0,58	0,65	0,00	0,00	0,00	0,00	0,00	0,00
	III	130,00	0,00	10,40	11,70	0,00	5,17	5,81	0,00	0,90	1,01	0,00	0,00	0,00	0,00	0,00	0,00	0,00	0,00	0,00	0,00	0,00	0,00

Auszug: Rehm Monats-Lohnsteuertabelle 2019, Verlagsgruppe Hüthig Jehle Rehm, Heidelberg

Die **Steuerklassen** spiegeln die familiären Lebensverhältnisse der Arbeitnehmer wider und führen zu einem unterschiedlichen Steuerabzug. Die geringsten steuerlichen Abzüge hat Steuerklasse III, die höchsten Abzüge hat Steuerklasse VI.

Steuerklasse	Arbeitnehmer
I	ledige und geschiedene Arbeitnehmer sowie verwitwete Arbeitnehmer, sofern sie nicht in die Steuerklasse II oder III fallen
II	ledige, geschiedene und verwitwete Arbeitnehmer, denen der Entlastungsbetrag für Alleinerziehende zusteht. Der Entlastungsbetrag für Alleinerziehende steht grundsätzlich einem im Übrigen alleinstehenden Arbeitnehmer zu, in dessen Haushalt mindestens ein Kind mit Haupt- oder Nebenwohnung gemeldet ist, das auf der Lohnsteuerkarte dieses Arbeitnehmers unter der Kinderfreibetragszahl zu berücksichtigen ist oder für das er Kindergeld erhält.
III	Verheiratete, wenn der Ehepartner keine Einkünfte erzielt oder der arbeitende Ehepartner die Steuerklasse V gewählt hat, sowie verwitwete Arbeitnehmer für das Kalenderjahr, das auf das Todesjahr des Ehepartners folgt
IV	Verheiratete, wenn beide Ehepartner Arbeitslohn beziehen und anstelle der Steuerklasse III + V die Steuerklassen IV + IV gewählt haben
V	Verheiratete, wenn der Ehepartner die Steuerklasse III gewählt hat
VI	Arbeitnehmer, die gleichzeitig von mehreren Arbeitgebern Arbeitslohn erhalten (kein Minijob)

Die Lohnsteuer, die Kirchensteuer und der Solidaritätszuschlag werden vom Arbeitgeber bei jeder Lohnzahlung vom Bruttoentgelt einbehalten und an das Finanzamt bis spätestens zum 10. des Folgemonats abgeführt. Der Arbeitgeber ist somit der **Steuerschuldner**, der Arbeitnehmer ist der **Steuerträger**.

Am Jahresende erhält der Arbeitnehmer vom Arbeitgeber eine **Lohnsteuerbescheinigung** für das abgelaufene Kalenderjahr. Diese Bescheinigung dient dem Arbeitnehmer als Nachweis über das erhaltene Jahresbruttogehalt und die darauf gezahlten Steuern und Sozialversicherungsbeiträge. Der Arbeitnehmer benötigt diese Informationen für seine Einkommensteuererklärung.

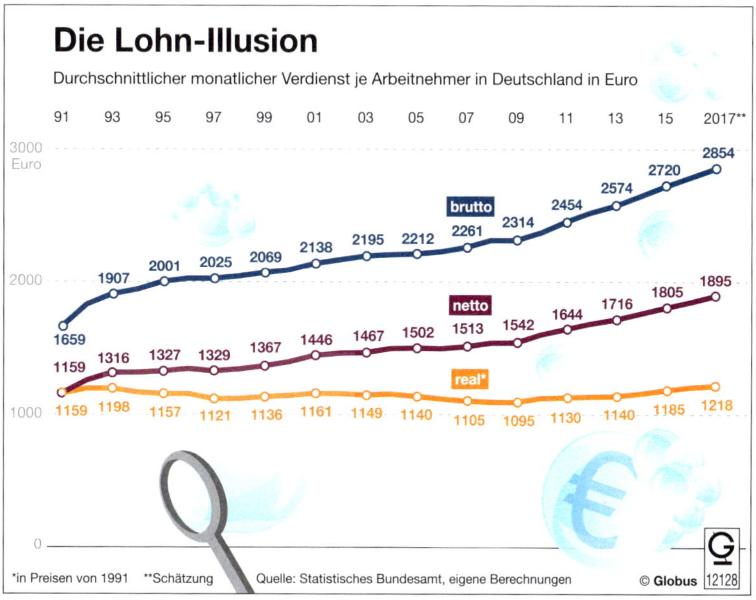

Exkurs: Einkommensteuerveranlagung

Einkommensteuerveranlagung
Festsetzung der Steuerschuld

Die **Einkommensteuerveranlagung** erfolgt durch das Finanzamt aufgrund der eingereichten Steuererklärung. Das Finanzamt erstellt einen **Steuerbescheid**, in dem es dem Steuerpflichtigen die Steuerschuld und -berechnung mitteilt. Aufgrund des Steuerbescheids kann es zu Steuerrückzahlungen durch das Finanzamt oder zu Nachzahlungen von Steuern kommen, wenn die festgesetzte Steuerschuld nicht mit der bereits gezahlten Einkommensteuer übereinstimmt.

Stundung
Zeitlich befristeter Zahlungsaufschub

Kann ein Steuerpflichtiger seine Steuerschuld nicht fristgemäß zahlen, muss er vor Ablauf der Zahlungsfrist ein begründetes **Stundungsgesuch** einreichen und darlegen, wie er zu zahlen gedenkt. Werden Zahlungen nicht rechtzeitig entrichtet, kommt es zur Erhebung von Säumniszuschlägen.

Die **Lohnsteuerbescheinigung** weist das Bruttoeinkommen sowie die vom Arbeitgeber abgeführten steuerlichen Abzüge (Jahreswerte) aus.

Beispiel Der Mitarbeiter Robert Gilles erhält am Jahresanfang 20XX von der Personalabteilung der Fly Bike Werke GmbH seine **Lohnsteuerbescheinigung** ausgehändigt mit Angabe der sogenannten eTIN (electronic Taxpayer Identification Number). Unter dieser Nummer sind seine steuerlichen Angaben durch Datenfernübertragung bereits an die Finanzverwaltung elektronisch übermittelt worden (elektronische Lohnsteuerbescheinigung). Die Beträge aus der Lohnsteuerbescheinigung muss Herr Gilles bei seiner Einkommensteuererklärung in die Anlage N – das Formular für Einkünfte aus nicht selbstständiger Arbeit – eintragen.

Personen, die nicht Arbeitnehmer sind (z. B. Selbstständige), werden mit ihren steuerpflichtigen Einkünften zur Einkommensteuer veranlagt und **müssen** deshalb grundsätzlich eine Einkommensteuererklärung abgeben. Lohnsteuerpflichtige Arbeitnehmer **können** einen Antrag auf Veranlagung zur Einkommensteuer stellen, wenn sie davon ausgehen, dass sie einen Teil der Steuern zurückerhalten – z. B., wenn ihre Aufwendungen die Pauschbeträge überschritten haben.

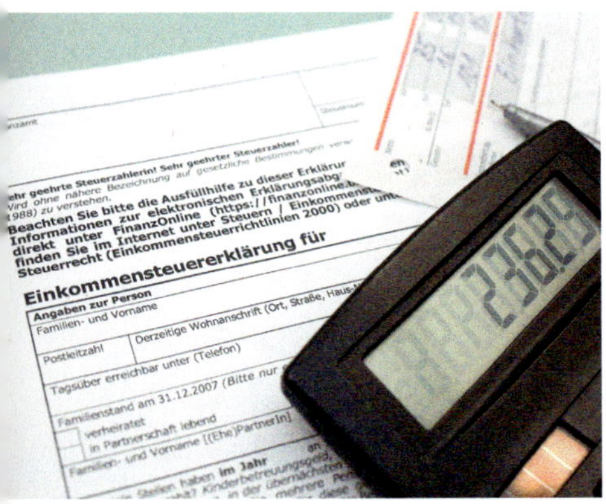

Nach Ablauf eines Kalenderjahres hat der Steuerpflichtige bis zum 31. Juli des Folgejahres dem Finanzamt eine **Einkommensteuererklärung** einzureichen. Bei verspäteter Abgabe droht ein Bußgeld in Höhe von 0,25% der zu entrichtenden Steuer. Lohnsteuerpflichtige sind mit ihrem Antrag auf Veranlagung zur Einkommensteuer nicht an diese Frist gebunden. Die Einkommensteuererklärung erfolgt auf bestimmten Formularen und enthält alle Angaben, die zur Ermittlung der Steuerschuld notwendig sind:

- Familienstand und Zahl der Kinder
- Art der Veranlagung (Ehegatten können zwischen getrennter Veranlagung und Zusammenveranlagung wählen)
- die einzelnen Einkünfte
- Sonderausgaben
- beantragte Vergünstigungen wegen außergewöhnlicher Belastungen oder außerordentlicher Einkünfte

Arbeitnehmer können ihre Steuererklärung auf einem vereinfachten, zweiseitigen Formular erstellen. Die Formulare sind bei den zuständigen Finanzämtern online zum Download erhältlich.

Bei der Zusammenveranlagung von Ehepartnern werden die Einkünfte der beiden zusammengerechnet und anschließend halbiert (**Ehegattensplitting**). Die Steuer wird von der ermittelten Hälfte berechnet und danach verdoppelt.

6.2.3 Gesetzliche Sozialversicherungsbeiträge

LS ▸ **LS 69** Soziale Sicherung verstehen

Die Gesamtabzüge vom Bruttoentgelt einschließlich der Sozialbeiträge eines Arbeitnehmers betragen je nach dem persönlichen Steuersatz bis zu 50 %. Er bekommt dafür im Bedarfsfall vom Staat und von den Sozialversicherungen eine Gegenleistung.

Im Rahmen der sozialen Absicherung spricht man in Deutschland auch von dem **Fünf-Säulen-System**. Die fünf Säulen symbolisieren dabei jeweils eine Sozialversicherung, die den Arbeitnehmer im Bedarfsfall absichert:

- Krankenversicherung
- Pflegeversicherung
- Rentenversicherung
- Arbeitslosenversicherung
- gesetzliche Unfallversicherung

Das System der Sozialversicherung beruht auf dem sogenannten **Versicherungsprinzip**: Nur derjenige hat Anspruch auf eine Versicherungsleistung, der vorher auch seinen Beitrag gezahlt hat. Die Beitragssätze für die Sozialversicherungen beziehen sich auf das sozialversicherungspflichtige Bruttoentgelt. Je mehr ein Arbeitnehmer also verdient, desto höhere Beiträge muss er entrichten. Es findet jedoch ein sozialer Ausgleich zwischen den Versicherten statt: Trotz unterschiedlich hoher Beiträge erhalten alle Mitglieder die gleichen Versicherungsleistungen (**Solidaritätsprinzip**). Aber nicht nur der Arbeitnehmer zahlt für seine soziale Absicherung in diese Sozialversicherungskassen ein, sondern **auch der Arbeitgeber**, der noch einmal die gleichen Beiträge beisteuert.

Das sozialversicherungspflichtige Bruttoentgelt wird zur Berechnung der Sozialversicherungsbeiträge aber nur bis zu einer bestimmten Höhe herangezogen (**Beitragsbemessungsgrenze**). Abhängig beschäftigte Arbeitnehmer sind grundsätzlich **pflichtversichert**.

Beitragsbemessungsgrenze
Der Beitragssatz wird max. bis zur Bemessungsgrenze erhoben, auch wenn das Bruttoentgelt darüber liegt, vgl. Übersicht S. 129.

Ab einem gewissen Einkommen steht es dem Arbeitnehmer frei, die gesetzliche Kranken- und Pflegekasse zu verlassen und sich privat zu versichern. Voraussetzung ist, dass der Arbeitnehmer mit seinem Einkommen über der **Versicherungspflichtgrenze** liegt. Für die Renten- und Arbeitslosenversicherung besteht eine solche Möglichkeit nicht. Hier bleibt jeder abhängig Beschäftigte, unabhängig von seinem Verdienst, **pflichtversichert**.

Die **Versicherungspflichtgrenze** liegt im Jahr 2019 bei einem monatlichen Bruttoeinkommen von 5.062,50 € bzw. einem Jahresbruttoeinkommen von 60.750,00 €.

Genau wie die Steuerabzüge werden auch die vom Arbeitnehmer zu tragenden Sozialversicherungsbeiträge direkt **vom Arbeitgeber einbehalten**. Der Arbeitgeber führt die Arbeitnehmer- und Arbeitgeberanteile an die Krankenkasse des jeweiligen Arbeitnehmers bis zum drittletzten Bankarbeitstag des jeweiligen Monats ab. Die jeweilige Krankenkasse hat dann die Aufgabe, die verschiedenen Beiträge an die entsprechenden Sozialversicherungsträger zu überweisen.

Gesetzliche Krankenversicherung

Aufgabe der gesetzlichen Krankenversicherung (KV) ist es, Arbeitnehmer und ihre Familien für den Krankheitsfall abzusichern. **Träger** der gesetzlichen Krankenversicherung sind Orts-, Betriebs- und Innungskrankenkassen sowie die Ersatzkassen, denen ein Versicherter beitreten kann. Es besteht **freie Kassenwahl**, d. h., jedes Mitglied der gesetzlichen Krankenkasse kann wählen, bei welcher Kasse es sich versichern lassen möchte. Versicherte können ihre Mitgliedschaft bei der Krankenkasse zum Ende des übernächsten Monats kündigen. An die Wahl der gesetzlichen Krankenkasse sind die Mitglieder 18 Monate gebunden.

Der **Beitragssatz** für die Krankenversicherung beträgt 2019 einheitlich 14,6 %, den Arbeitgeber und Arbeitnehmer je zur Hälfte zahlen. Zusätzlich können die Krankenkassen individuelle Zuschlagssätze (in %) als Sonderbeitrag erheben. Die durchschnittliche Höhe des Sonderbeitrags liegt bei 0,9 %.

Pflegeversicherung

Die 1995 eingeführte Pflegeversicherung (PV) soll die finanziellen Risiken der Pflege absichern. Die Pflegeversicherung verfolgt u. a. folgende Ziele:

- Jeder soll sich darauf verlassen können, im Bedarfsfall ausreichende Pflegeleistungen zu erhalten.
- Pflegebedürftige Menschen sollen nicht auf Sozialhilfe angewiesen sein.
- Pflegekosten sollen nicht dem Staat aufgebürdet werden.
- Pflege durch Angehörige soll finanziell honoriert werden.
- Pflegebedürftige Menschen sollen so lange wie möglich in ihrer gewohnten häuslichen Umgebung leben können, nicht nur aus Kostengründen, sondern insbesondere, um ihre Lebensqualität so gut wie möglich zu erhalten.

In der Pflegeversicherung gilt der Grundsatz: „Pflegeversicherung folgt Krankenversicherung." Das heißt: Wer in der gesetzlichen Krankenversicherung versichert ist, gehört automatisch auch der gesetzlichen Pflegeversicherung an. **Träger** der Pflegeversicherung sind die Pflegekassen der Krankenkassen und der privaten Krankenversicherungen. Die Pflegeversicherung bezuschusst die Pflege, die entweder im Haus des Pflegebedürftigen oder im Heim erfolgen kann. Die Leistungen der Pflegeversicherung richten sich nach dem Grad der Bedürftigkeit in fünf Stufen. Das heißt, sie sind abhängig von der sogenannten Pflegestufe. Zur Festlegung der Pflegestufen beauftragt die Pflegekasse in der Regel den Medizinischen Dienst der Krankenkassen.

Der Beitragssatz für die Pflegeversicherung beträgt 2019 einheitlich 3,05 %, den Arbeitgeber und Arbeitnehmer je zur Hälfte zahlen. Kinderlose Arbeitnehmer zahlen ab 23 Jahren einen Zuschlag von 0,25 %.

Rentenversicherung

Aufgabe der gesetzlichen Rentenversicherung (RV) ist die finanzielle Sicherung der Arbeitnehmer und ihrer Familien bei Erwerbsunfähigkeit, Alter und Tod. **Träger** ist die Deutsche Rentenversicherung. Leistungen werden nur gewährt, wenn ihr der Versicherte eine Mindestanzahl von Versicherungsjahren (sogenannte Wartezeit) angehört hat. Der **Beitragssatz** zur Rentenversicherung beträgt zurzeit 18,6 % (Stand 2019) und wird je zur Hälfte vom Arbeitnehmer und vom Arbeitgeber gezahlt.

Der gesetzlichen Rentenversicherung liegt das Prinzip des **Generationenvertrags** zugrunde. Durch die Beitragszahlungen der Erwerbstätigen werden die Rentenzahlungen der nicht mehr Erwerbstätigen finanziert (Umlagefinanzierung). Dies setzt voraus, dass es genügend Erwerbstätige gibt, die in die Rentenkasse einzahlen. Angesichts sinkender Geburtenraten und steigender Lebenserwartung steht die Rentenversicherung vor großen finanziellen Problemen. Inzwischen haben die betriebliche Altersvorsorge und die private Vorsorge für die Zeit nach der Erwerbstätigkeit an Bedeutung zugenommen.

Private Absicherung, vgl. **6.2.4**, S. 130

Die **Leistungen** der Rentenversicherung lassen sich in vier große Bereiche untergliedern.

Altersrente

Die Regelaltersrente erhält der Versicherte, wenn er das 65. Lebensjahr erreicht und die allgemeine Wartezeit von fünf Jahren erfüllt hat. Seit 2012 wird die Regelaltersgrenze bis 2029 schrittweise auf 67 Jahre angehoben; ab dem Geburtsjahr 1964 ist ein Alter von 67 Jahren die Regelaltersgrenze. Versicherte können zwar vorzeitig in Rente gehen, müssen allerdings dann Abzüge bei ihren Rentenansprüchen in Kauf nehmen.

Seit 2014 gibt es die abschlagsfreie Rente ab 63 Jahren, wenn 45 Jahre lang Pflichtbeiträge (Anrechnungswerte) in die Rentenkasse eingezahlt wurden.

Erwerbsminderungsrente

Können Arbeitnehmer aufgrund einer gesundheitlichen Einschränkung gar nicht mehr oder nur noch weniger als drei Stunden täglich arbeiten, erhalten sie aus der Rentenkasse die volle Erwerbsminderungsrente. Die halbe Erwerbsminderungsrente erhält der Versicherte, wenn er noch mindestens drei und maximal sechs Stunden täglich arbeiten kann.

Hinterbliebenenrente

Stirbt ein Versicherter, zahlt die Rentenversicherung an den hinterbliebenen Ehepartner und/oder die Kinder eine Rente.

Sonstige Leistungen

Neben der Zahlung von Renten werden Heilbehandlungen und Berufsförderungsmaßnahmen für die Versicherten finanziert, um die Erwerbsfähigkeit zu erhalten, zu verbessern oder ggf. wiederherzustellen.

Arbeitslosenversicherung

www.arbeitsagentur.de

Die Arbeitslosenversicherung versichert das Risiko der Arbeitslosigkeit und der damit verbundenen Einkommenseinbußen. **Träger** der Arbeitslosenversicherung ist die Bundesagentur für Arbeit mit Sitz in Nürnberg. Die Bundesagentur für Arbeit erbringt u. a. folgende **Leistungen** im Rahmen der Arbeitslosenversicherung:

- Zahlung von Entgeltersatzleistungen (Arbeitslosengeld, Kurzarbeitergeld, Winterausfallgeld, Insolvenzausfallgeld und Beiträge zur Sozialversicherung für Arbeitslose)
- Berufsberatung
- Förderung der beruflichen Aus- und Weiterbildung
- Kindergeldzahlung als Familienkasse

Weiterbildung, vgl. **7.3**, S. 142

Anspruchsvoraussetzungen der Bundesagentur für Arbeit

Arbeitslosengeld I (ALG I) erhält, wer

- Arbeit sucht,
- in den letzten zwei Jahren vor der Arbeitslosigkeit mindestens zwölf Monate gearbeitet und dabei in die Arbeitslosenversicherung eingezahlt hat (Anwartschaftszeit),
- sich persönlich arbeitslos gemeldet hat.

Kündigung, vgl. **4.2**, S. 107

Die Meldung über die Beendigung des Arbeitsverhältnisses muss unmittelbar nach Kenntnis über die Beendigung des Arbeitsverhältnisses (z. B. bei Erhalt der Kündigung) persönlich erfolgen. Handelt es sich um einen befristeten Vertrag, muss die Meldung drei Monate vor Ablauf des Vertrages erfolgen. Diese Regelung gilt nicht für betriebliche Ausbildungsverhältnisse. Erfolgt die Meldung nicht rechtzeitig, so kommt es zu Kürzungen des Arbeitslosengeldes.

Die **Höhe des Arbeitslosengeldes** beläuft sich auf 60 % (bzw. 67 % für Arbeitslose mit Kind) des Nettoentgelts, das in der letzten Beschäftigung vor der Arbeitslosigkeit durchschnittlich erzielt wurde.

Der **Beitragssatz** zur Arbeitslosenversicherung beträgt zurzeit 2,5 % (Stand 2019) und wird je zur Hälfte vom Arbeitgeber und vom Arbeitnehmer gezahlt.

Nach Ablauf des Anspruchs auf Arbeitslosengeld hat der Arbeitslose die Möglichkeit, **Arbeitslosengeld II** (ALG II) bei der Bundesagentur für Arbeit zu beantragen. Das Arbeitslosengeld II ist allerdings keine Leistung der Arbeitslosenversicherung, sondern wird als staatliche Transferleistung durch Steuergelder finanziert.

Unfallversicherung

Die Beiträge zur gesetzlichen Unfallversicherung werden vom Arbeitgeber allein gezahlt. Die Unfallversicherung taucht daher auch nicht in der Entgeltabrechnung von Arbeitnehmern auf. Die **Beitragshöhe** richtet sich nach Gefahrenklassen (z. B. muss ein Dachdeckerbetrieb wegen der größeren Unfallgefahr höhere Beiträge zahlen als ein Großhandelsunternehmen) und nach der Betriebsgröße (Lohn- und Gehaltssummen des Betriebs). **Träger** der Unfallversicherung sind die Berufsgenossenschaften der unterschiedlichen Branchen oder bei Schülern die Gemeindeunfallversicherung.

Betriebs- und Gefahrenschutz, vgl. **9.2**, S. 150

Sonderfall Minijob

Eine sogenannte geringfügige Beschäftigung liegt vor, wenn das Arbeitseinkommen aus einem Beschäftigungsverhältnis regelmäßig im Monat 450,00 € nicht übersteigt. Aufgrund der geringen Einkommenshöhe besteht keine Steuerpflicht. Um die Aufnahme einer geringfügigen Beschäftigung zu fördern, sind die sogenannten Minijobs für den Arbeitnehmer auch sozialversicherungsfrei, dafür bezahlt der Arbeitgeber einen Pauschbetrag an die Minijob-Zentrale der Bundesknappschaft. Im Jahr 2019 sind dies 28 % Sozialversicherungsabgaben (13 % für Krankenversicherung, 15 % für Rentenversicherung) sowie 2 % Pauschsteuer, die Lohnsteuer, Kirchensteuer und Solidaritätszuschlag beinhaltet.

Übersicht: *Gesetzliche Sozialversicherung (Stand 2019)*

Stand 2019	Krankenversicherung	Pflegeversicherung	Rentenversicherung	Arbeitslosenversicherung	Unfallversicherung
Träger	Orts-, Betriebs-, Innungskrankenkassen, Ersatzkassen	Pflegekassen	Deutsche Rentenversicherung Bund	Bundesagentur für Arbeit	Berufsgenossenschaften
Leistungen	– Behandlung im Krankheitsfall – Vorsorgeuntersuchungen – Krankengeld – Mutterschaftsgeld – Familienhilfe u. a.	– Pflegegeld – Häusliche Pflege – Stationäre Pflege u. a.	– Altersrente – Erwerbsminderungsrente – Hinterbliebenenrente u. a.	– Entgeltersatzleistungen – Arbeitsvermittlung – Berufsberatung u. a.	– Heilbehandlungen – Übergangsgeld – Verletztengeld u. a.
Beitragssatz	14,6 % (+0,9 %* = 15,5 %)	3,05 %	18,6 %	2,5 %	Abhängig von Branche und Tätigkeit, Einteilung in Gefahrenklassen
Aufteilung AN/AG	½ AN (+0,9 : 2 %*) ½ AG (+0,9 : 2 %)	½ AN (+ 0,25 % für Kinderlose ab 23 Jahren) ½ AG	½ AN ½ AG	½ AN ½ AG	AG allein
Beitragsbemessungsgrenzen	einheitlich 4.537,50 €/Monat		6.700,00 €/Monat (West) 6.150,00 €/Monat (Ost)		–

AN = Arbeitnehmer; AG = Arbeitgeber; * durchschnittlicher Sonderbeitrag

6.2.4 Private Absicherung und Vermögensbildung

Altersvorsorge gefördert durch den Staat

Rentenversicherung, vgl. **6.2.3**, S. 125

Die Arbeitnehmer zahlen Beiträge in die gesetzliche Rentenversicherung, die sofort für die laufenden Renten ausgegeben werden. Dieses System funktioniert langfristig nicht mehr, denn immer mehr Rentner stehen immer weniger Arbeitnehmern gegenüber. Die Höhe der Renten wird sinken. Die Differenz zwischen dem finanziellen Bedarf im Ruhestand und der tatsächlich gezahlten Nettorente wird als **Versorgungslücke** im Alter bezeichnet. Die Verbraucherzentrale Stiftung Finanztest schlägt vor, dass im Alter ca. 80 % des letzten Nettogehalts zur Verfügung stehen sollen. Eine betriebliche oder/und private Altersvorsorge wird immer wichtiger.

Ein Beispiel für die **private Altersvorsorge** ist die Riester-Rente, die es allen Arbeitnehmern ermöglicht, vorzusorgen und dafür eine staatliche Förderung zu erhalten. Wer privat mit einer Riester-Rente vorsorgt, wird durch den Staat mit Geldzulagen und Steuerfreiheit der Beiträge gefördert. Am Ende der Sparphase – also zu Beginn der Rente – sind mindestens die eingezahlten Beiträge einschließlich der staatlichen Zulage garantiert. Die Förderung ist für alle Riester-Produkte gleich. Für kinderreiche Familien lohnt sich die Riester-Rente aufgrund der Kinderzulage besonders. Die Beiträge sind Aufwendungen, die vom zu versteuernden Einkommen abgesetzt werden können.

Riester-Rente

Zusätzliche Altersvorsorge mit staatlicher Förderung

Wer wird gefördert?
Pflichtversicherte der gesetzlichen Rentenversicherung; pflichtversicherte Landwirte; Beamte, Richter, Soldaten; Ehegatten und eingetragene Lebenspartner der Förderberechtigten

Was wird gefördert?
Kapitalanlagen im Rahmen anerkannter (zertifizierter) Altersvorsorgeverträge:
- *Banksparpläne*
- *Private Rentenversicherungen*
- *Fondssparpläne*
- *Anlage in selbstgenutztem Wohneigentum (Eigenheimrente)*

Staatliche Zulagen bei einer Sparleistung* von 4 % des versicherungspflichtigen Bruttoeinkommens (ab 2008)
(*Sparleistung = Eigenbeitrag+Zulagen)

Grundzulage	154 €
Kinderzulage je Kind	185 €
Kinderzulage ab Geburtsjahr 2008	300 €
Mindesteigenbeitrag: (pro Jahr)	60 €
Steuerliche Berücksichtigung der Sparbeiträge als Sonderausgaben bis zu	2 100€
Einmalige Zulage für Berufseinsteiger unter 25	100€

ZAHLENBILDER 149 480

Gefördert werden nur die Altersvorsorgeverträge, die von der Zertifizierungsstelle der Bundesanstalt für Finanzdienstleistungsaufsicht (BaFin) zertifiziert wurden. Das können z. B. sein: Rentenversicherungen, Fondssparpläne oder sogar Bausparverträge.

Seit 2002 muss jeder Arbeitgeber seinen Arbeitnehmern die Möglichkeit anbieten, in eine **betriebliche Altersversorgung** einzuzahlen. Jeder Arbeitnehmer hat einen Anspruch auf eine Entgeltumwandlung in Höhe von 4 % der Beitragsbemessungsgrenze. Der Arbeitgeber kann die betriebliche Altersversorgung z. B. über eine beitragsfreie Direktversicherung, eine Pensionskasse, einen Pensionsfonds oder eine Unterstützungskasse organisieren.

Vermögensbildung gefördert durch den Staat

Aus gesellschaftspolitischen Gründen hält der Staat es für unterstützenswert, dass sich abhängig beschäftigte Arbeitnehmer ein eigenes Vermögen aufbauen. Deshalb hat der Staat Gesetze geschaffen, mit denen die Arbeitnehmer zum Sparen angeregt werden sollen. Ein solches Gesetz ist das **5. Vermögensbildungsgesetz** (VermBG). Vermögensbildung nach diesem Gesetz wird unter bestimmten Voraussetzungen sowohl vom Staat als auch vom Arbeitgeber gefördert.

Der Arbeitgeber fördert den Arbeitnehmer, indem er zusätzlich zum Gehalt **vermögenswirksame Leistungen** (VL) zahlt und für ihn langfristig anlegt. Der Anspruch des Arbeitnehmers auf vermögenswirksame Leistungen wird in Tarifverträgen, Betriebsvereinbarungen oder dem Arbeitsvertrag geregelt. Damit ein Arbeitnehmer die VL erhält, muss er zunächst mit einem Anlageinstitut (z. B. Kreditinstitut oder Bausparkasse) einen vermögenswirksamen Sparvertrag abschließen. Eine Durchschrift des Sparvertrags reicht er dann in der Personalabteilung ein, damit sie den entsprechenden Betrag an das Anlageinstitut überweisen kann.

Staatlich gefördert wird die Anlage der VL in Bausparverträgen und in Investmentsparverträgen (Aktienfonds). Die staatliche Förderung wird **Arbeitnehmersparzulage** genannt. Sie muss jährlich vom Arbeitnehmer mit der Einkommensteuererklärung beantragt werden. Das Anlageinstitut sendet dem Sparer automatisch eine Bescheinigung zu, die der Einkommensteuererklärung beigelegt wird. Die Arbeitnehmersparzulage wird nach Ablauf einer siebenjährigen Sperrfrist gezahlt. Der Sparer zahlt sechs Jahre in die gewählte Anlageform ein, im siebten Jahr ruht der Sparvertrag. Nach Ablauf der Sperrfrist kann sich der Sparer den gesamten Sparbetrag und die Arbeitnehmersparzulage auszahlen lassen. Die betrieblich gezahlte VL ist häufig geringer als die maximale staatlich geförderte Sparleistung. Deshalb kann es sinnvoll sein, wenn der Arbeitnehmer die betriebliche VL aus seinem Gehalt aufstockt. So kann er die maximale Arbeitnehmersparleistung erhalten. Falls ein Arbeitnehmer keine Arbeitnehmersparzulage erhält, weil er die Voraussetzungen nicht erfüllt, dann kann er die VL auch in Banksparplänen oder in Form einer Kapitallebensversicherung anlegen.

Voraussetzungen zur staatlichen Förderung

Anlageform	Arbeitnehmersparzulage	Maximal geförderte Sparleistung	Wer erhält die Arbeitnehmersparzulage (Einkommensgrenze)?
Bausparvertrag	9 %	470,00 € im Jahr	– Ledige: 17.900,00 € pro Jahr – Verheiratete: 35.800,00 € pro Jahr
Investmentsparverträge	20 %	400,00 € im Jahr	– Ledige: 20.000,00 € pro Jahr – Verheiratete: 40.000,00 € pro Jahr

Die Anlageformen Bausparvertrag und Investmentsparverträge sind kombinierbar, d. h., beide Formen können gleichzeitig angespart und gefördert werden. Die maximale Sparzulage des Staates beträgt dann 870,00 €.

Fly Bike Werke GmbH

Entgeltabrechnung

Personalnummer: 408	**Abrechnung:** Januar 2019

Robert Gilles
Hamburger Str. 65
26129 Oldenburg

Lohnsteuermerkmale

Steuerklasse	Kinderfreibetrag	Konf.
3	0	–

Sozialversicherungsmerkmale

Geburtsdatum:	KV [1]	PV [2]	RV	AV
28.07.1967	7,75 %	1,775 %	9,3 %	1,25 %

[1] inkl. 0,45 % (50 % AN-Anteil von 0,9 %) durchschnittlicher individueller KV-Zuschlagssatz (regulärer Beitragssatz: 7,3 %)

[2] AN ab 23 Jahren ohne Kind, den Zusatzbeitrag von 0,25 % trägt der AN allein (Beitragssatz AN mit Kind: 1,525 %)

	EUR
Monatsentgelt	**2.730,00**
+ Sonderzahlungen	–
+ vermögenswirksame Leistungen (AG-Anteil)	26,00
= sozialversicherungspflichtiges Bruttoentgelt	2.756,00
– Steuerfreibetrag	–
= steuerpflichtiges Bruttoentgelt	2.756,00
– Lohnsteuer	126,16
– Solidaritätszuschlag	0,00
– Kirchensteuer	–
Summe steuerliche Abzüge	126,16
– Krankenversicherung	213,59
– Pflegeversicherung	48,92
– Rentenversicherung	256,31
– Arbeitslosenversicherung	34,45
Summe Sozialversicherungen	553,27
= Nettoentgelt	2.076,57
– VL-Sparbetrag (AG- + AN-Anteil)	40,00
– Vorschuss	–
Summe privater Abzüge	40,00
= Nettoauszahlungsbetrag	**2.036,57**

6.2.5 Personalbuchungen

Beispiel Frau Linden, die Personalsachbearbeiterin der Fly Bike Werke GmbH, hat die Entgeltabrechnung für Herrn Gilles erstellt. Dieser Beleg ist nun die Grundlage der Buchung im Rechnungswesen. Und da ist einiges zu tun.

Entgeltabrechnung Robert Gilles, vgl. S. 132

Monatsentgelt	2.730,00 €	Bruttoentgelt 2.756,00 € (steuer- und SV-pflichtiges Bruttoentgelt 2.756,00 €)
Sonderzahlung	0,00 €	
VL-Arbeitgeberanteil	26,00 €	
Lohnsteuer	126,16 €	Steuerabzüge 126,16 €
Solidaritätszuschlag	0,00 €	
Kirchensteuer	0,00 €	
Krankenversicherung	213,59 €	Sozialversicherungsabzüge 553,27 €
Pflegeversicherung	48,92 €	
Rentenversicherung	256,31 €	
Arbeitslosenversicherung	34,45 €	

Steuerliche Abzüge, vgl. **6.2.2**, S. 121

Gesetzliche Sozialversicherungsbeiträge, vgl. **6.2.3**, S. 125

Die Entgeltabrechnung wird nun in vier Schritten gebucht:

(1) Abführung der Sozialversicherungsbeiträge

Die Beiträge zur gesetzlichen Sozialversicherung werden bereits abgeführt, noch bevor durch die Entgeltabrechnung eine konkrete Beitragspflicht entsteht. Buchungstechnisch müssen sie aus Unternehmenssicht deshalb wie ein **Vorschuss an die Sozialkassen** behandelt werden. Dieser wird auf das Konto 2640 „SV-Vorauszahlung" gebucht. Abgeführt werden aber nicht nur die Arbeitnehmer-, sondern auch die Arbeitgeberanteile.

Beispiel Im vorliegenden Fall beträgt der Arbeitnehmeranteil 553,27 €. Der Arbeitgeberanteil entspricht bei der Kranken-, Renten- und Arbeitslosenversicherung dem Arbeitnehmeranteil. Auch bei der Pflegeversicherung trägt der Arbeitgeber die Hälfte des regulären Beitragssatzes (50 % von 3,05 % = 1,525 %). Den Zuschlag für Kinderlose trägt der Arbeitnehmer Robert Gilles alleine.

- Pflegeversicherungsanteil Arbeitgeber: 1,525 % von 2.756,00 € = 42,03 €
- Gesamtanteil Arbeitgeber: 42,03 € + 213,59 € + 256,31 € + 34,45 € = 546,38 €
- Sozialversicherungsbeitrag gesamt: 546,38 € (AG) + 553,27 € (AN) = 1.099,65 €

Soll	€	Haben	€
2640 SV-Vorauszahlung	1.099,65	2800 Bankguthaben	1.099,65

Alle Beiträge werden unabhängig vom Versicherungsträger an die Krankenkasse überwiesen, die die Weiterleitung übernimmt.

- Auf den Hauptkonten 6200 und 6300 wird die Arbeitsvergütung inklusive aller Zulagen, wie z. B. Leistungsprämien oder Überstundenzuschläge, gebucht. Im Industriekontenrahmen existiert noch eine Unterteilung in Löhne (6200) und Gehälter (6300).
- Die Konten 6220/6320 (sonstige tarifliche Leistungen) umfassen vereinbarte Sondervergütungen, die nicht in Bezug zu einer bestimmten Arbeitsleistung stehen, z. B. vermögenswirksame Leistungen.
- Die Konten 6230/6330 (freiwillige Aufwendungen) umfassen Sondervergütungen ohne Rechtsanspruch, z. B. Zuschuss des Arbeitgebers zu einer Kur.

Prinzipiell können auch die Sondervergütungen auf den Hauptkonten gebucht werden.

(2) Entgeltabrechnung

Mit der Entgeltabrechnung müssen folgende Personalbuchungen erfolgen:

- Die quasi als Vorschuss erbrachte Leistung der Sozialversicherungsbeiträge ist nun in eine Beitragspflicht umgewandelt, das Konto SV-Vorauszahlung ist auszugleichen und auf „0" zu stellen. Dies geschieht bei der Entgeltabrechnung zunächst mit dem Arbeitnehmeranteil.
- Mit der Entgeltabrechnung entsteht gleichfalls die Steuerplicht. Da die einbehaltenen Steuerabzüge aber erst im folgenden Monat ans Finanzamt weitergeleitet werden, entsteht zunächst eine Verbindlichkeit gegenüber dem Finanzamt.
- Ebenfalls fällig ist der Beitrag des Arbeitnehmers zum vermögenswirksamen Sparen. Solange der Betrieb diesen einbehalten, aber noch nicht weitergeleitet hat, entstehen hier Verbindlichkeiten aus vermögenswirksamen Leistungen.
- Die Belastung des Bankkontos entspricht dem Nettoauszahlungsbetrag aus der Entgeltabrechnung.

Soll	€	Haben	€
6300 Gehälter	2.730,00	2640 SV-Vorauszahlung	553,27
6320 Sonst. tarifliche Leistungen	26,00	4830 Vbl. ggü. Finanzbehörden	126,16
		4860 Vbl. aus VL	40,00
		2800 Bankguthaben	2.036,57

(3) Buchung des Arbeitgeberanteils zur Sozialversicherung

Mit (2) wurde der Arbeitnehmeranteil des Sozialversicherungsbeitrags von einem Vorschuss in einen Gehaltsabzug umgestellt. Der mit der Entgeltabrechnung nun ebenfalls abgabepflichtige Arbeitgeberanteil muss – anstelle des Vorschusses – als weiterer Aufwand neben dem Bruttolohn erfasst werden. Hierfür steht das Konto 6400 bzw. 6410 „Arbeitgeberanteil zur Sozialversicherung" zur Verfügung.

Soll	€	Haben	€
6410 Arbeitgeberanteil zur SV	546,38	2640 SV-Vorauszahlung	546,38

(4) Abführung noch einbehaltener Abzüge

Während die SV-Abzüge bereits vorab überwiesen wurden, sind nach der Entgeltabrechnung noch die Steuerabzüge und Arbeitnehmer-Sparbeiträge im Rahmen der vermögenswirksamen Leistungen abzuführen

Soll	€	Haben	€
4830 Vbl. ggü. Finanzbehörden	126,16	2800 Bankguthaben	166,16
4860 Vbl. aus VL	40,00		

Vorschüsse

Unter bestimmten Umständen sind manche Arbeitgeber bereit, ihren Beschäftigten einen kurzfristigen, unverzinsten Kredit einzuräumen, der mit der nächsten Entgeltabrechnung wieder eingezogen wird. Hier spricht man im Allgemeinen von einem „Vorschuss".

Dem Kreditcharakter entsprechend werden gewährte Vorschüsse auf einem speziellen Forderungskonto gebucht, das beim Einzug der Forderungen bei der kommenden Gehaltsabrechnung wieder ausgeglichen, d. h. auf „0" gestellt wird.

Beispiel Herr Gilles musste eine größere Reparatur an seinem Privat-Pkw bezahlen, sein Konto ist so bereits vor Monatsende ins Minus gerutscht. Schweren Herzens bittet er deshalb den Geschäftsführer der Fly Bike Werke GmbH, Herrn Peters, um einen Bar-Vorschuss von 800,00 €.

Am Auszahlungstag wird wie folgt gebucht:

Soll	€	Haben	€
2650 Ford. ggü. Mitarbeiter	800,00	2880 Kasse	800,00

6.3 IT-gestützte Entgeltabrechnung

Beispiel Die Auszubildende Bettina Lotto absolviert zurzeit einen Ausbildungsabschnitt in der Personalabteilung. In der Berufsschule hat sie eine Gehaltsabrechnung mithilfe einer Tabellenkalkulationssoftware durchgeführt. Im Betrieb erklärt ihr die Personalsachbearbeiterin Frau Linden, dass das für Unternehmen zu umständlich sei. Denn es gibt regelmäßig viele Änderungen bei Sozialversicherungs- und Steuersätzen, die nicht einzeln aktualisiert werden können. Daher nutzt die Personalabteilung für die Entgeltabrechnung eine spezielle Software.

Unternehmenssoftware wird zunehmend auch im Personalbereich eingesetzt, wo sie z.B. Aufgaben der quantitativen Personalplanung, der Arbeitszeiterfassung, der Personalverwaltung und insbesondere der Entgeltabrechnung übernimmt. Dies ermöglicht eine erhebliche Zeitersparnis und bei entsprechender „Pflege" eine Bereitstellung stets aktueller Personaldaten, auf die mehrere berechtigte Personen im Unternehmen zugreifen können.

Allerdings sind Anschaffung und Wartung unternehmensspezifischer Softwarelösungen häufig mit hohen Kosten verbunden, weil der Umgang damit geschult werden muss und weil vor allem im Personalbereich eine Reihe datenschutzrechtlicher Bestimmungen zu beachten ist. Schließlich darf nicht jeder Mitarbeiter personenbezogene Daten einsehen.

Es gibt mittlerweile jedoch kaum noch ein Unternehmen, das zumindest die Entgeltabrechnung nicht IT-gestützt vornimmt oder vornehmen lässt (z.B. vom Steuerberater oder externen Dienstleistern, die sich auf Entgeltabrechnung spezialisiert haben). Solche Programme können gleichzeitig mit einer Buchhaltungssoftware so verknüpft werden, dass auch die Personalbuchungen automatisiert erfolgen.

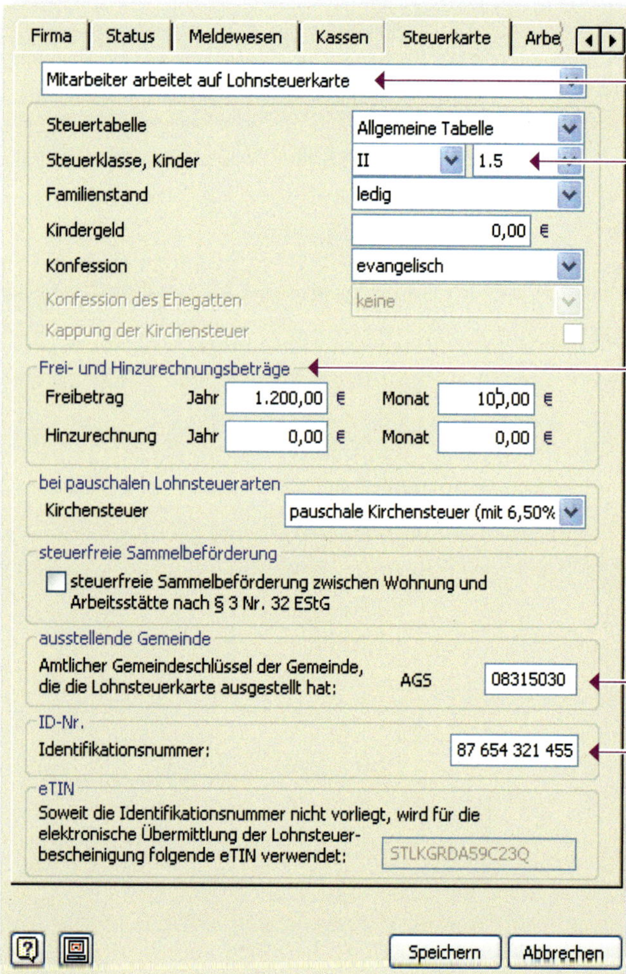

Hier gibt es noch die Option „pauschal versteuerte Beschäftigung" (Minijobs) oder „keine Steuererhebung" (z.B. bei freien Mitarbeitern).

Kinderfreibeträge können auch auf 0,5 lauten, wenn sich Eltern die Erziehung eines Kindes teilen.

Freibeträge müssen beantragt werden (z.B. für die Pflege von Angehörigen). Der Betrag wird dann nicht bei der Steuerberechnung berücksichtigt.

Der AGS der Gemeinde ist wichtig für die Verteilung der Einnahmen aus der Einkommensteuer.

Die Steueridentifikationsnummer erhält jeder Bürger lebenslang ab 2008.

Eingabe der lohnsteuerrelevanten Daten eines Arbeitnehmers in Lexware **lohn + gehalt**

Abrechnung der Brutto-Netto-Bezüge — Januar 2019

Pers.-Nr.	Abteilung	Kostenstelle	Eintritt	Austritt	St.Kl. (Faktor)	Kinder	Konfession	Freibetrag mtl.	Freibetrag jährl.
408			01.01.2006		3	0	ev		

Versicherungs-Nr.	Geburtsdatum	Pers.Gruppe	Name der Kasse	KV %	MFB	Gleitzone	Hinzurech. mtl.	Hinzurech. jährl.
53230161N573	28.07.1967	101	DAK	14,6	nein	nein		

SV-Tage	KV	RV	AV	PV	St-Tage
monatlich	30	30	30	30	30
kumuliert	30	30	30	30	30
BGR	1	1	1	1	

Urlaub Vorjahr	0,00	Urlaub - monatlich genommen	0,00
Urlaubsanspruch	30,00	Resturlaub	30,00

PV Zus. / %	AN-Beitrag KV
nein / -	7,3%

Fly Bike Werke GmbH
Rostocker Str. 334, 26121 Oldenburg

Herr
Robert Gilles
Hamburger Str. 65
26129 Oldenburg

Lohnart	Bezeichnung	bezahlte Menge	Faktor	%-Zuschlag	St*	SV*	GB*	Betrag
2	Gehalt				L	L	J	2.730,00 EUR
9021	VW L 1 Zuschuss				L	L	J	26,00 EUR

Gesamt-Brutto
2.756,00 EUR

Steuer / Sozialversicherung

Steuer - Brutto	Lohnsteuer	Kirchensteuer	SolZ	KV - Brutto	PV - Brutto	Steuerrechtl. Abzüge
2.756,00 EUR	126,16 EUR	0 EUR	0 EUR	2.756,00 EUR	2.756,00 EUR	126,16 EUR
Σ 2.756,00 EUR	Σ 126,16 EUR	Σ 0 EUR	Σ 0 EUR	Σ 2.756,00 EUR	Σ 2.756,00 EUR	Σ 126,16 EUR
RV - Brutto	**AV - Brutto**	**KV - Beitrag**	**PV - Beitrag**	**RV - Beitrag**	**AV - Beitrag**	**SV - rechtl. Abzüge**
2.756,00 EUR	2.756,00 EUR	213,59 EUR	48,92 EUR	256,31 EUR	34,45 EUR	553,27 EUR
Σ 2.756,00 EUR	Σ 2.756,00 EUR	Σ 213,59 EUR	Σ 48,92 EUR	Σ 256,31 EUR	Σ 34,45 EUR	Σ 553,27 EUR

Σ Gesamtsumme

Netto - Verdienst
2.076,57 EUR

Aufgelaufene Jahreswerte	
Gesamt - Brutto	Steuer - Brutto
2.756,00 EUR	2.756,00 EUR
Lohnsteuer	Kirchensteuer
126,16 EUR	0 EUR
SolZ	KV - Brutto
0 EUR	2.756,00 EUR
PV - Brutto	RV - Brutto
2.756,00 EUR	2.756,00 EUR
AV - Brutto	KV - Beitrag
2.756,00 EUR	213,59 EUR
PV - Beitrag	RV - Beitrag
48,92 EUR	256,31 EUR
AV - Beitrag	VW L - Gesamt
34,45 EUR	40,00 EUR
Betriebl. Altersversorgung	Auszahlung
0,00 EUR	2.036,57 EUR

Nr.	Netto - Bezüge / Netto - Abzüge	
9024	VW L 1 Überweisung	-40,00EUR

Summe Netto Be-/Abzüge
-40,00EUR
Auszahlung
2.036,57 EUR

* A=Abfindung, B=SV-Beiträge werden vom Arbeitgeber entrichtet, E=Einmalbezug, F=Frei, L=Laufender Bezug, M=Mehrjährige Versteuerung, P=Pauschale Versteuerung, S=Sonstiger Bezug, V=Vorjahr, GB=Gesamt-Brutto, J=Mit Auswirkung auf das Gesamt-Brutto, N=Ohne Auswirkung auf das Gesamt-Brutto

Diese Abrechnung entspricht § 108 Absatz 3 Gewerbeordnung und der Entgeltbescheinigungsrichtlinie (Entgeltbescheinigung).

Beispiel für die Darstellung einer Entgeltabrechnung

LS ▸ LS 70
Einen Ausbildungsvertrag prüfen

7 Ausbildung in einem kaufmännischen Beruf

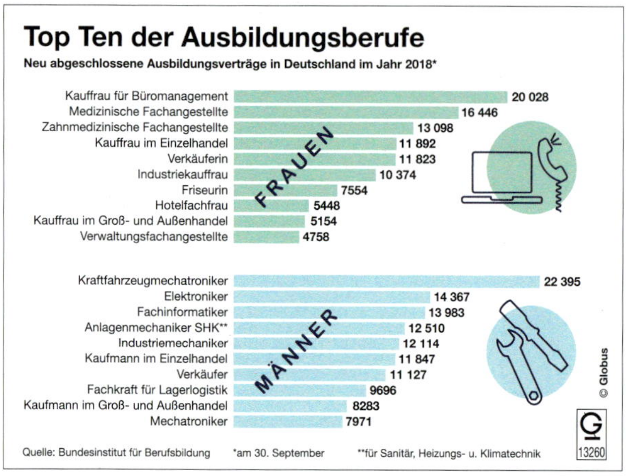

Kaufmännische Berufe, d. h. Berufe im **Berufsfeld Wirtschaft und Verwaltung**, zählen zu den beliebtesten Ausbildungsberufen. Nach Einteilung der Bundesagentur für Arbeit zählen zum Berufsfeld Wirtschaft und Verwaltung Berufe rund um Vertrieb und Verkauf, Recht und Verwaltung, Geld, Versicherungen und Immobilien, Rechnungswesen und Controlling, Steuern und Wirtschaftsprüfung, Management und Unternehmensführung sowie Berufe im Handel, im Büro und Sekretariat.

7.1 Rechtliche Grundlagen von betrieblichen Ausbildungen

Der Ausbildende ist zu unterscheiden vom Ausbilder:
- Der **Ausbildende** stellt den Auszubildenden ein.
- Der **Ausbilder** führt die Ausbildung durch.

Als Berufsausbildungsverhältnis bezeichnet man die Rechtsbeziehung zwischen Ausbildendem und Auszubildendem. **Ausbildender** ist derjenige, der den Auszubildenden zur Berufsausbildung einstellt. **Auszubildende** sollen die für einen anerkannten Ausbildungsberuf erforderlichen fachpraktischen Kenntnisse und Fertigkeiten in einem Betrieb erwerben und parallel eine schulische Ausbildung absolvieren, in der ihnen insbesondere die fachtheoretischen Berufskenntnisse vermittelt werden (duales System).

Ausbildungsvertrag, vgl. **7.2**, S. 140

- Der **schulischen Ausbildung** liegt das Schulgesetz des jeweiligen Bundeslandes, der Rahmenlehrplan der Kultusministerkonferenz (KMK) sowie der daraus entwickelte Lehrplan des Bundeslandes zugrunde.
- Die **betriebliche Ausbildung** erfolgt auf der Grundlage eines privatrechtlichen Ausbildungsvertrages. In ihm vereinbaren Ausbildender und Auszubildender ihre Rechte und Pflichten während der Ausbildungszeit.

Duales Ausbildungssystem

Ausbildung im Betrieb	Ausbildung in der Berufsschule
▪ Vermittlung fachpraktischer Kenntnisse und Fertigkeiten ▪ Ermöglichung von Berufserfahrungen	▪ Vermittlung fachtheoretischer Kenntnisse ▪ Erweiterung und Vertiefung der Allgemeinbildung
Grundlage: privatrechtlicher Ausbildungsvertrag (Berufsausbildungsverhältnis)	Grundlage: öffentliches Schulrecht ▪ Schulgesetze der Länder ▪ KMK-Rahmenlehrplan ▪ Lehrpläne der Bundesländer

→ Anerkannter Ausbildungsberuf ←

Rechtliche Grundlage	Inhalt
Berufsbildungsgesetz (BBiG)	– Rahmenbedingungen und Prüfungswesen für alle Ausbildungsberufe (mit Ausnahme des Handwerks)
Ausbildungsordnung für den einzelnen Ausbildungsberuf (Rechtsverordnung)	– Bezeichnung des Ausbildungsberufes – Ausbildungsdauer – Ausbildungsberufsbild (zu vermittelnde Fertigkeiten und Kenntnisse) – Ausbildungsrahmenplan – Prüfungsanforderungen
Ausbildungsrahmenplan (als Bestandteil der Ausbildungsordnung)	– Konkretisierung der zu vermittelnden Fertigkeiten und Kenntnisse, die das Berufsbild vorsieht – Zuordnung der Ausbildungsinhalte zu den zeitlichen Ausbildungsabschnitten (in Abstimmung mit dem KMK-Rahmenlehrplan für die Berufsschulausbildung)
KMK-Rahmenlehrplan	– theoretische Fachkenntnisse, die am Lernort Berufsschule zu vermitteln sind – abgestimmt auf den Ausbildungsrahmenplan
Ausbildungsvertrag mit betrieblichem Rahmenplan (Ausbildungsplan)	– Vereinbarung der Rechte und Pflichten von Ausbildendem und Auszubildendem – vom Ausbildenden auf der Grundlage des Ausbildungsrahmenplans erstellter betrieblicher Rahmenplan (Ausbildungsplan) für den Auszubildenden

Die Aufgaben und Tätigkeiten im Berufsfeld Wirtschaft und Verwaltung sind ständigen Veränderungen unterworfen. Bei den Anforderungen während der Ausbildung haben daher **fachübergreifende Qualifikationen** stark an Bedeutung gewonnen.

Die Ausbildung in Berufsschule und Betrieb ist deshalb darauf ausgerichtet, den Auszubildenden eine umfassende berufliche **Handlungskompetenz** zu vermitteln, die sich zusammensetzt aus

- **Fachkompetenz:** Fähigkeit, Aufgaben und Probleme auf der Grundlage fachlichen Wissens und Könnens selbstständig, zielgerichtet und methodengeleitet zu bearbeiten und das Ergebnis zu beurteilen.
- **Methodenkompetenz:** Fähigkeit und Bereitschaft, bei der Bearbeitung von Aufgaben und Problemen im beruflichen und außerberuflichen Bereich zielgerichtet und planmäßig vorzugehen und geeignete Verfahren und Vorgehensweisen anzuwenden.
- **Sozialkompetenz:** Fähigkeit und Bereitschaft, sich mit anderen rational, verantwortungsbewusst und kooperativ auseinanderzusetzen und zu verständigen.

Handlungskompetenz
Selbstständiger Umgang mit Aufgaben und Problemen unter Einbeziehung von Partnern und unter Berücksichtigung von ökologischen und ökonomischen Faktoren

Übersicht: Rechtliche Grundlagen des dualen Systems

Das Berufsbildungsgesetz (BBiG) → verlangt die Erstellung einer → **Ausbildungsordnung** → die Bestimmungen enthält zum → **Ausbildungsrahmenplan** → die umgesetzt werden müssen im → **betrieblichen Rahmenplan**

7.2 *Ausbildungsvertrag*

§ 10 BBiG

Ist der Auszubildende noch nicht volljährig und damit noch nicht voll geschäftsfähig, bedarf der Vertrag der Zustimmung des gesetzlichen Vertreters (in der Regel der Eltern).

Das Berufsbildungsgesetz (BBiG) schreibt für jede Berufsausbildung den Abschluss eines Ausbildungsvertrages vor. Der Ausbildungsvertrag kommt – wie jeder andere Vertrag auch – durch zwei übereinstimmende Willenserklärungen zustande.

Spätestens vor Beginn der Ausbildung ist der Vertrag **schriftlich** niederzulegen. Die elektronische Form (z. B. per E-Mail) ist nicht zulässig. Die Vertragsniederschrift ist vom Ausbildenden, vom Auszubildenden und ggf. vom gesetzlichen Vertreter zu unterschreiben, dann erhält jede Vertragspartei eine Ausfertigung des unterzeichneten Vertrages. Da der Vertragsabschluss allein noch nichts über die Inhalte aussagt, schreibt das BBiG **Mindestangaben** vor, die der Ausbildungsvertrag enthalten muss.

Inhalte des Ausbildungsvertrages nach § 11 BBiG

Mindestanforderung	Erläuterung
1. Art, sachliche und zeitliche Gliederung sowie Ziel der Berufsausbildung, insbesondere die Berufstätigkeit, für die ausgebildet werden soll	
2. Beginn und Dauer der Berufsausbildung	Das Ausbildungsverhältnis soll nicht mehr als drei Jahre und nicht weniger als zwei Jahre dauern. Die Ausbildung endet mit Bestehen der Abschlussprüfung, unabhängig von der im Vertrag festgelegten Ausbildungsdauer.
3. Ausbildungsmaßnahmen außerhalb der Ausbildungsstätte	z. B. Seminare, andere Betriebsstätten oder Zweigstellen
4. Dauer der regelmäßigen täglichen Ausbildungszeit	richtet sich nach gesetzlichen und tariflichen Bestimmungen
5. Dauer der Probezeit	Die Probezeit darf bis zu vier Monate betragen. Während der Probezeit kann das Ausbildungsverhältnis von beiden Vertragsparteien ohne Einhalten der Kündigungsfrist und ohne Angabe von Gründen gekündigt werden.
6. Zahlung und Höhe der Vergütung	richtet sich nach gesetzlichen und tariflichen Bestimmungen
7. Dauer des Urlaubs	richtet sich nach gesetzlichen und tariflichen Bestimmungen
8. Voraussetzungen, unter denen der Berufsausbildungsvertrag gekündigt werden kann	Nach der Probezeit kann das Ausbildungsverhältnis nur gekündigt werden – aus einem wichtigen Grund ohne Einhalten der Kündigungsfrist (innerhalb von zwei Wochen, nachdem der wichtige Grund bekannt wurde); – vom Auszubildenden mit einer Frist von vier Wochen, wenn der Auszubildende die Berufsausbildung aufgeben oder sich in einem anderen Beruf ausbilden lassen will.
9. ein allgemein gehaltener Hinweis auf die Tarifverträge, Betriebs- oder Dienstvereinbarungen, die auf das Berufsausbildungsverhältnis anzuwenden sind	
10. die Form des Ausbildungsnachweises	Ein schriftlicher oder elektronischer Ausbildungsnachweis muss geführt werden.

§ 12 BBiG

Im Ausbildungsvertrag kann nicht alles frei vereinbart werden. Manche Vereinbarungen sind grundsätzlich ungültig (nichtig), z. B.

- die Verpflichtung des Auszubildenden, für die Berufsausbildung eine Entschädigung zu zahlen oder
- Vertragsstrafen zu zahlen, oder
- Vereinbarungen über den Ausschluss oder die Beschränkung von Schadensersatzansprüchen.

Nichtigkeit von Verträgen, vgl. **HF 4**, **2.4.1**, S. 22

Nach Abschluss des Ausbildungsvertrages, also noch vor Beginn der eigentlichen Ausbildung, muss der Ausbildende die **Eintragung in das Verzeichnis der Berufsausbildungsverhältnisse** bei der zuständigen Industrie- und Handelskammer beantragen. Die Bestätigung der Kammer wird auf dem Ausbildungsvertrag vermerkt. Sie gibt dem Auszubildenden die Sicherheit, dass der Vertrag den Bestimmungen des BBiG und der Ausbildungsordnung entspricht und dass der ausbildende Betrieb und der Ausbildende auch die notwendige **Eignung** besitzen. Außerdem muss der Ausbildende den Auszubildenden bei der zuständigen Berufsschule anmelden.

Eignung
Ausbilden darf nur, wer dazu persönlich und fachlich geeignet ist (§ 28 BBiG). Hierfür muss der Ausbilder einen entsprechenden Nachweis, in der Regel durch die Ausbildereignungsprüfung (AEVO-Nachweis), erbringen.

Während der Ausbildung bestehen für den Ausbildenden und den Auszubildenden Rechte und Pflichten, die in §§ 13–16 BBiG festgehalten sind.

Pflichten des Ausbildenden und des Auszubildenden nach dem BBiG

Der Ausbildende verpflichtet sich,	Der Auszubildende verpflichtet sich,
– dafür zu sorgen, dass den Auszubildenden die berufliche Handlungsfähigkeit vermittelt wird, die zum Erreichen des Ausbildungszieles erforderlich ist,	– sich um den Erwerb der beruflichen Handlungsfähigkeit zu bemühen, die zum Erreichen des Ausbildungszieles erforderlich ist,
– den Auszubildenden kostenlos die Ausbildungsmittel, insbesondere Werkzeuge und Werkstoffe zur Verfügung zu stellen, die zur Berufsausbildung und zum Ablegen von Zwischen- und Abschlussprüfungen erforderlich sind,	– die ihm im Rahmen seiner Berufsausbildung aufgetragenen Aufgaben sorgfältig auszuführen,
– Auszubildende zum Besuch der Berufsschule sowie zum Führen von schriftlichen Ausbildungsnachweisen anzuhalten, soweit solche im Rahmen der Berufsausbildung verlangt werden, und diese durchzusehen,	– an Ausbildungsmaßnahmen teilzunehmen, für die er nach § 15 BBiG freigestellt wird,
– dafür zu sorgen, dass Auszubildende charakterlich gefördert sowie sittlich und körperlich nicht gefährdet werden,	– den Weisungen zu folgen, die ihm im Rahmen der Berufsausbildung von Ausbildenden, von Ausbildern oder Ausbilderinnen oder von anderen weisungsberechtigten Personen erteilt werden,
– die Auszubildenden für die Teilnahme am Berufsschulunterricht und an Prüfungen freizustellen. Das Gleiche gilt, wenn Ausbildungsmaßnahmen außerhalb der Ausbildungsstätte durchzuführen sind.	– Werkzeug, Maschinen und sonstige Einrichtungen pfleglich zu behandeln,
– bei Beendigung des Berufsausbildungsverhältnisses ein schriftliches Zeugnis auszustellen.	– über Betriebs- und Geschäftsgeheimnisse Stillschweigen zu wahren.

7.3 Personalentwicklung

Eine grundlegende Einteilung von Personalentwicklungsmaßnahmen ist die Unterscheidung von Ausbildungs-, Fortbildungs- und Weiterbildungsmaßnahmen sowie Umschulungen.

Als **Ausbildung** wird die erste berufliche Grundqualifizierung bezeichnet, die den Ausgebildeten befähigt, als Fachkraft einen Beruf auszuüben. Hierzu zählen alle Bildungsgänge, die mit einer Berufsabschlussprüfung vor der IHK oder der Handwerkskammer abgeschlossen werden und im Wechsel der Lernorte Betrieb und Berufsschule organisiert sind.

Eine **Fortbildung** passt die durch Ausbildung erworbene Qualifikation den technisch-organisatorisch-rechtlichen Veränderungen des Berufsfeldes an. Entsprechend spricht man hier auch von einer **Anpassungsfortbildung**. Wird das Qualifikationsniveau auch ohne Bezug auf eine konkrete betriebliche Änderung angehoben, spricht man von einer **Aufstiegsfortbildung**. Obwohl sich hier die Grenzen zwischen den Begriffen verwischen, unterscheiden sich Fortbildung und Weiterbildung dadurch, dass Fortbildung aus einer bestimmten Arbeitsaufgabe heraus erfolgt, d.h. im gleichen Berufsfeld liegt.

Berufliche **Weiterbildung** ist mit der Aufstiegsfortbildung eng verwandt. Auch hier wird ein höheres Qualifikationsniveau angestrebt. Im Allgemeinen ist eine Weiterbildung aber breiter und langfristiger angelegt und führt aus dem bisherigen Berufsumfeld heraus. Als Weiterbildung gelten im Übrigen auch berufsunspezifische Seminare wie „Stressbewältigung am Arbeitsplatz" oder „Perfektes Deutsch im Büro".

Bei einer **Umschulung** wird aufgrund der Arbeitsmarktsituation oder persönlicher Einschränkungen des Arbeitnehmers (z. B. entstandene Allergien) eine vollkommene berufliche Neuausrichtung angestrebt, die wie die (Erst-)Ausbildung mit der Abschlussprüfung in einem anerkannten Ausbildungsberuf endet.

Einer anderen Einteilung nach lassen sich die Maßnahmen zur Personalentwicklung nach ihrem Einwirkungsort unterscheiden. Maßnahmen **„on the job"** finden am Arbeitsplatz, **„near the job"** in der weiteren Arbeitsumgebung und **„off the job"** außerhalb der eigentlichen Arbeitsstätte statt.

Maßnahmen zur Personalentwicklung

on the job	near the job	off the job
Einarbeitung	Qualitätszirkel	Seminar
Jobrotation	Lernstatt	Selbststudium
Projektarbeit (1)	Workshop	Planspiel
Training	Projektarbeit (2)	Konferenz
Stellvertretung		Diskussionsforum
Hospitation		Fachtagung

Lebenslanges Lernen in der Wissensgesellschaft

Es ist ein Merkmal der modernen Arbeitswelt, dass das Wissen zu einem eigenständigen Leistungsfaktor wird. Der Europäische Rat von Lissabon hat im Jahr 2000 festgestellt, dass sich Europa unbestreitbar auf dem Weg in das Zeitalter des Wissens befindet – mit allen Konsequenzen für das kulturelle, wirtschaftliche und soziale Leben. Lern-, Lebens- und Arbeitsmuster wandeln sich rasch. Das bedeutet nicht nur, dass sich Einzelne an den Wandel anpassen, sondern auch, dass sich „eingefahrene" Handlungsmuster ändern müssen. In den Schlussfolgerungen des Europäischen Rates von Lissabon wird bekräftigt, dass der erfolgreiche Übergang zur wissensbasierten Wirtschaft und Gesellschaft mit einer Orientierung zum lebenslangen Lernen einhergehen muss. Danach versteht man unter **lebenslangem Lernen** „jede zielgerichtete Lerntätigkeit, die einer kontinuierlichen Verbesserung von Kenntnissen, Fähigkeiten und Kompetenzen dient".

Was als „zielgerichtet" gilt, beschreiben die entsprechenden Leitlinien der Beschäftigungspolitik:
- Beschäftigungsfähigkeit
- Unternehmergeist
- Anpassungsfähigkeit
- Chancengleichheit

Als Oberziel lebenslangen Lernens wird neben der Beschäftigungsfähigkeit die aktive Staatsbürgerschaft genannt. Unter den Begriff „aktive Staatsbürgerschaft" lassen sich Ziele wie individuelle Persönlichkeitsentwicklung, demokratisch engagiertes Bürgerverhalten und auch kulturelle Teilnahme und Weiterentwicklung zusammenfassen.

Lebenslanges Lernen heißt Lernen in jedem Lebensalter

Verantwortlich dafür, dass dieses hochgesteckte Ziel erreicht wird, sind aus Sicht des Europäischen Rates zum einen die Bildungs- und Berufsbildungspolitik eines Landes (mit Unterstützungsaktivitäten seitens der EU) und zum anderen das kontinuierlich lernende Individuum, d. h. jeder Einzelne selbst.

In dem Memorandum werden folgende neue Basiskompetenzen, die die bekannten **Schlüsselqualifikationen** (einschließlich Lesen, Schreiben, Rechnen) ergänzen, als entscheidend für die Zukunft Europas benannt:
- IT-Fertigkeiten (digitale Kompetenz)
- Fremdsprachen
- technologische Kultur
- Unternehmergeist
- soziale Fähigkeiten

Schlüsselqualifikation
überfachliche Qualifikation, die zum Handeln und Lösen von Problemen befähigen soll, vgl. berufliche Handlungskompetenz, **7.1**, S. 138

Die digitale Kompetenz besteht in erster Linie in IT-Anwender-Kompetenz und in der Fähigkeit, die Möglichkeiten des Internets sinnvoll zu nutzen. Dabei ist vor allem Wert zu legen auf die Fähigkeit, die Informationsfülle zu reduzieren und rationale Strategien der Konzentration auf das Wesentliche zu entwickeln.

LS ▸ LS 71
Mitarbeiter motivieren

8 Personalführung

Loyalität
(franz.) Treue, Anständigkeit

Mitarbeiter, die ihre Arbeit mit Lust und Laune erledigen, arbeiten nicht nur besser und schneller, sondern sie sind zufriedener und zeigen mehr **Loyalität** dem Unternehmen gegenüber. Durch ihre Leistungsbereitschaft tragen motivierte Mitarbeiter entscheidend zum Erfolg eines Unternehmens bei. Sie arbeiten selbstständig, sind hilfsbereit und freundlich und binden damit die Kunden an das Unternehmen. Motivation seitens der Mitarbeiter setzt allerdings eine **mitarbeiterorientierte Personalführung** voraus. Zur Optimierung des Unternehmenserfolges muss deshalb die Mitarbeitermotivation zur „Chefsache“ gemacht werden.

Mitarbeiterorientierte Personalführung

Unternehmenskultur und Unternehmensführung, vgl. **HF 1**, **11**, **13**, Band 1

materielle Motivation
Motivation durch finanzielle Anreize, vgl. **8.2**, S. 147

immaterielle Motivation
Motivation, die aus anderen als finanziellen Anreizen resultiert, vgl. **8.1**, S. 145

Motivation von Mitarbeitern ist immer auch das Ergebnis der Unternehmenskultur sowie der Führungsstile der leitenden Mitarbeiter. Darüber hinaus steht ein breites Spektrum an Möglichkeiten der **materiellen** und **immateriellen Motivation** zur Verfügung.

Die Unternehmensleitung sollte dafür Sorge tragen, dass
- ein angenehmes Arbeitsklima herrscht,
- regelmäßige Gespräche mit Mitarbeitern stattfinden und Perspektiven zur Weiterbildung aufgezeigt werden,
- Mitarbeiter die Möglichkeit zur Mitgestaltung des Arbeitsumfeldes haben,
- flexible Arbeitszeitmodelle bestehen und
- eine leistungsgerechte Bezahlung gewährleistet wird.

Welche Maßnahmen zum Erfolg führen, hängt von der Struktur und Situation des Unternehmens ab. Einige Unternehmen führen **Mitarbeiterbefragungen** durch, um Ursachen und Zusammenhänge mangelnder Mitarbeitermotivation zu erkennen und um daraus die richtigen Konsequenzen für Veränderungen abzuleiten. Mit solchen Befragungen signalisiert man den Mitarbeitern Interesse und Wertschätzung. Nachhaltige Verbesserungen können nur erreicht werden, wenn die Geschäftsleitung bereit ist, die Befragungsergebnisse umzusetzen, wobei bei den Mitarbeitern keine unrealistischen Erwartungen geschürt werden dürfen. Die Befragungen müssen außerdem auf anonymer und freiwilliger Basis unter Wahrung des Datenschutzes durchgeführt werden, denn nur so kann man Vertrauen aufbauen und mit einem aussagekräftigen Rücklauf der Befragungen rechnen.

8.1 Immaterielle Mitarbeitermotivation

Arbeitsklima

Mitarbeiter fühlen sich in einer guten und stabilen Arbeitsatmosphäre wohl. Dazu müssen die passenden Rahmenbedingungen geschaffen werden, z.B. wirkt sich eine Arbeitsumgebung mit lichtdurchfluteten, luftigen und farbenfreundlichen Räumen positiv auf die Motivation aus. Mitarbeiter möchten ihre Arbeit ohne unnötige Störungen verrichten können, deshalb sollten funktionierende Arbeitsgeräte sauber und ordentlich an ihrem Platz stehen. Mit der Einrichtung von Betriebskindergärten ermöglicht man den Eltern ein Arbeiten mit weniger Stress und einen flexibleren Arbeitseinsatz. Das Arbeitsklima wird von Mitarbeitern dann als besonders angenehm empfunden, wenn der **Teamgeist** stimmt.

Erfolgreiche Führungspersonen wirken mit einem demokratischen Führungsstil als Vorbild. Durch gemeinsame Aktivitäten wie Betriebsausflüge, ein gemeinsames Frühstück o.Ä. wird das Zusammengehörigkeitsgefühl der Mitarbeiter gestärkt. Zu einem guten Betriebsklima gehört auch, dass Vorgesetzte ein „offenes Ohr“ für die Ängste und Bedürfnisse der Mitarbeiter haben und deren Anliegen ernst nehmen.

Führungsstil, vgl. **HF 1**, **13**, Band 1

Beispiel Die Fly Bike Werke GmbH stellt eine „Meckerbox“ bereit, wo jeder Mitarbeiter anonym aufschreiben kann, was ihm nicht passt. Die Schreiben werden von der Geschäftsleitung regelmäßig gelesen und ziehen, wenn möglich, entsprechende Konsequenzen nach sich.

Mitarbeitergespräch und Weiterbildung

Das persönliche Gespräch bietet Vorgesetzten und Mitarbeitern Gelegenheit zum gegenseitigen Informationsaustausch. **Formelle** und **informelle Gespräche** ermutigen den Mitarbeiter, **konstruktive** Verbesserungsvorschläge zu aktuellen Fragen der Arbeit zu machen. Mitarbeiter finden es gut, wenn Vorgesetzte Interesse zeigen und sich die Zeit nehmen, ihnen zuzuhören. Vorgesetzte nutzen ihrerseits die Chance, ein Feedback der Mitarbeiter zu erhalten und Informationen über das Unternehmen, wie z.B. über geplante Änderungen, weiterzugeben.

formelle Gespräche
Gespräche mit ausdrücklichem Gesprächstermin

informelle Gespräche
Gelegenheitsgespräche

konstruktiv
aufbauend

In **Beurteilungsgesprächen**, die gleichzeitig Beratungsgespräche sein sollen, erhalten Mitarbeiter eine Rückmeldung über ihre Arbeitsleistung und damit auch eine Orientierung darüber, mit welcher Arbeitsleistung der Vorgesetzte zufrieden ist. Lob, besonders wenn es zeitnah ausgesprochen wird, verstärkt positive Verhaltensweisen. Im Beurteilungsgespräch kann auch festgestellt werden, ob Interesse oder Bedarf an einer Fort- und Weiterbildung besteht. Weiterbildungsmaßnahmen kommen sowohl dem Erfolg des Unternehmens als auch der Karriere des Mitarbeiters zugute.

Weiterbildung, vgl. **7.3**, S. 142

Beispiel Die Abteilungsleiter der Fly Bike Werke GmbH führen einmal oder bei Bedarf mehrmals im Jahr ein Gespräch mit jedem Mitarbeiter der jeweiligen Abteilung. Die Ergebnisse dieser Gespräche halten sie in einem Protokoll fest. In diesen Gesprächen werden auch Möglichkeiten aufgezeigt, wie der jeweilige Mitarbeiter in seiner beruflichen und betrieblichen Entwicklung gefördert werden kann.

Mitgestaltung durch Arbeitnehmer

Delegation
Übertragung von Befugnissen und Verantwortung

Mitarbeiter, die eigenverantwortlich entscheiden können, sind in der Regel motivierter als jene, die nur auf Anweisung handeln. Die erfolgreiche **Delegation** von Aufgaben und Entscheidungsbefugnissen (**Empowerment**) erfordert von den Führungskräften nicht nur Mut zum „Loslassen", sondern sie setzt voraus, dass Führungskräfte

- eine positive Einstellung und Vertrauen zu ihren Mitarbeitern haben,
- Informationen für die Mitarbeiter jederzeit verfügbar machen,
- eine offene Atmosphäre schaffen, in der die Mitarbeiter sich trauen, für Fehler geradezustehen, und
- die Ziele präzise vorgeben und gleichzeitig den Mitarbeitern genügend Freiraum für den Lösungsweg geben.

Flexible Arbeitszeitgestaltung

Als motivierend wird von den Mitarbeitern empfunden, wenn sie auch an den eigenen Arbeitsbedingungen, wie z. B. der **Arbeitszeitverteilung**, mitwirken können. Das typische Arbeitszeitmodell von acht Stunden täglich, Montag bis Freitag, ist nicht mehr zeitgemäß. Flexible Arbeitszeitmodelle haben sich daher zunehmend in den Betrieben durchgesetzt.

Vorteile flexibler Arbeitszeitmodelle

Arbeitsschutz, vgl. **9**, S. 148

Teilzeitarbeit

Aus Sicht der **Mitarbeiter** stehen bei flexibler Arbeitszeit vor allem Werte wie Vereinbarkeit von Beruf und Familie und Selbstbestimmung der individuellen Zeiteinteilung im Vordergrund. Für die **Betriebe** ist es entscheidend, das Arbeitsvolumen an Nachfrageschwankungen anpassen zu können, Maschinen besser auszulasten, Überstunden zu reduzieren und Produktionskosten zu senken. Der Begriff „flexible Arbeitszeit" umfasst verschiedene Sachverhalte. Grundsätzlich bestehen zudem rechtliche Schranken durch Arbeitnehmerschutzgesetze.

Sonderfall Minijobs, vgl. **6.2.3**, S. 125

Vielfach wird die **Teilzeitarbeit** als flexible Form der Arbeitszeitgestaltung bezeichnet. Das trifft jedoch im Wortsinn nicht zu, da ein teilzeitbeschäftigter Arbeitnehmer weder die Lage noch die Dauer der Arbeitszeit einseitig verändern kann. Teilzeitarbeit ist allerdings weitverbreitet. Hierunter versteht man eine vereinbarte Arbeitszeit, die unterhalb der tariflich vereinbarten liegt. Neben der sozialversicherungspflichtigen Teilzeitarbeit gehören auch die Minijobs dazu.

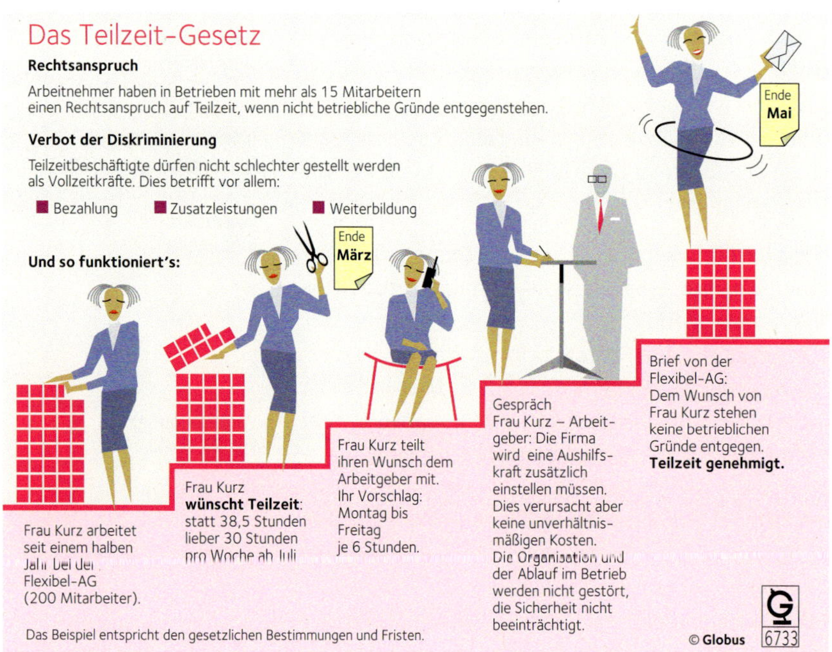

Schichtarbeit beinhaltet eine Aufteilung der betrieblichen Arbeitszeit in mehrere Tages- oder Zeitabschnitte mit versetzten Anfangszeiten. Neuerdings werden auch flexible Schichtsysteme praktiziert, so z. B. Gleitzeitregelungen im Schichtbetrieb oder Zwei-Schicht-Modelle mit unterschiedlich langen Schichtzeiten. Auch gibt es erhöhte oder verminderte Schichtlängen mit entsprechenden Frei- oder Zusatzschichten.

Schichtarbeit

Den eigentlichen Kern der flexiblen Arbeitszeit bildet die **gleitende Arbeitszeit** mit und ohne Zeitausgleich. Von gleitender Arbeitszeit **ohne Zeitausgleich** wird dann gesprochen, wenn der Arbeitnehmer nicht an eine genau bestimmte Arbeitszeit an einem Arbeitstag gebunden ist, sondern die Arbeit innerhalb einer gewissen Zeitspanne zu einem selbst gewählten Zeitpunkt beginnt und nach Ablauf der betrieblichen Arbeitszeit beendet. Die andere Möglichkeit ist die gleitende Arbeitszeit **mit Zeitausgleich**. Sie tritt dann ein, wenn der Arbeitnehmer auch am Abend innerhalb einer gewissen Zeitspanne zu einem selbst gewählten Zeitpunkt seine Arbeit beenden kann. Somit kann die Dauer der täglichen Arbeitszeit weitgehend selbst bestimmt bzw. Beginn und Ende der Arbeit nach individuellen Gesichtspunkten festgelegt werden. Im Regelfall müssen die Arbeitnehmer während der sogenannten **Kernzeit**, häufig von 09:00 Uhr bis 15:00 Uhr, anwesend sein. Damit wird die Arbeitszeit in ihrer Gesamtmenge lediglich verschoben, während die Höchstdauer der Arbeitszeit unverändert bleibt.

Gleitende Arbeitszeitmodelle

8.2 Materielle Mitarbeitermotivation

Die Beteiligung der Mitarbeiter am Unternehmenserfolg ist eine wirksame Motivation für größere Leistungsbereitschaft und kommt letztlich dem Unternehmen zugute. Es gibt verschiedene Formen der **Mitarbeiterbeteiligung**.

Neben einem tariflich vereinbarten, erfolgsunabhängigen Grundentgelt wird in Abhängigkeit von der erbrachten Leistung ein **Leistungsentgelt** bezahlt. Solche Zusatzzahlungen werden für konkret feststellbare Leistungen gewährt.

Leistungsentgelt, vgl. **6.1**, S. 114

Beispiel Die Mitarbeiter der Abteilung Vertrieb erhalten Prämien für erbrachte Umsätze.

Betriebliche Sozialleistungen unterstreichen den Fürsorgegedanken des Unternehmens für seine Mitarbeiter. Ein in der Praxis häufig anzutreffendes Beispiel ist die betriebliche Altersvorsorge.

Private Absicherung, vgl. **6.2.4**, S. 130

Bei der Vergabe von **Mitarbeiterdarlehen** erhalten Betriebsangehörige Kredite zu günstigen Konditionen.

Die Mitarbeiter von Aktiengesellschaften können sich bei dieser Unternehmensform durch **Belegschaftsaktien** am Eigenkapital des Unternehmens und somit am Erfolg des Unternehmens beteiligen. Diese Belegschaftsaktien sind im Verhältnis zu den sonstigen Aktien des Unternehmens in der Regel wesentlich günstiger zu erwerben.

Aktiengesellschaft, vgl. **HF 1**, **3.3.2**, Band 1

Gewinnbeteiligung, vgl. **6.1**, S. 114

Beispiel Die Mitarbeiter der Dax AG können bis zu drei Anteile pro Jahr zu je 150,00 € erwerben.

LS 72
Arbeitnehmerschutzgesetze beachten

9 Gesetzlicher Arbeitsschutz

Das Leben, die Gesundheit und die Arbeitskraft der Arbeitnehmer sollen durch die Arbeit nicht gefährdet werden. Daher gibt es eine Vielzahl von Gesetzen und Rechtsverordnungen zum Arbeitsschutz, die beachtet werden müssen. Der **soziale Arbeitsschutz** legt die allgemeinen Arbeitsbedingungen der Arbeitnehmer bzw. einzelner, besonders schutzbedürftiger Gruppen fest. Der **Betriebs- und Gefahrenschutz** umfasst den technischen und gesundheitlichen Schutz der Arbeitnehmer.

Auch der gesetzliche Kündigungsschutz fällt unter die Arbeitnehmerschutzgesetze, vgl. **4.1**, S. 106

9.1 Sozialer Arbeitsschutz

Arbeitszeitgesetz

Das Arbeitszeitgesetz (ArbZG) begrenzt die tägliche Arbeitszeit und schützt außerdem den Sonntag und die gesetzlichen Feiertage als Tage der Arbeitsruhe. In bestimmten Branchen gelten jedoch Ausnahmen. Die **werktägliche** Arbeitszeit darf acht Stunden nicht überschreiten; daraus resultiert eine wöchentliche Höchstarbeitszeit von 6 · 8 = 48 Stunden. Die werktägliche Arbeitszeit kann auf zehn Stunden pro Tag ausgedehnt werden, wenn innerhalb von sechs Kalendermonaten im Durchschnitt acht Stunden werktäglich nicht überschritten werden.

Werktage
alle Kalendertage, die nicht Sonn- oder gesetzliche Feiertage sind

Beispiel In einem Unternehmen, das Osterartikel fertigt, ergeben sich folgende tägliche Arbeitszeiten, die jedoch im Durchschnitt, über 6 Monate betrachtet, nur 8 Arbeitsstunden täglich ergeben.

Monat	Januar	Februar	März	April	Mai	Juni	Durchschnitt über 6 Monate
Durchschnittliche tägliche Arbeitszeit	8 Std.	10 Std.	9 Std.	8 Std.	7 Std.	6 Std.	8 Std.

Der Mindesturlaubsanspruch beträgt 24 Werktage bezogen auf eine Woche mit 6 Werktagen. Wer eine 5-Tage-Woche hat, dem stehen lediglich 20 Tage (Arbeitstage) an gesetzlichem Mindesturlaub zu!

Bei einer Arbeitszeit von mehr als sechs bis zu neun Stunden ist die Arbeit durch eine **Ruhepause** von mindestens 30 Minuten zu unterbrechen; bei einer Arbeitszeit von mehr als neun Stunden muss die Pause mindestens 45 Minuten dauern. Länger als sechs Stunden dürfen Arbeitnehmer nicht ohne Pause beschäftigt werden. Die **Ruhezeit** zwischen Feierabend und Arbeitsbeginn am nächsten Tag muss mindestens 11 Stunden betragen.

Bundesurlaubsgesetz

Das Bundesurlaubsgesetz (BUrlG) sieht vor, dass jeder Arbeitnehmer einen Urlaubsanspruch von **mindestens 24 Werktagen** pro Kalenderjahr unter Weiterzahlung des Arbeitsentgelts hat. Tarifvertraglich wird in der Regel jedoch ein wesentlich höherer Urlaubsanspruch vorgegeben. Der volle Urlaubsanspruch wird erstmalig nach sechsmonatigem Bestehen des Arbeitsverhältnisses fällig. Der Urlaub soll zusammenhängend (mindestens 10 Tage) im laufenden Kalenderjahr genommen und auch gewährt werden. Erkrankt der Arbeitnehmer während des Urlaubs, so werden die durch ärztliches Zeugnis nachgewiesenen Tage der Arbeitsunfähigkeit auf den Jahresurlaub nicht angerechnet. Während des Urlaubs soll sich der Arbeitnehmer erholen, er darf keine dem Urlaubszweck widersprechende Erwerbstätigkeit leisten.

Schwerbehinderte

Das Sozialgesetzbuch (SGB) IX, § 68 ff. beinhaltet besondere Schutzvorschriften für schwerbehinderte Menschen. Als solche gelten Personen mit einem **Grad der Behinderung** von wenigstens 50. Das Versorgungsamt nimmt die jeweilige Anerkennung vor und stellt einen Schwerbehindertenausweis aus. Mögliche Gründe für eine Schwerbehinderung sind neben sichtbarer körperlicher Beeinträchtigung auch Einschränkungen infolge von Unfällen, chronischen oder sonstigen schweren Erkrankungen (z. B. Diabetes, Krebs, psychische Erkrankungen), die den Betroffenen die Teilhabe am Erwerbsleben erschweren, aber nicht unmöglich machen.

Grad der Behinderung (GdB)
Maß für körperliche, geistige, seelische und soziale Auswirkungen der Funktionsbeeinträchtigung durch eine Behinderung

Für Schwerbehinderte ist es häufig schwierig, einen Ausbildungs- oder Arbeitsplatz zu finden. Deshalb hat der Gesetzgeber eine **Beschäftigungspflicht** festgeschrieben: Jeder Betrieb mit mindestens 20 Arbeitsplätzen muss auf 5 % seiner Arbeitsplätze Schwerbehinderte beschäftigen oder eine Ausgleichsabgabe für jeden unbesetzten Pflichtplatz bezahlen. Das Geld wird für die berufliche Förderung und Unterstützung von behinderten Personen verwendet. Für Schwerbehinderte bestehen ferner besondere Regelungen beim Kündigungsschutz. Schwerbehinderte haben außerdem Anspruch auf zusätzlichen bezahlten Urlaub von fünf Arbeitstagen im Jahr.

Besonderer Kündigungsschutz,
vgl. **4.1**, S. 106

Mutterschutzgesetz

Werdende und stillende Mütter genießen den besonderen Schutz des Staates. In der Schwangerschaft und Stillzeit sollen berufstätige Frauen keinen Belastungen ausgesetzt werden, die schädlich für Mutter oder Kind sein könnten. Auch sollen Schwangere und Mütter keine Einkommensverluste hinnehmen müssen.

Aus diesem Grund muss die Arbeitnehmerin ihren Arbeitgeber über die Schwangerschaft und den voraussichtlichen Entbindungstermin informieren. Sechs Wochen vor und acht Wochen nach der Entbindung dürfen Schwangere nicht beschäftigt werden. In dieser Zeit zahlt die Krankenversicherung **Mutterschaftsgeld**. Die Differenz zwischen dem Mutterschaftsgeld und dem letzten Nettoarbeitsentgelt trägt der Arbeitgeber. Schwangeren dürfen **keine schweren körperlichen Arbeiten** zugemutet werden. Das Tragen oder Heben schwerer Lasten (regelmäßig über 5 kg oder gelegentlich mehr als 10 kg) ist verboten. Nach dem fünften Monat ist langes Stehen (mehr als 4 Stunden) nicht mehr zulässig. Gleiches gilt für gefährliche Arbeiten (z. B. bei erhöhter Unfallgefahr), Akkord- und Fließbandarbeit sowie für Arbeiten, bei denen sie schädlichen Einwirkungen (z. B. Staub, Dämpfen oder Gasen, Hitze, Kälte oder Nässe) ausgesetzt sind.

Während der Schwangerschaft und bis vier Monate nach der Entbindung darf der Arbeitgeber **keine Kündigung** aussprechen. Werdende und stillende Mütter dürfen keine Überstunden, Nachtarbeit (zwischen 20:00 und 06:00 Uhr) oder Sonntagsarbeit leisten.

9.2 Betriebs- und Gefahrenschutz

Es gibt eine Vielzahl von Rechtsvorschriften, die Arbeitgeber und Arbeitnehmer zur Einhaltung bestimmter sicherheitstechnischer Regelungen verpflichten. Natürlich liegt es auch im eigenen Interesse jedes Arbeitnehmers, sich vor Gesundheitsgefährdungen am Arbeitsplatz zu schützen. So ist jeder Mitarbeiter dafür verantwortlich, Gefahren oder Sicherheitsmängel dem Vorgesetzten, Sicherheitsbeauftragten oder einer Sicherheitsfachkraft zu melden und auf deren Beseitigung zu drängen.

Die allgemeinen Grundsätze des Arbeitsschutzes sind im **Arbeitsschutzgesetz** (ArbSchG) festgelegt. Es verpflichtet den Arbeitgeber, nach dem Stand von Technik, Arbeitsmedizin, Hygiene und arbeitswissenschaftlichen Erkenntnissen für entsprechende Arbeitsbedingungen zu sorgen. Die Überwachung des Arbeitsschutzes erfolgt durch die zuständigen (Landes-)Behörden in Zusammenarbeit mit den Trägern der gesetzlichen Unfallversicherung.

§ 1 ArbSchG Zielsetzung und Anwendungsbereich
(1) Dieses Gesetz dient dazu, Sicherheit und Gesundheitsschutz der Beschäftigten bei der Arbeit durch Maßnahmen des Arbeitsschutzes zu sichern und zu verbessern. Es gilt in allen Tätigkeitsbereichen (...).

Die **Arbeitsstättenverordnung** setzt die allgemeinen Anforderungen an Betriebsräume und Arbeitsstätten in Bezug auf Belüftung, Temperatur, Beleuchtung und Lärmschutz fest.

Das **Arbeitssicherheitsgesetz** regelt den Gesundheitsschutz und die Arbeitssicherheit der Beschäftigten durch medizinische und sicherheitstechnische Beratung und Betreuung. Der Arbeitgeber ist verpflichtet, Betriebsärzte und Fachkräfte für Arbeitssicherheit zu bestellen oder in größeren Betrieben selbst anzustellen.

Das **Geräte- und Produktsicherheitsgesetz** enthält Vorschriften über den Einsatz technischer Arbeitsmittel. Die eingesetzten Geräte müssen den Anforderungen zur Gerätesicherheit nach den EU-Richtlinien entsprechen.

Die **Bildschirmarbeitsverordnung** soll körperlichen und psychischen Belastungen entgegenwirken, die sich durch die Arbeit an Bildschirmgeräten ergeben. So müssen z. B. die auf dem Bildschirm dargestellten Zeichen ausreichend groß und das Bild muss flimmerfrei und stabil sein.

Unfallversicherung, vgl. **6.2.3**, S. 125

Der Arbeitgeber muss jeden seiner Arbeitnehmer gegen die Auswirkungen eines Unfalls am Arbeitsplatz versichern (**Unfallversicherung**). In Unternehmen mit über 20 Versicherten ist ein Sicherheitsbeauftragter zu benennen. Er hat die Aufgabe, Vorgesetzte und Mitarbeiter in allen Fragen des Arbeitsschutzes zu beraten und zu unterstützen.

Unfallverhütungsvorschriften

Die Unfallverhütungsvorschriften (UVV), Richtlinien und Regeln der Berufsgenossenschaften enthalten konkrete Bestimmungen zum Thema Arbeitssicherheit und Gesundheitsschutz, die alle Unternehmer und Beschäftigten zu beachten haben. Durch regelmäßige **Betriebsbesichtigungen** überwachen die zuständige Berufsgenossenschaft und das Gewerbeaufsichtsamt die Durchführung der Unfallverhütungsvorschriften. Bei festgestellten Mängeln werden die Unternehmen aufgefordert, sie in einer angemessenen Frist zu beseitigen. Bei schweren Verstößen drohen Geldbußen und sogar Betriebsschließungen.

Zu den Vorschriften zur Vorbeugung von Betriebsunfällen gehören auch das Anbringen und die Kenntnis der **Sicherheitszeichen**.

Verbotszeichen

Für Fußgänger verboten

Feuer, offenes Licht und Rauchen verboten

Kein Trinkwasser

Mit Wasser löschen verboten

Gebotszeichen

Augenschutz tragen

Gehörschutz tragen

Schutzhelm tragen

Schutzhandschuhe tragen

Warnzeichen

Warnung vor Flurförderfahrzeugen

Warnung vor gefährlicher elektrischer Spannung

Warnung vor einer Gefahrenstelle

Warnung vor schwebender Last

Rettungszeichen

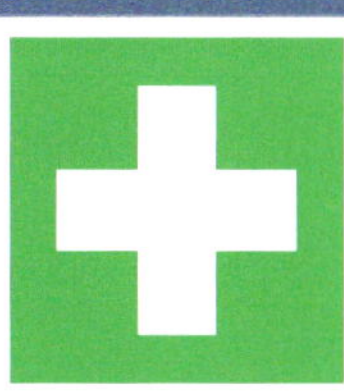
Hinweis auf Erste Hilfe

Rettungsweg

9.3 Jugendarbeitsschutz

Junge Menschen sind, da sie sich noch in der Entwicklung befinden, weniger belastbar als Erwachsene. Das Jugendarbeitsschutzgesetz (JArbSchG) schützt deshalb jugendliche Beschäftigte zwischen 15 und 18 Jahren vor gesundheitsschädigenden Belastungen bei der Arbeit. Der Gesetzgeber betrachtet Jugendliche unter 15 Jahren noch als Kinder, deren Beschäftigung – von wenigen Ausnahmen abgesehen (z. B. ein Betriebspraktikum während der Schulzeit) – grundsätzlich verboten ist. Einige Bestimmungen des JArbSchG gelten jedoch auch für Berufsschulpflichtige, die 18 Jahre oder älter sind.

Das Jugendarbeitsschutzgesetz enthält u. a. Bestimmungen zu Arbeitszeiten, Freizeit, Ruhepausen, Urlaub, Berufsschulzeiten und Beschäftigungsverboten.

Beispiel

Claudio: „Bei uns ist das Betriebsklima sehr gut und ich arbeite schon voll mit. Mein Chef hat mich heute gefragt, ob ich diese Woche ausnahmsweise auch am Samstag zur Arbeit kommen kann. Zwei Kollegen sind krank und wir können unseren Liefertermin sonst nicht halten, sagt er."

Tim: „Samstagsarbeit – ist das für Azubis nicht verboten?"

Claudio: „Wieso denn – ich bin doch einverstanden, und meine Eltern haben auch nichts dagegen. Außerdem kann ich das Extrageld gut für den Führerschein brauchen."

Arbeitszeit (§ 8), Tägliche Freizeit (§ 13), Nachtruhe (§ 14) und Fünf-Tage-Woche (§ 15)

- nicht mehr als 8 Stunden täglich, nicht mehr als 40 Stunden wöchentlich,
  Ausnahme: 8,5 Stunden täglich, aber höchstens 40 Stunden wöchentlich
- Grundsätzlich gilt die Fünf-Tage-Woche, bei Samstags-, Sonntags- oder Feiertagsarbeit ein Ausgleich in der Woche.
- Weitere Anpassungen sind durch Tarifverträge möglich.
- Beschäftigung grundsätzlich nur von 06:00 bis 20:00 Uhr (Ausnahmen: z. B. im Gaststättengewerbe, in mehrschichtigen Betrieben, in der Landwirtschaft, in Bäckereien und Konditoreien)
- Zwischen Feierabend und Arbeitsbeginn am nächsten Tag müssen mindestens zwölf Stunden ununterbrochene Freizeit liegen.

Ruhepausen (§ 11)

- Arbeitsunterbrechung von mindestens 15 Minuten gilt als Ruhepause
- mindestens 30 Minuten bei 4,5 bis 6 Arbeitsstunden
- mindestens 60 Minuten bei mehr als 6 Arbeitsstunden
- erste Pause spätestens nach 4,5 Arbeitsstunden

Urlaub (§ 19)

Wenn der Jugendliche zu Beginn des Kalenderjahres
- noch nicht 16 Jahre alt ist : 30 Werktage
- 16 Jahre alt ist: 27 Werktage
- 17 Jahre alt ist: 25 Werktage

Berufsschule (§ 9), Prüfungen (§ 10)

- Jugendliche müssen für den Berufsschulunterricht freigestellt werden.
- keine Beschäftigung vor einem vor 09:00 Uhr beginnenden Unterricht
- keine Beschäftigung an einem Berufsschultag mit mehr als 5 Unterrichtsstunden (45 Minuten), einmal in der Woche
- Anrechnung des Berufsschultags mit 8 Stunden auf die Arbeitszeit
- Freistellung für die Teilnahme an Prüfungen und Ausbildungsmaßnahmen
- Freistellung am Arbeitstag unmittelbar vor der schriftlichen Abschlussprüfung
- Anrechnung der Prüfungszeit auf die Arbeitszeit (bei schriftlicher Abschlussprüfung 8 Stunden)
- kein Entgeltausfall aufgrund des Berufsschulbesuchs bzw. Teilnahme an Prüfungen und Ausbildungsmaßnahmen

Beschäftigungsverbote und -beschränkungen (§§ 22, 23, 24)

- für gefährliche Arbeiten, z. B. Arbeiten, die die Leistungsfähigkeit übersteigen und mit Unfallgefahren verbunden sind (z. B. Akkordarbeit), und Arbeiten, bei denen die Jugendlichen großer Hitze, Kälte, Nässe, gesundheitsschädlichem Lärm, gefährlichen Strahlen und gefährlichen Arbeitsstoffen ausgesetzt sind, sowie Arbeit unter Tage
- Ausnahmen davon bestehen nur, wenn die Ausbildung dies erfordert.

LS ▸ LS 73
Ein Arbeitszeugnis erstellen

10 Arbeitszeugnis

Wichtiges Entscheidungskriterium bei der Einstellung neuer Mitarbeiter sind Arbeitszeugnisse. Laut § 109 der Gewerbeordnung hat jeder Arbeitnehmer Anspruch auf ein schriftliches Arbeitszeugnis. Dabei kann der Arbeitnehmer wählen, ob er ein **einfaches** oder ein **qualifiziertes Zeugnis** haben möchte. Der Arbeitgeber muss beides aber erst auf Verlangen erstellen.

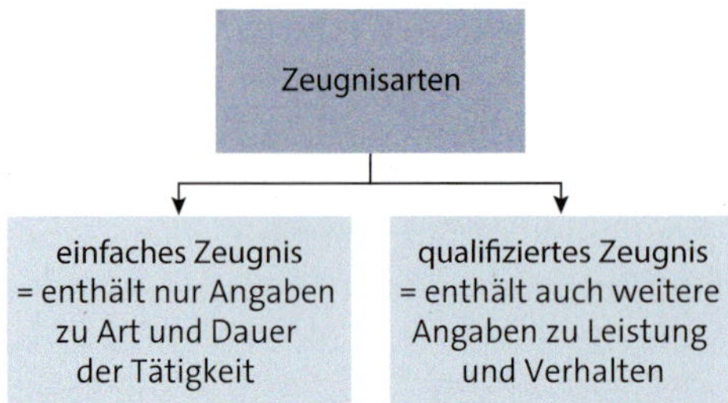

§ 109 (2) Gewerbeordnung
Das Zeugnis muss klar und verständlich formuliert sein. Es darf keine Merkmale oder Formulierungen enthalten, die den Zweck haben, eine andere als aus der äußeren Form oder aus dem Wortlaut ersichtliche Aussage über den Arbeitnehmer zu treffen.

Dieser Passus weist auf ein besonderes Problem bei der Zeugniserstellung hin, die sogenannte **Geheimsprache der Zeugnisformulierung**. Sie entstand aufgrund eines kaum lösbaren Interessen- und Haftungskonfliktes des zeugnisformulierenden Arbeitgebers: Zum einen darf das Arbeitszeugnis keine unwahren oder positiv übertriebenen Leistungs- und Verhaltensaussagen machen, weil dies beim neuen Arbeitgeber zu einer Fehleinschätzung führen könnte. Ist dem neuen Arbeitgeber durch die (Fehl-)Einstellung ein Schaden entstanden, könnte er den zeugnisausstellenden Betrieb haftbar machen. Zum anderen darf das Arbeitszeugnis die Aufnahme einer weiteren Erwerbstätigkeit aber auch nicht unnötig erschweren, sonst entsteht eine Haftungspflicht gegenüber dem ehemaligen Mitarbeiter. Aus diesen gegenteiligen Ansprüchen heraus haben sich bei der Zeugniserstellung Formulierungen entwickelt, die eine andere Bedeutung haben, als die positive Wortwahl zunächst erwarten lässt. Diese Praxis widerspricht jedoch mittlerweile den Vorschriften der Gewerbeordnung.

Beispiele für Formulierungen in Arbeitszeugnissen und ihre Bedeutung

Formulierung	Bedeutung
Er (Sie) hat die ihm (ihr) übertragenen Aufgaben stets zu unserer vollsten Zufriedenheit erledigt.	sehr gute Leistungen
Er (Sie) hat die ihm (ihr) übertragenen Aufgaben stets zu unserer vollen Zufriedenheit erledigt.	gute Leistungen
Er (Sie) hat die ihm (ihr) übertragenen Aufgaben zu unserer vollen Zufriedenheit erledigt.	befriedigende Leistungen
Er (Sie) hat die ihm (ihr) übertragenen Aufgaben zu unserer Zufriedenheit erledigt.	ausreichende Leistungen
Er (Sie) hat die ihm (ihr) übertragenen Aufgaben im Großen und Ganzen zu unserer Zufriedenheit erledigt.	mangelhafte Leistungen
Er (Sie) hat sich bemüht, die ihm (ihr) übertragenen Aufgaben zu unserer Zufriedenheit zu lösen.	unzureichende Leistungen
Er (Sie) hat sich im Rahmen seiner (ihrer) Fähigkeiten eingesetzt.	Er (Sie) hat getan, was ihm (ihr) möglich war. Das war aber nicht viel.
Er (Sie) zeigte für seine (ihre) Arbeit Verständnis	Er (Sie) war faul.
Er (Sie) trug durch seine (ihre) Geselligkeit zur Verbesserung des Betriebsklimas bei.	Er (Sie) ist Alkoholiker(-in) und trinkt auch im Betrieb.
Er (Sie) kam mit den Vorgesetzten gut zurecht.	Er (Sie) ist ein „Kriecher“, bei den Kollegen unbeliebt.
Er (Sie) war tüchtig und wusste sich gut zu verkaufen.	Er (Sie) ist egoistisch und unangenehm im Umgang.
Wegen seiner (ihrer) Pünktlichkeit war er (sie) für alle ein Vorbild.	Er (Sie) hat keine bedeutenden positiven Eigenschaften.
Er (Sie) hat sich engagiert für Arbeitnehmerinteressen eingesetzt.	Vorsicht, aktive(r) Gewerkschaftsvertreter(-in)
Er (Sie) war jederzeit gesprächsbereit.	„Klatschmaul“
Er (Sie) hat alle Arbeiten ordnungsgemäß erledigt.	Bürokrat ohne Eigeninitiative
Er (Sie) scheidet auf eigenen Wunsch aus unserem Unternehmen aus.	Wir wollten ihn (sie) behalten.
Wir bedauern sein (ihr) Ausscheiden.	Wir bedauern sein (ihr) Ausscheiden.
Wir haben uns im gegenseitigen Einvernehmen getrennt.	Er (Sie) wäre sonst gefeuert worden.

Alles klar?

Kapitel 1

1 Begründen Sie, warum die Mitarbeiter einen entscheidenden Wettbewerbsvorteil darstellen können.

2 Nennen Sie die Aufgabengebiete der Personalabteilung.

3 Entscheiden und begründen Sie, ob die folgende Aussage richtig ist:
„Je mehr Mitarbeiter beschäftigt sind, desto besser ist es für das Unternehmen."

Kapitel 2

4 Erläutern Sie die Aufgabe der Personalbedarfsplanung und nennen Sie die beiden Teilbereiche.

5 Erläutern Sie die Begriffe quantitative und qualitative Personalbedarfsplanung.

6 Welche negativen Folgen können für ein Unternehmen entstehen, wenn eine Stelle nicht optimal besetzt wird?

7 Welche Aussage zur Stellenbeschreibung ist falsch?
Die Stellenbeschreibung ...
a informiert über die Kompetenzen des Stelleninhabers.
b zeigt an, welchem anderen Mitarbeiter die Stelle unterstellt ist.
c ist ein wichtiges Organisationsmittel zur quantitativen Personalplanung.
d legt fest, wem gegenüber der Stelleninhaber weisungsbefugt ist.
e gibt an, welche Anforderungen an den Stelleninhaber gestellt werden.

8 Unterscheiden Sie eine Stellenbeschreibung und eine Stellenausschreibung.

9 Die Stellenausschreibung ...
a ist eine Form der externen Personalbeschaffung.
b richtet sich nur an die Mitarbeiter im Unternehmen.
c sollte das Aufgabengebiet des zukünftigen Mitarbeiters beschreiben.
d muss in jedem Fall mögliche Aufstiegschancen beinhalten.
e kann schriftlich oder mündlich erfolgen.

10 Die interne Personalbeschaffung ...
a hat den Vorteil einer größeren Anzahl an Bewerbern.
b sorgt für ein besseres Betriebsklima.
c vermeidet Akzeptanzprobleme bei aufgestiegenen Führungskräften.
d hat den Nachteil eines teuren Auswahlverfahrens.
e fördert die Motivation der Mitarbeiter.

11 Warum sollte die Stellenanzeige ein genaues Profil der geforderten Qualifikationen aufweisen?

12 Die Abkürzung AGG steht für:
a Allgemeines Gleichstellungsgesetz
b Allgemeines Grundgesetz
c Allgemeiner Gleichheitsgrundsatz
d Allgemeines Gleichbehandlungsgesetz
e Allgemeine Gleichbehandlung im Geschäftsleben

13 In welchen Fall ist eine Ungleichbehandlung im Sinne des AGG zulässig?
- **a** Eine Stelle für die Bedienung von Flurförderfahrzeugen wird nur für Bewerber ab 18 Jahren ausgeschrieben.
- **b** Teilbeschäftigte werden von Veranstaltungen zur Weiterbildung ausgeschlossen.
- **c** Für den Verkauf in der Parfümerieabteilung werden nur weibliche Personen gesucht.
- **d** Mitarbeiter, die Elternzeit beansprucht haben, werden bei Beförderungen nicht berücksichtigt.
- **e** Als Verkäufer für die Sportabteilung werden nur Bewerber(innen) bis 40 Jahre in Betracht gezogen.

14 Wie ist die übliche Vorgehensweise bei einem Auswahlverfahren?

15 Welche Unterlagen gehören zu einer schriftlichen Bewerbung?

16 Welche inhaltlichen Anforderungen sollte eine schriftliche Bewerbung erfüllen?
- **a** korrekte Rechtschreibung
- **b** eigenhändige Unterschrift
- **c** Begründung für die Bewerbung
- **d** Fähigkeiten und Erfahrungen für die angestrebte Stelle
- **e** Einhaltung der DIN-Norm für Geschäftsbriefe

17 Nennen Sie fünf Punkte, die ein vollständiger tabellarischer Lebenslauf enthalten sollte.

18 Ein junger Mann bewirbt sich bei einem Einzelhandelsunternehmen um die Stelle eines Kassierers. Welche der folgenden Fragen ist in einem Vorstellungsgespräch zulässig?
- **a** Frage nach der persönlichen Einstellung
- **b** Frage zu einer Religion
- **c** Frage zu einer bestehenden Verschuldung
- **d** Frage nach der Dauer früherer Erkrankungen
- **e** Frage nach der persönlichen Ansicht zu einer politischen Partei
- **f** Frage zum Konsumverhalten der Ehefrau

19 Wie kommt ein Arbeitsvertrag rechtlich gesehen zustande? Kapitel 3

20 Welche Hauptpflichten gehen die Vertragspartner beim Arbeitsvertrag ein?

21 Welches sind die wesentlichen Inhalte eines Arbeitsvertrages?

22 Was besagt das Günstigkeitsprinzip beim Abschluss des Arbeitsvertrages?

23 Wie kann ein Arbeitsverhältnis grundsätzlich beendet werden? Kapitel 4

24 Unterscheiden Sie die beiden Kündigungsarten.

25 Nennen Sie je drei mögliche Gründe für eine
- **a** betriebsbedingte Kündigung,
- **b** verhaltensbedingte Kündigung,
- **c** personenbedingte Kündigung.

26 Für welche Arbeitnehmer gilt ein besonderer Kündigungsschutz?

27 Das Kündigungsschreiben des Arbeitgebers muss unbedingt einen Hinweis enthalten auf die ...
a unverzügliche Meldepflicht des Arbeitnehmers als Arbeit suchend bei der Arbeitsagentur.
b Anhörung des Betriebsrates.
c eingehaltene Kündigungsfrist.
d Rechtsgrundlage der Kündigung.
e Kriterien für die Sozialauswahl der zu kündigenden Mitarbeiter.

28 Welche gesetzlich festgelegten Kündigungsfristen muss
1 der Arbeitgeber bzw.
2 der Arbeitnehmer
bei einer ordentlichen Kündigung in folgenden Fällen einhalten?

a Franka ist seit einem Jahr im Unternehmen beschäftigt.
b Gerald befindet sich in der Probezeit als Angestellter.
c Helen arbeitet seit vier Jahren im Unternehmen.
d Joachims Arbeitsverhältnis besteht seit zehn Jahren.
e Kathrin, 20 Jahre alt, hat nach ihrer Ausbildungszeit von zwei Jahren ihren fünften Arbeitstag als Angestellte.

29 Eine Kündigung nach dem Kündigungsschutzgesetz ist nur zulässig, wenn sie sozial gerechtfertigt ist. Was bedeutet das?

30 Eine ordentliche Kündigung ...
a ist an keine bestimmte Form gebunden.
b kann in einfacher Schriftform mit eigenhändiger Unterschrift des Absenders verfasst werden.
c kann online ausgesprochen werden.
d muss notariell beglaubigt werden.
e kann in jeder beliebigen Schriftform erfolgen.

31 Begründen Sie, warum bei der Sozialauswahl Mitarbeiter mit besonderen Qualifikationen nicht mit einbezogen werden müssen.

32 Warum ist die Abmahnung eine Voraussetzung für eine wirksame verhaltensbedingte Kündigung?

33 Eine außerordentliche Kündigung ...
a kann nur vom Arbeitgeber ausgesprochen werden.
b ist ein einseitiges Kündigungsrecht des Arbeitnehmers.
c kann ohne Einhaltung der gesetzlichen Kündigungsfristen ausgesprochen werden.
d ist unwirksam, wenn der Betriebsrat der Kündigung widersprochen hat.
e ist eine Kündigung ohne Recht des Arbeitnehmers, eine Kündigungsschutzklage beim Arbeitsgericht zu erheben.

Kapitel 5
34 Nennen Sie Beispiele für Regelungen, die geregelt werden durch
a den Manteltarifvertrag,
b den Lohn- und Gehaltstarifvertrag.

35 Welcher Posten erhöht das steuerpflichtige Bruttoentgelt? Kapitel 6
- **a** Solidaritätszuschlag
- **b** Beitrag des Arbeitgebers zur gesetzlichen Unfallversicherung
- **c** Vorschusszahlung
- **d** Urlaubsgeld
- **e** Arbeitnehmeranteil zum vermögenswirksamen Sparen

36 Welcher Posten vermindert das zu versteuernde Bruttoentgelt?
- **a** Steuerfreibetrag
- **b** Lohnsteuer
- **c** Kirchensteuer
- **d** Arbeitgeberanteil zu vermögenswirksamen Leistungen
- **e** Sozialversicherungsbeiträge des Arbeitnehmers

37 Welche Aussage zum steuerpflichtigen Bruttoentgelt ist zutreffend?
- **a** Das steuerpflichtige und das sozialversicherungspflichtige Bruttoentgelt können übereinstimmen.
- **b** Das sozialversicherungspflichtige Bruttoentgelt ist geringer als das steuerpflichtige Bruttoentgelt.
- **c** Das steuerpflichtige Bruttoentgelt bildet die Grundlage für die Höhe der Sonderzahlungen.
- **d** Steuerfreibeträge erhöhen das steuerpflichtige Bruttoentgelt.
- **e** Für die Berechnung des steuerpflichtigen Bruttoentgelts werden vom sozialversicherungspflichtigen Bruttoentgelt die Sozialversicherungsbeiträge abgezogen.

38 Die tarifvertragliche Einstufung eines Arbeitnehmers in eine Gehaltsgruppe hängt ab von ...
- **a** dem Lebensalter des Arbeitnehmers.
- **b** der Qualifikation des Arbeitnehmers.
- **c** dem Familienstand des Arbeitnehmers.
- **d** den Arbeitszeiten des Arbeitnehmers.
- **e** der Dauer der Vollzeitbeschäftigung des Arbeitnehmers.

39 Die Lohnsteuer ...
- **a** ist eine Vorauszahlung auf die Einkommensteuer. Sie belastet ausschließlich Einkünfte aus selbstständiger Arbeit.
- **b** wird dem Arbeitnehmer am Ende des Jahres in voller Höhe vom Finanzamt erstattet.
- **c** ist die Grundlage zur Berechnung der Höhe der Kirchensteuer.
- **d** muss jeder Arbeitnehmer unabhängig von der Höhe seines Einkommens bezahlen.
- **e** wird vom Arbeitgeber mithilfe von Grundsteuertabellen ermittelt.

40 Ab einem sozialversicherungspflichtigen Bruttoentgelt in Höhe der jeweiligen Beitragsbemessungsgrenze können die Versicherten ...
- **a** die gesetzliche Rentenversicherung verlassen und eine private Rentenversicherung abschließen.
- **b** zwischen privater oder gesetzlicher Kranken- und Pflegeversicherung wählen.
- **c** sich entscheiden, ob sie krankenversichert sein wollen oder nicht.
- **d** aus den gesetzlichen Sozialversicherungen austreten.
- **e** einen ermäßigten Beitrag zu den Sozialversicherungen beantragen.

41 Eine im Arbeitsvertrag schriftlich fixierte Vereinbarung über die Höhe des Entgelts ...
- **a** kann aus wichtigen Gründen zugunsten des Arbeitgebers abgeändert werden.
- **b** ist immer abhängig von der tarifvertraglichen Einstufung des Arbeitnehmers in eine Gehaltsgruppe.
- **c** unterliegt der Aufsicht durch das Bundesministerium für Arbeit und Soziales.
- **d** kann von allgemein verbindlichen Tarifverträgen zugunsten des Arbeitnehmers abweichen.
- **e** wird in jedem Fall nach dem Grundsatz der Vertragsfreiheit vorgenommen.

42 Steuerfreibeträge ...
- **a** mindern das sozialversicherungspflichtige Bruttoentgelt.
- **b** werden in die Datenbank des zuständigen Finanzamtes eingetragen.
- **c** kann der Arbeitnehmer nur in seiner Einkommensteuererklärung am Jahresende beantragen.
- **d** werden vom Finanzamt automatisch berücksichtigt.
- **e** können bei erhöhten Werbungskosten zur Verringerung des steuerpflichtigen Bruttoeinkommens beantragt werden.

43 Welche Bedeutung hat das Solidaritätsprinzip im Zusammenhang mit der Beitragszahlung zu den Sozialversicherungen?
- **a** Arbeitnehmer und Arbeitgeber zahlen in die Sozialversicherungskassen ein.
- **b** Die über der Beitragsbemessungsgrenze liegenden Einkünfte des Versicherten sind beitragsfrei.
- **c** Die Beitragszahlungen sind für alle Versicherten unabhängig vom Bruttoentgelt gleich hoch.
- **d** Die Versicherten der Kranken- und Pflegeversicherung erhalten unabhängig von der Höhe ihrer Beiträge die gleichen Leistungen.
- **e** Auszubildende sind von der Beitragszahlung in die Sozialversicherungskassen befreit.

44 Der Arbeitgeber überweist die Gesamtbeiträge für die Sozialversicherungen an ...
- **a** die jeweiligen Sozialversicherungszweige bis zum drittletzten Bankarbeitstag jeden Monats.
- **b** die Krankenkasse des Arbeitnehmers bis zum drittletzten Bankarbeitstag jeden Monats.
- **c** das für den Arbeitnehmer zuständige Finanzamt bis spätestens zum 10. des Folgemonats.
- **d** die Krankenkasse des jeweiligen Arbeitnehmers bis spätestens zum 10. des Folgemonats.
- **e** das für den Unternehmer zuständige Finanzamt bis zum drittletzten Bankarbeitstag jeden Monats.

45 Wer ist Träger der gesetzlichen Rentenversicherung?
- **a** Rentenversicherung Deutschland
- **b** Bundesagentur für Renten
- **c** Bundesversicherungsanstalt für Renten
- **d** Deutsche Rentenversicherung
- **e** Bundeskasse für Renten

46 Auf dem Weg zur Arbeit verunglückt ein Arbeitnehmer. Wer trägt die Kosten der Heilbehandlung?
- **a** Privathaftpflichtversicherung
- **b** gesetzliche Unfallversicherung
- **c** Erwerbsunfähigkeitsversicherung
- **d** private Krankenversicherung
- **e** gesetzliche Pflegeversicherung

47 Was bedeutet der Begriff „duales System" hinsichtlich der Berufsausbildung? Kapitel 7
- **a** Am Ausbildungsort wird der Müll bei der Entsorgung getrennt. Wertstoffe gehören in die gelbe Tonne.
- **b** Der Ausbildungsberuf ist staatlich anerkannt.
- **c** Die Abschlussprüfung findet sowohl bei der IHK als auch in der Berufsschule statt.
- **d** Die Berufsschüler melden sich selbst in der Berufsschule an.
- **e** Die Auszubildenden haben Anspruch auf ein Jobticket für Fahrten zur Berufsschule und zum Ausbildungsort.

48 Welche Pflichten hat der Auszubildende während der Ausbildung nach dem BBiG?
- **a** Befolgung von Anweisungen aller Mitarbeiter im Ausbildungsbetrieb
- **b** Reinigung und Pflege der Ladeneinrichtung
- **c** Sorgfältige Ausführung der ihm aufgetragenen Aufgaben
- **d** Repräsentation des Ausbildungsbetriebes bei Brauchtumsveranstaltungen
- **e** Stillschweigen wahren über die Öffnungszeiten und Kontaktdaten des Ausbildungsbetriebes

49 Von loyalen Mitarbeitern spricht man, wenn sie ... Kapitel 8
- **a** sich verpflichtet fühlen, unentgeltlich Überstunden zu leisten.
- **b** allen Entscheidungen der Vorgesetzten in blindem Gehorsam zustimmen.
- **c** im Team immer die Führungsrolle übernehmen.
- **d** sich selbst gegenüber verpflichtet fühlen, durch Sport und Weiterbildung ihre Leistungsfähigkeit zu erhalten.
- **e** sich fair gegenüber Vorgesetzten und Kollegen verhalten und sich mit dem Unternehmen identifizieren.

50 Warum ist eine hohe Arbeitsmotivation für den Erfolg des Unternehmens wichtig?

51 Nennen Sie jeweils zwei Maßnahmen zur
- **a** immateriellen Mitarbeitermotivation,
- **b** materiellen Mitarbeitermotivation.

52 Beschreiben Sie Möglichkeiten zur Verbesserung des Arbeitsklimas.

53 Warum ist eine stetige Qualifikationsanpassung bei den Mitarbeitern notwendig?

Kapitel 9

54 In welchem Zeitraum dürfen Schwangere nach dem Mutterschutzgesetz nicht beschäftigt werden?
a sechs Monate vor und acht Monate nach der Entbindung
b sechs Monate vor und acht Wochen nach der Entbindung
c sechs Wochen vor und acht Monate nach der Entbindung
d sechs Wochen vor und neun Wochen nach der Entbindung
e sechs Wochen vor und acht Wochen nach der Entbindung

55 Für wen gilt das Jugendarbeitsschutzgesetz?
a Für alle minderjährigen Arbeitnehmer und volljährigen Auszubildenden
b Für alle minderjährigen Arbeitnehmer und Auszubildenden
c Für alle Auszubildenden
d Für alle minderjährigen Ausbilder
e Für alle Ausbildungsbetriebe mit Umschülern

56 Welche Bestimmungen enthält das Jugendarbeitsschutzgesetz unter anderem?
a Arbeitszeit, Urlaubszeit und Ausbildungsvergütung
b Überstundenvergütung und Urlaubsausgleich
c Berufsschulzeiten und Urlaub
d Ausbildungsvergütung und Urlaubsgeld
e Berufsschulauswahl und Berufsschulzeiten

57 Welche Regelung gilt nach dem Jugendarbeitsschutzgesetz für den Berufsschulbesuch?
a Minderjährige Auszubildende dürfen nach mehr als sechs Stunden Berufsschulunterricht nicht mehr im Ausbildungsbetrieb beschäftigt werden.
b Minderjährige Auszubildende dürfen nach mehr als sechs Stunden Berufsschulunterricht nur samstags im Ausbildungsbetrieb beschäftigt werden.
c Minderjährige Auszubildende dürfen nach weniger als sechs Stunden Berufsschulunterricht nur einmal wöchentlich im Ausbildungsbetrieb beschäftigt werden.
d Minderjährige Auszubildende dürfen nach mehr als sieben Stunden Berufsschulunterricht ausnahmsweise im Ausbildungsbetrieb beschäftigt werden.
e Minderjährige Auszubildende dürfen nach weniger als fünf Stunden Berufsschulunterricht nicht mehr samstags im Ausbildungsbetrieb beschäftigt werden.

58 Die Ausbildungsvergütung während der Ausbildung richtet sich nach ...
a der Betriebsvereinbarung des Ausbildungsbetriebes.
b dem aktuellen Tarifvertrag, aber nur für tarifgebundene Ausbildungsbetriebe.
c der Forderung der Gewerkschaften.
d dem Mindestlohn.
e dem aktuellen Tarifvertrag, auch für nicht tarifgebundene Ausbildungsbetriebe.

Kapitel 10

59 Nach Beendigung des Arbeitsverhältnisses hat der Arbeitnehmer das Recht auf ein Arbeitszeugnis. Erklären Sie den Unterschied zwischen den beiden Arten des Arbeitszeugnisses.

HANDLUNGSFELD 6

Investition und Finanzierung

1 Investition und Finanzierung im Unternehmenskreislauf

Damit in einem Unternehmen Kernprozesse wie Beschaffung, Leistungserstellung und Absatz überhaupt durchgeführt werden können, sind Investitionen und finanzielle Mittel notwendig. Investitions- und Finanzierungprozesse sind Unterstützungsprozesse, die die Kernprozesse fördern, um das langfristige Überleben von Unternehmen sicherzustellen.

Kernprozesse und Unterstützungsprozesse, vgl. **HF 1**, **5.2**, Band 1

Investitions- und Finanzierungsprozesse als Unterstützungsprozesse

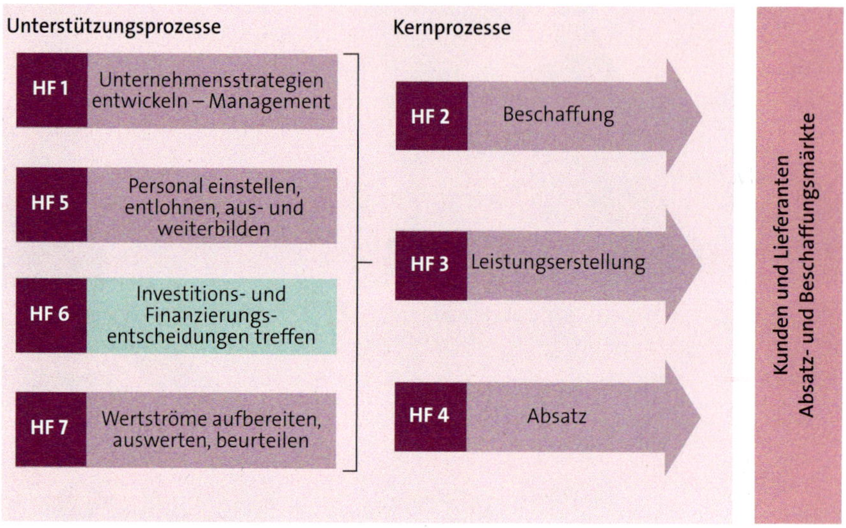

Kapitalbedarf, vgl. **3.4**, S. 185

Die Begriffe Investition und Finanzierung stehen in engem Zusammenhang. Ein Investitionsvorhaben muss immer finanziert werden. Für jede Investition muss somit zuerst der Kapitalbedarf abgeschätzt werden. Wenn er bekannt ist, muss das Kapital beschafft werden (Finanzierung). Erst wenn das Kapital zur Verfügung steht, kann eine Investition ausgeführt werden.

Beispiel Die Fahrradteile International GmbH, ein Lieferant der Fly Bike Werke GmbH, möchte eine neue, leistungsstärkere Rohrbiegemaschine anschaffen. Es soll also investiert werden (Umwandlung von Geldkapital in Sachkapital). Dazu muss allerdings Geld zur Verfügung stehen, d. h., Geld muss auf dem Finanzmarkt beschafft oder durch eigene Mittel erwirkt und somit der Eigenkapitalanteil erhöht werden.

Finanzierung, vgl. **3**, S. 177

Investition, vgl. **3**, S. 166

Unter **Finanzierung** werden somit die Beschaffung und die Rückzahlung finanzieller Mittel auf dem Fremdkapitalmarkt (z. B. Kontokorrentkredit und Darlehen) oder der Einsatz eigener Einlagen des Unternehmers (Eigenkapital) verstanden.

Unter einer **Investition** wird die Verwendung finanzieller Mittel zur Beschaffung von Sachvermögen (z. B. Geschäftsausstattung), immateriellem Vermögen (z. B. Patentrechte) oder Finanzvermögen (z. B. Beteiligungen) verstanden.

Eine Unternehmensinvestition wird nur dann umgesetzt, wenn günstiges Kapital beschafft werden kann und wenn anzunehmen ist, dass die Ausgaben der Investition durch die zukünftigen Verkäufe in kürzester Zeit wieder ins Unternehmen fließen.

Zusammenhang von Finanzierung und Investition

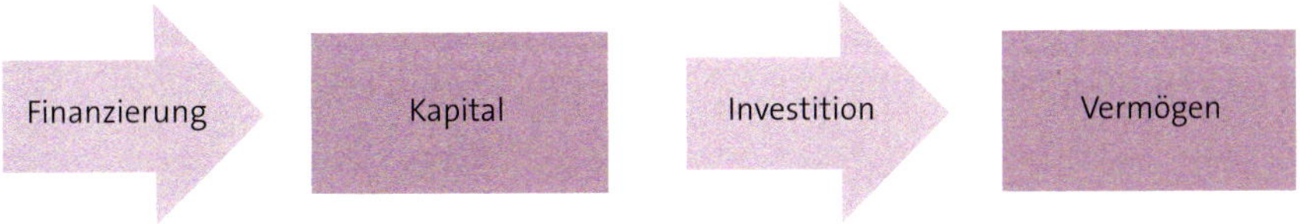

In der **Bilanz** zeigt sich die Kapitalbeschaffung auf der Passivseite, in Form von Eigen- und Fremdkapital. Die Kapitalverwendung schlägt sich dagegen in den Positionen des Anlage- und Umlaufvermögens auf der Aktivseite nieder.

Bilanz, vgl. HF 7, 2.2, S. 218

Bilanz

Aktiva (= Vermögen)	**Bilanz**	Passiva (= Kapital)
Anlagevermögen Umlaufvermögen einschließlich Zahlungsmittel } Investitionsbereich		Eigenkapital Fremdkapital } Finanzierungsbereich
Mittelverwendung (In welcher Form sind die Mittel im Unternehmen gebunden?)		**Mittelherkunft** (Woher stammen die Mittel?)

Die Passivseite gibt Auskunft darüber, wie das Geld beschafft worden ist. Die Aktivseite gibt Auskunft darüber, wie das Kapital verwendet bzw. was angeschafft worden ist.

Das **Finanzmanagement** eines Unternehmens hat die Aufgabe, für eine ausgewogene Planung von Investitionen und finanziellen Mitteln zu sorgen. Oberstes Ziel sollte dabei immer die Aufrechterhaltung der Zahlungsfähigkeit sein. Jedes Unternehmen sollte jederzeit in der Lage sein, allen seinen Zahlungsverpflichtungen nachzukommen. Dazu müssen die laufenden Einzahlungen höher sein als die laufenden Auszahlungen bzw. sollten Zahlungslücken durch die Bereitstellung von finanziellen Mitteln gedeckt werden.

Übersicht: Investition und Finanzierung

Investition Verwendung von Kapital	**Finanzierung** Beschaffung von Kapital
Kapitalverwendung setzt grundsätzlich Kapitalbeschaffung voraus. Kapitalbeschaffung muss grundsätzlich Mittelverwendung zur Folge haben.	

LS ▸ LS 74
Investitionen beurteilen

2 Investition

Die Anschaffung von z. B. Maschinen, Gebäuden und Grundstücken mit bereits vorhandenen oder noch zu beschaffenden finanziellen Mitteln wird als Investition bezeichnet. Zur langfristigen Existenzsicherung von Unternehmen muss dieses Kapital gewinnbringend investiert werden. Stehen mehrere Investitionsmöglichkeiten zur Verfügung, sollte die Alternative ausgewählt werden, die das Kapital am besten einsetzt. Investitionen binden finanzielle Mittel eines Unternehmens langfristig und in erheblichem Umfang, sodass einmal getroffene Entscheidungen nur schwer oder unter Verlusten rückgängig gemacht werden können.

Beispiel Die Fahrradteile International GmbH sieht sich einer starken Konkurrenz gegenüber. Das bedeutet für das Unternehmen, dass es z. B. auch technisch immer auf dem neuesten Stand sein muss, um mit der Konkurrenz mitzuhalten oder sogar besser als sie zu sein. Dafür muss das Unternehmen regelmäßig Kapital in moderne Maschinen investieren. Gleichzeitig soll der Absatz stetig steigen, um somit einen höheren Gewinn zu erzielen. Diese geplante Absatzsteigerung möchte das Unternehmen als Nächstes mit einem neuen CNC-gesteuerten Stanzautomaten erreichen. Es steht also eine Investitionsentscheidung an.

CNC
Computerized Numerical Control (dt.: rechnergestützte numerische Steuerung); elektronisches Verfahren zur Steuerung von Werkzeugmaschinen

2.1 Investitionsarten

Investitionen lassen sich nach verschiedenen Kriterien unterscheiden, z. B. nach Investitionsobjekt, Zweck der Investition, Nutzungsdauer des Investitionsobjekts oder Zeitpunkt der Investition. Jede Investition kann dabei auch unterschiedlichen Arten zugeordnet werden.

Unterteilung nach dem Investitionsobjekt: Findet eine Investition in Betriebsmittel, z. B. Immobilien, Maschinen und Lagerbestände, statt, wird diese Investition als **Real-** oder **Sachinvestition** bezeichnet. Um eine **Finanzinvestition** handelt es sich, wenn in Beteiligungen oder Wertpapier investiert wird. Bei Investitionen in z. B. **Patente**, **Lizenzen**, Markenrechte sowie Forschung und Entwicklung wird von **immateriellen Investitionen** gesprochen.

Patent
Ein Patent schützt eine Erfindung. Der Patentinhaber hat das Recht, anderen die Verwendung seiner Erfindung zu verbieten.

Lizenz
Erlaubnis, ein Recht wirtschaftlich zu nutzen

Unterteilung nach dem Zweck oder Anlass der Investition: Um eine **Errichtungsinvestition** handelt es sich bei einer erstmaligen Beschaffung eines Betriebsmittels, z. B. bei der Errichtung einer neuen Betriebsstätte. Eine **Erweiterungsinvestition** wird getätigt, wenn z. B. die bisherige Kapazität nicht mehr ausreicht und eine weitere Produktionshalle errichtet oder eine weitere Maschine angeschafft wird. Bei der **Ersatzinvestition** werden Betriebsmittel, z. B. Maschinen mit hohen Instandhaltungskosten oder kaputte Maschinen, durch gleiche Betriebsmittel ersetzt. Wird in automatische oder vollautomatische Betriebsmittel investiert, um menschliche Arbeitskraft zu ersetzen oder mehr Teile pro Stunde zu produzieren, wird von einer **Rationalisierungsinvestition** gesprochen.

Das Problem bei den letzten beiden Investitionszwecken ist, dass mit höherer Wahrscheinlichkeit Mitarbeiter entlassen werden. Dies kann zu Zielkonflikten innerhalb des Unternehmens führen und hat auch volkswirtschaftliche Auswirkungen, z. B. mehr Arbeitslosigkeit.

Durch **Sozial**- und **Sicherheitsinvestitionen** sollen Arbeitsbedingungen verbessert werden, z. B. wird ein Betriebskindergarten eingerichtet oder die Sicherheit einer Maschine wird durch einen Eingriffsschutz erhöht.

Unterteilung nach der Nutzungsdauer des Investitionsobjekts: Die Nutzungsdauer einer Investition gibt an, wie lange das Kapital gebunden ist. Dabei unterscheidet man zwischen kurzfristigen (bis zu einem Jahr), mittelfristigen (ein Jahr bis vier Jahre) und langfristigen (über vier Jahre) Investitionen.

Unterteilung nach dem Zeitpunkt der Investition: Um eine **Gründungsinvestition** handelt es sich, wenn Betriebsmittel für eine Unternehmensgründung oder die Gründung einer Tochtergesellschaft angeschafft werden. Bei allen anderen Investitionen spricht man dann von **laufenden Investitionen**.

Desinvestitionen oder Devestitionen sind das Gegenteil von Investitionen: Kapital wird durch den Verkauf von Vermögensgegenständen freigesetzt.

Investitionsarten

Investitionen

nach den Objekten
- Real- bzw. Sachinvestition
- Finanzinvestition
- immaterielle Investition

nach der Zwecksetzung
- Errichtungsinvestition
- Ersatzinvestition
- Rationalisierungsinvestition
- Erweiterungsinvestition
- Sozial- und Sicherheitsinvestition

nach der Nutzungsdauer
- kurzfristige Investition
- mittelfristige Investition
- langfristige Investition

nach dem Zeitpunkt
- Gründungsinvestition
- laufende Investition

Für Unternehmen stehen die Investitionen in das Anlagevermögen (Real- bzw. Sachinvestitionen sowie Finanzinvestitionen) wegen ihrer zentralen Bedeutung im Vordergrund. Eine Investition ist langfristig zu sehen und hat die Ziele: Wachstum steigern, Liquidität sichern, Unternehmen erhalten und Umsätze steigern.

Liquidität, vgl. **3.1**, S. 177

Fehlinvestitionen oder unterlassene, notwendige Anlageinvestitionen wirken sich negativ auf die Erreichung der Unternehmensziele aus. Sie lassen sich häufig nicht oder nur unter Kapitalverlust korrigieren.

2.2 *Investitionsplanung*

Investitionen haben in Unternehmen eine hohe strategische Bedeutung, da sie in der Regel weit in die Zukunft reichen und mit ihnen hohe Zahlungsströme verbunden sind. Charakteristisch für Investitionen ist, dass sie
- zu einer längerfristigen **Kapitalbindung** führen,
- Kosten verursachen (z. B. für Unterhaltung, Abschreibungen, Zinsen),
- das **Leistungsprofil** eines Unternehmens bestimmen.

Kapitalbindung
Das Kapital ist in der Investition gebunden und kann nicht für andere finanzielle Entscheidungen, z. B. für den Kauf von Material, genutzt werden.

Diese bedeutenden Aspekte erfordern von den Unternehmen eine sorgfältige **Investitionsplanung**, die Antworten auf drei Fragen geben muss:
1) Ist die Durchführung der Investition für das Unternehmen sinnvoll?
2) Welche der möglichen Alternativen ist die vorteilhafteste?
3) In welcher Reihenfolge sind die Investitionen durchzuführen?

Investitionsentscheidungen laufen im Regelfall in den folgenden fünf Phasen ab:

In der **Anregungsphase** wird die Investition angeregt. Dabei kann die Anregung zu einer Investition sowohl aus dem Unternehmen selbst als auch von außerhalb des Unternehmens, z.B. durch technische Entwicklungen, von Marktpartnern, Beratungsunternehmen oder vom Gesetzgeber kommen.

Beispiel Ist die Kapazitätsgrenze einer Rohrschneideanlage erreicht, kann sie durch eine leistungsstärkere ersetzt werden. Dadurch kann sich auch die Sicherheit der Arbeitnehmer an der Anlage erhöhen.

Rentabilität
gibt Auskunft darüber, wie erfolgreich ein Unternehmen mit dem eingesetzten Kapital wirtschaftet

Amortisationsdauer
Zeitraum, in dem eine Investition durch die erzielten Erträge zurückgezahlt wird

In der **Suchphase** werden aus den Unternehmenszielen Bewertungs- und Begrenzungskriterien festgelegt, um Investitionsalternativen und -daten zu ermitteln. **Quantitative Bewertungskriterien** sind durch messbare Größen berechenbar, wie z.B. Kosten, Gewinn, **Rentabilität** und **Amortisationsdauer**. **Qualitative Bewertungskriterien** sind hingegen nicht berechenbar, sie haben etwas mit persönlichen Vorlieben, Macht, Wertschätzung, Image und sozialer Verantwortung zu tun. Zu den qualitativen Werten gehören z.B. Kundendienst, Zuverlässigkeit, Flexibilität, Kulanz und Störanfälligkeit. **Begrenzungsfaktoren** sind Nebenbedingungen, die unbedingt erfüllt sein müssen, wenn die Investition als zulässig angesehen werden soll. Begrenzungsfaktoren sind z.B. technische Daten, Lieferzeiten oder Unfallverhütungsvorschriften.

Investitionsrechnung, vgl. **2.3**, S. 169

Nutzwertanalyse, vgl. **HF 2**, **2.3.2**, Band 1

In der **Entscheidungsphase** werden die Investitionen oder Investitionsalternativen einer Beurteilung unterzogen. Dabei werden die zuvor festgelegten Bewertungs- und Begrenzungskriterien zugrunde gelegt. Die Bewertung der Investitionsalternativen erfolgt für die quantitativen Bewertungskriterien mithilfe von **Investitionsrechnungen** und für die nicht quantifizierbaren Bewertungskriterien mithilfe einer **Nutzwertanalyse**. Die Ergebnisse der Investitionsrechnung müssen dann mit den Ergebnissen der Nutzwertanalyse kombiniert werden, um zu einer Entscheidung zu gelangen. So wird dann z.B. die geeignetste Rohrschneideanlage ausgewählt.

Nachdem entschieden wurde, welche Investition realisiert werden soll, wird sie in der **Durchführungsphase** ausgeführt.

Erst mit Beginn der Nutzung des Investitionsobjekts sind Aussagen zum tatsächlichen Vorteil der Investition möglich. In der **Kontrollphase** wird das Investitionsobjekt durch eine Investitionskontrolle laufend überwacht. Abweichungen von den Vorgaben muss mit Gegenmaßnahmen begegnet werden (z.B. könnte das Investitionsobjekt frühzeitig veräußert werden). Die Investitionskontrolle bezieht sich auf die Analyse von Soll-Ist-Abweichungen, Objektergebnissen (z.B. Kosten/Erfolge pro Periode), möglichen Risikoindikatoren sowie auf die jeweiligen Einzeldaten und Planvorgaben (z.B. Absatzerwartungen). In dieser Phase können auch Ersatz- bzw. Erweiterungsinvestitionen angeregt und Erfahrungswerte für zukünftige Planungen gesammelt werden.

Phasen der Investition

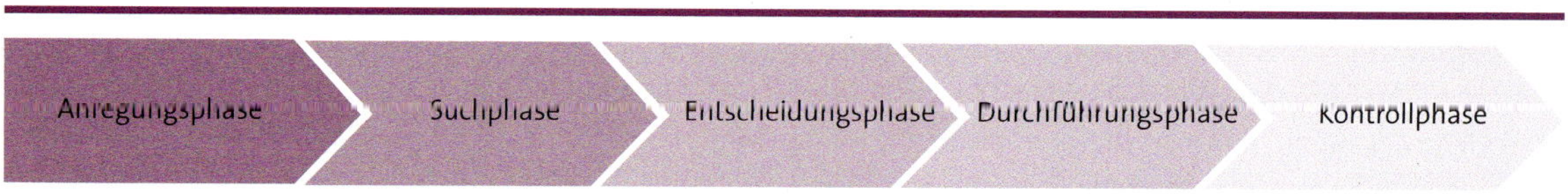

2.3 *Verfahren der Investitionsrechnung*

Investitionsentscheidungen werden vor allem auf der Grundlage von Investitionsrechnungen getroffen. Mittels dieser Rechnungen soll festgestellt werden, ob ein Investitionsobjekt vorteilhaft ist, die Investition sich also „lohnt“. Sie berücksichtigen aber nur **monetäre** Größen. Daten wie z. B. Bedienerfreundlichkeit, Geräuschbelastung oder Störanfälligkeit werden nicht berücksichtigt, ebenso wenig wie die Umweltverträglichkeit. Diese muss im Sinne der ökologischen und ökonomischen Nachhaltigkeit aber unbedingt beachtet werden. Um die Wirtschaftlichkeit von Investitionsobjekten zu ermitteln, werden statische und dynamische Verfahren der Investitionsrechnung unterschieden. Jede Methode hat ihre Vor- und Nachteile, sodass in der Praxis häufig mehrere Methoden gleichzeitig angewendet werden.

monetär
das Geld betreffend

Statische und dynamische Investitionsrechenverfahren

Investitionsrechenverfahren

Statische Verfahren:
- Kostenvergleichsrechnung
- Gewinnvergleichsrechnung
- Rentabilitätsrechnung
- Amortisationsrechnung

Dynamische Verfahren:
- Kapitalwertmethode
- interne Zinsfußmethode
- dynamische Amortisationsrechnung

} klassische Ansätze

- Endwertmethode
- Marktzinsmethode

} moderne Ansätze

Statische Investitionsrechenverfahren berücksichtigen nur Durchschnittswerte einer Teilperiode, die für die gesamte Investitionsdauer repräsentativ sein sollen. Die Aussagekraft wird dadurch je nach den Bedingungen des Einzelfalls mehr oder weniger beeinträchtigt. Der Zeitpunkt, zu dem Rückflüsse aus der Investition anfallen, hat z. B. keinen Einfluss auf das Ergebnis.

In der Praxis werden die statischen Verfahren der Investitionsrechnung regelmäßig zur Auswahl von Investitionsobjekten herangezogen, da sie
- leicht zu handhaben sind,
- an die Entscheidungsträger keine hohen mathematischen Anforderungen stellen und
- nur einen verhältnismäßig geringen Aufwand bei der Informationsbeschaffung verlangen.

Im Unterschied zu den statischen Verfahren berücksichtigen **dynamische Investitionsrechenverfahren** den zeitlichen Anfall von Zahlungen, weshalb mit ihnen die Vorteile von Investitionen wesentlich genauer beurteilt werden können. Außerdem besteht die Möglichkeit, Investitionsalternativen mit unterschiedlichen Nutzungsdauern und Kapitaleinsätzen zu vergleichen. Dynamische Verfahren der Investitionsrechnung sind aber schwerer zu handhaben, da sie an die Entscheidungsträger finanzmathematische Anforderungen stellen.

Im Folgenden werden lediglich die statischen Verfahren anhand eines Beispiels erläutert. Auf eine Darstellung der dynamischen Verfahren wird im Rahmen dieses Lehrwerks verzichtet. Zur Verdeutlichung erfolgt die Anwendung des Beispiels auf alle vier Verfahren der statischen Investitionsrechnung.

Beispiel Die Fahrradteile International GmbH plant den Kauf eines CNC-gesteuerten Stanzautomaten, da die alte Maschine wegen erhöhter Störanfälligkeit nicht mehr wirtschaftlich arbeitet und zukünftig eine steigende Produktionsmenge erwartet wird. Die Geschäftsleitung erwartet, dass während der Nutzungsdauer der neuen Maschine pro Jahr 100 000 Zahnkränze abgesetzt werden können. Der Absatzpreis der Zahnkränze beträgt 0,75 €/Stück. Zur Auswahl stehen zwei Anlagentypen mit folgenden Daten:

	Anlage I	Anlage II
Anschaffungskosten	70.000,00 €	90.000,00 €
max. Produktionsmenge	100 000 Stück/Jahr	120 000 Stück/Jahr
Nutzungsdauer	10 Jahre	8 Jahre
Restwert	10.000,00 €	20.000,00 €
Wiederbeschaffungskosten	75.000,00 €	100.000,00 €
kalkulatorischer Zinssatz vom Durchschnittswert der Kapitalbindung	10 %	10 %

Nutzungsdauer
Zeitraum, in dem ein Wirtschaftsgut für die betriebliche Leistungserstellung zur Verfügung steht

Restwert
voraussichtlicher Verkaufserlös eines Anlagegutes nach Ablauf seiner Nutzungsdauer

Für die Kosten der Anlagen wurden folgende Werte ermittelt:

	Anlage I	Anlage II
fixe Kosten (z. B. Miete, Wartung)	4.000,00 €	7.500,00 €
Materialkosten	25.000,00 €	25.000,00 €
Energiekosten	7.000,00 €	3.000,00 €
variable Reparaturkosten	2.000,00 €	3.000,00 €
variable Personalkosten	15.000,00 €	10.000,00 €

2.3.1 Kostenvergleichsrechnung

Die Kostenvergleichsrechnung ist das einfachste Verfahren der Investitionsrechnung. Mit ihr werden die fixen und variablen Kosten zweier oder mehrerer Investitionsobjekte über eine bestimmte Periode (meist ein Jahr) miteinander verglichen. Die Investition mit den niedrigsten Kosten ist die erfolgversprechendste Alternative. Die **Entscheidungsregel** bei der Kostenvergleichsrechnung lautet: „Wähle die Investition, die die geringsten (durchschnittlichen) Kosten verursacht!"

Für die Kostenvergleichsrechnung müssen zunächst alle fixen und variablen Kosten ermittelt werden, die dann als jährliche Durchschnittskosten anzusetzen sind. Zu den **fixen Kosten** gehören dabei alle Kosten, die immer und unabhängig von der Produktionsmenge anfallen, z. B. folgende Kostenarten:

- Kapitalkosten (kalkulatorische Abschreibung und kalkulatorische Zinsen)
- Mieten und Raumkosten (einschließlich Heizung)
- zeitabhängige und nicht beschäftigungsabhängige Instandhaltung, Reparaturen, Ersatzteile (z. B. Wartung) sowie leistungsunabhängige Personalkosten
- sonstige fixe Kosten (z. B. Umlage für Verwaltung und Vertrieb sowie innerbetriebliche Leistungsverrechnung)

Zu den **variablen Kosten** zählen alle Kosten, die unmittelbar mit der Produktionsmenge im Zusammenhang stehen, z. B. leistungsabhängige Personalkosten (Fertigungslöhne), Materialkosten, Energiekosten und sonstige Betriebskosten (z. B. Reparaturkosten, Provisionen, Versicherungen).

Um die durchschnittlichen Kapitalkosten zu ermitteln, müssen die kalkulatorische Abschreibung und die kalkulatorischen Zinsen berechnet werden. Bei der **kalkulatorischen Abschreibung** wird das durchschnittlich gebundene Kapital pro Periode ermittelt. Dabei wird unterstellt, dass sich die Wiederbeschaffungskosten minus Restwert gleich auf die Nutzungsjahre verteilen (lineare Abschreibung).

Kalkulatorische Abschreibung und kalkulatorische Zinsen, vgl. **HF 7**, **5.7.2**, S. 276

Lineare Abschreibung, vgl. **HF 7**, **3.3**, S. 234

$$\text{Kalkulatorische Abschreibung p. a.} = \frac{(\text{Wiederbeschaffungskosten} - \text{Restwert})}{\text{Nutzungsdauer}}$$

Damit beim Ersatz eines Investitionsobjekts **keine Finanzierungslücke** entsteht, wird von **Wiederbeschaffungswerten** abgeschrieben. Wiederbeschaffungswerte sind die Preise, die gezahlt werden müssen, wenn der Gegenstand nach Ablauf der Nutzungsdauer ersetzt werden muss. Diese können höher (z. B. durch Inflation) oder niedriger (z. B. durch technischen Fortschritt) sein als der ursprünglich gezahlte Anschaffungspreis.

Zinsen, die in einer Periode mit einer anderen Investitionsmöglichkeit (z. B. Geldanlage bei einem Kreditinstitut) erzielt worden wären, müssen als Kosten berücksichtigt werden. Diese entgangenen Zinsen werden **kalkulatorische Zinsen** genannt und stellen **Opportunitätskosten** dar.

Opportunitätskosten
Kosten, die entgangene Erträge oder entgangenen Nutzen im Vergleich zu einer besseren Handlungsalternative in Geld ausdrücken (Alternativkosten),

$$\text{Kalkulatorische Zinsen p. a.} = \frac{(\text{Anschaffungskosten} + \text{Restwert})}{2} \cdot \frac{\text{Zinssatz}}{100}$$

Beispiel Ermittlung der durchschnittlichen Gesamtkosten pro Periode für die von der Fahrradteile International GmbH geplante Investition. Dabei wird davon ausgegangen, dass 100 000 Zahnkränze produziert und abgesetzt werden können.

	Anlage I (in €)	Anlage II (in €)
fixe Kosten p. a.		
kalkulatorische Abschreibung	$\frac{75.000 - 10.000}{10}$ = 6.500,00	$\frac{100.000 - 20.000}{8}$ = 10.000,00
kalkulatorische Zinsen	$\frac{(70.000 + 10.000)}{2} \cdot 10\,\%$ = 4.000,00	$\frac{(90.000 + 20.000)}{2} \cdot 10\,\%$ = 5.500,00
sonstige fixe Kosten	4.000,00	7.500,00
Summe fixe Kosten	14.500,00	23.000,00
variable Kosten p. a.		
Materialkosten	25.000,00	25.000,00
Energiekosten	7.000,00	3.000,00
Reparaturkosten	2.000,00	3.000,00
Personalkosten	15.000,00	10.000,00
Summe variable Kosten	49.000,00	41.000,00
Kosten pro Jahr und Stück	0,49	0,41
Gesamtkosten p. a.	63.500,00	64.000,00

Aufgrund der Kostenvergleichsrechnung müsste sich die Geschäftsleitung der Fahrradteile International GmbH für die Anlage I entscheiden, da deren Gesamtkosten für die geplante Jahreskapazität (100 000 Stück) geringer sind als die der Anlage II.

Sind die geplanten Ausbringungsmengen (Produktionsmengen) der zu vergleichenden Investitionsobjekte unterschiedlich hoch, müssen anstelle der Gesamtkosten die Stückkosten einer Periode verglichen werden.

Beispiel Berechnung der kritischen Menge

Kosten Anlage I	= Kosten Anlage II	
0,49 x + 14.500	= 0,41 x + 23.000	– 14.500
0,49 x	= 0,41 x + 8.500	– 0.41 x
0,08 x	8.500	/ 0,08
x	= 106.250	

Wäre die Kapazität beider Anlagen gleich groß, könnte Anlage II ab einer Menge von 106 251 Stück günstiger produzieren. Da Anlage I im Beispiel nur maximal 100 000 Stück produzieren kann, fällt die Entscheidung hier leicht.

Die Kostenvergleichsrechnung berücksichtigt nicht die Erträge der Investitionsalternativen, sondern lediglich die Kosten. Es wird davon ausgegangen, dass die Investitionsalternativen gleiche Erträge hervorbringen, sodass hier die Investition mit den geringsten Kosten ermittelt werden soll. Außerdem bezieht sich die Kostenvergleichsrechnung nur auf eine Periode.

2.3.2 Gewinnvergleichsrechnung

Erlös = Absatzmenge · Preis

Die Gewinnvergleichsrechnung ist eine Weiterentwicklung der Kostenvergleichsrechnung. Neben den Kosten werden auch die Erlöse berücksichtigt. Das Entscheidungskriterium ist der durchschnittliche Gewinn pro Periode. Er ergibt sich aus der Differenz zwischen den durchschnittlichen Kosten der Investition und den durchschnittlichen **Erlösen** der Investition. Mit der Gewinnvergleichsrechnung können einzelne Investitionen beurteilt oder mehrere Investitionsalternativen verglichen werden.

Bei der Gewinnvergleichsrechnung lautet die **Entscheidungsregel** bei der Beurteilung eines einzelnen Investitionsobjektes: „Tätige die Investition, wenn sie einen (durchschnittlichen) Gewinn größer Null aufweist!“ Beim Vergleichen von Alternativen: „Wähle die Investition, die den höchsten (durchschnittlichen) Gewinn pro Periode verspricht!“

Beispiel Ermittlung des durchschnittlichen Gewinns pro Periode für die von der Fahrradteile International GmbH geplante Investition:

	Anlage I (in €)	Anlage II (in €)
Erlöse p. a.	0,75 · 100.000 = 75.000,00	0,75 · 100.000 = 75.000,00
– Gesamtkosten p. a.	63.500,00	64.000,00
= Gewinn p. a.	11.500,00	11.000,00

Aus den Ergebnissen des Beispiels ergeben sich zwei Kriterien, die bei diesem Vergleich gegen die Gewinnvergleichsrechnung sprechen. Zum einen sind die Nutzungsdauern der beiden Maschinen unterschiedlich (Anlage I soll 10 Jahre Nutzungsdauer haben, Anlage II nur 8 Jahre). Zum anderen unterscheiden sich die Kapitaleinsätze für die Investitionsobjekte (Anlage I weist 63.500,00 € Gesamtkosten auf, Anlage II 64.000,00 €). Somit kann es zu Bewertungsfehlern kommen.

Liegen unterschiedliche Nutzungsdauern vor, wird unterstellt, dass die Investition mit der kürzeren Nutzungsdauer weiterhin einen konstanten Jahresgewinn erwirtschaftet. Es wird nicht berücksichtigt, wie das Vermögen nach Ablauf der kürzeren Nutzungsdauer angelegt wird. Die Gewinnvergleichsrechnung sollte immer mit gleicher Nutzungsdauer und gleichem Kapitaleinsatz durchgeführt werden.

Außerdem ist es häufig schwierig, den Investitionen Erlöse eindeutig zuzuordnen, da Produkte gewöhnlich mithilfe mehrerer Maschinen hergestellt werden, die wiederum unterschiedliche Ausbringungsmengen erzeugen. Auch die Berechnung bezieht sich, wie bei der Kostenvergleichsrechnung, wieder nur auf eine Periode. Zu beachten ist, dass die Gewinnvergleichsrechnung zu den gleichen Ergebnissen wie ein Kostenvergleich führt, wenn gleiche Erlöse pro Leistungseinheit angesetzt werden (vgl. Beispiel Seite 172 unten).

2.3.3 Rentabilitätsrechnung

Die Rentabilitätsrechnung ist wiederum eine Weiterentwicklung der Gewinnvergleichsrechnung. Sie berücksichtigt, dass der Investitionsgewinn mit unterschiedlichem Kapitaleinsatz erwirtschaftet werden kann, sodass Investitionsobjekte mit unterschiedlichen Anschaffungskosten verglichen werden können.

In der Berechnung wird nicht mehr nur die Höhe der Gewinne der Investitionsvorhaben, sondern die unterschiedliche Rentabilität verglichen. Die **Rentabilität** drückt die jährliche Verzinsung des eingesetzten Kapitals aus. Dabei wird das Verhältnis von Gewinn zu durchschnittlich gebundenem Kapital betrachtet. Die **Entscheidungsregel** bei der Rentabilitätsrechnung lautet beim Vergleichen von Alternativen: „Wähle die Investition mit der höchsten (durchschnittlichen) Rentabilität, bei der also das eingesetzte Kapital die höchste Verzinsung erzielt!" Bei der Beurteilung eines einzelnen Investitionsobjektes: „Führe die Investition durch, wenn die Rentabilität über einer geforderten Mindestverzinsung liegt!"

Rentabilität, vgl. **3.1**, S. 177

Während der Nutzungsdauer einer Investition ist in der Regel nicht das gesamte ursprüngliche Kapital gebunden, da im Verlauf der Investition Kapitalanteile zurückfließen werden. Dieser freigesetzte Kapitalanteil wird neu investiert (= reinvestiert). In die Rentabilitätsrechnung wird deshalb der durchschnittliche Kapitaleinsatz einbezogen.

$$\text{Durchschnittlich gebundenes Kapital} = \frac{\text{Anschaffungskosten} + \text{Restwert}}{2}$$

$$\text{Rentabilität in \%} = \frac{(\text{Gewinn} + \text{kalkulatorische Zinsen}) \cdot 100}{\text{durchschnittlich gebundenes Kapital}}$$

Die kalkulatorischen Zinsen werden bei diesem Verfahren nicht als Kostenbestandteil wie bei der Kosten- und Gewinnvergleichsrechnung berücksichtigt, da die zu ermittelnde Rentabilität die Verzinsung des gesamten eingesetzten Kapitals ausdrückt. Die kalkulatorischen Zinsen sind deshalb zum Gewinn zu addieren.

Beispiel Ermittlung der durchschnittlichen Rentabilität pro Periode für die von der Fahrradteile International GmbH geplante Investition:

	Anlage I	Anlage II
Gewinn nach Zinsen	11.500,00 €	11.000,00 €
+ kalkulatorische Zinsen	4.000,00 €	5.500,00 €
= Gewinn vor Zinsen	15.500,00 €	16.500,00 €
Durchschnittlich gebundenes Kapital	$\frac{70.000,00 + 10.000,00}{2}$ = 40.000,00 €	$\frac{90.000,00 + 20.000,00}{2}$ = 55.000,00 €
Rentabilität des durchschnittlich gebundenen Kapitals	$\frac{15.500,00 \cdot 100}{40.000,00}$ = 38,75 %	$\frac{16.500,00 \cdot 100}{55.000,00}$ = 30,0 %

Die Rentabilität des durchschnittlich gebundenen Kapitals ist bei Anlage I besser, wenn dauerhaft nur die geplante Kapazität von 100 000 Zahnkränzen pro Jahr benötigt wird.

Da die Rentabilitätsrechnung eine Weiterentwicklung der Kosten- und Gewinnvergleichsrechnung ist, gelten die dort genannten Kritikpunkte für dieses Verfahren ebenso. Außerdem wird hier von einem durchschnittlichen Kapitaleinsatz ausgegangen, der aber nicht dem tatsächlichen Verlauf des Kapitaleinsatzes entspricht, da das Kapital während der Nutzungsdauer zumeist abnimmt (durch Rückfluss und Reinvestition des Kapitals). Ein weiteres Problem ergibt sich bei unterschiedlichen Höhen des Kapitaleinsatzes. Um nicht zu einer fehlerhaften Beurteilung zu kommen, müsste eine Differenzinvestition berücksichtigt werden. Die Kapitaldifferenz zwischen verschiedenen Investitionsobjekten könnte anders angelegt werden.

Beispiel Die Differenzinvestition der Fahrradteile International GmbH wird wie folgt errechnet:
Differenzinvestition = 90.000,00 – 70.000,00 = 20.000,00 €

2.3.4 Amortisationsrechnung

Amortisation
(engl.) Abschreibung

Mithilfe der **Amortisationsrechnung** ermittelt ein Investor den Zeitraum, in dem das ursprünglich eingesetzte Kapital vollständig durch Erlöse wieder in das Unternehmen zurückfließt. Dieser Zeitraum wird auch Amortisationsdauer, Kapitalrückfluss- oder Kapitalwiedergewinnungszeit genannt. Je kürzer also die Kapitalbindung bzw. die Amortisationsdauer ist, desto sicherer ist die Rückgewinnung des Kapitals zu beurteilen und desto früher lassen sich neue Investitionen tätigen. Die Amortisationsdauer sollte immer kürzer als die Nutzungsdauer sein, denn eine Investition sollte sich schneller lohnen als abnutzen.

Die **Entscheidungsregel** bei der Amortisationsrechnung lautet beim Vergleich von Alternativen: „Wähle die Investition mit der kürzesten Amortisationszeit!" Bei der Beurteilung eines einzelnen Investitionsobjektes: „Tätige die Investition, wenn die Amortisationsdauer kürzer ist als die Zeitspanne, die der Investor als maximal zulässig ansieht!"

Die Amortisationsdauer kann durch das Verhältnis des Kapitaleinsatzes zu den durchschnittlichen Kapitalrückflüssen pro Jahr ermittelt werden:

$$\text{Amortisationsdauer (in Jahren)} = \frac{\text{Kapitaleinsatz}}{\text{durchschnittlicher Kapitalrückfluss pro Jahr}}$$

Der Kapitaleinsatz entspricht den Anschaffungskosten minus den Restwert. Um die Amortisationszeit für verschiedene Investitionsobjekte zu berechnen, muss zunächst der durchschnittliche Kapitalrückfluss pro Jahr ermittelt werden. Liegen hierzu keine genaueren Daten vor, so werden näherungsweise der Jahresgewinn und die Abschreibungen als Kapitalrückfluss definiert. Kalkulatorische Zinsen werden nur in der Höhe in den Kapitalrückfluss mit einbezogen, wie sie die tatsächlich gezahlten Fremdkapitalzinsen übersteigen. Da im vorliegenden Beispiel über die Finanzierung der Anlagen (und damit die Höhe der Finanzierungskosten) noch keine Entscheidung getroffen wurde, bleiben die kalkulatorischen Zinsen im nachfolgenden Beispiel unberücksichtigt. Die Formel sieht dann wie folgt aus:

$$\text{Amortisationsdauer (in Jahren)} = \frac{\text{Anschaffungskosten} - \text{Restwert}}{\text{Gewinn} + \text{kalkulatorische Abschreibungen}}$$

Beispiel Ermittlung der Amortisationsdauer für die von der Fahrradteile International GmbH geplante Investition:

	Anlage I		Anlage II	
Kapitaleinsatz (Anschaffungskosten – Restwert)	70.000,00 – 10.000,00	= 60.000,00 €	90.000,00 – 20.000,00	= 70.000,00 €
Durchschnittlicher Kapitalrückfluss (Gewinn + kalkulatorische Abschreibung)	11.500,00 + 6.500,00	= 18.000,00 €	11.000,00 + 10.000,00	= 21.000,00 €
Amortisationsdauer	$\frac{60.000,00}{18.000,00}$	= 3,33 Jahre	$\frac{70.000,00}{21.000,00}$	= 3,33 Jahre

Ergebnis nach der Amortisationsrechnung: Die Amortisationsdauer für beide Anlagen ist gleich. Eine Entscheidung auf dieser Basis (ohne Berücksichtigung der nicht auszahlungswirksamen kalkulatorischen Zinsen) ist hier nicht möglich.

Wie das Beispiel zeigt, kann die Geschäftsleitung der Fahrradteile International GmbH bei der Prüfung der Vorteilhaftigkeit beider Anlagen zu unterschiedlichen Auswahlentscheidungen kommen, je nachdem, welche Nachfrageprognose (benötigte Kapazität) sie zur Entscheidungsfindung heranzieht.

Die Amortisationsrechnung hat die gleichen Mängel wie die anderen statischen Verfahren. Die Berechnungen beruhen auf Schätzungen und die maximal zulässige Amortisationsdauer kann von Unternehmen subjektiv festgelegt werden. Außerdem werden die Gewinne nach Ablauf der Amortisationsdauer nicht mehr berücksichtigt. Es kann keine Aussage über die Wirtschaftlichkeit einer Investition getätigt werden. Daher sollte zur Absicherung eines Ergebnisses die Rentabilitätsrechnung hinzugezogen werden.

Welches Investitionsrechenverfahren am sinnvollsten ist, muss ein Unternehmen von Fall zu Fall entscheiden. Hat es z.B. zwei Investitionsalternativen mit gleichen Erlösen, Kapitaleinsätzen und Nutzungsdauern zu bewerten, kann es die Kostenvergleichsrechnung heranziehen. Ist dagegen von unterschiedlichen Erlösen auszugehen, ist eine Gewinnvergleichsrechnung durchzuführen. Ergeben sich Unterschiede im Kapitaleinsatz, ist wiederum die Rentabilitätsrechnung und/oder die Amortisationsrechnung anzuwenden. Die Amortisationsrechnung ist für einen Investor besonders dann interessant, wenn ihm vorrangig der zeitliche Horizont wichtig ist, wenn er also wissen möchte, wie schnell sich seine Investition „rentiert" bzw. er sein investiertes Geld wieder zurückerhält. Die Amortisationsrechnung wird in der Praxis öfter angewandt, da das Unternehmen ein gewisses Sicherheitsbedürfnis hat und dem schnellen Gewinn höhere Priorität eingeräumt wird als den zukünftigen Erträgen.

Übersicht: Investition

Merkmale einer Investition	Erläuterung
Opportunitätskosten	Der Verzicht auf alternative Kapitalanlagen- bzw. Investitionsmöglichkeiten stellt für das Unternehmen Opportunitätskosten dar.
Verbuchung	Die anfallenden Investitionskosten weisen eine gewisse Höhe auf und werden in der Bilanz aktiviert.
Zeitliche Diskrepanz	Ausgaben- und Einnahmenströme fallen nicht zeitgleich an. Also wird der Erfolg einer zukünftigen Investition unter wirtschaftlichen Aspekten beurteilt.
Zeitlich verteilte Nutzung	Der erwartete Nutzen fällt verteilt über mehrere Jahre an.
Unsicherheit	Investitionen sind zukunftsgerichtet und deshalb unsicher. Je weiter sich eine Investition in die Zukunft auswirkt, desto unsicherer sind die zugrunde gelegten Daten.
Beschränkte Quantifizierbarkeit	Viele für die Entscheidung relevante Daten können nicht in Geldwerte gefasst werden. Außerdem sind alle Investitionsverfahren von der Zuverlässigkeit der eingesetzten Daten abhängig.

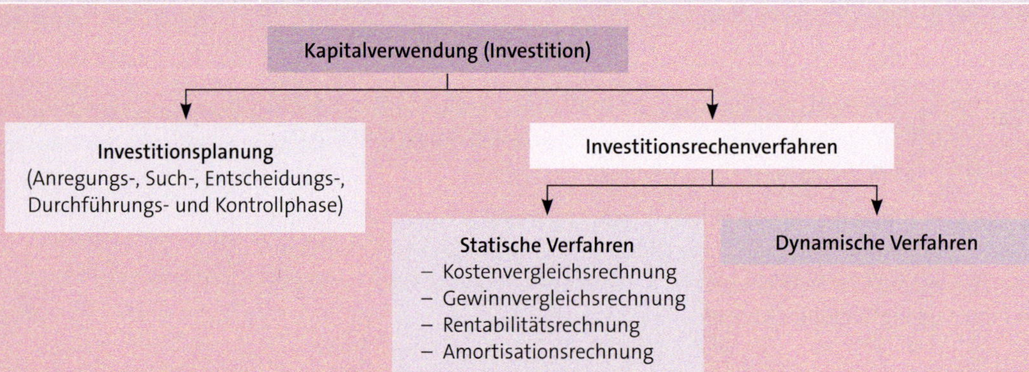

3 Finanzierung

Durch Investitionsentscheidungen werden finanzielle Mittel verwendet. Die Finanzierung beschafft die benötigten finanziellen Mittel und sorgt für deren Rückzahlung an die Kapitalgeber, z. B. Banken. Finanzielle Mittel können auch als **Kapital** bezeichnet werden, das auf der Passivseite der Bilanz ausgewiesen wird.

Passivseite der Bilanz, vgl. **HF1**, **7.3**, Band 1

Kapital lässt sich nach verschiedenen Kapitalarten unterscheiden. Beim **Eigenkapital** handelt es sich um Kapital, das einem Unternehmen von dessen Eigentümern unbefristet zur Verfügung gestellt wird. **Fremdkapital** hingegen sind finanzielle Mittel, die sich ein Unternehmen von außen, z. B. von Kreditinstituten oder Lieferanten, beschafft. Es wird zeitlich befristet überlassen.

Befristet überlassenes Kapital muss nach einer bestimmten Zeit zurückgezahlt werden: **kurzfristiges Kapital** innerhalb eines Jahres (z. B. Lieferantenkredit), **mittelfristiges Kapital** innerhalb von einem Jahr bis fünf Jahre (z. B. Darlehen mit einer Laufzeit von bis zu fünf Jahren) und **langfristiges Kapital** nach mehr als fünf Jahren (z. B. Darlehen in Form einer Hypothek). Kapital kann aber auch nach **Geld**- oder **Sachkapital** unterschieden werden. Sachkapital sind Realgüter, z. B. Immobilien oder Maschinen.

Lieferantenkredit und Kontokorrentkredit, vgl. **3.5.2.2**, S. 191

Darlehen, vgl. **3.5.2.3**, S. 195

Beispiel Die Geschäftsleitung der Fahrradteile International GmbH hat sich nach ihrer Investitionsplanung entschieden, den modernen CNC-Stanzautomaten anzuschaffen. Sie überlegt nun, wie diese Investitionsentscheidung finanziert werden kann. Zunächst geht es grundsätzlich um die Frage, ob das benötigte Kapital dafür aus den eigenen Mitteln (Eigenkapital) kommen soll, z. B. aus dem Guthaben des Geschäftsbankkontos, oder fremde Mittel in Anspruch genommen werden müssen (Fremdkapital), z. B. durch ein Darlehen bei der Bank.

3.1 Ziele der Finanzierung

LS 75 Finanzierungsentscheidungen vorbereiten

Die Ziele der Finanzierung ergeben sich aus den Unternehmenszielen. Die Entscheidung, Kapital für eine Investition zu beschaffen, wird in der Regel von der Liquidität, der Rentabilität und der Sicherheit abhängig gemacht.

Unternehmensziele, vgl. **HF1**, **12**, Band 1

Unter dem Begriff **Liquidität** wird die sofortige Verfügbarkeit von Zahlungsmitteln zur fristgerechten und uneingeschränkten Begleichung von Verbindlichkeiten (Schulden) verstanden. Eine ausreichend hohe Liquidität ist nötig, um fällige Schulden bei den Fremdkapitalgebern, z. B. Lieferanten und Banken, zu begleichen. Kurzfristig steht die Zahlungsfähigkeit eines Unternehmens immer im Vordergrund. Verluste sind für ein Unternehmen nicht sofort existenzgefährdend, die Zahlungsunfähigkeit infolge einer nicht genügend hohen Liquidität allerdings sehr wohl.

Als **Rentabilität** wird das Verhältnis einer Erfolgsgröße (z. B. Gewinn) zum eingesetzten Kapital oder Umsatz bezeichnet. Sie zeigt den Eigenkapitalgebern und dem Management, ob das Unternehmen im Vergleich zu früheren Perioden oder zu anderen Unternehmen einen höheren oder niedrigeren Ertrag auf das durchschnittlich eingesetzte Kapital abwirft. Die Eigenkapitalgeber können somit auf eine einfache Weise verschiedene Anlagealternativen anhand ihrer Rentabilität vergleichen.

Rentabilität, vgl. **2.3.3**, S. 173

$$\text{Umsatzrentabilität} = \frac{\text{Gewinn}}{\text{Umsatz}}$$

Beispiel Bei einem Gewinn von 30.000,00 € und einem Umsatz von 100.000,00 €, ergibt sich eine (Umsatz-)Rentabilität, also eine Verzinsung, von 30 %. Das bedeutet, dass in den 100.000,00 € Umsatz ein Gewinnanteil von 30.000,00 € enthalten ist.

Die **Sicherheit** hängt von der Kapitalstruktur eines Unternehmens ab. Sie besagt, wie überlebensfähig ein Unternehmen im Falle von Verlusten und Rückzahlung von Fremdkapital ist. Die finanzielle Sicherheit eines Unternehmens ist maßgeblich von der Höhe des Eigenkapitals und der Fälligkeit des Fremdkapitals abhängig. Ein zu geringes Eigenkapital stellt ein Risiko dar. Bei Verlusten sind zu wenige Reserven vorhanden, auf die zurückgegriffen werden kann. Ein hoher Anteil an Fremdkapital kann zu höheren Zinsen für Kredite führen. Es gilt also: Ein Unternehmen sollte stets mehr Eigenkapital als Fremdkapital haben.

Das Ziel jedes Unternehmens und Anlegers ist es, eine optimale Abstimmung der drei Ziele Liquidität, Rentabilität und Sicherheit zu finden. Diese drei Ziele sind aber nicht ohne Kompromisse miteinander vereinbar. Erreicht man bei einem Ziel bessere Werte, so verschlechtert sich in der Regel die Zielerreichung bei den anderen Zielen. Dieses Spannungsfeld wird als „magisches Dreieck“ bezeichnet.

Magisches Dreieck der Finanzierungsziele

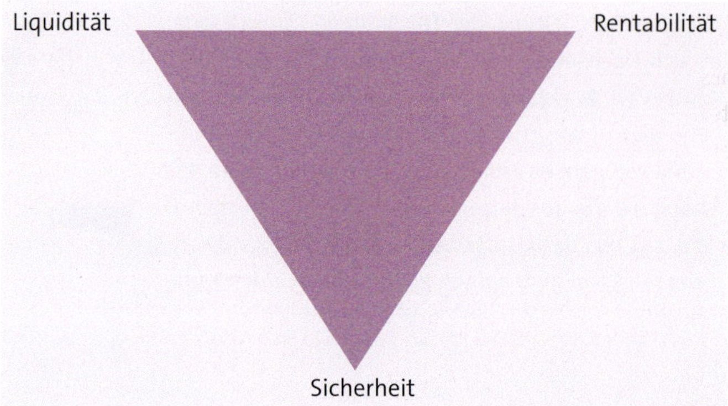

Auf der einen Seite muss ein Unternehmen jederzeit in der Lage sein, z. B. offene Lieferantenrechnungen zu begleichen, und ist daher an einer hohen Ansammlung von finanziellen Mitteln (Liquidität) interessiert. Auf der anderen Seite verhindert eine hohe Liquidität neue gewinnbringende Investitionen, auch in Form von Geldanlagen, die eine gute Verzinsung (Rentabilität) versprechen.

Ein großes Maß an Sicherheit bei der Finanzierungsentscheidung lässt sich zumeist nur auf Kosten der Rentabilität umsetzen, denn hohe Rentabilität verspricht meist eher unsichere Anlageentscheidungen.

Geldanlegerperspektive: Das magische Dreieck lässt sich auch anhand dreier verschiedener Anlagemöglichkeiten aus der Geldanlegerperspektive erläutern.

Drei Anlagemöglichkeiten im Vergleich

Mit der Entscheidung, das Geld **zu Hause** unter dem Kopfkissen aufzubewahren, ist zwar die Zahlungsfähigkeit stets sehr hoch (hohe Liquidität), aber die Zinsen entfallen (keine Rentabilität) und die Gefahr besteht, dass das Geld entwendet wird (geringe Sicherheit).	Liquidität (hoch)  Rentabilität (keine) Sicherheit (gering)
Einlagen auf **Sparbüchern** sind hingegen sehr sicher (hohe Sicherheit) und innerhalb von wenigen Tagen verfügbar (hohe Liquidität), bieten jedoch nur eine niedrige Verzinsung (geringe Rentabilität).	Liquidität (hoch)  Rentabilität (gering) Sicherheit (hoch)
Aktienanlagen unterliegen teilweise hohen Kursschwankungen (geringe Sicherheit), sind in der Regel schnell über die Börse veräußerbar (hohe Liquidität) und bieten langfristig hohe Kursgewinne (hohe Rentabilität). Die Aktionäre wollen für das höhere Risiko mit einer höheren Rentabilität entschädigt werden.	Liquidität (hoch)  Rentabilität (hoch) Sicherheit (gering)

3.2 Finanzierungsregeln

Die systematische Aufbereitung von Informationen über die finanzielle Situation des Unternehmens wird **Finanzanalyse** genannt. Diese Aufbereitung wird vom Unternehmen selbst, aber auch von interessierten Außenstehenden (z. B. Finanzanalysten, Kapitalgebern, Lieferanten) durchgeführt und erfolgt mithilfe von Finanzkennzahlen.

Bilanzanalyse mithilfe von Kennzahlen, vgl. **HF 7**, **4.2**, S. 258

Finanzkennzahlen sind verdichtete Informationen besonders wichtiger Größen aus der Rechnungslegung (insbesondere aus der Bilanz). Sie geben Auskunft über die Liquidität, die Rentabilität und die Sicherheit. Die Kennzahlen zeigen die Stärken und Schwächen des Unternehmens. Mögliche Kapitalgeber entscheiden aufgrund der Kennzahlen, ob sie dem Unternehmen Geld zur Verfügung stellen oder nicht. Die Unternehmensführung trifft aufgrund der ermittelten Kennzahlen Entscheidungen und leitet Maßnahmen ab. Außerdem ermöglichen die Kennzahlen die Überprüfung der Zielerreichung (Soll-Ist-Vergleich), den unternehmensinternen Vergleich über mehrere Jahre und den unternehmensexternen Vergleich mit anderen Unternehmen.

Beispiel Die Geschäftsleitung der Fahrradteile International GmbH ist sich immer noch nicht sicher, wie der neue CNC-Stanzautomat finanziert werden soll. Sie sieht sich daher die stark vereinfachte und verdichtete Bilanz ihres Unternehmens an.

Aktiva	Bilanz der Fahrradteile International GmbH		Passiva
Anlagevermögen		**Eigenkapital**	440.550,00
Grundstücke und Gebäude	640.500,00	**Fremdkapital**	
Betriebs-und Geschäftsausstattung	58.400,00	langfristige Schulden	300.500,00
		kurzfristige Schulden	18.920,00
Umlaufvermögen			
Vorräte	15.820,00		
Forderungen	2.500,00		
Bankguthaben	42.750,00		
= Summe Aktiva	**759.970,00**	= Summe Passiva	**759.970,00**

Aus dieser vereinfachten Bilanz kann die Geschäftsleitung nun verschiedene Finanzkennzahlen ermitteln.

Aus den Finanzkennzahlen lassen sich Finanzierungsregeln ableiten. Mithilfe der Finanzkennzahlen kann der Unternehmer erkennen, mit welchen Finanzmitteln der Kapitalbedarf gedeckt werden sollte. Es lassen sich horizontale und vertikale Finanzierungsregeln unterscheiden:

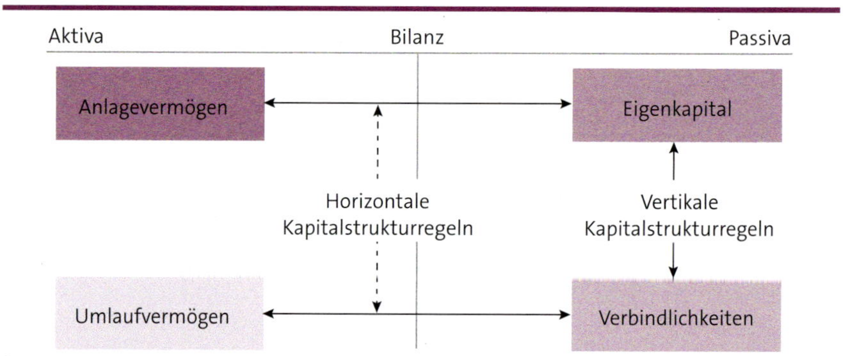

3.2.1 Horizontale Kapitalstrukturregeln

Die goldene Finanzierungsregel wird auch als goldene Bankregel bezeichnet.

Die horizontalen Kapitalstrukturregeln setzen Kapitalbeschaffung (Passivposten) und Kapitalverwendung (Aktivposten) aus der Bilanz in Beziehung. Die wichtigste horizontale Regel ist die **„goldene Finanzierungsregel“**. Sie verlangt, dass die Dauer der Kapitalbindung im Vermögen mit der Dauer der Kapitalüberlassung übereinstimmt. Wenn ein Unternehmen also beispielsweise bei einem Lieferanten Waren mit einem Zahlungsziel von 30 Tagen gekauft hat (= Dauer der Kapitalüberlassung), sollte das Unternehmen die Waren innerhalb dieses Zeitraums auch weiterveräußern (= Dauer der Kapitalbindung).

Die goldene Bilanzregel gibt das Verhältnis bestimmter Vermögenspositionen zu bestimmten Kapitalpositionen an. So kann überprüft werden, wie viel Prozent des Anlagevermögens langfristig finanziert sind. Es gibt die goldene Bilanzregel im engen Sinne (Deckungsgrad I) und im weiteren Sinne (Deckungsgrad II). Sie verlangt in ihrer engen Fassung, dass langfristig gebundenes Vermögen (Anlagevermögen) mit Eigenkapital finanziert werden soll. In ihrer weiteren Fassung fordert die Regel, dass Anlagevermögen mit langfristig zur Verfügung stehendem Kapital, also Eigenkapital und langfristiges Fremdkapital, zu finanzieren ist.

Deckungsgrad, vgl. **HF 7**, **4.2.3**, S. 261

Goldene Bilanzregel

Goldene Bilanzregel im engen Sinne:

$$\text{Deckungsgrad I} = \frac{\text{Eigenkapital} \cdot 100}{\text{Anlagevermögen}}$$

Goldene Bilanzregel im weiteren Sinne:

$$\text{Deckungsgrad II} = \frac{(\text{Eigenkapital} + \text{langfristiges Fremdkapital}) \cdot 100}{\text{Anlagevermögen}}$$

Richtwerte:

Deckungsgrad I	90 %–120 %
Deckungsgrad II	120 %–160 %

Wenn die goldene Bilanzregel nicht eingehalten wird, muss zur Rückzahlung von kurzfristigem Fremdkapital Anlagevermögen (z. B. Maschinen, Gebäude) verkauft werden. Ein solcher Verkauf würde die Produktion einschränken oder gar unmöglich machen und damit die Existenz des Unternehmens gefährden.

Beispiel Für die Fahrradteile International GmbH werden der Deckungsgrad I und II berechnet:

$$\text{Deckungsgrad I} = \frac{440.550{,}00 \cdot 100}{698.900{,}00} = 63{,}03\,\%$$

$$\text{Deckungsgrad II} = \frac{(440.550{,}00 + 300.500{,}00) \cdot 100}{698.900{,}00} = 106{,}03\,\%$$

▼

Der Deckungsgrad I weist einen Wert von 63,03 % auf, d. h., die Fahrradteile International GmbH kann zumindest 63,03 % des gesamten Anlagevermögens aus eigenen Mitteln finanzieren und ist nicht auf teures Fremdkapital angewiesen. Idealerweise ist ein Unternehmen in der Lage, sein komplettes Anlagevermögen aus dem Eigenkapital zu finanzieren, der rechnerische Wert wäre also über 100 %. Dies ist in der Realität aber sehr selten.

Der Deckungsgrad II mit 106,03 % ist als positiv einzuschätzen, denn die Fahrradteile International GmbH ist somit in der Lage, nicht nur das komplette Anlagevermögen aus Eigenkapital und langfristigem Fremdkapital zu finanzieren, sondern auch einen kleinen Teil des Umlaufvermögens (6,03 %). Langfristige Finanzierung aus fremden Mitteln ist der Finanzierung aus kurzfristigen Mitteln immer vorzuziehen, da dort die Kreditkonditionen zumeist günstiger sind.

Liquiditätsgrade, vgl. **HF 7**, **4.2.4**, S. 262

flüssige Mittel Kassenbestand und Bankguthaben

Die **Liquiditätsgrade ersten bis dritten Gerades** gehören ebenfalls zu den horizontalen Kapitalstrukturregeln. Sie sind ein Maßstab für die kurz-, mittel- und langfristige Liquidität eines Unternehmens. Diese Kennzahlen setzen die **flüssigen Mittel**, die Forderungen und das Umlaufvermögen in ein Verhältnis zu den kurzfristigen Verbindlichkeiten.

Liquiditätsgrad	Allgemeine Formel	Richtwert in %	Begründung des Richtwerts
Liquiditätsgrad I („Cash Ratio“)	$\frac{\text{flüssige Mittel} \cdot 100}{\text{kurzfristiges Fremdkapital}}$	> 20	Zu viele flüssige Mittel verhindern eine rentablere Anlage des Kapitals bzw. verursachen unnötige Kapitalkosten.
Liquiditätsgrad II („Quick Ratio“)	$\frac{(\text{flüssige Mittel} + \text{Forderungen}) \cdot 100}{\text{kurzfristiges Fremdkapital}}$	ca. 100	Flüssige Mittel stehen zur Rückzahlung von fälligem Fremdkapital bereit. Mit dem Zahlungseingang der Forderungen darf innerhalb von 30 Tagen gerechnet werden.
Liquiditätsgrad III („Current Ratio“)	$\frac{(\text{flüssige Mittel} + \text{Forderungen} + \text{Vorräte}) \cdot 100}{\text{kurzfristiges Fremdkapital}} = \frac{\text{Umlaufvermögen} \cdot 100}{\text{kurzfristiges Fremdkapital}}$	150–200	Der Verkauf von eigenen Erzeugnissen und Handelswaren ist mit Unsicherheiten verbunden.

Die Sicherung der Liquidität ist ein Kernproblem der finanzwirtschaftlichen Planung. Nach geltendem Recht droht **Insolvenz**, wenn fällige Zahlungsverpflichtungen dauerhaft nicht erfüllt werden können. Dies gilt auch für ein Unternehmen, das Gewinn erzielt. Allgemein gilt daher für alle Liquiditätsgrade: Je höher der Wert einer Liquiditätsgrad-Kennzahl, desto liquider ist das Unternehmen.

Ist die Liquidität zu hoch, kann das auch ein Nachteil sein, da die Verzinsung von liquiden Mitteln im Vergleich zu anderen Anlageformen niedrig ist.

Beispiel Für die Fahrradteile International GmbH ergeben sich folgenden Liquiditätsgrade:

$$\text{Liquiditätsgrad I} = \frac{42.750{,}00 \cdot 100}{18.920{,}00} = 225{,}95\,\%$$

$$\text{Liquiditätsgrad II} = \frac{(42.750{,}00 + 2.500{,}00\,) \cdot 100}{18.920{,}00} = 239{,}16\,\%$$

$$\text{Liquiditätsgrad III} = \frac{(42.750{,}00 + 2.500{,}00 + 15.820{,}00) \cdot 100}{18.920{,}00} = 322{,}78\,\%$$

Der Liquiditätsgrad I weist mit 225,95 % einen sehr hohen Wert aus. Dies ist für die Fahrradteile International GmbH nicht vorteilhaft, denn das bedeutet, dass das Unternehmen viele flüssige Mittel, hier in Form des Bankguthabens, hat. Zwar kann das Unternehmen jederzeit offene Rechnungen begleichen, allerdings könnte es einen Teil dieser Mittel auch rentabel anlegen, anstatt das Kapital auf dem Bankkonto zu belassen.

Der Liquiditätsgrad II mit 239,16 % ist ebenfalls ein sehr hoher Wert und nicht günstig für die Fahrradteile International GmbH. Aufgrund seiner hohen flüssigen Mittel ist das Unternehmen jederzeit zahlungsbereit und die vorhandenen Forderungen, die kurzfristig ebenfalls wieder durch Zahlungseingänge zu flüssigen Mitteln werden, erhöhen weiterhin die Liquidität und verhindern Renditemöglichkeiten durch Kapitalanlagen.

Der Liquiditätsgrad III weist mit 322,78 % abermals einen sehr hohen Wert auf. Allerdings ist hier eine kleine Unsicherheit enthalten, denn zum jetzigen Zeitpunkt ist unklar, inwieweit die Vorräte, die hier einkalkuliert sind, auch tatsächlich abgesetzt werden können. Dennoch gilt es auch hier wieder für die Fahrradteile International GmbH, einige flüssige Mittel besser in andere Kapitalanlagen zu investieren.

3.2.2 Vertikale Kapitalstrukturregeln

Die vertikalen Kapitalstrukturregeln ergänzen die horizontalen Kapitalstrukturregeln. Sie setzen Eigen- und Fremdkapital zueinander in Beziehung. Mit ihnen lassen sich also Aussagen über die Zusammensetzung der Kapitalstruktur eines Unternehmens machen. Die Kennzahl der vertikalen Kapitalstrukturregeln ist der Verschuldungsgrad.

$$\text{Verschuldungsgrad} = \frac{\text{Fremdkapital} \cdot 100}{\text{Eigenkapital}}$$

Eigenkapitalquote und Verschuldungsgrad, vgl. **HF7**, **4.2.2**, S. 260

Für den Verschuldungsgrad gibt es zwei Regelvarianten. In ihrer strengsten Form wird verlangt, dass der Eigenkapitalanteil den Fremdkapitalanteil nicht unterschreiten soll. Das Verhältnis von Eigen- und Fremdkapital soll demnach 1 : 1 betragen, d. h., die Eigenkapitalquote soll (mindestens) 50 % betragen. In der Praxis ist das häufig nicht der Fall.

Die zweite Regelvariante fordert ein Verhältnis von 2 : 1, d. h., dass das Fremdkapital nicht mehr als das Doppelte des Eigenkapitals betragen soll. Sie spiegelt die Überlegung wider, dass als Haftungsbasis eine bestimmte Mindesthöhe des Eigenkapitals für das Fremdkapital notwendig ist. Nach dieser Regel soll die Eigenkapitalquote (mindestens) im Bereich von 33 % bis 50 % liegen.

Beispiel Für die Fahrradteile International GmbH ergibt sich der folgende Verschuldungsgrad:

$$\text{Verschuldungsgrad} = \frac{319.420{,}00 \cdot 100}{440.550{,}00} = 72{,}50\,\%$$

Der Verschuldungsgrad von 72,50 % ist für die Fahrradteile International GmbH ein sehr vorteilhafter Wert, bei dem selbst die strenge Regelvariante des Verhältnisses von Eigen- und Fremdkapital übertroffen wird: Das dort geforderte Verhältnis von 1 : 1 wird hier erreicht. Somit hat das Unternehmen deutlich mehr Eigenkapital, nämlich 22,50 %, als Fremdkapital. Dadurch übertrifft die Fahrradteile International GmbH auch deutlich die weniger strenge zweite Regelvariante.

3.3 Ablauf der Finanzierung

Kapitalbedarf ermitteln, vgl. **3.4**, S. 185

Liquiditätsplanung, vgl. **3.4.1**, S. 186

Kapitalbedarfsplanung, vgl. **3.4.2**, S. 187

Finanzierungsarten, vgl. **3.5**, S. 188

In der **Planungsphase** wird der Kapitalbedarf eines Finanzplanes ermittelt. Zum Finanzplan gehören unter anderem der Liquiditätsplan und der Kapitalbedarfsplan. Für die laufende Betriebstätigkeit wird eine Liquiditätsplanung durchgeführt. Hierbei werden alle zu erwartenden Ein- und Auszahlungen des Unternehmens einander gegenübergestellt. Handelt es sich um mittelfristige oder langfristige Investitionen, wird eine ausführliche Kapitalbedarfsplanung durchgeführt. In der Planungsphase werden außerdem verschiedene Alternativen der Mittelbeschaffung bzw. -anlage ermittelt.

In der **Durchführungsphase** werden die benötigten finanziellen Mittel beschafft.

Schließlich wird in der **Kontrollphase** ein Soll-Ist-Vergleich der Finanzplanung durchgeführt, sodass auch Anpassungen erfolgen können.

3.4 Den Kapitalbedarf ermitteln

LS 76
Kapitalbedarf ermitteln

Industrieunternehmen produzieren Güter, um sie zu vermarkten. Die Aktivitäten, die dazu notwendig sind, reichen von der Beschaffung der betrieblichen Leistungsfaktoren über die Leistungserstellung bis hin zum Absatz der Güter. Die leistungswirtschaftlichen Prozesse werden dabei von den finanzwirtschaftlichen Prozessen begleitet.

Beschaffung, vgl. **HF 2**, Band 1

Leistungserstellung, vgl. **HF 3**, Band 1

Absatz, vgl. **HF 4**, Band 1

Leistungs- und finanzwirtschaftliche Prozesse

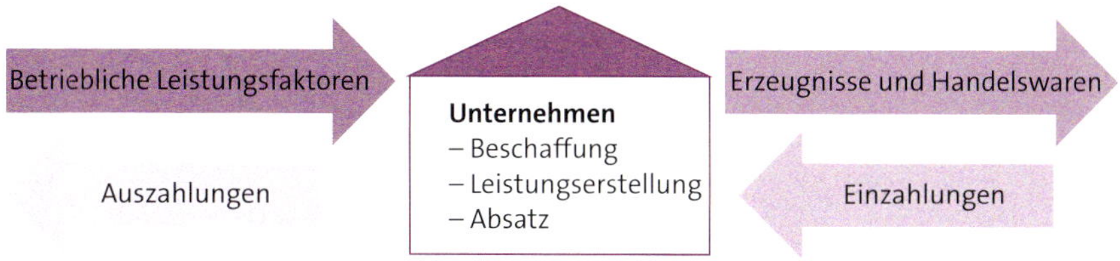

Die Auszahlungen eines Unternehmens für z. B. Löhne, Maschinen und laufende Kosten für die Fertigung müssen bezahlt werden, bevor die Erzeugnisse verkauft und von den Kunden bezahlt werden. Dadurch entsteht Kapitalbedarf.

Beispiel Auseinanderliegen der Aus- und Einzahlungen

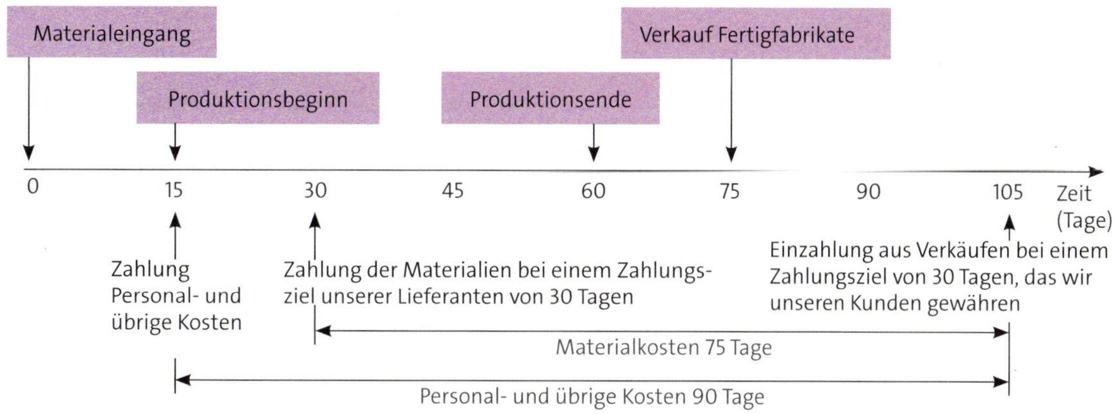

Wie hoch der Kapitalbedarf eines Unternehmens ist, hängt von der Höhe der Aus- und Einzahlungen und vom zeitlichen Auseinanderliegen der Aus- und Einzahlungen ab. In aller Regel schwankt der Kapitalbedarf im Zeitablauf. Unternehmen müssen ihren Kapitalbedarf rechtzeitig und vorausschauend ermitteln, um Finanzierungsmaßnahmen zu planen. Die Kapitalbedarfsermittlung beantwortet die Frage, wie viele finanzielle Mittel maximal benötigt werden. Weder zu wenig noch zu viel Kapital ist wirtschaftlich. Zu wenig Kapital kann zu Liquiditätsengpässen führen und damit die Leistungserstellung behindern. Ein zu hoher Kapitalbestand verursacht unnötige Kapitalkosten (z. B. Zinszahlungen).

Kapitalbedarf entsteht auch bei der Gründung eines Unternehmens, bei der Erweiterung eines Unternehmens und während der laufenden Betriebstätigkeit. Zur Ermittlung des Kapitalbedarfs werden Finanzpläne für kurzfristige Planungen (Liquiditätsplanung) sowie für mittel- und langfristige Planungen (Kapitalbedarfsplanung) erstellt.

Unternehmensgründung, vgl. **HF 1**, **2**, Band 1

3.4.1 Liquiditätsplanung (kurzfristige Finanzplanung)

kumuliert addiert

Finanzierungsarten, vgl. **3.5**, S. 188

Der Kapitalbedarf für die laufende Betriebstätigkeit erfolgt mithilfe eines Liquiditätsplans. Er ist ein Teilplan des Finanzplans. Im **Liquiditätsplan** werden die geplanten **kumulierten** Ein- und Auszahlungen tabellarisch, zeitlich und sachlich gegenübergestellt. Außerdem werden der Anfangsbestand und der Endbestand an Zahlungsmitteln aufgenommen, damit eine Überdeckung oder Unterdeckung (Kapitalbedarf) errechnet werden kann. Erst danach kann entschieden werden, welche Finanzierungsarten sinnvoll sind.

Beispiel Die Fahrradteile International GmbH plant für die Monate Juni, Juli und August die folgenden Ein- und Auszahlungen, die im folgenden Liquiditätsplan dargestellt sind.

Finanzplan vom 01.06. bis 31.08.20XX

	Juni	Juli	August
1. Zahlungsmittelanfangsbestand (liquide Mittel)	–32.000,00 €	50.000,00 €	–58.500,00 €
geplante Einzahlungen:			
– Nettoumsatzerlöse	712.000,00 €	720.000,00 €	725.000,00 €
– Anlagenverkäufe	3.200,00 €	–	15.000,00 €
– sonstige Einzahlungen	15.000,00 €	20.000,00 €	5.000,00 €
2. kumulierte Einzahlungen	730.200,00 €	740.000,00 €	745.000,00 €
geplante Auszahlungen:			
– Material	350.000,00 €	360.000,00 €	365.000,00 €
– Personal	170.000,00 €	190.000,00 €	165.000,00 €
– Instandhaltung	2.500,00 €	12.500,00 €	12.500,00 €
– Energie	13.500,00 €	14.000,00 €	14.000,00 €
– Mieten/Pachten	8.000,00 €	8.000,00 €	8.000,00 €
– Steuern	19.000,00 €	20.000,00 €	20.000,00 €
– Versicherungen und Beiträge	3.500,00 €	3.500,00 €	3.500,00 €
– Aufw. für Kommunikation	25.000,00 €	25.000,00 €	25.000,00 €
– Leasing	5.500,00 €	5.500,00 €	5.500,00 €
– Zinsen Fremdkapital	14.000,00 €	13.500,00 €	13.000,00 €
– Tilgung Fremdkapital	20.000,00 €	20.000,00 €	–
– Investitionen	5.000,00 €	160.000,00 €	60.000,00 €
– Sonstige Auszahlungen	12.200,00 €	16.500,00 €	12.500,00 €
3. kumulierte Auszahlungen	648.200,00 €	848.500,00 €	704.000,00 €
4. Zahlungsmittelendbestand = Zahlungsmittelanfangsbestand + Differenz zwischen Einzahlungen und Auszahlungen	50.000,00 €	–58.500,00 €	–17.500,00 €
5. Kapitalbedarf	–	58.500,00 €	17.500,00 €

Im Juni gibt es eine Überdeckung. Die Fahrradteile International GmbH besitzt nicht benötigte liquide Mittel, die investiert werden könnten. Im Juli und August gibt es allerdings eine Unterdeckung und es wird zusätzliches Kapital benötigt.

3.4.2 Kapitalbedarfsplanung (langfristige Finanzplanung)

Plant ein Unternehmen eine Erhöhung der Betriebsgröße (z. B. für den Kauf oder die Errichtung eines Zweigwerkes), so kann der Kapitalbedarf nicht aus der normalen Betriebstätigkeit erwirtschaftet werden. In diesem Fall wird eine Kapitalbedarfsplanung durchgeführt. Ein **Kapitalbedarfsplan** ist ein Teilplan eines Finanzplans. Für diesen Plan muss zuerst der **Anlagekapitalbedarf** für neue Vermögensgegenstände ermittelt werden, die dauerhaft dem Betriebszweck dienen.

Der Anlagekapitalbedarf ergibt sich aus den Auszahlungen für die Anschaffung aller dafür notwendigen Vermögensgegenständen, wie z. B. Grundstücke, Gebäude, Maschinen, Betriebs- und Geschäftsausstattung. Die Anschaffungskosten setzen sich dabei aber nicht nur aus dem Anschaffungspreis zusammen. Müssen z. B. Planungs- und Beratungskosten, Kosten einer Einführungswerbung (bei neuen Produkten) oder Mindestbestände von Werkstoffen berücksichtigt werden, so sind diese ebenfalls dem Anlagekapitalbedarf hinzuzurechnen.

Ermittlung der Anschaffungskosten

	Anschaffungspreis (z. B. Preise aus Preislisten, Katalogen oder individuellen Angeboten)
–	Anschaffungspreisminderungen (z. B. Rabatte, Skonti, Boni, Preisnachlässe aufgrund von Mängelrügen)
+	Anschaffungsnebenkosten (z. B. Transportkosten, Verpackungskosten, Einfuhrzölle, Zulassungskosten, Makler- oder Notargebühren)
+	nachträgliche Anschaffungskosten (z. B. Aufrüstungen als An-, Ein- oder Umbauten)
=	Anschaffungskosten

Anschaffungskostenprinzip, vgl. **HF 7**, **3.1**, S. 226

Durch eine Betriebserweiterung ergibt sich immer auch ein zusätzlicher **Kapitalbedarf für das Umlaufvermögen,** z. B. für die Erhöhung des Lagervorrats. Dieser ist wesentlich schwieriger zu ermitteln. Berechnungen auf Basis der zu erwartenden Durchschnittswerte ermöglichen aber eine annähernde Ermittlung des Kapitalbedarfs. Dieser kann gegebenenfalls durch Sicherheitszuschläge erhöht werden.

Bewertung von Umlaufvermögen, vgl. **HF 7**, **3.5**, S. 242

3.5 Finanzierungsarten

Unternehmen haben verschiedene Möglichkeiten, um das betriebsnotwendige Kapital zu beschaffen. Die verschiedenen Finanzierungsarten lassen sich nach unterschiedlichen Kriterien systematisieren.

Werden die Finanzierungsarten nach der **Herkunft des Kapitals** eingeteilt, so kann zwischen Innen- und Außenfinanzierung unterschieden werden. Werden die Mittel im Unternehmen selbst im Rahmen des betrieblichen Umsatzprozesses erwirtschaftet bzw. freigesetzt, handelt es sich um eine **Innenfinanzierung**. Stammen die finanziellen Mittel vom Kapitalmarkt, also von externen Kapitalgebern, liegt eine **Außenfinanzierung** vor.

Nach der **Rechtsstellung des Kapitalgebers** werden Eigen- und Fremdfinanzierung unterschieden. Werden die finanziellen Mittel von den bisherigen oder neu hinzukommenden Eigentümern aufgebracht, liegt eine **Eigenfinanzierung** vor. Kommen die finanziellen Mittel von Kapitalgebern, die eine Gläubigerposition gegenüber dem Unternehmen einnehmen, liegt eine **Fremdfinanzierung** vor.

LS ▸ LS 77
Finanzierungsmöglichkeiten entwickeln

3.5.1 Eigenfinanzierung

Bei der Eigenfinanzierung wird dem Unternehmen zusätzliches Eigenkapital zugeführt. Das kann über den Weg der Innen- und der Außenfinanzierung erfolgen. Es lassen sich die Finanzierung aus einbehaltenen Gewinnen (Selbstfinanzierung), die Finanzierung aus Abschreibungsgegenwerten und die Beschaffung von Eigenkapital durch Beteiligungs- bzw. Einlagenfinanzierung unterscheiden.

3.5.1.1 Finanzierung aus einbehaltenen Gewinnen (Selbstfinanzierung)

Bei der Selbstfinanzierung wird das Eigenkapital durch einbehaltene Gewinne erhöht. Man unterscheidet zwischen offener und stiller Selbstfinanzierung.

Bilanz, vgl. HF 7, 2.2, S. 218

Personengesellschaften, vgl. HF 1, 3.2, Band 1

Kapitalgesellschaften, vgl. HF 1, 3.3, Band 1

Bei der **offenen Selbstfinanzierung** werden ausgewiesene und versteuerte Gewinne nicht an die Eigentümer ausgeschüttet, sondern verbleiben im Unternehmen. Der nicht ausgeschüttete Gewinn wird in der Bilanz dem Eigenkapital zugerechnet. Bei Personengesellschaften erfolgt dies durch Gutschrift auf den Kapitalkonten der Gesellschafter und Verzicht auf Gewinnentnahme. Bei Kapitalgesellschaften geschieht diese Selbstfinanzierung durch die Überführung von Gewinnanteilen in die Gewinnrücklage. Die offene Rücklage kann freiwillig oder aufgrund gesetzlicher Bestimmungen erfolgen. So ist z. B. eine Aktiengesellschaft nach nach § 150 des Aktiengesetzes (AktG) verpflichtet, eine gesetzliche (offene) Rücklage zu bilden.

Bewertungsentscheidungen, vgl. HF 7, 3, S. 226

Bei der **stillen Selbstfinanzierung** werden stille Reserven gebildet. Stille Reserven entstehen durch Bilanzierungs- und Bewertungsmaßnahmen, durch eine Unterbewertung der Aktiva (Vermögenswerte) oder durch eine Überbewertung der Passiva (Verbindlichkeiten).

Beispiel Die Fly Bike Werke GmbH hat vor einigen Jahren einen Transporter für 36.000,00 € gekauft und über die Nutzungsdauer von 6 Jahren abgeschrieben. Nun ist der Transporter mit dem Erinnerungswert von 1,00 € in der Bilanz ausgewiesen, der aktuelle Zeitwert beträgt aber noch 3.000,00 €. Der aktive Posten Fuhrpark ist demnach unterbewertet.

Die jährlichen Abschreibungswerte führten als Aufwendungen zu niedrigeren Gewinnen und somit zu niedrigeren Steuerbelastungen. Die 3.000,00 € dienen nun als stille Reserve in der Bilanz und treten erst dann in Erscheinung, wenn der Transporter zum Marktwert verkauft werden sollte.

3.5.1.2 Finanzierung aus Abschreibungsgegenwerten

Der Werteverlust des Anlagevermögens wird über **Abschreibungen** erfasst. Dieser Werteverlust wird über die voraussichtliche Nutzungsdauer verteilt, sodass der Anschaffungswert um den jeweiligen Werteverzehr vermindert wird. Daneben haben Abschreibungen eine kalkulatorische Funktion. Sie werden zusammen mit anderen Kosten in die Verkaufspreise der Produkte eines Unternehmens eingerechnet, um die Neubeschaffung von Anlagegütern zu finanzieren.

Abschreibungen, vgl. **HF 7**, **3.3**, S. 234

Beim Verkauf eines Produkts fließen dem Unternehmen liquide Mittel in Höhe des Absatzpreises zu. Der Teil der Erlöse, der die Abschreibungen deckt, wird als **Abschreibungsgegenwert** bezeichnet. Da Anlagegüter zu unterschiedlichen Zeiten erneuert werden müssen, fließen die Abschreibungsgegenwerte dem Unternehmen im Regelfall zu einem Zeitpunkt zu, zu dem sie noch nicht zu Ersatzinvestitionen benötigt werden (**Kapitalfreisetzungseffekt**). Dadurch entstehen liquide Mittel.

Für die Erhaltung des finanziellen Gleichgewichts eines Unternehmens ist es nicht erforderlich, diese Abschreibungsgegenwerte bis zur Ersatzbeschaffung des Wirtschaftsgutes anzusparen, also eine Art Erneuerungsfonds zu bilden. Es genügt vielmehr, dass die erforderliche Reinvestition zum Ende der veranschlagten Nutzungsdauer erfolgen kann. Hieraus ergibt sich die finanzwirtschaftliche Funktion von Abschreibungen. Die so gewonnene Liquidität kann bis zur Wiederbeschaffung der Anlage zu Finanzierungszwecken genutzt werden. Dies wird Finanzierung aus Abschreibungen oder auch Finanzierung aus Abschreibungsgegenwerten genannt.

Finanzierung durch Abschreibungen

3.5.1.3 Beteiligungs- bzw. Einlagenfinanzierung

Eine Beteiligungs- bzw. Einlagenfinanzierung liegt vor, wenn dem Unternehmen durch bisherige oder neue Eigentümer Eigenkapital zugeführt wird. Dies geschieht z. B. bei der Gründung des Unternehmens, der Aufnahme neuer Gesellschafter oder anlässlich einer Kapitalerhöhung durch die Gesellschafter selbst. Bei den Mitteln, die dem Unternehmen zufließen, kann es sich um Geldeinlagen, Sachwerte (z. B. Maschinen, Waren, Grundstücke) oder Rechte (z. B. Patente, Lizenzen) handeln.

Rechtsformen des Unternehmens, vgl. **HF 1**, **3**, Band 1

Die bisherigen oder neuen Eigentümer, die hier als Kapitalgeber auftreten, sind entsprechend ihrer Stellung als Eigentümer und in Abhängigkeit von der Rechtsform des Unternehmens in unterschiedlichem Umfang

- am Gewinn, Verlust und Erlös des Unternehmens beteiligt und
- stimm-, kontroll- und mitspracheberechtigt, z. B. bei der Geschäftsführung.

Welche Möglichkeiten der Eigenkapitalbeschaffung es im Einzelnen gibt, hängt von der Rechtsform des Unternehmens und den Zugangsmöglichkeiten zu den Wertpapierbörsen ab. Das Eigenkapital kann durch **Einlagenfinanzierung** bei Einzelunternehmen oder Personengesellschaften (z. B. OHG) bzw. **Beteiligungsfinanzierung** bei Kapitalgesellschaften (z B. AG) erhöht werden.

Die Vorteile dieser Finanzierungsart bestehen zum einen darin, dass das Kapital langfristig zur Verfügung steht, da es durch die bisherigen Gesellschafter oder durch die Aufnahme neuer Gesellschafter zur Verfügung gestellt wird. Zum anderen ist es vorteilhaft, dass insbesondere bei Verlusten keine Zinszahlungspflicht an Gläubiger besteht.

3.5.2 Fremdfinanzierung

Eine Fremdfinanzierung liegt vor, wenn die finanziellen Mittel von Kapitalgebern aufgebracht werden und dem Unternehmen nur zeitlich befristet zur Verfügung stehen. Kapitalgeber können z. B. Kreditinstitute, Kunden und Lieferanten sein. Zur Fremdfinanzierung gehört neben der kurz- und langfristigen Kreditfinanzierung auch die Finanzierung aus Rückstellungsgegenwerten. In der Bilanz ist bei der Fremdfinanzierung das Fremdkapital berührt.

3.5.2.1 Finanzierung aus Rückstellungen

Die Finanzierung aus Rückstellungen ähnelt der Finanzierung aus Abschreibungen: Hier sind es die finanziellen Gegenwerte von Rückstellungen, die zwischen ihrer Bildung und ihrer Auflösung für Finanzierungszwecke zur Verfügung stehen. **Rückstellungen** werden für Verpflichtungen gebildet, die nur dem Grunde nach bekannt sind, deren genaue Höhe und Fälligkeit zum Bilanzstichtag aber noch ungewiss sind. Die Bildung von Rückstellungen ist im HGB festgelegt. Rückstellungen sind unter Finanzierungsaspekten umso wertvoller, je länger sie dem Unternehmen zur Verfügung stehen.

Rückstellungen, vgl. **HF 7**, **2.2.1**, S. 218

Beispiel Für die Reparatur eines nicht mitversicherten Gebäudeschadens aus dem Geschäftsjahr 20X1 wird im Jahresabschluss des Jahres 20X1 eine Rückstellung in Höhe von 150.000,00 € gebildet. Die Reparatur erfolgt im März 20X2. Unabhängig von den tatsächlich zu zahlenden Reparaturkosten stehen dem Unternehmen die Rückstellungsbeträge befristet bis zum Begleichen der Rechnung für die Reparatur zur Verfügung. Rückstellungen können nicht an Gesellschafter ausgeschüttet werden und vermindern zudem den Gewinn. Dies führt zu einer geringeren Steuerbelastung, sodass diese eingesparten Mittel für Finanzierungszwecke genutzt werden können.

Finanzwirtschaftliche Bedeutung haben insbesondere die Pensionsrückstellungen: Dies sind Rückstellungen, die für die betriebliche Altersversorgung der Mitarbeiter eines Unternehmens gebildet werden. Da die Mitarbeiter keine Eigentümer des Unternehmens sind, ist die Finanzierung aus den entsprechenden Rückstellungsgegenwerten ebenfalls eine Form der Fremdfinanzierung.

3.5.2.2 Kurzfristige Kreditfinanzierung: Kontokorrent- und Lieferantenkredit

LS ▸ **LS 78**
Kurzfristige Kreditfinanzierung planen

Eine **Kreditfinanzierung** liegt vor, wenn dem Unternehmen von externen Kapitalgebern (z. B. Kreditinstituten) oder Miteigentümern Fremdkapital für einen begrenzten Zeitraum zur Verfügung gestellt wird. Der Kreditgeber erhält dafür einen vertraglich fest vereinbarten Zins. Damit der Kreditgeber dem Unternehmen (Kreditnehmer) finanzielle Mittel zur Verfügung stellt, setzt er im Regelfall Kreditfähigkeit, Kreditwürdigkeit und Kreditsicherheiten voraus (vgl. Tabelle auf der nächsten Seite).

Die für ein Unternehmen wichtigsten **Formen der kurzfristigen Fremdfinanzierung** sind der Kontokorrent- und der Lieferantenkredit. Sie werden gewöhnlich zur Finanzierung des laufenden Geschäftsbetriebs genutzt, da sie eine Laufzeit von bis zu einem Jahr haben können.

	Definition	Nachweis
Kreditfähigkeit	Fähigkeit, Kredite rechtswirksam aufnehmen zu können	z. B. die Vertretungsbefugnisse der (oder des) Kreditantragsteller(s) in Abhängigkeit von der Unternehmensform (ggf. Einsicht in Handelsregistereintragungen)
Kreditwürdigkeit	Fähigkeit, den Kredit einschließlich Zinsen innerhalb der Kreditlaufzeit vereinbarungsgemäß zurückzuzahlen	z. B. durch Bonitätsprüfungen des Kreditgebers (Jahresabschlüsse, betriebswirtschaftliche Analysen, Planungsunterlagen, Schufa-Auskunft usw.)
Kreditsicherheit	Fähigkeit, dem Kreditgeber Sicherheiten für den Fall eines unplanbaren Kreditausfalls zur Verfügung zu stellen	z. B. durch die Bereitstellung von Kreditsicherungsmitteln (Grundschuld, Hypothek, Sicherungsübereignung, Bürgschaft, Zession usw.)

Kreditsicherheiten, vgl. **3.6**, S. 199

Beispiel Die Fahrradteile International GmbH befindet sich in einem finanziellen Engpass. Der Geschäftsführer nimmt deshalb mit der Hausbank Gespräche auf, um die aufgetretenen Zahlungsschwierigkeiten zu bewältigen. Die Bank erklärt sich bereit, einen Kontokorrentkredit über 15.000,00 € einzurichten.

Der **Kontokorrentkredit** dient dazu, kurzzeitige Schwankungen im Kapitalbedarf eines Unternehmens abzudecken. Ein Kreditinstitut räumt dazu einem Kreditnehmer einen Kredit in einer bestimmten Höhe ein, bis zu der der Kreditnehmer sein Geschäftskonto überziehen darf. Die Einräumung eines Kontokorrentkredits setzt üblicherweise voraus, dass der Kreditnehmer seinen Zahlungsverkehr zu einem erheblichen Teil über das Kreditinstitut abwickelt.

Der Kontokorrentkredit wird immer nur für kurze Zeiträume in Anspruch genommen. Sofern der Kreditnehmer keinen Anlass zur Auflösung des Vertragsverhältnisses gibt, wird der Kontokorrentkredit verlängert, sodass er meist dauerhaft zur Verfügung steht. In der Regel bekommen Unternehmen auf Bankguthaben eine Verzinsung (Guthaben- oder Habenzinsen genannt). Als Kapitalkosten fallen üblicherweise Sollzinsen auf den in Anspruch genommenen Kredit bis zum vereinbarten Kreditlimit an. Wird die eingeräumte Kreditlinie überschritten, fallen zusätzlich Überziehungszinsen auf die darüber hinausgehende Kreditaufnahme an. Wenn ein Unternehmen einen Kontokorrentkredit dauerhaft in Anspruch nimmt, ist es in der Regel günstiger, die kurzfristige Verbindlichkeit in eine langfristige Verbindlichkeit umzuwandeln, da das Kreditinstitut für solche Kredite günstigere Konditionen anbietet.

Beispiel Beim folgenden Verlauf eines Kontokorrentkredits besteht auf dem Bankkonto in den ersten drei Tagen des Monats ein Guthaben in Höhe von 25.000,00 €. Dieses Guthaben wird mit 2 % verzinst. Vom 4. bis zum 11. Tag wird das Konto mit 20.000,00 € überzogen, sodass ein Sollzins von 8 % für diesen Zeitraum anfällt. Vom 12. bis zum 19. Tag reicht dieses Kreditlimit nicht mehr aus und die Verschuldung steigt auf 55.000,00 € an. Dafür muss zunächst der Sollzins von 8 % für 20.000,00 € gezahlt werden und zusätzlich der erhöhte Überziehungszinssatz von 12 % für 35.000,00 €. Nach einem Zahlungseingang ist das Konto vom 20. bis zum 23. Tag nur noch mit 5.000,00 € überzogen, sodass dafür nur noch der Sollzins bezahlt werden muss. Ab dem 24. bis zum 30. Tag befindet sich das Konto wieder im positiven Bereich mit einem Guthaben von 50.000,00 €, sodass dafür von der Bank Guthabenzinsen gezahlt werden.

Zinsrechnen, vgl. **Kaufmännisches Rechnen**, Band 1

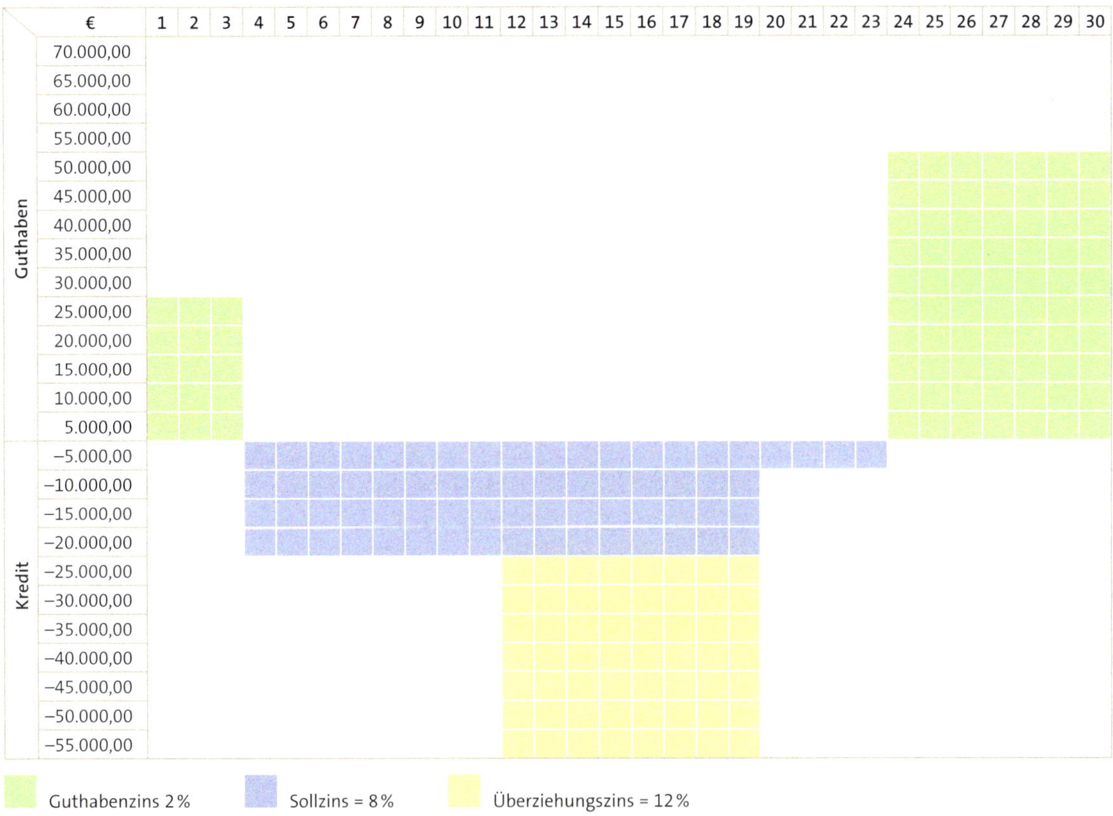

Der **Lieferantenkredit** ist ein kurzfristiger Handelskredit, bei dem der Lieferant seinem Kunden ein Zahlungsziel gewährt. Gelieferte Rohstoffe beispielsweise müssen nicht sofort, sondern erst zu einem späteren Zeitpunkt bezahlt werden. Der Käufer erhält also Leistungen unter Aufschub des Kaufpreises. In der Rechnung steht dazu z. B. folgende Formulierung: „zahlbar innerhalb von 30 Tagen". In der Praxis ist eine Laufzeit von 30 bis 90 Tagen üblich. Zwar wird für den Lieferantenkredit kein Zins gezahlt, das heißt jedoch nicht, dass er „umsonst" gewährt wird. Der Lieferant erhebt Zinsen in Form von **Skonto**. In der Regel hat er diesen bei der Preiskalkulation für sein Produkt bereits einkalkuliert. Wenn der Käufer das eingeräumte Zahlungsziel nicht nutzt und seine Rechnung sofort bezahlt, kann er einen bestimmten Prozentsatz, den Skonto, vom Rechnungsbetrag abziehen. Er liegt gewöhnlich zwischen 1 % und 3 %. Der Lieferant sichert seine Ansprüche bis zur Bezahlung häufig mithilfe eines Eigentumsvorbehalts.

Preiskalkulation, vgl. **HF 7**, **7.3.2**, S. 301

Eigentumsvorbehalt, vgl. **3.6.2**, S. 200

Zur Berechnung der Jahresverzinsung des Lieferantenkredits wird in der Praxis folgende **Faustformel** (Überschlagsrechnung ohne Berücksichtigung des Rechnungsbetrags und der Umsatzsteuer) herangezogen:

$$\text{Ermittlung des Jahreszinssatzes} = \frac{\text{Skontosatz (\%)} \cdot 360 \text{ (Tage)}}{\text{Zahlungsziel (Tage)} - \text{Skontofrist (Tage)}}$$

Beispiel Die Fahrradteile International GmbH erhält von der Cycle-Tools Import GmbH eine Rechnung über 1.190,00 € brutto mit folgender Zahlungsvereinbarung: „Bei Zahlung innerhalb von 30 Tagen netto Kasse, bei Zahlung innerhalb von 10 Tagen 2 % Skonto."
Nimmt die Fahrradteile International GmbH den Lieferantenkredit nicht in Anspruch und bezahlt sie die Rechnung der Cycle-Tools Import GmbH innerhalb von 10 Tagen mit einschließlich 19 % Umsatzsteuer, dann darf sie 2 % von diesem Rechnungsbetrag (23,80 €) einbehalten. Sie müsste somit nur 1.166,20 € überweisen.
Nimmt sie allerdings den Lieferantenkredit in Anspruch und zahlt erst nach dem 10. Tag (bis zum 30. Tag = Ende des Kreditzeitraumes), so muss sie den kompletten Rechnungsbetrag in Höhe von 1.190,00 € bezahlen. Für diesen Lieferantenkredit müsste sie auf 23,80 € Skonto verzichten. Hinweis: Als Ertrag gilt aber nur der Skonto ohne die entsprechende Umsatzsteuer. Der Bruttoskonto in Höhe von 23,80 € inklusive Umsatzsteuer muss also in einen Nettoskonto in Höhe von 20,00 €

Der Steueranteil vermindert die Vorsteuer und ist damit kein Ertrag.

$\left(\frac{23{,}80 \cdot 100}{119}\right)$ umgerechnet werden.

Der Jahresszinssatz beträgt 36 % $\left(\frac{2 \cdot 360}{30 - 10}\right)$.

Genauer lässt sich der Zinssatz mithilfe einer **kaufmännischen Zinsformel** berechnen. Das Ergebnis ist wegen der Berücksichtigung der Umsatzsteuer immer niedriger:

$$\text{Berechnung des effektiven Zinssatzes (beim Skontoabzug)} = \frac{\text{Nettoskonto} \cdot 360 \cdot 100}{\text{Überweisungsbetrag} \cdot \text{Lieferantenkreditfrist}}$$

Beispiel Für die Fahrradteile International GmbH ergibt sich der effektive Zinssatz wie folgt:

$$\text{Effektiver Zinssatz (beim Skontoabzug)} = \frac{20{,}00 \cdot 360 \cdot 100}{1.166{,}20 \cdot 20} = 30{,}87\,\%$$

Lauten die Zahlungsbedingungen 2 % Skonto bei Zahlung innerhalb von 10 Tagen oder nach 30 Tagen „netto Kasse", so ergibt sich eine Jahresverzinsung von 30,87 %. Der Lieferantenkredit ist also ein sehr teurer Kredit, sodass es unter Rentabilitätsgesichtspunkten häufig sinnvoller ist, einen Kontokorrentkredit zu nutzen.

Beispiel Die Fahrradteile International GmbH hat zurzeit ihr Bankkonto überzogen. Sie kann die Eingangsrechnung der Cycle-Tools Import GmbH nur dann unter Skontoabzug bezahlen, wenn sie das Konto weiter überzieht.
- Fall 1: Die Überziehung bleibt unter dem Kreditlimit und der gesamte Überweisungsbetrag müsste mit dem Sollzinssatz der Bank von 8 % finanziert werden. ▼

- Fall 2: Das Kreditlimit ist bereits überzogen und der gesamte Überweisungsbetrag müsste mit dem Überziehungszinssatz von 12 % finanziert werden.

	Formel	Finanzierung unterhalb des Kreditlimits (mit Sollzinsen)	Finanzierung oberhalb des Kreditlimits (mit Überziehungszinsen)
Ermittlung der Kreditkosten	$\frac{\text{Überweisungsbetrag} \cdot \text{Zinssatz} \cdot \text{Lieferantenkreditfrist}}{100 \cdot 360}$	$\frac{1.166{,}20 \cdot 8 \cdot 20}{100 \cdot 360}$ = 5,18 €	$\frac{1.166{,}20 \cdot 12 \cdot 20}{100 \cdot 360}$ = 7,77 €
Ermittlung des Finanzierungserfolgs	Nettoskonto – Kreditzinsen Finanzierungserfolg	20,00 € – 5,18 € 14,82 €	20,00 € – 7,77 € 12,23 €

Selbst dann, wenn die Skontoausnutzung durch eine Kreditaufnahme bei der Hausbank (Überziehungskredit auf dem Kontokorrentkonto) finanziert werden muss, spart die Fahrradteile International GmbH auf jeden Fall Geld: Wenn sie den Sollzinssatz bezahlen muss, spart sie 14,82 €. Wenn sie den Überziehungszinssatz bezahlen muss, spart sie immer noch 12,23 €.

3.5.2.3 *Langfristige Kreditfinanzierung: Fälligkeits-, Annuitäten- und Abzahlungsdarlehen*

LS ▸ **LS 79**
Ein Darlehen auswählen

Sollen mittel- oder langfristige Investitionen getätigt werden, muss auch mittel- bzw. langfristig finanziert werden. Die wichtigste Form der langfristigen Fremdfinanzierung ist das Darlehen (§ 488 BGB). Ein **Darlehen** ist die Vergabe eines Geldbetrages mit der Verpflichtung, dass der Darlehensnehmer ihn mit einem geschuldeten Zins bei Fälligkeit zurückerstattet.

Nach der Form der Darlehenstilgung lassen sich drei Arten von Darlehen unterscheiden: Fälligkeitsdarlehen (Festdarlehen), Annuitätendarlehen und Abzahlungsdarlehen (Ratendarlehen).

Beispiel Die in der Fahrradteile International GmbH geplante Anschaffung eines modernen CNC-Stanzautomaten rückt immer näher. Die Geschäftsleitung hat sich nach einer intensiven Investitionsplanung für eine Maschine entschieden, die einen Anschaffungspreis von 70.000,00 € hat. Davon sollen 60.000,00 € durch ein Darlehen finanziert werden.

Die Hausbank der Fahrradteile International GmbH bietet die Finanzierung zu 8 % (Nominalzinssatz) an. Es stehen verschiedene Tilgungsmöglichkeiten zur Auswahl:
1. eine einmalige Gesamttilgung am Ende der Laufzeit
2. eine Tilgung des Kredits in sechs gleichen Annuitäten (Gesamtraten)
3. eine gleichbleibende Tilgung mit abnehmender Zinsbelastung

Beim **Fälligkeitsdarlehen** (Festdarlehen) wird das Darlehen am Ende der Laufzeit in einem Betrag getilgt. Während der Laufzeit entrichtet der Darlehensnehmer zu vereinbarten Zeiten, wie z. B. vierteljährlich, halbjährlich oder jährlich, ausschließlich Zinszahlungen.

[1] Schuld am Jahresanfang · 8 %

Beispiel Rückzahlungsplan beim Fälligkeitsdarlehen

Darlehen = 60.000,00 € Zinssatz: 8 % p. a.	Tilgungsplan				
	Darlehensschuld am Jahresanfang (€)	Zinsen[1] (€)	Tilgung (€)	Gesamtzahlung (€)	Darlehensschuld am Jahresende (€)
1. Jahr	60.000,00	4.800,00		4.800,00	60.000,00
2. Jahr	60.000,00	4.800,00		4.800,00	60.000,00
3. Jahr	60.000,00	4.800,00		4.800,00	60.000,00
4. Jahr	60.000,00	4.800,00		4.800,00	60.000,00
5. Jahr	60.000,00	4.800,00		4.800,00	60.000,00
6. Jahr	60.000,00	4.800,00	60.000,00	64.800,00	0,00
Summe		28.800,00	60.000,00	88.800,00	

Wählt die Fahrradteile International GmbH ein Fälligkeitsdarlehen, müsste sie sechs Jahre lang 8 % Zinsen auf die Gesamtsumme (60.000,00 €) bezahlen, pro Jahr also 4.800,00 €. Insgesamt kostet der Kredit 28.800,00 €. Am Ende der Laufzeit müsste die Fahrradteile International GmbH die Tilgungssumme von 60.000,00 € aufbringen.

Das **Annuitätendarlehen** ist durch einen gleichbleibenden Rückzahlungsbetrag (Annuität) pro Jahr gekennzeichnet. Die Annuität besteht aus einem Zins- und einem Tilgungsanteil und bleibt über die Vertragslaufzeit konstant. Die Zusammensetzung des Zins- und Tilgungsanteils verändert sich jedoch. Zu Beginn der Laufzeit ist der Anteil der Zinsen vergleichsweise hoch. Er sinkt jährlich, da sich die Zinsleistung auf eine abnehmende Restschuld bezieht. Von Jahr zu Jahr nimmt somit der Tilgungsanteil im gleichen Verhältnis zu. Rechnerisch wird die Annuität durch Multiplikation des Darlehensbetrags mit dem sogenannten **Kapitalwiedergewinnungsfaktor** ermittelt.

i = Zinssatz
n = Laufzeit

$$\text{Kapitalwiedergewinnungsfaktor} = \frac{i\,(1+i)^n}{(1+i)^n - 1}$$

Kapitalwiedergewinnungsfaktor
$$= \frac{0{,}08\,(1+0{,}08)^6}{(1+0{,}08)^6 - 1} = 0{,}2163153$$

Beispiel Der Kapitalwiedergewinnungsfaktor für einen Zinssatz von 8 % und eine Laufzeit von 6 Jahren beträgt 0,2163153. Für die Fahrradteile International GmbH ergibt sich eine Annuität von 12.978,92 € (60.000,00 € · 0,2163153).

Rückzahlungsplan beim Annuitätendarlehen

Darlehen = 60.000,00 € Zinssatz: 8 % p. a.	Tilgungsplan				
	Darlehensschuld am Jahresanfang (€)	Annuität (Gesamtzahlung) (€)	Zinsen[2] (€)	Tilgung[3] (€)	Darlehensschuld am Jahresende[4] (€)
1. Jahr	60.000,00	12.978,92	4.800,00	8.178,92	51.821,08
2. Jahr	51.821,08	12.978,92	4.145,69	8.833,23	42.987,85
3. Jahr	42.987,85	12.978,92	3.439,03	9.539,89	33.447,96
4. Jahr	33.447,96	12.978,92	2.675,84	10.303,08	23.144,88
5. Jahr	23.144,88	12.978,92	1.851,59	11.127,33	12.017,55
6. Jahr	12.017,55	12.978,92	961,40	12.017,52	0,00
Summe		77.873,52	17.873,55	60.000,00[5]	

[2] Schuld am Jahresanfang · 8 %
[3] Annuität – Zinsen
[4] Schuld am Jahresanfang – Tilgung
[5] rundungsbedingte Abweichungen; genaue Summe hier: 55.999,97 €

Wählt die Fahrradteile International GmbH das Annuitätendarlehen, müsste sie sechs Jahre lang 12.978,92 € zahlen. Insgesamt kostet sie der Kredit 17.873,55 €.

Beim **Abzahlungsdarlehen** (Ratendarlehen) sind die jährlichen Tilgungsbeiträge gleich hoch, während die Zinszahlungen mit abnehmender Restschuld sinken. Während der Vertragslaufzeit sinkt darum die Gesamtbelastung (Zins- und Tilgungsanteil).

Beispiel Rückzahlungsplan beim Abzahlungsdarlehen

Darlehen = 60.000,00 € Zinssatz: 8 % p. a.	Tilgungsplan				
	Darlehensschuld am Jahresanfang (€)	Zinsen[1] (€)	Tilgung (€)	Gesamtzahlung Tilgung + Zinsen (€)	Darlehensschuld am Jahresende[2] (€)
1. Jahr	60.000,00	4.800,00	10.000,00	14.800,00	50.000,00
2. Jahr	50.000,00	4.000,00	10.000,00	14.000,00	40.000,00
3. Jahr	40.000,00	3.200,00	10.000,00	13.200,00	30.000,00
4. Jahr	30.000,00	2.400,00	10.000,00	12.400,00	20.000,00
5. Jahr	20.000,00	1.600,00	10.000,00	11.600,00	10.000,00
6. Jahr	10.000,00	800,00	10.000,00	10.800,00	0
Summe		16.800,00	60.000,00	66.800,00	

[1] Schuld am Jahresanfang · 8 %
[2] Schuld am Jahresanfang – Tilgung

Ein Abzahlungsdarlehen kostet die Fahrradteile International GmbH also 16.800,00 €.

Welche Darlehensart für ein Unternehmen am günstigsten ist, muss im Einzelfall abgewogen werden.

Beispiel Die Geschäftsführer der Fahrradteile International GmbH stellen für ihre Finanzierungsentscheidung zunächst die Kosten der verschiedenen Darlehensarten gegenüber:

	Fälligkeitsdarlehen	Annuitätendarlehen	Abzahlungsdarlehen
Kreditkosten	28.800,00 €	17.873,55 €	16.800,00 €

Beim **Fälligkeitsdarlehen** ist es vorteilhaft, dass die Fahrradteile International GmbH einen geringen jährlichen Zahlungsbetrag, nämlich nur die Zinsen in Höhe von 4.800,00 €, zu tragen hat. Die finanzielle Belastung ist bis zum 6. Jahr also sehr niedrig, aber im letzten Darlehensjahr muss genügend Kapital zur Verfügung stehen, um die Gesamtzahlung von 64.800,00 € aufzubringen. Außerdem sind beim Fälligkeitsdarlehen die Gesamtkosten für das Darlehen höher als z. B. beim Annuitäten- oder Abzahlungsdarlehen. Das **Annuitätendarlehen** punktet bei der Geschäftsführung mit einer kontinuierlichen Höhe der Gesamtzahlung aus Zinsen und Tilgung und dies auch bis zum Ende des Darlehens. Die insgesamt günstigste Variante wäre für die Fahrradteile International GmbH das **Abzahlungsdarlehen**, auch wenn zunächst relativ hohe Beträge zu bezahlen sind.

Da die Geschäftsführer nicht wissen, was die Zukunft für ihr Unternehmen bringt, entscheiden sie sich gegen ein Fälligkeitsdarlehen, trotz der verlockenden niedrigen Belastungen in den ersten Jahren. Und da das Unternehmen finanziell aktuell ganz gut abgesichert ist und somit ohne Schwierigkeiten die zunächst recht hohen Zahlungen tragen kann, entscheiden sich die Geschäftsführer schließlich für das Abzahlungsdarlehen als kostengünstigste Variante.

Disagio = Abschlag vom Nennwert

Bei allen Varianten der langfristigen Fremdfinanzierung ist zu beachten, dass der für die Tilgung angegebene Zinssatz (**Nominalzinssatz**) in der Regel nicht dem **effektiven Zinssatz** entspricht. Bei der Darlehensaufnahme kommen neben den Zinsen oft weitere Kosten auf den Kreditnehmer zu, die den Effektivzinssatz im Vergleich zum Nominalzinssatz in die Höhe treiben.

Beispiel Bei Aufnahme des Darlehens verlangt die Bank in der Regel einen Disagio. Hier wurde ein Disagio von 2 % vereinbart. Das Disagio ermäßigt den Nominalzinssatz.

Berechnung des effektiven Zinssatzes:

Darlehenssumme	60.000,00 €
– 2 % Disagio	1.200,00 €
Auszahlungsbetrag	58.800,00 €

Kreditkosten:

Zinsen (z. B. beim Fälligkeitsdarlehen) =	6 · 4.800,00 € =	28.800,00 €
+ Disagio		1.200,00 €
= Gesamtkosten		30.000,00 €

Effektive Verzinsung (kaufmännische Zinsformel mit 360 Zinstagen/Jahr):

$$\frac{\text{Kreditkosten} \cdot 100 \cdot 360}{\text{Auszahlungsbetrag} \cdot \text{Kreditlaufzeit in Tagen}} =$$

$$\frac{30.000,00 \cdot 100 \cdot 360}{58.800,00 \cdot 2160} = 8,50\,\%$$

Je höher die zusätzlichen Kosten sind, die anfallen, desto größer ist die Differenz zwischen dem Nominal- und dem Effektivzinssatz. Beim Vergleich verschiedener Kreditangebote muss also immer der Effektivzinssatz verglichen werden.

3.5.3 Kriterien für die Wahl der Finanzierungsart

Kreditfähigkeit, vgl. **3.5.2.1**, S. 191

In einem ersten Schritt wurde der Kapitalbedarf ermittelt und anschließend wurden die verschiedenen Finanzierungsarten vorgestellt. Im nächsten Schritt geht es um die Frage, für welche Finanzierungsart sich das Unternehmen entscheiden soll. Die Wahl einer bestimmten Finanzierung ist für das Unternehmen wichtig. Ob Eigen- oder Fremdkapital besser ist, kann mithilfe folgender Kriterien abgewogen werden.

Kriterium	Eigenkapital ~ Eigenfinanzierung	Fremdkapital ~ Fremdfinanzierung
Unabhängigkeit der Geschäftsleitung	Mitbestimmungsrecht und daher Einflussnahme auf die Geschäftsleitung	Sobald der Kredit zurückgezahlt ist, besteht kein Mitbestimmungsrecht und daher keine Einflussnahme auf die Geschäftsleitung.
Kosten für das Unternehmen	Entschädigung in Abhängigkeit von Gewinn bzw. Verlust. Entschädigung muss jedoch nicht zwingend jedes Jahr erfolgen.	Vertraglich fix vereinbarter Zinsanspruch
Verfügbarkeitsmenge	Begrenzung durch finanzielle Kapazität und Bereitschaft bisheriger und neuer Eigentümer	Begrenzung durch Kreditwürdigkeit und die verfügbaren Kreditsicherheiten von Gesellschaft und Gesellschafter
Verfügbarkeitsdauer	zeitlich unbestimmt, kein Rückzahlungsanspruch	zeitlich begrenzt, Rückzahlungsanspruch

3.6 Kreditsicherheiten

LS 80
Kreditsicherheiten beurteilen

Kreditinstitute werden nur dann Geld verleihen, wenn sie sicher sein können, dass sie den geliehenen Geldbetrag vom Kreditnehmer auch zurückerhalten. Deshalb verlangen sie, dass der Kreditnehmer zur Absicherung des aufgenommenen Kredits sogenannte Kreditsicherheiten stellt.

Beispiele für Kreditsicherheiten

- Kreditsicherheiten
  - Personalsicherheiten
    - Bürgschaft
  - Realsicherheiten
    - Eigentumsvorbehalt
    - Sicherungsübereignung
    - Zession
    - Pfandrechte

Die **Realsicherheiten** ermöglichen dem Kreditgeber, z. B. einem Kreditinstitut, einen Zugriff auf einen Vermögensgegenstand des Kreditnehmers (Sicherungsgeber), falls er den Kredit nicht vertragsgemäß zurückzahlt. Die Haftung ist also auf das Sicherheitsgut, das eine bewegliche Sache, eine unbewegliche Sache oder ein Recht sein kann, beschränkt.

Personalsicherheiten ermöglichen dem Kreditinstitut den Zugriff auf das gesamte, auch zukünftige Vermögen einer dritten Person. Im Folgenden werden einige dieser Kreditsicherungsformen näher erläutert.

3.6.1 Bürgschaft

Sachen und Rechte, vgl. HF 4, 2.3

Kaufvertrag, vgl. HF 4, 2

Im Gegensatz zum Kaufvertrag (gegenseitiger Vertrag) ist der Bürgschaftsvertrag ein einseitig verpflichtender Vertrag, d. h., der Gläubiger wird nur berechtigt, der Bürge nur verpflichtet. Die Bürgschaft ist ein Vertrag zwischen Gläubiger und Bürgen (Dritten), in dem sich der Bürge verpflichtet, für die Verbindlichkeiten des Schuldners einzustehen.

Durch den Bürgschaftsvertrag verpflichtet sich der Bürge zur Zahlung von Zinsen und Schulden, wenn der Kreditnehmer seine Verpflichtungen aus dem Kreditvertrag nicht erfüllen kann. Das Bestehen der Bürgschaft (Nebenforderung) ist immer abhängig vom Bestehen der Hauptforderung. Sie erlischt, wenn die Hauptschuld nicht mehr besteht.

Banken verlangen meist eine **selbstschuldnerische Bürgschaft**. Dabei ist der Bürge sofort zur Zahlung verpflichtet, wenn der Hauptschuldner bei Fälligkeit der Verbindlichkeit nicht zahlt.

Eine andere Form der Bürgschaft ist die **Ausfallbürgschaft**. Hierbei hat der Bürge das „Recht der Einrede der Vorausklage“, d. h., der Gläubiger kann von dem Bürgen erst nach Nachweis der Zahlungsunfähigkeit des Schuldners die Zahlung fordern.

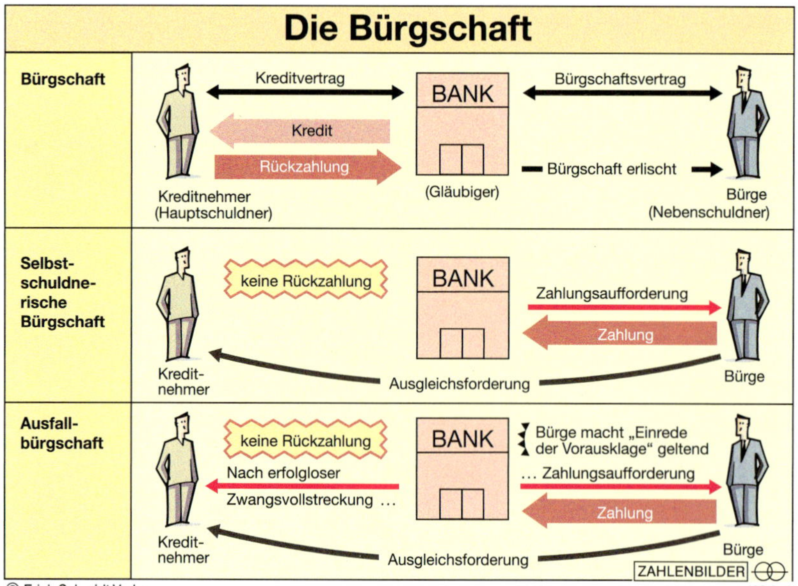

© Erich Schmidt Verlag 128 040

3.6.2 Eigentumsvorbehalt

Beispiel Die Zweiradhandelsgesellschaft mbH bestellt am 02.04.20XX bei der Fly Bike Werke GmbH 100 Fahrräder des Modells Trekking Light. Der Kaufpreis ist zahlbar innerhalb von 10 Tagen unter Abzug von 3 % Skonto oder mit 30 Tagen Ziel.

Der Verkäufer einer Ware verliert in der Regel mit der Übereignung der Ware an den Käufer, also durch Einigung und Übergabe, das Eigentum an der Ware. Selbst wenn der Käufer seinen Zahlungsverpflichtungen nicht nachkommt, hat der Verkäufer das Eigentum an der Ware verloren und kann es nicht ohne Weiteres zurückverlangen. Diese Situation kann der Verkäufer jedoch vermeiden, indem er mit dem Käufer einen Eigentumsvorbehalt vereinbart.

Besitz und Eigentum, vgl. HF 4, 2.3

Allgemeine Geschäftsbedingungen, vgl. HF 4, 3.4

Lieferantenkredit, vgl. 3.5.2.2, S. 191

Der Eigentumsvorbehalt ist eine Vereinbarung zwischen dem Verkäufer und dem Käufer, wonach der Käufer durch die Übergabe des Kaufgegenstandes zunächst nur Besitzer und erst bei vollständiger Begleichung des Kaufpreises Eigentümer wird. Ein Eigentumsvorbehalt muss von Verkäufer und Käufer ausdrücklich vereinbart werden. Häufig gibt es dazu in den Allgemeinen Geschäftsbedingungen des Verkäufers eine Regelung. Lieferantenkredite werden gewöhnlich durch einen Eigentumsvorbehalt abgesichert. Der einfache Eigentumsvorbehalt erlischt, wenn das gekaufte Material weiterverarbeitet oder weiterverkauft wird.

Arten des Eigentumsvorbehalts

Einfacher Eigentumsvorbehalt	Verlängerter Eigentumsvorbehalt: Der Eigentumsvorbehalt bleibt bestehen, wenn das verkaufte Material weiterverarbeitet wurde.	Erweiterter Eigentumsvorbehalt: Der Eigentumsvorbehalt bleibt bestehen, solange nicht alle Rechnungen des Kunden beglichen sind.

3.6.3 Sicherungsübereignung

Obwohl die Sicherungsübereignung gesetzlich nicht geregelt ist, wird sie in der Praxis eingesetzt, um eine Geldforderung abzusichern. Bei der Sicherungsübereignung übereignet der Eigentümer (Sicherungsgeber) eine bewegliche Sache an den Gläubiger (Sicherungsnehmer). Der Sicherungsnehmer wird nur Eigentümer des übereigneten Vermögensgegenstandes, während der Sicherungsgeber der unmittelbare Besitzer bleibt und mit dem Gegenstand (z.B. einer vom Kreditbetrag gekauften Maschine) weiterarbeiten kann. Die Verwertung der übereigneten Sache erfolgt nur bei Nichterfüllung der gesicherten Forderung.

Situation vor Abschluss des Sicherungsvertrags

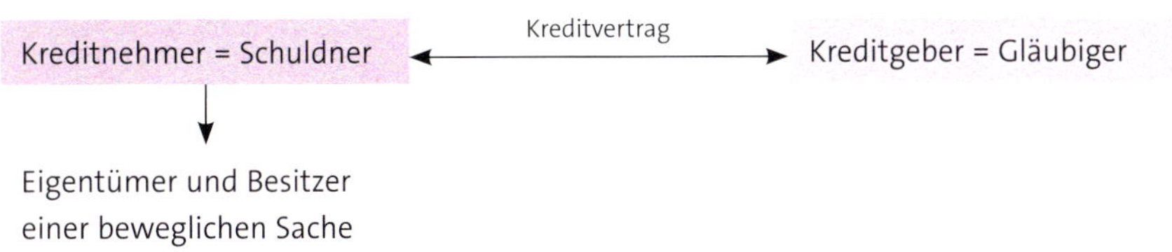

Situation nach Abschluss des Sicherungsvertrags

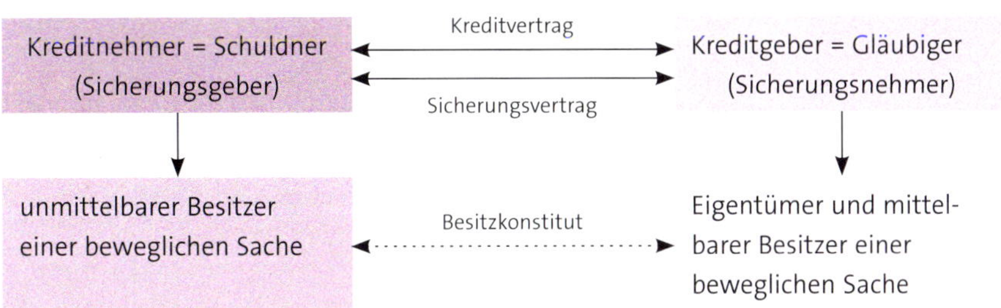

Im Sicherungsvertrag wird außerdem bestimmt, dass der Gläubiger verpflichtet ist, die Sache zurückzuübereignen, wenn der Schuldner die Forderung begleicht. Die Übereignung des Eigentums erfolgt durch Einigung und Besitzkonstitut, d.h., der Schuldner bleibt Besitzer der Sache. Im Sicherungsvertrag sollte die genaue Kennzeichnung der Sachen, die übereignet werden sollen, festgehalten werden.

Vor- und Nachteile der Sicherungsübereignung

	Vorteile	Nachteile
Sicherungsgeber (Kreditnehmer)	– kann mit dem Sicherungsgut weiterarbeiten – Übereignung ist nicht nach außen erkennbar	– hat keine freie Verfügung über das Sicherungsgut – muss Versicherungskosten für das Sicherungsgut tragen (z. B. Vollkasko für einen Pkw)
Sicherungsnehmer (Kreditgeber)	– keine Aufbewahrung des Sicherheitsgutes notwendig – Sicherungsgut kann schnell verwertet werden, auch ohne vollstreckbaren Titel	– Doppelübereignung möglich – Beschädigung oder Zerstörung des Sicherungsguts möglich

3.6.4 Zession (Sicherungsabtretung)

Unter einer Zession wird die Abtretung von Forderungen verstanden. Ein Kreditgeber (Zedent) erhält das Recht, gegebenenfalls Forderungen des Kreditnehmers (Zessionär) gegenüber Dritten einzuziehen.

§ 398 BGB Abtretung

Eine Forderung kann von dem Gläubiger durch Vertrag mit einem anderen auf diesen übertragen werden (Abtretung). Mit dem Abschluss des Vertrags tritt der neue Gläubiger an die Stelle des bisherigen Gläubigers.

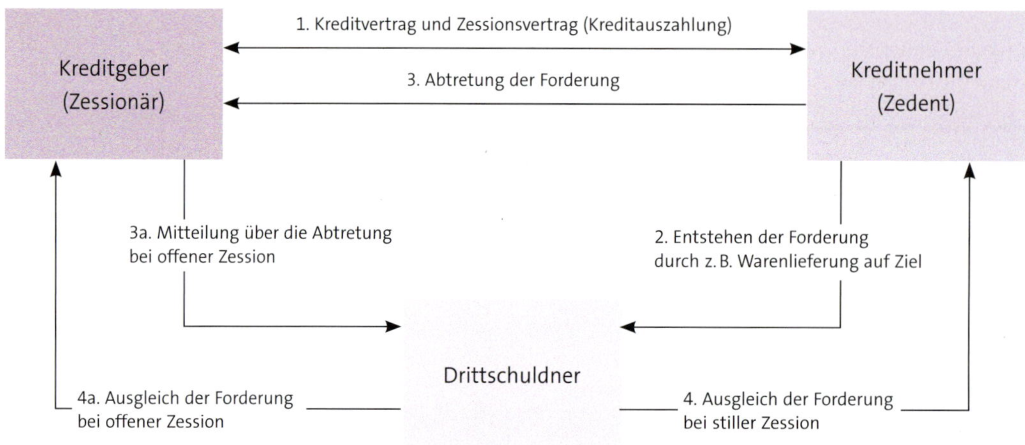

Bei der **stillen Zession** erfährt der Drittschuldner nichts von der Abtretung. Er zahlt weiterhin an seinen Lieferanten (z. B. bei Warenschulden). Nur wenn der Kreditnehmer gegenüber seinem Kreditgeber in Zahlungsschwierigkeiten kommt, wird der Drittschuldner über die Abtretung informiert.

Bei einer **offenen Zession** wird der Drittschuldner hingegen sofort informiert. Ist der Drittschuldner informiert, darf er nur noch direkt an den Kreditgeber seines Lieferanten zahlen. Bei Zahlung an den Lieferanten bleibt die Schuld gegenüber dem Kreditgeber bestehen, wenn der Kreditnehmer den Betrag nicht weiterleitet. Kreditnehmer bevorzugen im Regelfall die stille Zession, da sie ihre Kunden nicht über diese Art der Kreditsicherung informieren wollen.

Abgetreten werden in der Praxis nicht nur Einzelforderungen (**Einzelzession**) gegenüber einem Kunden, sondern eine Zusammenfassung von Forderungen gegenüber verschiedenen Kunden (**Mantelzession**), die in ihrer Höhe immer die Kreditsumme decken müssen. Bezahlte Forderungen müssen dann immer durch neue Forderungen ersetzt werden.

3.6.5 Pfandrechte

Im Gegensatz zur Sicherungsübereignung wird beim Pfandrecht nicht das Eigentum, sondern der Besitz an einer Sache vom Kreditnehmer auf den Kreditgeber übertragen. Beim Pfandrecht bleibt der Kreditnehmer Eigentümer und mittelbarer Besitzer, der Kreditgeber wird unmittelbarer Besitzer. Zur Bestellung eines Pfandrechts ist es erforderlich, dass der Eigentümer die Sache dem Gläubiger übergibt und sich beide darüber einig sind, dass dem Gläubiger das Pfandrecht zustehen soll (§ 1204 ff. BGB). Der Kreditnehmer kann demzufolge nicht über die Pfandsache verfügen, da sie sich nicht in seinem Besitz befindet.

Handelt es sich bei der Pfandsache um eine bewegliche Sache oder ein verbrieftes Recht, wird von einem Faustpfand gesprochen, bei unbeweglichen Sachen von Grundpfandrecht.

3.6.5.1 Faustpfand

Ein **Lombardkredit** ist ein kurz- oder mittelfristiger Bankkredit, der durch Pfandrechte (Faustpfand) gesichert wird. Die Kreditgewährung hängt hier vom Bestand und der Qualität des Pfandes ab. Der Kreditgeber wird Besitzer, der Kreditnehmer bleibt Eigentümer des Sicherungsgutes.

Zur Lombardierung eignen sich Sicherungsgüter, die wertbeständig, marktfähig und schnell verwertbar sind. Verpfändet werden dazu in der Praxis häufig Wertpapiere, wie z. B. Aktien, Anleihen und **Termineinlagen**. Es gibt aber auch Kreditinstitute, die Edelmetalle, wie Gold oder Platin, akzeptieren. Diamanten werden von den meisten Banken auch nach Vorlage von Wertgutachten abgelehnt, da manipulierte Gutachten und hohe Verwertungsrisiken die Banken schon zu viel Geld gekostet haben.

Termineinlagen
sind kurz- bis mittelfristige Geldanlagen bei Banken

Die Höhe eines Lombardkredites (Beleihungsgrenze) liegt aus Sicherheitsgründen unter dem Marktwert. Dabei spielt nicht nur der aktuelle Kurs des Pfandes, sondern auch die Art des Pfandes eine Rolle, z. B. werden nur Aktien verpfändet, denen positive Zukunftsaussichten unterstellt werden. Staatsanleihen der Bundesrepublik Deutschland werden höher bewertet als Staatsanleihen eines ausländischen Staates mit Zahlungsschwierigkeiten.

Ein Vorteil des Lombardkredits besteht darin, dass die Zinsen im Vergleich zu ungesicherten Darlehensformen meistens günstiger sind, weil das Ausfallrisiko des Kreditgebers wesentlich geringer ist. Ein Lombardkredit unter den oben genannten Bedingungen ist immer möglich, selbst in einer Situation, in der ungesicherte Darlehen nicht (mehr) zu erhalten sind. Aufbewahrungskosten fallen nur in der Höhe von normalen Wertpapierdepotgebühren an. Die Wertpapiere bleiben zumeist dort, wo sie ohnehin schon sind – im Depot der Bank. Dividenden oder Zinsen werden je nach Art des Wertpapiers weiter dem Depot gutgeschrieben. Nur die Verfügbarkeit für den Kreditnehmer – z. B. der Verkauf der Wertpapiere – ist ausgeschlossen.

Allgemeine Geschäftsbedingungen, vgl. HF 4, 3.4

Für den Kreditgeber bleibt aber ein Risiko: Wertpapiere sind kursabhängig. Kursstürze, z. B. auf den Aktienmärkten, können den Wert der Sicherheit mitunter in wenigen Stunden ruinieren. Für den Fall, dass die Kreditsumme aufgrund des sinkenden Kurswertes nicht mehr gesichert ist, können in den Allgemeinen Geschäftsbedingungen der Bank verschiedene Konsequenzen vorgesehen sein:

- **Nachschusspflichten** (weitere Wertpapiere müssen der Bank zur Verfügung gestellt werden) oder
- **Rückzahlungsvereinbarungen** (Teilsummen oder die gesamte Kreditsumme müssen bei Kursverlusten der verpfändeten Wertpapiere sofort an die Bank bezahlt werden) oder
- **Liquidierungsrechte** (die Bank kann alle oder ausgewählte Wertpapiere am Wertpapiermarkt verkaufen).

Beispiel Ermittlung der Kreditsumme für einen Lombardkredit in Abhängigkeit vom Kurswert und der Beleihungsgrenze der Bank

Vermögensgegenstand	Kurswert	Beleihungsgrenze	Beleihungswert
Aktien (DAX)	2.000.000,00 €	60 %	1.200.000,00 €
Aktien (international)	1.500.000,00 €	40 %	600.000,00 €
Anleihen (international)	800.000,00 €	40 %	320.000,00 €
Gold in Barren (in Bankaufbewahrung)	240.000,00 €	70 %	168.000,00 €
Kreditsumme	–	–	2.288.000,00 €

3.6.5.2 Grundpfandrechte

Notarielle Beurkundung, vgl. HF 4, 2.4

Grundpfandrechte sind Pfandrechte an Grundstücken. Kreditinstitute bevorzugen insbesondere bei langfristigen Krediten eine Absicherung über Grundpfandrechte, wenn entsprechende Kreditsicherheiten (Grundstücke mit oder ohne Bauten) verfügbar sind. Es gibt zwei Arten von Grundpfandrechten: die **Hypothek** und die **Grundschuld**. Bei beiden Kreditsicherheiten einigen sich die Vertragspartner darauf, dass eine entsprechende Eintragung im Grundbuch vorgenommen wird. Eine notarielle Beurkundung ist in beiden Fällen notwendig. Durch eine Grundschuld können verschiedene Forderungen flexibel abgesichert werden. Deshalb bevorzugen auch Banken die Eintragung einer Grundschuld als Kreditsicherungsmittel.

Unterschiede zwischen einer Hypothek und einer Grundschuld

Hypothek	Grundschuld
Sie setzt das Bestehen einer Forderung voraus.	Sie setzt kein Bestehen einer Forderung voraus.
Die Höhe der Hypothek ist von der Höhe der Forderung abhängig.	Die Höhe der Grundschuld ist von der Höhe der Forderung unabhängig.
Nach Rückzahlung der Forderung wird aus der Hypothek eine Eigentümergrundschuld.	Die Grundschuld bleibt bei Rückzahlung der Forderung bestehen.
Der Schuldner haftet persönlich für die Schuld, das Grundstück dient als Pfand.	Der Schuldner haftet nur mit dem Grundstück.

Übersicht: *Finanzierung*

Ziele der Finanzierung	– Liquidität – Rentabilität – Sicherheit	
Finanzierungsregeln	Horizontale Kapitalstrukturregeln: – goldene Finanzierungsregel – goldene Bilanzregel im engen Sinne – goldene Bilanzregel im weiten Sinne – Liquiditätsgrade 1. bis 3. Grad Vertikale Kapitalstrukturregel: – Verschuldungsgrad im Verhältnis 1 : 1 – Verschuldungsgrad im Verhältnis 2 : 1	
Kapitalbedarf	– Kapitalbedarf entsteht dadurch, dass Aus- und Einzahlungen auseinanderliegen. – Bei der Liquiditätsplanung werden kumulierte Ein- und Auszahlungen gegenübergestellt. Sie ist eine kurzfristige Finanzplanung. – Die Kapitalbedarfsplanung ist eine langfristige Finanzplanung. Ermittelt werden Anlage- und Umlaufkapitalbedarf.	
Finanzierungsarten	Woher stammt das Kapital? – Das Geld stammt von außerhalb des Unternehmens: Außenfinanzierung. – Das Geld stammt von innerhalb des Unternehmens: Innenfinanzierung. Wer ist Kapitalgeber? – Eigentümer: Eigenfinanzierung – Gläubiger: Fremdfinanzierung Formen der Eigenfinanzierung: – Finanzierung aus einbehaltenen Gewinnen (Selbstfinanzierung) – Finanzierung aus Abschreibungen – Beteiligungs- bzw. Einlagenfinanzierung Formen der Fremdfinanzierung: – Finanzierung aus Rückstellungswerten – Kurzfristige Fremdfinanzierung: Kontokorrent- und Lieferantenkredit – Langfristige Fremdfinanzierung: Fälligkeits-, Annuitäten- und Abzahlungsdarlehen	
Kreditsicherheiten	Personalsicherheiten	Bürgschaft: – selbstschuldnerische Bürgschaft – Ausfallbürgschaft
	Realsicherheiten	Eigentumsvorbehalt: – einfacher Eigentumsvorbehalt – verlängerter Eigentumsvorbehalt – erweiterter Eigentumsvorbehalt
		Sicherheitsübereignung
		Sicherungsabtretung: – stille Zession – offene Zession – Einzelzession – Mantelzession
		Pfandrechte: – Faustpfand (Lombardkredit) – Grundpfandrechte (Hypothek, Grundschuld)

LS ▸ LS 81
Zwischen Kredit und Leasing entscheiden

4 Leasing

Beispiel Der Geschäftsführer der Fly Bike Werke GmbH, Herr Peters, möchte sich einen neuen Geschäftswagen des Fahrzeugherstellers WaltyCars anschaffen. Er hat viele Außentermine wahrzunehmen und möchte dies nicht mit seinem Privatwagen machen. Es stellt sich nun die Frage, ob der Geschäftswagen gekauft oder geleast werden soll.

Nach Prüfung verschiedener Finanzierungsarten beschließt die Finanzabteilung von einem kapitalintensiven Kauf abzusehen und das Fahrzeug zu leasen.

Der Online-Leasingrechner des Fahrzeugherstellers WaltyCars liefert folgendes Ergebnis: Bei einem Kaufpreis von 56.227,00 € und einer Gesamtlaufzeit von 36 Monaten beträgt die Leasing-Sonderzahlung 11.246,00 €.

Ein Unternehmen kann sich auch mit notwendigen Gütern versorgen, ohne die Kapitalmittel in vollem Umfang bereitstellen zu müssen. Zu solchen „kapitalschonenden" Finanzierungsarten gehört das Leasing. Leasing ist die Überlassung von Investitions- oder Konsumgütern durch einen Leasinggeber an einen Leasingnehmer für einen bestimmten Zeitraum. Der Leasingnehmer verzichtet auf den Eigentumserwerb und zahlt einen Mietzins, die **Leasingrate**.

Mietvertrag, vgl. Übersicht S. 21

Der Leasingvertrag ist sehr eng mit dem Mietvertrag verwandt. Im Unterschied zu diesem enthält er jedoch Elemente, die über die reine Gebrauchsüberlassung hinausgehen. Durch einen Leasingvertrag erwirbt der Leasingnehmer gegen Entgelt Nutzungsrechte am jeweiligen Leasingobjekt (z. B. Fahrzeugen oder Produktionsmaschinen). Der Leasingnehmer verzichtet dabei auf den Eigentumserwerb, kümmert sich aber z. B. um Wartungs- und Instandhaltungsleistungen, Reparaturen oder Versicherungen.

Da der Leasingvertrag eine Vertragsart ist, die gesetzlich nicht als solches geregelt ist, kann er in Abhängigkeit von der vertraglichen Ausgestaltung in verschiedenen Formen in Erscheinung treten.

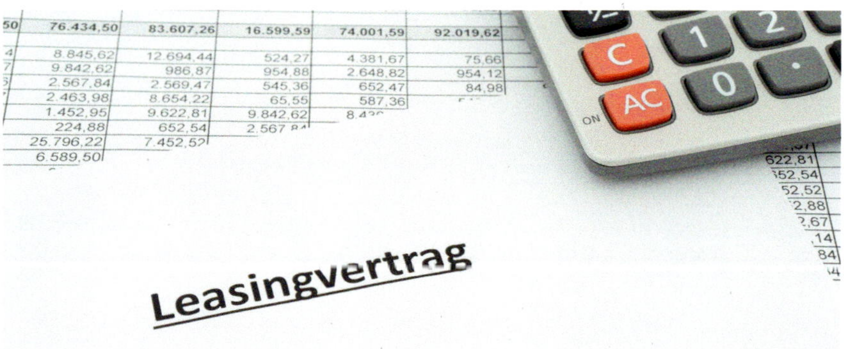

4.1 Leasingarten

Das direkte und das indirekte Leasing unterscheiden sich durch die Anzahl der Parteien, die an der Geschäftsbeziehung beteiligt sind. Beim **direkten Leasing** – auch Herstellerleasing genannt – wendet sich der Hersteller bzw. der Lieferant direkt an den Leasingnehmer. Da bei dieser Leasingform keine weiteren Parteien beteiligt sind, handelt es sich um eine Zwei-Parteien-Beziehung. Beim direkten Leasing least der Leasingnehmer das Leasinggut (bzw. Leasingobjekt) direkt beim Hersteller (Leasinggeber), wobei der Leasingnehmer dem Leasinggeber für das Überlassen des Leasingguts eine Leasingrate schuldet.

Direktes Leasing

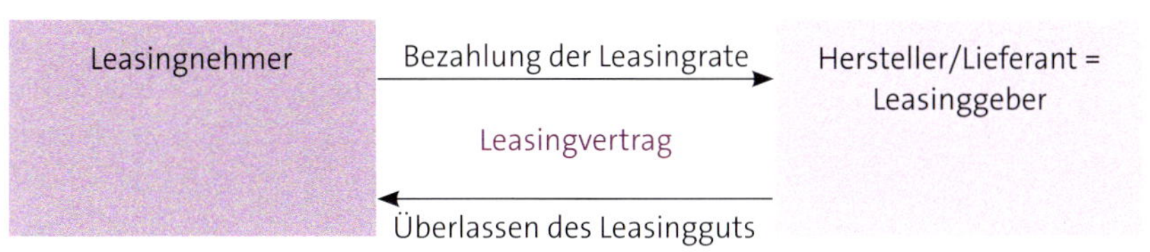

Im Gegensatz dazu liegt beim indirekten Leasing ein Dreiecksverhältnis vor: Der Leasingnehmer wählt das gewünschte Leasingobjekt beim Hersteller/Lieferanten aus. Als Leasinggeber tritt in diesem Fall jedoch nicht der Hersteller/Lieferant selbst, sondern eine Leasinggesellschaft oder ein Kreditinstitut auf. Dieses erwirbt das Leasingobjekt beim Hersteller/Lieferanten und überlässt es dem Leasingnehmer im Rahmen eines Leasingvertrags zum Gebrauch:

Indirektes Leasing

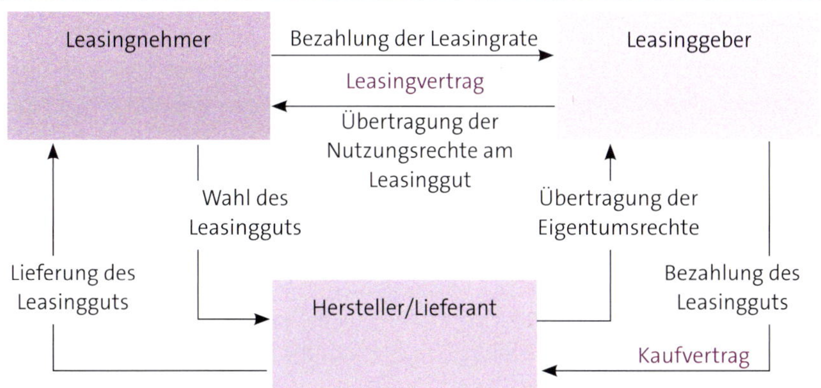

Beispiel Die Fly Bike Werke GmbH beschließt, den Firmenwagen nicht über WaltyCars zu leasen. Aufgrund der guten Geschäftsbeziehungen wendet sich die Fly Bike Werke GmbH an ihre Hausbank. In der Folge schließen die Hausbank und die Fly Bike Werke GmbH einen Leasingsvertrag ab. Die Hausbank überlässt nun der Fly Bike Werke GmbH im Rahmen dieses Vertrages das Fahrzeug zum Gebrauch (indirektes Leasing).

Beim Mobilien- und Immobilienleasing bezieht sich die Unterscheidung auf das Leasingobjekt bzw. das Leasinggut: Beim Mobilienleasing handelt es sich um Mobilien (Büroeinrichtungen, Maschinen usw.), während beim Immobilienleasing Immobilien (Liegenschaften, Grundstücke) im Vordergrund stehen.

Beispiel Bei der Fly Bike Werke GmbH handelt es sich bei der Beschaffung des Firmenwagens um eine Mobilie.

Als **Investitionsgüterleasing** gilt das Leasing von Gütern, die für den Geschäftsgebrauch eines Unternehmens eingesetzt werden und die ausschließlich gewerblichen Zwecken dienen. Als typische Investitionsgüter werden Maschinen, Fahrzeuge und Immobilien betrachtet. **Konsumgüterleasing** ist hingegen das Leasing von Gütern, die zu privaten Zwecken benötigt werden, z. B. Privatfahrzeugen.

Beispiel Der Geschäftsführer der Fly Bike Werke GmbH, Hans Peters, least das WaltyCars-Fahrzeug nicht als Geschäfts-, sondern als Privatfahrzeug. Die anfallenden Leasingsraten bezahlt er von seinem privaten Bankkonto.

Beim **Finanzierungsleasing** (Financial Leasing) strebt der Leasingnehmer eine lange Nutzung an einem meist sehr kapitalintensiven Investitionsgut an. Er sucht nach langfristigen Finanzierungsformen. Die Laufzeit beträgt in der Regel zwischen 40 % und 90 % der Nutzungsdauer. Der Finanzierungsleasing-Vertrag zeichnet sich durch eine lange, unkündbare Vertragsdauer (in der Regel 3–5 Jahre) aus. Durch diese lange Nutzungszeit trägt der Leasingnehmer das Investitionsrisiko. Wie dies bei Leasingverträgen während der Laufzeit immer der Fall ist, erwirbt der Leasingnehmer auch beim Finanzierungsleasing kein Eigentum am Leasingobjekt. Im Leasingvertrag wird allerdings oft vorgesehen, dass der Leasingnehmer das Leasinggut am Ende der Vertragslaufzeit zu einem bestimmten Restpreis erwerben kann und damit Eigentümer wird. Das Leasinggut wir also in der Regel nur durch einen Leasingnehmer genutzt.

Beim **operativen Leasing** wird das Leasinggut entweder jederzeit kündbar oder – in Ausnahmefällen – für eine kurzfristige, während dieser Zeit unkündbare Dauer zur Nutzung überlassen. Da der Leasingnehmer in der Regel das Recht hat, den Vertrag jederzeit zu kündigen, liegt das Investitionsrisiko in diesem Fall beim Leasinggeber. Das operative Leasing hat zum Zweck, seitens des Leasingnehmers einen lediglich kurzfristigen Nutzungsbedarf (in der Regel maximal ein Jahr) an einem Gut zu decken. Der Leasingnehmer hat somit immer die neueste Technologie zur Verfügung. Bei dieser Form des Leasings ist der Leasinggegenstand nach Ablauf der Vertragsdauer noch nicht vollständig amortisiert – er muss deshalb vom Leasinggeber weiterverleast werden, was selten ein Problem darstellt.

Die Wahl der Leasingart und damit die Laufzeit hängen von der Art des geleasten Gutes ab. Langlebige Wirtschaftsgüter und Spezialanfertigungen werden in der Regel per Finanzierungsleasing überlassen, Güter, die über eine kurze Zeitdauer benötigt werden, per operatives Leasing.

4.2 Leasing oder Kreditfinanzierung?

Abhängig vom gewählten Leasingverfahren entscheidet sich, was **nach Ablauf der Leasingzeit** passiert. Während beim operativen Leasing der Leasinggegenstand zurückgegeben wird, hat der Leasingnehmer beim Finanzierungsleasing in der Regel die Wahl: Er kann den Leasinggegenstand zurückgeben, ein Anschlussleasing abschließen oder den Leasinggegenstand unter eng festgelegten steuerlichen Voraussetzungen zu einem **Restwert** kaufen und damit dann auch das Eigentum am geleasten Gegenstand erwerben.

Für die **Vergleichskalkulation** zwischen einem Kreditkauf und dem Leasing ist die letztgenannte Variante zu berücksichtigen. Um die Kosten vergleichbar zu machen, muss nicht nur die Summe der gezahlten Leasingraten einkalkuliert werden, sondern auch der Restwert, zu dem der Leasinggegenstand am Ende der Laufzeit gekauft werden kann.

Leasing	Kreditfinanzierung
Leasingraten	Anschaffungskosten
+ Restkaufwert	+ Kreditzinsen
= Leasingkosten	= Kreditkosten

Damit die tatsächlich beste Finanzierungsalternative ermittelt werden kann, sollten sowohl die verschiedenen Vor- und Nachteile der Finanzierungsalternativen als auch die individuelle Situation des Unternehmens betrachtet werden.

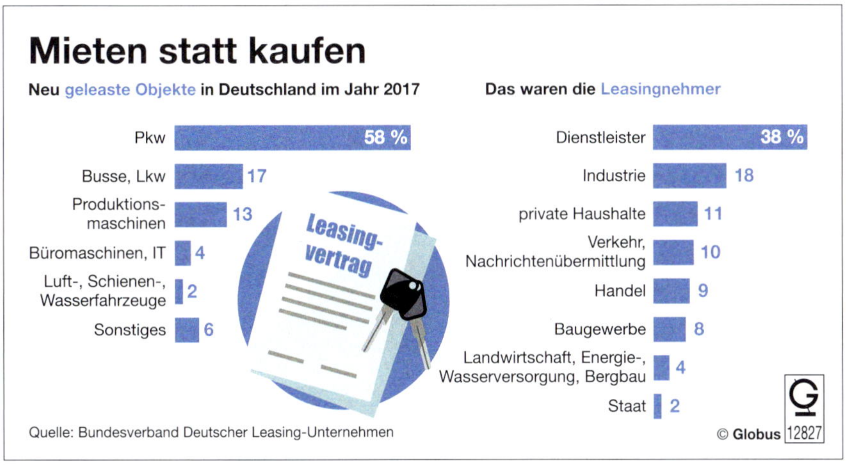

4.3 Abgrenzung von Leasing zu Kauf und Miete

Unterscheidungsmerkmal	Kauf	Miete	Leasing
Eigentumsübergang	Das Eigentum am Verkaufsobjekt geht beim Verkauf vom Verkäufer auf den Käufer über.	Der Mieter hat zwar das Nutzungsrecht am Mietobjekt. Das Mietobjekt bleibt aber Eigentum des Vermieters.	Der Leasingnehmer erwirbt kein Eigentum am Leasingobjekt.
Kapitalbedarf	Der Kauf setzt eine unmittelbar hohe Liquidität voraus und führt zum sofortigen Abfluss großer finanzieller Mittel.	Für die Bezahlung der Mietzinsen ist bei Mietbeginn keine hohe Liquidität erforderlich.	Da das Leasingobjekt beim Leasing während einer längeren Zeitspanne amortisiert (abbezahlt) wird, ist zu Beginn der Leasingdauer keine hohe Liquidität erforderlich.
Entgelt	Da der Verkäufer nach dem Verkauf nicht mehr Eigentümer des Verkaufsobjekts ist, hat er keinen Anspruch auf ein Entgelt.	Der Mietzins stellt das Entgelt für den Gebrauch des Mietobjekts dar.	Die Leasingraten stellen nicht nur Entgelt für den Gebrauch des Leasingobjekts dar, sondern verkörpern auch dessen (Teil-)Amortisation.
Gefahrenübergang	Beim Verkauf geht der Gefahrenübergang vom Verkäufer auf den Käufer über.	Der Vermieter ist verpflichtet, das Mietobjekt in einem tauglichen Zustand zu übergeben und diesen zu erhalten.	Beim Finanzierungsleasing trägt der Leasingnehmer nach Übergabe des Leasingobjekts die Gefahr einer allfälligen Zustandsverschlechterung. Der Leasingnehmer hat auch nach Untergang des Objekts (z. B. ein geleastes Auto zu Schrott gefahren) den Leasingzins weiterhin zu bezahlen.
Reparatur und Versicherung	Der Verkäufer hat nach dem Verkauf keinerlei Verpflichtungen mehr.	Der Vermieter hat die Kosten für die Instandhaltung des Mietobjekts zu tragen.	Der Leasingnehmer ist je nach Leasingvertrag verpflichtet, das Leasingobjekt zu versichern und instand zu halten.

Übersicht: *Leasing*

Leasing ist eine kapitalschonende Finanzierungsart. Ein Leasinggeber überlässt einem Leasingnehmer für einen bestimmten Zeitraum Investitions- oder Konsumgüter. Der Leasingnehmer wird nicht Eigentümer. Für die Überlassung wird eine Leasingrate gezahlt.	
Leasingvertrag	– eng mit dem Mietvertrag verwandt – nicht gesetzlich geregelt
Leasingarten	– direktes und indirektes Leasing – Mobilienleasing und Immobilienleasing – Investitionsgüterleasing und Konsumgüterleasing – Finanzierungsleasing und operatives Leasing

Alles klar?

1 Erklären Sie, wodurch sich Finanzierung und Investition in einem Unternehmen unterscheiden und welche Zusammenhänge bestehen. Kapitel 1

2 Nennen Sie vier verschiedene Arten von Investitionen und beschreiben Sie die Real- oder Sachinvestition näher. Kapitel 2

3 Warum ist es wichtig, eine Investition gründlich zu planen?

4 Beschreiben Sie die verschiedenen Verfahren zur Investitionsrechnung.

5 Beschreiben Sie im Rahmen der Kostenvergleichsrechnung die kalkulatorischen Zinsen und die kalkulatorischen Abschreibungen.

6 Welche Risiken ergeben sich bei Investitionsentscheidungen?

7 Nachfolgende Investitionsalternativen stehen zur Verfügung. Die Maschinen werden linear abgeschrieben, der kalkulatorische Zinssatz (auf den halben Anschaffungswert) beträgt 10 %.

	Anlage I	**Anlage II**
Anschaffungswert	40.000,00 €	48.000,00 €
Wiederbeschaffungswert	48.000,00 €	57.600,00 €
Nutzungsdauer	8 Jahre	8 Jahre
Kapazität	1250 Stück	1400 Stück

a Der geplante Verkaufspreis je Stück beträgt 24,00 €. Ermitteln Sie die Summe der fixen Kosten je Jahr.

	Anlage I	**Anlage II**
kalkulatorische Abschreibungen	?	?
kalkulatorische Zinsen	?	?
weitere fixe Kosten	2.500,00 €	3.000,00 €
variable Kosten je Stück	11,90 €	9,90 €

b Bei welcher Produktionsmenge sind die Kosten beider Anlagen gleich hoch?

c Ermitteln Sie für die jeweils volle Kapazitätsauslastung (ggf. alle Zwischen- und Endergebnisse auf zwei Nachkommastellen kaufmännisch runden!):

ca den Gewinn je Stück der Anlage I und der Anlage II

cb die Rentabilität der Anlage I und der Anlage II

cc die Amortisationszeit der Anlage I und der Anlage II

8 Erläutern Sie das magische Dreieck der Finanzierungsziele Kapitel 3

a aus Sicht eines Unternehmens,

b aus Sicht eines privaten Anlegers.

9 Unterscheiden Sie horizontale und vertikale Kapitalstrukturregeln.

10 Nennen Sie jeweils die Formel für folgende Kennzahlen und beschreiben Sie, was die jeweilige Kennzahl aussagt:
a Deckungsgrad I
b Liquidität I
c Verschuldungsgrad

11 Beschreiben Sie die Phasen beim Ablauf einer Finanzierung.

12 Nennen Sie Gründe dafür, dass in Unternehmen Kapitalbedarf entsteht.

13 Beschreiben Sie, wie die Anschaffungskosten ermittelt werden.

14 Grenzen Sie Eigen-, Fremd-, Innen- und Außenfinanzierung voneinander ab.

15 Erläutern Sie die Finanzierung aus Abschreibungsgegenwerten.

16 Begründen Sie, warum die Finanzierung aus Rückstellungen zur Fremdfinanzierung gehört.

17 Unterscheiden Sie Kontokorrent- und Lieferantenkredit.

18 Unterscheiden Sie Fälligkeits-, Annuitäten- und Abzahlungsdarlehen.

19 Nennen Sie Vor- und Nachteile der jeweiligen Darlehensform.

20 Unterscheiden Sie Personalsicherheiten und Realsicherheiten.

21 Erläutern Sie die beiden Varianten der Kreditsicherheit „Bürgschaft".

22 Unterscheiden Sie Sicherungsübereignung und Faustpfand.

23 Unterscheiden Sie Hypothek und Grundschuld.

Kapitel 4

24 Beschreiben Sie, was Leasing ist.

25 Erläutern Sie kurz das direkte Leasing und das indirekte Leasing.

26 Worin besteht der Unterschied zwischen dem operativen Leasing und dem Finanzierungsleasing?

27 Nennen Sie vier Beispiele, was alles geleast werden kann.

28 Beurteilen Sie folgende Aussage: Leasing erhält die Kreditwürdigkeit (bzw. den Kreditspielraum) eines Unternehmens.

29 Welche Leasingobjekte sind in Deutschland am verbreitetsten und warum?

30 Leasing oder Kreditfinanzierung, was meinen Sie?

HANDLUNGSFELD 7

Wertströme

1 Wertströme in Unternehmen

Die Wertströme von Unternehmen müssen aufgezeichnet und damit dokumentiert werden, um anschließend für externe und interne Unternehmenszwecke aufbereitet, ausgewertet und beurteilt werden zu können.

Wertströme aufbereiten, auswerten und beurteilen als Unterstützungsprozess

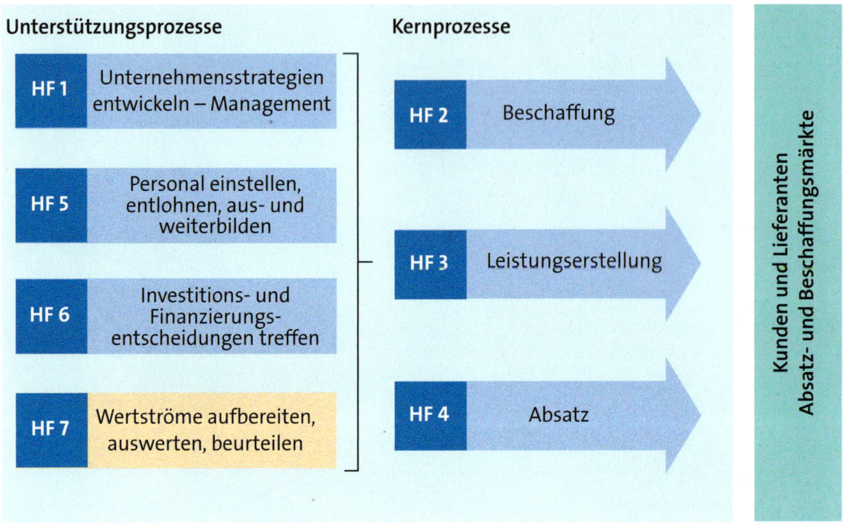

Jahresabschluss, Bewertungsentscheidungen und Auswertung, vgl. **2–4**, S. 215 ff.

Für **externe Unternehmenszwecke** ist auf Basis der Daten aus den Wertströmen ein Jahresabschluss zu erstellen, der ggf. durch einen Lagebericht zu ergänzen ist. Jahresabschlüsse müssen abhängig von der Unternehmensgröße, der Rechtsform und des Unternehmenszwecks in unterschiedlichem Umfang und Zeitraum veröffentlicht werden. Sie informieren alle Unternehmensbeteiligten sowie die Öffentlichkeit und geben damit regelmäßig eine Entscheidungshilfe für die Gestaltung ihres individuellen wirtschaftlichen Verhaltens gegenüber dem Unternehmen.

Kosten- und Leistungsrechnung, vgl. **5–7**, S. 268 ff.

Für **interne Unternehmenszwecke** dienen die Daten aus den Wertströmen für vielfältige Entscheidungen, die die Wirtschaftlichkeit und den Betriebserfolg im „Blick" haben. Diese Daten beruhen auf den ermittelten Kosten und Leistungen (bezogen auf Produkte, Kunden, Aufträge oder bestimmte Zeiträume).

Beispiel Zu den internen Entscheidungen, die auf Basis von Kosten und Leistungen getroffen werden, zählen die Ermittlung von Preisen (auch Preisuntergrenzen), die Entscheidung über Eigenfertigung oder Fremdbezug, über Annahme oder Ablehnung von Aufträgen, über Veränderungen des Produktions- und Absatzprogramms und über Veränderung von Geschäftsprozessen in allen Bereichen.

2 Aufgaben und Gliederung eines Jahresabschlusses

LS 82
Einen Jahresabschluss erstellen

Die Unternehmensergebnisse eines Geschäftsjahres werden in Form eines Jahresabschlusses ausgewiesen. Art, Inhalt und Umfang der zu erstellenden Bestandteile des Jahresabschlusses sind abhängig von den Offenlegungspflichten des jeweiligen Unternehmens.

2.1 Offenlegungs- und Prüfungspflichten

Je nach Unternehmensform, Branche oder Unternehmensgröße in Abhängigkeit von bestimmten Größenmerkmalen sind folgende Bestandteile eines Jahresabschlusses, ggf. ergänzt um einen Lagebericht, aufzustellen und zu veröffentlichen.

Bestandteile und Informationsgehalt der Rechenschaftslegung

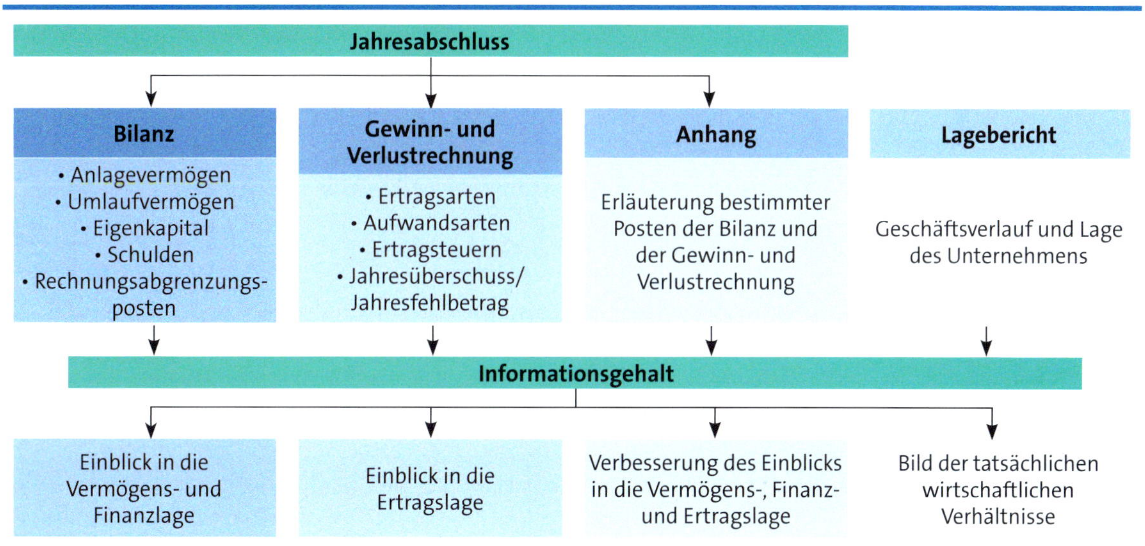

Erster **Empfänger des Jahresabschlusses** ist natürlich die Geschäftsleitung des Unternehmens selbst. An den ermittelten Daten wird der unternehmerische Erfolg ihrer Tätigkeit gemessen. Die Veröffentlichung der Jahresabschlüsse soll darüber hinaus auch allen Interessierten – oft auch **Stakeholder** genannt – wie den Anteilseignern (Gesellschafter, Aktionäre), Finanzbehörden, Gläubigern, Konkurrenten, Lieferanten, Kunden, Gewerkschaften, Mitarbeitern usw. ermöglichen, sich einen Überblick über die wirtschaftlichen Verhältnisse des Unternehmens zu verschaffen.

Empfänger von Jahresabschlüssen, vgl. **4**, S. 255

Stakeholder
Personen oder Institutionen, die am Jahresabschluss eines Unternehmens interessiert sind

Das ist insbesondere dann dringend erforderlich, wenn z. B. den Gläubigern gegenüber nur das Gesellschaftsvermögen haftet. Die Veröffentlichungspflichten sind hier die Kehrseite der Haftungsbeschränkung. Besonders bei großen Unternehmen ist die „Öffentlichkeit“ allgemein an den Zahlen dieser Unternehmen interessiert.

Großunternehmen gemäß § 1 Publizitätsgesetz, vgl. **2.1.1**, S. 216

Bei Banken oder Versicherungen sind die Unternehmensdaten allein schon wegen der Branche für viele interessant – sie „verwalten“ viel Geld, das anderen gehört! Banken und Versicherungen müssen deshalb unabhängig von ihrer Größe immer einen Jahresabschluss veröffentlichen.

2.1.1 Offenlegungspflichtige Unternehmen

Nach § 1 Publizitätsgesetz (PublG) haben **alle Großunternehmen** – unabhängig von Branche und Unternehmensform – ihren Jahresabschluss zu veröffentlichen, wenn in einem Jahresabschluss der Vergangenheit und für die zwei darauf folgenden Abschlussstichtage jeweils **mindestens zwei** der drei nachstehenden Merkmale zutreffen:

Merkmale von offenlegungspflichtigen Großunternehmen nach § 1 PublG
1. Die Bilanzsumme übersteigt 65 Millionen €.
2. Die Umsatzerlöse übersteigen 130 Millionen €.
3. Das Unternehmen beschäftigt durchschnittlich mehr als 5 000 Arbeitnehmer.

Dies gilt für alle Einzel- oder Personengesellschaften sowie für wirtschaftliche Vereine und öffentlich-rechtliche Rechtsträger als Kaufleute. Darüber hinaus umfasst der Kreis der offenlegungspflichtigen Unternehmen grundsätzlich (d. h. **auch bei Unterschreiten** obiger Merkmale)

Rechtsformen von Unternehmen, vgl. **HF 1**, **3**, Band 1

- alle Kapitalgesellschaften (AG, GmbH, KGaA),
- eingetragene Genossenschaften,
- Personengesellschaften ohne eine natürliche Person als persönlich haftenden Gesellschafter (z. B. GmbH & Co. KG),
- Banken und Versicherungsunternehmen.

2.1.2 Rechnungslegungspflichten der Kapitalgesellschaften

Die gesetzlichen Vertreter einer Kapitalgesellschaft haben den Jahresabschluss, bestehend aus Bilanz, Gewinn- und Verlustrechnung und Anhang, aufzustellen. Daneben ist ein Lagebericht zu erstellen. Der Jahresabschluss hat ein den tatsächlichen Verhältnissen entsprechendes Bild der Vermögens-, Finanz- und Ertragslage der Kapitalgesellschaft zu vermitteln.

Offenlegungspflichtige Unternehmen müssen ihre Jahresabschlussunterlagen **elektronisch** beim Betreiber des elektronischen Bundesanzeigers, dem Bundesanzeiger-Verlag in Köln, einreichen. Zuvor mussten Jahresabschlüsse schriftlich bei den Registergerichten eingereicht werden.

§ 329 (1) HGB

Der Betreiber des elektronischen Bundesanzeigers prüft, ob alle Unterlagen fristgemäß und vollzählig eingereicht worden sind. Fällt die Prüfung negativ aus, wird das für die Durchführung von Ordnungsgeldverfahren zuständige Bundesamt für Justiz unterrichtet. Ordnungsstrafen bis zu 25.000,00 € sind möglich.

Nach der Einreichung und Bekanntmachung der Jahresabschlüsse im elektronischen Bundesanzeiger werden die Unterlagen an das Unternehmensregister weitergeleitet. Sie sind dann im Internet für jedermann einsehbar. Auch im elektronischen Bundesanzeiger können die Daten kostenlos eingesehen werden.

www.bundesanzeiger.de
www.unternehmensregister.de

Aufstellungs- und Veröffentlichungspflichten nach Größenklassen[1)]

	Größe der Kapitalgesellschaft[2)]	Kleinstkapitalgesellschaft § 267a HGB	kleine Kapitalgesellschaft § 267 (1) HGB	mittelgroße Kapitalgesellschaft § 267 (2) HGB	große Kapitalgesellschaft § 267 (3) HGB
Merkmale	Bilanzsumme	bis 350.000,00 €	> 0,35 – 6 Mio. €	> 6 – 20 Mio. €	> 20 Mio. €
Merkmale	Umsatzerlöse	bis 700.000,00 €	> 0,7 – 12 Mio. €	> 12 – 40 Mio. €	> 40 Mio. €
Merkmale	durchschnittliche Arbeitnehmerzahl	bis 10 Arbeitnehmer	bis 50 Arbeitnehmer	bis 250 Arbeitnehmer	über 250 Arbeitnehmer
Jahresabschluss	Fristen § 264 HGB	6 Monate	6 Monate	3 Monate	3 Monate
Jahresabschluss	Bilanz § 266 HGB	ja, stark verkürzt § 266 (1) HGB	ja, verkürzt § 266 (1) HGB	ja, vollständig	ja, vollständig
Jahresabschluss	Gewinn- und Verlustrechung § 275 HGB	ja, stark verkürzt § 275 (5) HGB	ja, verkürzt § 276 HGB	ja, verkürzt § 276 HGB	ja, vollständig
Jahresabschluss	Anhang § 284 ff. HGB (Erläuterung)	nein, Angaben unter der Bilanz ggf. notwendig	ja	ja	ja
Lagebericht § 289 HGB		nein	nein § 264 (1) HGB	ja	ja
Offenlegung und Prüfung	Offenlegung § 325 ff. HGB	ja, nur Bilanz	ja, Bilanz und Anhang (keine GuV-Rechnung)	ja, auch Bilanz und Anhang in verkürzter Form möglich	ja
Offenlegung und Prüfung	Art	nur Hinterlegung beim Bundesanzeiger	Einreichung und Bekanntmachung im elektronischen Bundesanzeiger		
Offenlegung und Prüfung	Fristen	spätestens 12 Monate nach dem Jahresabschluss[3)]			
Offenlegung und Prüfung	externe Abschlussprüfer § 316 HGB	keine	keine	ja	ja

[1)] Größenklassen nach Bilanzrichtlinien-Umsetzungsgesetz vom 07.01.2015

[2)] § 267 (3) und (4) HGB: Mittelgroße und große Kapitalgesellschaften sind solche, die mindestens zwei der drei Merkmale überschreiten. Die Rechtsfolgen treten nur ein, wenn die Merkmale an den Abschlussstichtagen von zwei aufeinanderfolgenden Geschäftsjahren über- oder unterschritten werden.

[3)] Für kapitalmarktorientierte Kapitalgesellschaften (z. B. börsennotierte Aktiengesellschaften) gilt eine Einreichungsfrist zur Offenlegung von vier Monaten (§ 325 (4) S. 1 HGB).

Die Größenklassen gemäß obiger Tabelle entscheiden darüber, welche Informationspflichten eine Kapitalgesellschaft erfüllen muss. Je kleiner ein Unternehmen ist, desto weniger Daten sind zu veröffentlichen. Diese Schwellenwerte wurden durch das Bilanzrechtsmodernisierungsgesetz (BilMoG) ab 2010 erhöht, sodass heute mehr Unternehmen als klein oder mittelgroß gelten.

E-Bilanz: Seit dem Jahr 2012 müssen alle Unternehmen zusätzlich ihre **steuerrechtlichen** Bilanzdaten sowie Gewinn- und Verlustdaten elektronisch an das Finanzamt übermitteln. Das kann ein HGB-Abschluss mit einer steuerlichen Überleitungsrechnung oder direkt eine Steuerbilanz sein.

2.2 Bilanz

2.2.1 Gliederung der Bilanz

Inhalt der Bilanz für alle Kaufleute

§ 247 HGB (1)
Inhalt der Bilanz

In der Bilanz sind das Anlage- und das Umlaufvermögen, das Eigenkapital, die Schulden sowie die Rechnungsabgrenzungsposten gesondert auszuweisen und hinreichend zu gliedern.

Ergänzende Vorschriften für Kapitalgesellschaften

§ 266 HGB
Gliederung der Bilanz

Die Bilanz ist in Kontoform aufzustellen. Große und mittelgroße Kapitalgesellschaften haben auf der Aktivseite und auf der Passivseite die in § 266 HGB bezeichneten Posten gesondert und in der vorgeschriebenen Reihenfolge auszuweisen. Kleine Kapitalgesellschaften brauchen nur eine verkürzte Bilanz aufzustellen, in die lediglich die mit Buchstaben und römischen Zahlen bezeichneten Posten gesondert und in der vorgeschriebenen Reihenfolge aufzunehmen sind.

Beispiel Verkürzte Bilanz einer kleinen Kapitalgesellschaft

Aktiva	Bilanz Passiva
A. Anlagevermögen I. Immaterielle Vermögensgegenstände II. Sachanlagen III. Finanzanlagen **B. Umlaufvermögen** I. Vorräte II. Forderungen und sonstige Vermögensgegenstände III. Wertpapiere IV. Kassenbestand, Bundesbankguthaben, Guthaben bei Kreditinstituten und Schecks **C. Rechnungsabgrenzungsposten**[1)] **D. Aktive latente Steuern**[1)] **E. Aktiver Unterschiedsbetrag aus der Vermögensrechnung**[1)]	**A. Eigenkapital** I. gezeichnetes Kapital II. Kapitalrücklage III. Gewinnrücklagen IV. Gewinnvortrag/Verlustvortrag V. Jahresüberschuss/Jahresfehlbetrag **B. Rückstellungen** **C. Verbindlichkeiten** **D. Rechnungsabgrenzungsposten**[1)] **E. Passive latente Steuern**[1)]

1) Fallen bei der Fly Bike Werke GmbH nicht an und werden daher auch nicht behandelt.

Rückstellungen
Verbindlichkeiten, die dem Grunde nach bekannt sind, deren Höhe und/oder Zeitpunkt ihres Auftretens aber unbekannt sind.

Das Gliederungsschema für Kapitalgesellschaften wird heute üblicherweise von allen Unternehmen – unabhängig von ihrer Rechtsform – übernommen.

Übersicht: *Gliederung der Bilanz*

Gliederung der Bilanz

Einzelkaufleute und Personengesellschaften	kleine Kapitalgesellschaften	große und mittelgroße Kapitalgesellschaften
keine feste Bilanzgliederung, § 247 HGB	verkürzte Bilanzgliederung nach § 266 (1) HGB	Bilanzgliederung nach § 266 (2) und (3) HGB

Bilanzgliederung für große und mittelgroße Kapitalgesellschaften

Aktiva | **Bilanz** | **Passiva**

Aktiva

A. Anlagevermögen
- I. Immaterielle Vermögensgegenstände:
  1. Selbst geschaffene gewerbliche Schutzrechte und ähnliche Rechte und Werte
  2. entgeltlich erworbene Konzessionen, gewerbliche Schutzrechte und ähnliche Rechte und Werte sowie Lizenzen an solchen Rechten und Werten
  3. Geschäfts- oder Firmenwert
  4. geleistete Anzahlungen
- II. Sachanlagen:
  1. Grundstücke, grundstücksgleiche Rechte und Bauten einschließlich der Bauten auf fremden Grundstücken
  2. technische Anlagen und Maschinen
  3. andere Anlagen, Betriebs- und Geschäftsausstattung
  4. geleistete Anzahlungen und Anlagen im Bau
- III. Finanzanlagen:
  1. Anteile an verbundenen Unternehmen
  2. Ausleihungen an verbundene Unternehmen
  3. Beteiligungen
  4. Ausleihungen an Unternehmen, mit denen ein Beteiligungsverhältnis besteht
  5. Wertpapiere des Anlagevermögens
  6. sonstige Ausleihungen

B. Umlaufvermögen
- I. Vorräte:
  1. Roh-, Hilfs- und Betriebsstoffe
  2. unfertige Erzeugnisse, unfertige Leistungen
  3. fertige Erzeugnisse und Waren
  4. geleistete Anzahlungen
- II. Forderungen und sonstige Vermögensgegenstände:
  1. Forderungen aus Lieferungen und Leistungen
  2. Forderungen gegen verbundene Unternehmen
  3. Forderungen gegen Unternehmen, mit denen ein Beteiligungsverhältnis besteht
  4. sonstige Vermögensgegenstände
- III. Wertpapiere:
  1. Anteile an verbundenen Unternehmen
  2. sonstige Wertpapiere
- IV. Kassenbestand, Bundesbankguthaben, Guthaben bei Kreditinstituten und Schecks

C. Rechnungsabgrenzungsposten

D. Aktive latente Steuern

E. Aktiver Unterschiedsbetrag aus Vermögensrechnung

Passiva

A. Eigenkapital
- I. Gezeichnetes Kapital
- II. Kapitalrücklage
- III. Gewinnrücklagen:
  1. gesetzliche Rücklage
  2. Rücklage für Anteile an einem herrschenden oder mehrheitlich beteiligten Unternehmen
  3. satzungsmäßige Rücklagen
  4. andere Gewinnrücklagen
- IV. Gewinnvortrag/Verlustvortrag
- V. Jahresüberschuss/Jahresfehlbetrag

B. Rückstellungen
1. Rückstellungen für Pensionen und ähnliche Verpflichtungen
2. Steuerrückstellungen
3. sonstige Rückstellungen

C. Verbindlichkeiten
1. Anleihen
   – davon konvertibel
2. Verbindlichkeiten gegenüber Kreditinstituten
3. erhaltene Anzahlungen auf Bestellungen
4. Verbindlichkeiten aus Lieferungen und Leistungen
5. Verbindlichkeiten aus der Annahme gezogener Wechsel und der Ausstellung eigener Wechsel
6. Verbindlichkeiten gegenüber verbundenen Unternehmen
7. Verbindlichkeiten gegenüber Unternehmen, mit denen ein Beteiligungsverhältnis besteht
8. sonstige Verbindlichkeiten
   – davon aus Steuern
   – davon im Rahmen der sozialen Sicherheit

D. Rechnungsabgrenzungsposten

E. Passive latente Steuern

2.2.2 Ausweis des Eigenkapitals in der Bilanz

Einzelunternehmen weisen das Eigenkapital in einer Position aus. **Personengesellschaften** weisen für jeden Inhaber eine eigenständige Eigenkapitalposition aus (Eigenkapital Gesellschafter A, Gesellschafter B usw.). Bei voll haftenden Gesellschaftern kann sich das Eigenkapital im Zeitablauf ändern: Es steigt durch nicht ausgezahlte Gewinne oder Privateinlagen; es sinkt durch verrechnete Verluste oder Privatentnahmen.

Für **Kapitalgesellschaften** gelten besondere Ausweispflichten gemäß HGB. Dabei kann das Eigenkapital **vor, nach teilweiser** oder **nach vollständiger Ergebnisverwendung** ausgewiesen werden. Für externe Bilanzempfänger ist es wichtig zu wissen, wie viel Kapital tatsächlich im Unternehmen verbleibt, da Kapitalausschüttungen an die Anteilseigner dem Unternehmen für das Erreichen seiner wirtschaftlichen Ziele nicht mehr zur Verfügung stehen. Das ist aber nicht in jedem Fall garantiert.

Eigenkapitalausweis in der Bilanz, § 268 (1) HGB

Fall 1: Eigenkapitalausweis vor der Ergebnisverwendung

Hier erkennt der Bilanzempfänger nur, dass noch keinerlei Entscheidungen über die Ergebnisverwendung getroffen worden sind. Über die Bildung von Gewinnrücklagen oder Gewinnausschüttungen muss erst noch entschieden werden.

Eigenkapitalausweis nach § 266 HGB

A. Eigenkapital	Erläuterungen (Beispiele)
I. Gezeichnetes Kapital	Kapital, auf das die Haftung der Gesellschafter für die Verbindlichkeiten der Kapitalgesellschaft gegenüber den Gläubigern beschränkt ist (Grund- oder Stammkapital).
II. Kapitalrücklage	Betrag, der bei der Ausgabe von Anteilen über dem Nennwert der Anteile liegt. Beispiel: Bei einer Kapitalerhöhung durch Ausgabe von Aktien beträgt der Nennwert 1,00 €, der Ausgabewert 3,00 € pro Aktie. Die Kapitalrücklage je Aktie beträgt somit 2,00 €. Das gezeichnete Kapital steigt um 1,00 € je Aktie.
III. Gewinnrücklagen	Beträge, die im Geschäftsjahr oder einem früheren Geschäftsjahr aus dem Ergebnis (Gewinn) für die Kapitalgesellschaft einbehalten wurden.
IV. Gewinnvortrag[1]	unverteilter Gewinnrest aus dem Vorjahr
V. Jahresüberschuss[2]	Gewinn des abgelaufenen Geschäftsjahres

[1] ggf. auch Verlustvortrag aus dem Vorjahr
[2] ggf. auch Jahresfehlbetrag, wenn ein Verlust ausgewiesen werden muss

Fall 2: Eigenkapitalausweis nach teilweiser Ergebnisverwendung

Hier erkennt der Bilanzempfänger, dass über die Verwendung eines Restgewinns (Bilanzgewinn) durch die Anteilseigner noch entschieden werden muss. Die Gliederungspunkte I. bis III. bleiben unverändert. Betragsmäßig wird aus einem Gewinnvortrag (IV.) und dem Jahresüberschuss (V.) nach Bildung von (ersten) Gewinnrücklagen die neue Position **IV. Bilanzgewinn**.

IV. Bilanzgewinn	Wird ein Bilanzgewinn ausgewiesen, so sind bereits Gewinnrücklagen, für die kein Beschluss der Anteilseigner nötig ist, gebildet worden. Nur der Bilanzgewinn steht noch für eine weitere Erhöhung der Gewinnrücklagen und/oder für Ausschüttungen an die Anteilseigner zur Verfügung.

Fall 3: Eigenkapitalausweis nach vollständiger Ergebnisverwendung

Hier erkennt der Bilanzempfänger, dass die Anteilseigner abschließend über die Ergebnisverwendung entschieden haben. Erst jetzt wird ersichtlich, wie viel Kapital tatsächlich im Unternehmen verbleibt und nicht ausgeschüttet wird. Die Gliederungspunkte I. bis III. bleiben unverändert. Betragsmäßig wird aus dem Bilanzgewinn ggf. nach einer weiteren Bildung von Gewinnrücklagen und/oder Gewinnausschüttung die neue Position **IV. Gewinnvortrag für das Folgejahr**.

IV. Gewinnvortrag	Wird ein neuer Gewinnvortrag ausgewiesen, so ist das Ergebnis bereits vollständig verteilt worden (Bildung von Gewinnrücklagen und/oder Ausschüttungen).

Beispiel Die Bike GmbH hat Gewinnrücklagen gebildet und ein neuer Gesellschafter wurde aufgenommen. Er hat zusätzlich zu seiner Einlage 100.000,00 € eingezahlt, die als Kapitalrücklage ausgewiesen werden. Gewinnrücklagen werden jährlich um 5.000,00 € aufgestockt. In der Gesellschafterversammlung wird eine Gewinnauszahlung von 120.000,00 € beschlossen. Die Gewinnanteile der Gesellschafter sind noch nicht ausgezahlt. Die Fly Bike Werke hingegen haben ihren Jahresüberschuss vollständig zur Erhöhung der Gewinnrücklagen einbehalten.

Eigenkapitalausweis in Abhängigkeit von der Ergebnisverwendung (in €)

A. Eigenkapital	vor Ergebnisverwendung		nach teilweiser Ergebnisverwendung		nach vollständiger Ergebnisverwendung	
	Bike GmbH	FBW GmbH	Bike GmbH	FBW GmbH	Bike GmbH	FBW GmbH
I. Gezeichnetes Kapital	300.000,00	300.000,00	300.000,00	300.000,00	300.000,00	300.000,00
II. Kapitalrücklage	100.000,00	–	100.000,00	–	100.000,00	–
III. Gewinnrücklagen	50.000,00	300.000,00	55.000,00	400.000,00	55.000,00	400.000,00
IV. Gewinnvortrag (Vorjahr)	750,00	–	–	–	–	–
V. Jahresüberschuss	127.850,00	100.000,00	–	–	–	–
IV. Bilanzgewinn	–	–	123.600,00	–	–	–
IV. Gewinnvortrag (Berichtsjahr)	–	–	–	–	3.600,00	–
Summe Eigenkapital	578.600,00	700.000,00	578.600,00	–	458.600,00	700.000,00
Vbl. ggü. Gesellschaftern	–	–	–	–	120.000,00	–
Summe	578.600,00	700.000,00	578.600,00	700.000,00	578.600,00	700.000,00

Beispiel

	Bike GmbH	FBW GmbH
Gewinnvortrag	750,00 €	0,00 €
+ Jahresüberschuss	127.850,00 €	100.000,00 €
= zu verteilender Gewinn	128.600,00 €	100.000,00 €
– Einstellung in die Gewinnrücklage	5.000,00 €	100.000,00 €
= Bilanzgewinn	123.600,00 €	0,00 €
– Gewinnanteile der Gesellschafter (noch nicht ausgezahlt)	120.000,00 €	0,00 €
= Gewinnvortrag für das Folgejahr	3.600,00 €	0,00 €

Neben den in der Bilanz offen ausgewiesenen Kapital- und Gewinnrücklagen sind in jedem Unternehmen stille Rücklagen (stille Reserven) vorhanden, die in der Bilanz nicht ausgewiesen werden.

2.3 Gewinn- und Verlustrechnung

§ 275 HGB

Im Unterschied zur Finanzbuchhaltung müssen Kapitalgesellschaften ihre Gewinn- und Verlustrechnung gemäß HGB **in Staffelform** aufstellen. Nur mittelgroße und große Kapitalgesellschaften müssen diese Gewinn- und Verlustrechnung veröffentlichen. Kleine und mittelgroße Kapitalgesellschaften dürfen die Positionen 1 bis 5 zu einer Position „Rohergebnis" zusammenfassen. Bei der Aufstellung der GuV-Rechnung sind nach HGB (teilweise mit weiteren Untergliederungen) folgende Posten auszuweisen:

Beispiel Aufbau der GuV-Rechnung nach § 275 (2) HGB

GuV-Positionen nach HGB (teilweise verkürzt)	Erläuterungen/Beispiele für ein Industrieunternehmen		
1. Umsatzerlöse	Erlöse aus dem Verkauf und der Vermietung oder Verpachtung von Produkten sowie aus der Erbringung von Dienstleistungen nach Abzug von Erlösschmälerungen und der Umsatzsteuer sowie sonstiger direkt mit dem Umsatz verbundener Steuern	Rohergebnis: Positionen 1. – 5.	Betriebsergebnis (einschließlich außerordentlicher Aufwendungen und Erträge): Positionen 1. – 8.
2. Erhöhung oder Verminderung des Bestands an fertigen und unfertigen Erzeugnissen	Änderung der Erzeugnisbestände, z. B. Lageraufbau von Erzeugnissen (Mehrbestand)		
3. andere aktivierte Eigenleistungen	Wert selbst hergestellter Anlagegüter		
4. sonstige betriebliche Erträge	weitere sonstige Erträge (auch außerordentliche), soweit nicht in 1. bis 3. enthalten (ohne Finanz- und Zinserträge)		
5. Materialaufwand	Aufwendungen für Roh-, Hilfs-, und Betriebsstoffe oder Fremdbauteile und der Wareneinsatz		
6. Personalaufwand	Löhne, Gehälter, vermögenswirksame Leistungen des Arbeitgebers, soziale Abgaben, Aufwendungen für die Altersvorsorge		
7. Abschreibungen	– im Anlagevermögen (ohne Finanzanlagen) – im Umlaufvermögen, soweit diese die in der Kapitalgesellschaft üblichen Abschreibungen überschreiten		
8. sonstige betriebliche Aufwendungen	weitere sonstige Aufwendungen (auch außerordentliche), soweit nicht in 5. bis 7. enthalten (ohne Finanz- und Zinsaufwendungen)		
9. Erträge aus Beteiligungen	Erträge und Aufwendungen aus dem Finanzbereich einschließlich Zinsen	Finanzergebnis: Positionen 9. – 13.	
10. Erträge aus anderen Wertpapieren und Ausleihungen des Finanzanlagevermögens			
11. sonstige Zinsen und ähnliche Erträge			
12. Abschreibungen auf Finanzanlagen und auf Wertpapiere des Umlaufvermögens			
13. Zinsen und ähnliche Aufwendungen			
14. Steuern vom Einkommen und vom Ertrag	Körperschaft- und Gewerbesteuer		
15. Ergebnis nach Steuern			
16. sonstige Steuern	weitere Steuern, z. B. Grundsteuer oder Kfz-Steuer, soweit nicht in Position 8. enthalten		
17. Jahresüberschuss/Jahresfehlbetrag			

Vollständige Gewinn- und Verlustrechnung nach § 275 (2) HGB bei Anwendung des Gesamtkostenverfahrens

1. Umsatzerlöse
2. Erhöhung oder Verminderung des Bestandes an fertigen und unfertigen Erzeugnissen
3. andere aktivierte Eigenleistungen
4. sonstige betriebliche Erträge
5. Materialaufwand:
   a) Aufwendungen für Roh-, Hilfs- und Betriebsstoffe und für bezogene Waren
   b) Aufwendungen für bezogene Leistungen
6. Personalaufwand:
   a) Löhne und Gehälter
   b) soziale Abgaben und Aufwendungen für Altersvorsorge und für Unterstützung,
   davon für Altersvorsorge
7. Abschreibungen:
   a) auf immaterielle Vermögensgegenstände des Anlagevermögens und Sachanlagen
   b) auf Vermögensgegenstände des Umlaufvermögens, soweit diese die in der Kapitalgesellschaft üblichen Abschreibungen überschreiten
8. sonstige betriebliche Aufwendungen
9. Erträge aus Beteiligungen,
   davon aus verbundenen Unternehmen
10. Erträge aus anderen Wertpapieren und Ausleihungen des Finanzanlagevermögens,
    davon aus verbundenen Unternehmen
11. sonstige Zinsen und ähnliche Erträge,
    davon aus verbundenen Unternehmen
12. Abschreibungen auf Finanzanlagen und auf Wertpapiere des Umlaufvermögens
13. Zinsen und ähnliche Aufwendungen,
    davon an verbundene Unternehmen
14. Steuern vom Einkommen und vom Ertrag
15. Ergebnis nach Steuern
16. sonstige Steuern
17. Jahresüberschuss/Jahresfehlbetrag

Gesamtkostenverfahren Positionen 5.–7.: Gliederung nach Aufwandsarten

Das oben ausgewiesene **Gesamtkostenverfahren** berücksichtigt alle Aufwendungen einer Abrechnungsperiode. Da die Aufwendungen der Produktion und deren Erlöse nicht immer in die gleiche Abrechnungsperiode fallen, müssen hier z. B. die Bestandsveränderungen von unfertigen und fertigen Erzeugnissen als Aufwand (Bestandsminderungen) oder Ertrag (Bestandserhöhungen) ausgewiesen werden. Dasselbe gilt für aktivierungspflichtige Eigenleistungen (Ertrag).

Das **Umsatzkostenverfahren** stellt den Umsatzerlösen einer Abrechnungsperiode nur diejenigen Aufwendungen gegenüber, die für die tatsächlich verkauften Produkte angefallen sind (Umsatzkosten). Bei Anwendung des Umsatzkostenverfahrens sind bis zum Betriebsergebnis nach § 275 (3) HGB folgende GuV-Positionen auszuweisen:

Positionen 4.–5.: Gliederung nach Funktionen (Kostenstellen)

1. Umsatzerlöse
2. Herstellungskosten der zur Erzielung der Umsatzerlöse erbrachten Leistungen
3. Bruttoergebnis vom Umsatz
4. Vertriebskosten
5. allgemeine Verwaltungskosten
6. sonstige betriebliche Erträge
7. sonstige betriebliche Aufwendungen

Der Jahresüberschuss ist in beiden Fällen gleich.

Durch das seit 2016 gültige Bilanzrichtlinienumsetzungsgesetz (BilRuG) ist im neuen Gliederungsschema der GuV-Rechnung nach HGB das früher notwendige betriebsgewöhnliche Ergebnis (= Ergebnis der gewöhnlichen Geschäftstätigkeit) vollständig entfallen, da es auch das außerordentliche Ergebnis nicht mehr gibt. Außerordentliche Ertrags- oder Aufwandsposten sind jetzt im Anhang je GuV-Position anzugeben.

§ 285 HGB: Sonstige Pflichtangaben

Ferner sind im Anhang anzugeben:
(...)
31. jeweils der Betrag und die Art der einzelnen Erträge und Aufwendungen von außergewöhnlicher Größenordnung oder außergewöhnlicher Bedeutung, soweit die Beträge nicht von untergeordneter Bedeutung sind;
(...)

Übersicht: *Ergebnisstruktur nach HGB*

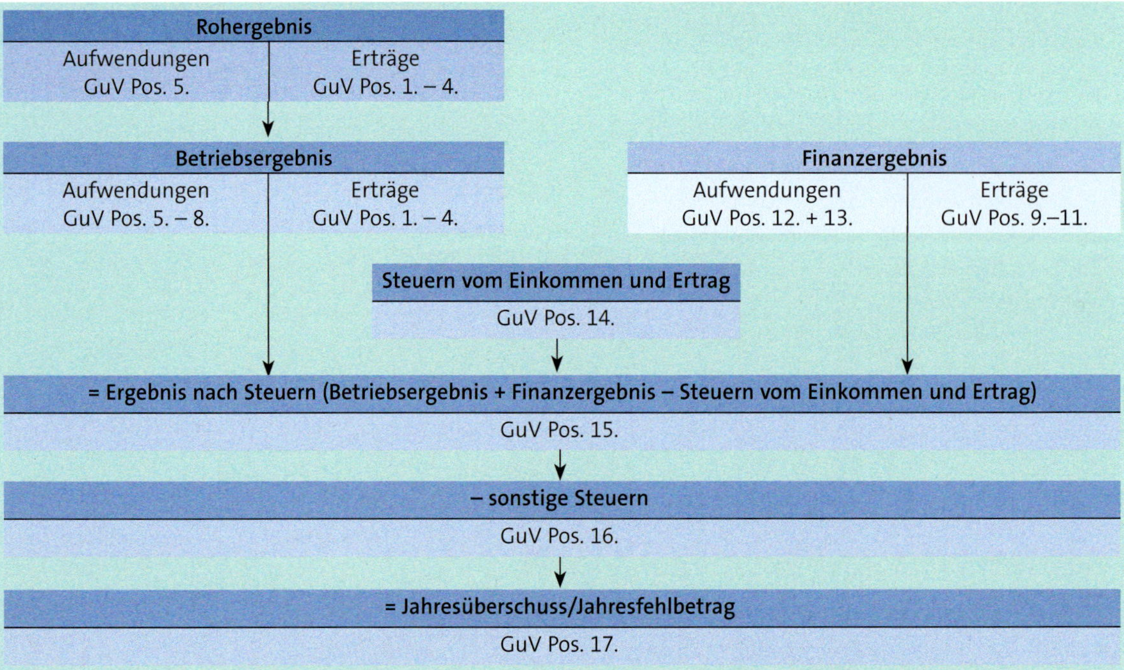

Hinweis: Unternehmensindividuell können jetzt auch zusätzliche Zwischensummen benannt und ausgewiesen werden!

2.4 Anhang und Lagebericht

Anhang

Zum Jahresabschluss einer Kapitalgesellschaft gehören Erläuterungen zur Bilanz und zur Gewinn- und Verlustrechnung, die in einem Anhang aufzunehmen sind. Einen Katalog von Pflichtangaben enthalten die §§ 284 und 285 HGB. Kleine und mittlere Kapitalgesellschaften müssen nicht alle Angaben veröffentlichen.

Beispiel Inhalte des Anhangs nach § 284 f. HGB

Mögliche Inhalte des Anhangs	Beispiele
allgemeine Grundsätze der Bilanzierung, der Bewertung und der Währungsumrechnung	– Darstellung und Erläuterung von angewandten Bilanzierungs- und Bewertungsmethoden mit Angaben hinsichtlich Änderungen zu Vorjahren und deren Einfluss auf die Vermögens-, Finanz- und Ertragslage – Umrechnungskurse für Forderungen und Verbindlichkeiten in Fremdwährungen
erläuternde, ergänzende und korrigierende Informationen zur Bilanz und zur Gewinn- und Verlustrechnung	– Ausweis eines Anlagespiegels, der den Wert und die Entwicklung der einzelnen Anlagegüter erläutert – angewandte Abschreibungsmethoden – Verbindlichkeiten mit einer Restlaufzeit von mehr als 5 Jahren – Aufgliederung der Umsatzerlöse nach Tätigkeitsbereichen oder regionalen Märkten – durch Pfandrechte gesicherte Verbindlichkeiten – sonstige (auch zukünftige) finanzielle Verpflichtungen, die nicht in der Bilanz erscheinen – einmalige und außergewöhnliche Vorgänge von Bedeutung – Abweichungen der Handelsbilanz von der Steuerbilanz
sonstige Angaben	– Namen aller Mitglieder der Geschäftsführung und des Aufsichtsrates; Angaben über deren gesamte Bezüge vom Unternehmen – Anzahl der beschäftigten Arbeitnehmer

Lagebericht

Mittlere und große Kapitalgesellschaften müssen neben dem Jahresabschluss mit Bilanz, Gewinn- und Verlustrechnung und Anhang zusätzlich einen Lagebericht veröffentlichen. Dieser Bericht soll die derzeitige und zukünftige Situation des Unternehmens hinsichtlich seiner Chancen und Risiken darstellen. Darin muss ein den „tatsächlichen Verhältnissen entsprechendes Bild" vermittelt werden. Der Lagebericht soll das Bild aus Bilanz und GuV-Rechnung für die Gläubiger abrunden. § 289 HGB

Dabei soll auch

- auf bedeutsame Vorgänge, die nach Abschluss des Geschäftsjahres eingetreten sind (z. B. konjunkturelle und saisonale Tendenzen in der Branche, Ergebnisanalysen),
- auf die voraussichtliche Entwicklung (z. B. Marktentwicklung, Konsumverhalten) und
- auf den Bereich Forschung und Entwicklung (z. B. neue Produkte) eingegangen werden.

LS ▸ LS 83
Das Anlagevermögen bewerten

3 Bewertung von Vermögen und Schulden

Bevor ein Jahresabschluss mit Bilanz und GuV-Rechnung aufgestellt werden kann, müssen alle Vermögenswerte und Schulden für diesen Abschluss bewertet werden. Dabei muss zwischen einer Bewertung nach Handelsrecht und nach Steuerrecht unterschieden werden.

Bewertung von Vermögen und Schulden – rechtliche Grundlagen

Rechtliche Grundlagen	
Handelsrecht §§ 252–256 HGB für Kaufleute §§ 264 ff. HGB für Kapitalgesellschaften §§ 290 ff. HGB für Konzerne	**Steuerrecht** §§ 5–7 EStG
Zielsetzung Substanzerhaltung, Gläubigerschutz	**Zielsetzung** Ermittlung des Gewinns zur Besteuerung nach einheitlichen Maßstäben (Steuergerechtigkeit)
Handelsbilanz	**Steuerbilanz**

Offenlegungspflichten, vgl. 2.1, S. 215

Bewertungen in der Handelsbilanz können demnach von denen in der Steuerbilanz abweichen. Die Handelsbilanz, die einer Bewertung nach dem Prinzip der Vorsicht folgt und ggf. veröffentlicht werden muss, zeigt dann ein „anderes Bild" als die Steuerbilanz, die nur dem Finanzamt zur Verfügung gestellt werden muss.

3.1 Bewertungsgrundsätze und -prinzipien

Bei der Bewertung der im Jahresabschluss ausgewiesenen Vermögensgegenstände und Schulden gelten nach § 252 HGB folgende allgemeine Grundsätze, von denen nur in begründeten Ausnahmefällen abgewichen werden darf.

Bewertungsgrundsätze	
Bilanzidentität	Die Wertansätze in der Eröffnungsbilanz des Geschäftsjahrs müssen mit denen der Schlussbilanz des vorhergehenden Geschäftsjahrs übereinstimmen.
Unternehmensfortführung	Bei der Bewertung ist von der Fortführung der Unternehmenstätigkeit auszugehen, sofern dem nicht tatsächliche oder rechtliche Gegebenheiten entgegenstehen.
Einzelbewertung	Die Vermögensgegenstände und Schulden sind zum Abschlussstichtag einzeln zu bewerten.
Prinzip der Vorsicht	Es ist vorsichtig zu bewerten. Alle vorhersehbaren Risiken und Verluste, die bis zum Abschlussstichtag entstanden sind, sind zu berücksichtigen, selbst wenn diese erst zwischen dem Abschlussstichtag und dem Tag der Aufstellung des Jahresabschlusses bekannt geworden sind. Gewinne sind nur zu berücksichtigen, wenn sie bis zum Abschlussstichtag realisiert sind.
Periodenabgrenzung	Aufwendungen und Erträge des Geschäftsjahrs sind unabhängig von den Zeitpunkten der entsprechenden Zahlungen im Jahresabschluss zu berücksichtigen.
Bewertungskontinuität	Die auf den vorhergehenden Jahresabschluss angewandten Bewertungsmethoden sind beizubehalten.

Der Gesetzgeber konkretisiert das **Prinzip der Vorsicht** durch das Anschaffungskostenprinzip, das Niederstwertprinzip und das Höchstwertprinzip für Vermögens- und Schuldenposten. In bestimmten Fällen werden auch **Bewertungsalternativen** zugelassen. Unternehmen können im Rahmen dieser gesetzlich zugelassenen Bewertungswahlrechte ihren Gewinn beeinflussen. Bewertungen außerhalb der gesetzlichen Vorschriften sind Bilanzfälschungen und damit strafrechtlich relevant!

Anschaffungskostenprinzip

Für das Anlage- und Umlaufvermögen gilt das Anschaffungskostenprinzip. Danach sind Vermögensgegenstände **höchstens mit den Anschaffungskosten** – vermindert um planmäßige Abschreibungen, soweit vorgeschrieben – anzusetzen.

Abschreibungen, vgl. **3.3**, S. 234

Anschaffungskosten sind Aufwendungen, die geleistet werden, um einen Vermögensgegenstand zu erwerben und ihn in einen betriebsbereiten Zustand zu versetzten, soweit sie dem Vermögensgegenstand einzeln zugeordnet werden können. Zu den Anschaffungskosten gehören auch die Nebenkosten sowie die nachträglichen Anschaffungskosten. Anschaffungspreisminderungen sind abzuziehen.

§ 255 (1) HGB

Anschaffungskosten

	Begriffe laut HGB	**Beispiele**
	Anschaffungspreis	Preise aus Preislisten, Katalogen oder individuellen Angeboten
–	Anschaffungspreisminderungen	Rabatte, Skonti, Boni, Preisnachlässe aufgrund von Mängelrügen
+	Anschaffungsnebenkosten	Bezugskosten aller Art (Transportkosten, Verpackungskosten, Einfuhrzölle), aber auch je nach Art des Vermögensgegenstandes Montage- (bei Maschinen) oder Zulassungskosten (bei Fahrzeugen), ebenso Gebühren (z. B. Makler- oder Notargebühren)
+	nachträgliche Anschaffungskosten	nachträgliche, werterhöhende Veränderungen des Vermögensgegenstandes (Aufrüstungen als An-, Ein- oder Umbauten usw.)

Beispiel: Kauf eines Schreibtisches für den Geschäftsführer			
	Anschaffungspreis	Preis laut Preisliste	2.800,00 €
–	Anschaffungspreisminderung	Rabatt 15 %	420,00 €
+	Anschaffungsnebenkosten	Kosten der Lieferung	250,00 €
+	Anschaffungsnebenkosten	Aufstellungskosten	100,00 €
=	**Anschaffungskosten**	**Nettorechnungsbetrag**	**2.730,00 €**
+	keine Anschaffungskosten	19 % Umsatzsteuer	518,70 €
=	Zahlungsbetrag	Bruttorechnungsbetrag	3.248,70 €

Die bezahlte Umsatzsteuer gehört nie zu den Anschaffungskosten! Kosten für die Finanzierung der Anschaffung wie z. B. Kreditzinsen sind ebenfalls kein Bestandteil der Anschaffungskosten. Skontovereinbarungen oder Gutschriften für Mängelrügen können die Anschaffungskosten nachträglich reduzieren. Der spätere Kauf von Anbauteilen (z. B. eine PC-Halterung oder ein Kabelkanal für den Schreibtisch) können sie nachträglich erhöhen.

Niederstwertprinzip

Für das Anlage- und Umlaufvermögen eines Unternehmens gilt hinsichtlich der Bewertung das sogenannte Niederstwertprinzip. Es muss bei zwei möglichen Bilanzwerten **stets der niedrigere Wert** angesetzt werden.

Gemildertes Niederstwertprinzip im Anlagevermögen

Bei Finanzanlagen können gemäß § 253 (3) Satz 6 HGB außerplanmäßige Abschreibungen auch bei voraussichtlich nicht dauernder Wertminderung vorgenommen werden (Wahlrecht).

Beispiel Eine Lackieranlage, die nach planmäßiger Abschreibung noch fortgeführte Anschaffungskosten in Höhe von 1.200,00 € aufweist, ist aufgrund eines Schadensfalls unbrauchbar geworden. Eine Reparatur ist wirtschaftlich nicht mehr sinnvoll. Ein Schrotthändler erklärt sich bereit, die Anlage für einen Materialwert in Höhe von 250,00 € (Zeitwert) zu übernehmen. Zum Bilanzstichtag befindet sich die Maschine noch im Unternehmensvermögen und muss deshalb neu bewertet werden.

§ 253 (5) HGB Wertaufholungspflicht: Entfallen die Gründe für die Wertminderung, muss der Wert durch Zuschreibung aufgeholt werden. Obergrenze: (ggf. fortgeführte) Anschaffungs- oder Herstellungskosten.

Das gemilderte Niederstwertprinzip besagt, dass ein Anlagegut bei **voraussichtlich dauernden Wertminderungen** am Bilanzstichtag außerplanmäßig auf den niedrigeren Zeitwert abgeschrieben werden muss. Ist die Wertminderung dagegen nur kurzfristig, muss keine außerplanmäßige Abschreibung vorgenommen werden.

Anschaffungskosten > dauerhafter Zeitwert → Bilanzwert ist der Zeitwert

Außerplanmäßige Abschreibungen, vgl. **3.3**, S. 234

Da die Lackieranlage nicht mehr repariert wird, ist die Wertminderung dauerhaft und eine **außerplanmäßige Abschreibung** notwendig. Der Zeitwert entspricht in diesem Fall nur noch dem Schrottwert der Maschine.

Solange die Lackieranlage noch nicht verkauft ist, ist der Verlust noch nicht realisiert. Trotzdem muss dieser Verlust als Wertminderung in der Bilanz ausgewiesen werden.

Von den Anschaffungskosten zum Zeitwert eines Anlagegutes	
	Anschaffungskosten
–	planmäßige Abschreibungen
=	fortgeführte Anschaffungskosten
–	außerplanmäßige Abschreibung
=	dauerhaft niedrigerer Zeitwert

Beispiel Ein Reservegrundstück wird durch eine Bebauungsplanänderung der Gemeinde zu Bauland. Die Anschaffungskosten vor vielen Jahren betrugen 25.000,00 €. Der realistische Marktpreis gemäß Gutachten eines Sachverständigen beträgt aktuell 250.000,00 € (Zeitwert).

Der Zeitwert eines Anlagegutes kann höher oder niedriger liegen als die (fortgeführten) Anschaffungskosten. Für die Bewertung des Anlagegutes in der Bilanz ist bei einem Vergleich immer der niedrigere Wert anzusetzen.

In diesem Fall liegt der Zeitwert des Grundstückes dauerhaft über den Anschaffungskosten. Der höhere Zeitwert bleibt jedoch in der Bilanz und damit auch in der Gewinn- und Verlustrechnung unberücksichtigt. Das Grundstück ist trotz der Wertsteigerung mit seinen Anschaffungskosten zu bewerten.

Anschaffungskosten < dauerhafter Zeitwert → Bilanzwert sind die Anschaffungskosten

Bewertung im Umlaufvermögen, vgl. **3.5**, S. 242

Strenges Niederstwertprinzip im Umlaufvermögen

§ 253 HGB Wertansätze der Vermögensgegenstände und Schulden

(...)

(4) Bei Vermögensgegenständen des Umlaufvermögens sind Abschreibungen vorzunehmen, um diese mit einem niedrigeren Wert anzusetzen, der sich aus einem Börsen- oder Marktpreis am Abschlussstichtag ergibt. Ist ein Börsen- oder Marktpreis nicht festzustellen und übersteigen die Anschaffungs- oder Herstellungskosten den Wert, der den Vermögensgegenständen am Abschlussstichtag beizulegen ist, so ist auf diesen Wert abzuschreiben. (...)

Gemäß § 255 (4) HGB entspricht der beizulegende Zeitwert dem Marktpreis. Soweit kein aktiver Markt besteht, anhand dessen sich der Marktpreis ermitteln lässt, ist der beizulegende Zeitwert mithilfe allgemein anerkannter Bewertungsmethoden zu bestimmen.

Lässt sich der beizulegende Zeitwert nicht ermitteln, sind die Anschaffungs- oder Herstellungskosten fortzuführen. Beim Umlaufvermögen sind **Abschreibungen in jedem Fall notwendig**, sobald der Zeitwert unter die Anschaffungskosten fällt. Dabei spielt es – anders als beim Anlagevermögen – keine Rolle, ob eine Wertminderung von Dauer ist oder nicht. Es gilt immer das (strenge) Niederstwertprinzip.

Abschreibungen, vgl. **3.3**, S. 234

Der **Zeitwert** beim Umlaufvermögen ist entweder
- ein Börsen- oder Marktpreis (z. B. aktueller Bezugspreis des Lieferanten) oder
- ein beizulegender Zeitwert (z. B. auch bei Beschädigungen von Waren).

Bewertung von Inventurmengen, vgl. **HF1**, **7.1.5**, Band 1

Ein **höherer Zeitwert** bleibt in der Bilanz unberücksichtigt, d. h., Werterhöhungen führen nach HGB nicht zu Ertragsbuchungen.

Anschaffungskosten > Zeitwert → Bilanzwert ist der Zeitwert

oder

Anschaffungskosten < Zeitwert → Bilanzwert sind die Anschaffungskosten

Beispiel Der Stammlieferant für hochwertige Textilien hat aufgrund gestiegener Energie- und Rohstoffkosten die Verkaufspreise um 16 % erhöht. Ein Warenvorrat der Fly Bike Werke GmbH, der mit einem Einstandspreis von 12.000,00 € bewertet ist (Anschaffungskosten), würde nun bei einer Wiederbeschaffung 13.920,00 € kosten. Trotzdem müssen die Fly Bike Werke diesen Warenvorrat mit einem Bilanzwert von 12.000,00 € ausweisen. Wäre der Wiederbeschaffungspreis zum Zeitpunkt der Bilanzerstellung dagegen auf 10.500,00 € gefallen, so müsste die Fly Bike Werke GmbH ihren Warenvorrat um 1.500,00 € niedriger bewerten (strenges Niederstwertprinzip).

Imparität
Ungleichheit

Im Ergebnis behandelt das HGB damit mögliche Verluste beim Anlage- und Umlaufvermögen anders als mögliche Gewinne. Diese Ungleichbehandlung nennt man auch das **Imparitätsprinzip**: Wertminderungen müssen nach Abschreibungen ausgewiesen werden, Wertsteigerungen dürfen dagegen nur dann ausgewiesen werden, wenn sie realisiert wurden, z. B. bei einem Verkauf (**Realisationsprinzip**).

Höchstwertprinzip

Bewertungen von Schulden, vgl. 3.6, S. 252

Für die **Bewertung von Schulden** eines Unternehmens gilt das sogenannte Höchstwertprinzip, aus Sicht des Vermögens eine Umkehr des Niederstwertprinzips. Hier muss bei zwei möglichen Bilanzwerten nicht der niedrigere, sondern **stets der höhere Wert** angesetzt werden.

Langfristige Kreditfinanzierung, vgl. HF 6, 3.5.2.3, S. 195

Beispiel Nimmt ein Industriebetrieb ein Darlehen auf, so entspricht der Auszahlungsbetrag oft nicht dem Darlehensbetrag, der zurückbezahlt werden muss, weil ggf. ein Disagio (Zinsvorauszahlung) einbehalten wird.

	Darlehenssumme	200.000,00 €
–	Disagio 3 % der Darlehenssumme	6.000,00 €
=	Auszahlungsbetrag	194.000,00 €

Bilanzwert ist in diesem Fall der höhere Erfüllungsbetrag (Darlehenssumme) und nicht der niedrigere Auszahlungsbetrag.

Übersicht: Bewertungsprinzipien nach dem HGB

Prinzip der Vorsicht nach HGB

verlangt

Nicht realisierte Verluste **müssen** ausgewiesen werden. → Abschreibung auf den Zeitwert	Nicht realisierte Gewinne dürfen nicht ausgewiesen werden (Realisationsprinzip). → Wertobergrenze: (ggf. fortgeführte) Anschaffungskosten

Imparitätsprinzip:
Prinzip der Ungleichbehandlung von nicht realisierten Verlusten und Gewinnen

Bewertung auf Basis von

Anschaffungskostenprinzip für Anlage- und Umlaufvermögen	**Niederstwertprinzip** für Anlagevermögen (gemildert) und Umlaufvermögen (streng)	**Höchstwertprinzip** für Schulden
Anschaffungskosten sind immer der höchstmögliche Bilanzwert.	Liegt der Zeitwert unter den Anschaffungskosten, darf, ggf. muss abgeschrieben werden.	Höhere Erfüllungsbeträge von Schulden werden zum Bilanzwert.

3.2 Bewertung des Anlagevermögens bei der Anschaffung

Unter Anlagevermögen sind laut HGB immaterielle Vermögenswerte, Sachanlagen und Finanzanlagen auszuweisen. Im Anlagevermögen sind nur die Vermögenswerte auszuweisen, die bestimmt sind, **dauernd dem Geschäftsbetrieb zu dienen**.

§ 247 (2) HGB

Wahlrecht gemäß § 248 (2) HGB	
immaterielle Werte	nicht stoffliche, aber werthaltige Vermögensgegenstände eines Unternehmens wie z. B. Konzessionen, gewerbliche Schutzrechte und ähnliche Rechte und Werte, Lizenzen an solchen Rechten und Werten sowie ein Geschäfts- oder Firmenwert
Sachanlagen	Grundstücke und Bauten, technische Anlagen und Maschinen, Betriebs- und Geschäftsausstattung einschließlich Fuhrpark
Finanzanlagen	Anteile an verbundenen Unternehmen oder Ausleihungen an sie, Beteiligungen, Wertpapiere des Anlagevermögens und sonstige Ausleihungen

Alle Vermögensgegenstände müssen beim Kauf mit ihren **Anschaffungskosten aktiviert** werden. Selbst geschaffene, d. h. nicht gekaufte immaterielle Vermögensgegenstände können in die HGB-Bilanz aufgenommen werden. Selbst hergestellte Sachanlagen müssen mit ihren Herstellungskosten bewertet werden.

aktivieren
Aufnahme als Vermögensgegenstand auf der Aktivseite der Bilanz

Erfassung der Anschaffungskosten in einem Schritt

Beispiel Die Fly Bike Werke GmbH kauft am 9. Januar 20X1 einen Lkw. Das Fahrzeug wird am 12. Januar 20X1 zugelassen und übergeben.

	Listenpreis		65.000,00 €
+	Sonderausstattungen	+	2.500,00 €
–	Firmenkundenrabatt 10 %	–	6.750,00 €
+	Überführungskosten	+	520,00 €
+	Zulassungskosten	+	200,00 €
=	Nettorechnungsbetrag	=	61.470,00 €
+	19 % Umsatzsteuer	+	11.679,30 €
=	Bruttorechnungsbetrag	=	73.149,30 €

Grundbuch:

1) Buchung der Lkw-Anschaffung auf Ziel bei Rechnungseingang

Nr.	Soll	€	Haben	€
1)	0840 Fuhrpark 2600 Vorsteuer	61.470,00 11.679,30	4400 Verbindlichkeiten a.L.L.	73.149,30

Hauptbuch:

S	0840 Fuhrpark	H
1) 4400 = Anschaffungskosten	61.470,00	

Die Anschaffungskosten werden in diesem Beispiel abschließend erfasst. Anschaffungspreisminderungen oder nachträgliche Anschaffungskosten liegen nicht vor.

Erfassung der Anschaffungskosten in mehreren Schritten

Alle Rechnungsbeträge beinhalten 19 % Umsatzsteuer. Die in Rechnungsbeträgen enthaltene Umsatzsteuer gehört nicht zu den Anschaffungskosten.

Nettoskonto: $\frac{\text{Bruttoskonto} \cdot 100}{119}$

$\frac{89{,}25\ € \cdot 100}{119} = 75{,}00\ €$

Beispiel Für den Geschäftsführer eines Industrieunternehmens wird ein neuer Schreibtisch erworben.

Grundbuch:

1) Eingangsrechnung des Möbelhauses, Bruttorechnungsbetrag 2.975,00 €
2) Eingangsrechnung der Spedition für die Anlieferung und Aufstellung des Schreibtisches, Bruttorechnungsbetrag 119,00 € (Fracht und Aufstellung = Anschaffungsnebenkosten)

3) Kontoauszug mit Lastschrift, Überweisung des Rechnungsbetrages an das Möbelhaus unter Abzug von 3 % Skonto, Überweisungsbetrag 2.885,75 € (Nettoskonto = nachträgliche Anschaffungspreisminderung)

Nr.	Soll	€	Haben	€
1)	0870 Büromöbel	2.500,00		
	2600 Vorsteuer	475,00	4400 Verbindlichkeiten a.L.L.	2.975,00
2)	0870 Büromöbel	100,00		
	2600 Vorsteuer	19,00	4400 Verbindlichkeiten a.L.L.	119,00
3)	4400 Verbindlichkeiten a.L.L.	2.975,00	0870 Büromöbel	75,00
			2600 Vorsteuer	14,25
			2800 Bankguthaben	2.885,75

Hauptbuch:

S	**0870 Büromöbel**		H
1) 4400	2.500,00	3) 4400	75,00
2) 4400	100,00	**Saldo = Anschaffungskosten**	**2.525,00**

Wie beim Einkauf von Umlaufvermögen ist bei nachträglichen Preisminderungen (hier Skonto) die Vorsteuer entsprechend zu korrigieren. Unterkonten gibt es im Anlagevermögen allerdings nicht. Alle Anschaffungsnebenkosten, nachträgliche Anschaffungskosten oder Anschaffungspreisminderungen werden direkt auf dem Anlagekonto gebucht.

Hauptbuch für Anlagekonten

S	Anlagekonto H
Anschaffungspreis (nach Sofortrabatten) + Anschaffungsnebenkosten + nachträgliche Anschaffungskosten	– nachträgliche Anschaffungspreisminderung = Saldo (Anschaffungskosten)

Beispiel Ein Industrieunternehmen erwirbt eine Lagerhalle mit Grundstück zu einem Anschaffungspreis von 100.000,00 €. Die Anschaffungskosten und alle Anschaffungsnebenkosten sind dabei auf Grundstück und Gebäude im Verhältnis 20% zu 80% aufzuteilen.

Anschaffungskosten für ein Grundstück mit Gebäude[1]	**Grundstück 20%**	**Lagerhalle 80%**	**Summen 100%**
		in €	
Anschaffungspreis	20.000,00	80.000,00	100.000,00
Anschaffungsnebenkosten:			
Grunderwerbsteuer (3,5%)[2]	700,00	2.800,00	3.500,00
Maklergebühr (3,0%)	600,00	2.400,00	3.000,00
Grundbuchkosten	120,00	480,00	600,00
Notarkosten für die Eigentumsübertragung (2,0%)	400,00	1.600,00	2.000,00
nachträgliche Anschaffungskosten: Einbauten in der Lagerhalle	0,00	12.000,00	12.000,00
Summe Anschaffungskosten	21.820,00	99.280,00	121.100,00

1) Alle Beträge – soweit umsatzsteuerpflichtig – sind ohne Umsatzsteuer anzugeben. Die Umsatzsteuer gehört nicht zu den Anschaffungskosten.
2) Steuersatz in den Bundesländern unterschiedlich

3.3 Werteverlust beim Anlagevermögen

§ 253 HGB Zugangs- und Folgebewertung

(...) (3) Bei Vermögensgegenständen des Anlagevermögens, deren Nutzung zeitlich begrenzt ist, sind die Anschaffungs- oder die Herstellungskosten um planmäßige Abschreibungen zu vermindern. Der Plan muss die Anschaffungs- oder Herstellungskosten auf die Geschäftsjahre verteilen, in denen der Vermögensgegenstand voraussichtlich genutzt werden kann. (...) Ohne Rücksicht darauf, ob ihre Nutzung zeitlich begrenzt ist, sind bei Vermögensgegenständen des Anlagevermögens bei voraussichtlich dauernder Wertminderung außerplanmäßige Abschreibungen vorzunehmen, um diese mit dem niedrigeren Wert anzusetzen, der ihnen am Abschlussstichtag beizulegen ist. Bei Finanzanlagen können außerplanmäßige Abschreibungen auch bei voraussichtlich nicht dauernder Wertminderung vorgenommen werden.

Planmäßige und außerplanmäßige Abschreibung

Abnutzbare Anlagegüter
→ Nutzung zeitlich begrenzt

Beispiele: immaterielle Vermögensgegenstände und Sachanlagen (ohne Grundstücke) wie Gebäude, technische Anlagen und Maschinen, Betriebs- und Geschäftsausstattung mit Fuhrpark

↓

planmäßige Abschreibung gemäß § 253 HGB und §§ 6, 7 EStG

Nicht abnutzbare Anlagegüter
→ Nutzung zeitlich nicht begrenzt

Beispiele: Grundstücke und alle Finanzanlagen

↓

keine planmäßige Abschreibung möglich!

↓

(Zusätzliche) Außerplanmäßige Abschreibungen gemäß § 253 HGB und §§ 6, 7 EStG sind bei allen Anlagegütern möglich.

Planmäßige Abschreibung auf Sachanlagen

Beispiel Die Fly Bike Werke GmbH hat am 09.01.20X1 einen Lkw angeschafft. Die Anschaffungskosten betragen 61.470,00 €, die betriebsgewöhnliche Nutzungsdauer liegt bei 9 Jahren. Im Rahmen der Anlagenverwaltung hat die Fly Bike Werke GmbH folgenden Abschreibungsplan erstellt. Die Abschreibungspläne werden automatisch vom EDV-System erzeugt.

Inv.-Nr. 1000						**Lastkraftwagen MB 232**
Anschaffungsdatum 09.01.X1					Anschaffungskosten 61.470,00 €	
Konto-Nr. 0840	Kostenstelle: 10	Standort: Fuhrpark	Nutzungsdauer: 9 Jahre	Abschreibung in %: 11,11	Lineare Abschreibung	
Datum	**Vorgang**	**Buchungstext**	**Anschaffungskosten (AK) in €**	**Planmäßige Abschreibung in €**	**Außerplanmäßige Abschreibung in €**	**Buchwert in €**
09.01.X1	Zugang	Lkw MB 232	61.470,00			61.470,00
31.12.X1	Abschreibung			6.830,00		–6.830,00
31.12.X1	Buchwert					54.640,00

Jahr	Historische AK in €	Zugang in €	Abgang in €	Abschreibung (Geschäftsjahr in €)	Buchwert in €
20X1	0,00	61.470,00	0,00	6.830,00	54.640,00
20X2	61.470,00	0,00	0,00	6.830,00	47.810,00
20X3	61.470,00	0,00	0,00	6.830,00	40.980,00
20X4	61.470,00	0,00	0,00	6.830,00	34.150,00
20X5	61.470,00	0,00	0,00	6.830,00	27.320,00
20X6	61.470,00	0,00	0,00	6.830,00	20.490,00
20X7	61.470,00	0,00	0,00	6.830,00	13.660,00
20X8	61.470,00	0,00	0,00	6.830,00	6.830,00
20X9	61.470,00	0,00	0,00	6.829,00	1,00 [1]

[1] Verbleibt das Anlagegut im Unternehmen, kann ein „Erinnerungswert" in Höhe von 1,00 € angesetzt werden.

Gründe für die planmäßige Abschreibung sind der normale technische Verschleiß, der sowohl durch die Nutzung als auch als natürlicher (ruhender) Verschleiß (z. B. Qualitätsverminderung) entstehen kann, der Ablauf der Nutzungsdauer und in besonderen Fällen die Substanzverringerung (z. B. bei Kiesgruben).

jährlicher Abschreibungsbetrag: $\frac{\text{Anschaffungskosten}}{\text{Nutzungsdauer}} \blacktriangleright \frac{61.470,00\ €}{9\ \text{Jahre}} = 6.830,00\ €$

Abschreibungssatz in Prozent: $\frac{100}{\text{Nutzungsdauer}} \blacktriangleright \frac{100}{9} = 11,11\,\%$

Das Bundesfinanzministerium hat **betriebsgewöhnliche Nutzungsdauern** für verschiedenste Anlagegüter in den sogenannten AfA-Tabellen zusammengestellt. In der Abschreibungstabelle für allgemein verwendbare Anlagegüter (kurz: AfA-Tabelle AV) ist die betriebsgewöhnliche Nutzungsdauer für Anlagegüter ausgewiesen, die nicht branchenspezifisch genutzt werden.

§ 7 (1) Satz 2 EStG

Auszug aus der amtlichen AfA-Tabelle AV

Fundstelle	Anlagegüter	Nutzungsdauer in Jahren
3.5	Hochregallager	15
4.2.1	Personenkraftwagen und Kombiwagen	6
4.2.2	Motorräder, Motorroller, Fahrräder u. Ä.	7
4.2.3	Lastkraftwagen, Sattelschlepper, Kipper	9
5.23	Verpackungsmaschinen, Folienschweißgeräte	13
6.1	Wirtschaftsgüter der Werkstätten-, Labor- und Lagereinrichtungen	14
6.13.2.2	Mobilfunkendgeräte	5
6.14.3.1	Großrechner	7
6.14.3.2	Workstations, PCs, Notebooks und Peripheriegeräte (Drucker, Scanner u. Ä.)	3
6.14.4	Foto-, Film-, Video- und Audiogeräte	7
6.15	Büromöbel	13

Die AfA-Tabellen sind unter www.bundesfinanzministerium.de abrufbar, → Sucheingabe: AfA-Tabellen.

Hinsichtlich möglicher Abschreibungsmethoden enthält das HGB keine Vorgaben. Unabhängig von steuerrechtlichen Vorgaben müssen die Anschaffungskosten nur planmäßig auf die Geschäftsjahre verteilt werden, in denen das Anlagegut voraussichtlich genutzt werden kann. Damit haben auch die betriebsgewöhnlichen Nutzungsdauern nach AfA-Tabelle handelsrechtlich keine bindende Bedeutung mehr.

Buchung von planmäßigen Abschreibungen auf Sachanlagen

Beispiel Für das erste Nutzungsjahr des Lkws durch die Fly Bike Werke GmbH ergeben sich folgende Abschreibungs- und Abschlussbuchungen.

Grundbuch:
1) Erfassung der Abschreibung am Geschäftsjahresende
2) Abschluss Konto Fuhrpark
3) Abschluss Konto Abschreibungen auf Sachanlagen

Nr.	Soll	€	Haben	€
1)	6520 Abschreibungen auf Sachanlagen	6.830,00	0840 Fuhrpark	6.830,00
2)	8010 SBK	54.640,00	0840 Fuhrpark	54.640,00
3)	8020 GuV-Konto	6.830,00	6520 Abschreibungen auf Sachanlagen	6.830,00

Hauptbuch:

S — 0840 Fuhrpark — H

S			H
4400	61.470,00	1) 6520	6.830,00
		2) 8010	54.640,00
	61.470,00		61.470,00

Anschaffungskosten

S — 6520 Abschreibungen auf Sachanlagen — H

S			H
1) 0840	6.830,00	3) 8020	6.830,00

Wertverlust

S — 8020 GuV-Konto — H

S			H
3) 6520	6.830,00		

S — 8010 SBK — H

S			H
2) 0840	54.640,00		

Buchwert Ende 1. NJ

Zeitanteilige planmäßige Abschreibung auf Sachanlagen

Bei der Berechnung der planmäßigen Abschreibungen für ein bestimmtes Geschäftsjahr ist jedoch nicht nur die Höhe der Anschaffungskosten, sondern auch das **Anschaffungsdatum** zu berücksichtigen. Abnutzbare Anlagegüter dürfen beim Kauf oder Verkauf im Laufe eines Geschäftsjahres nämlich nur zeitanteilig – auf volle Monate aufgerundet – abgeschrieben werden.

§ 7 (1) Satz 4 EStG

Beispiel Die Anschaffungskosten für einen Pkw betragen 60.000,00 € bei sechs Jahren betriebsgewöhnlicher Nutzungsdauer laut AfA-Tabelle. Die Jahresabschreibung beträgt somit 10.000,00 €. Bei Anschaffung im April dürfen davon im Kaufjahr aber nur $^{9}/_{12}$ = 7.500,00 € abgeschrieben werden.

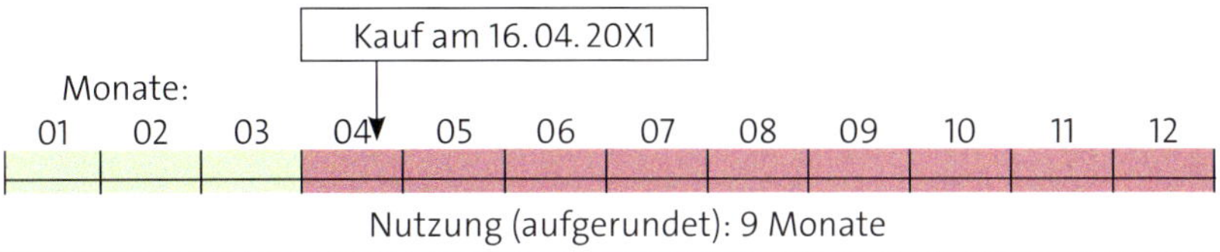

Beispiel Im April des übernächsten Nutzungsjahres wird der Pkw wieder verkauft. Bei einer Jahresabschreibung von 10.000,00 € müssen im Verkaufsjahr noch $^{4}/_{12}$ = 3.333,33 € gebucht werden.

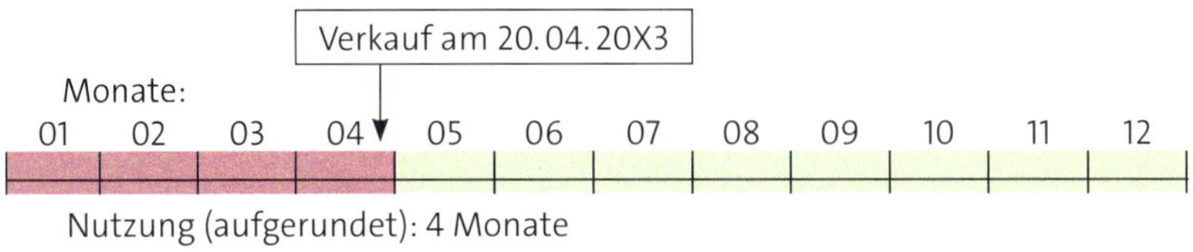

Außerplanmäßige Abschreibung

Beispiel Ein Pkw mit einer betriebsgewöhnlichen Nutzungsdauer von sechs Jahren laut AfA-Tabelle ist drei Jahre lang linear abgeschrieben worden. Der Buchwert zu Beginn des vierten Nutzungsjahres betrug 17.400,00 €. Da andere Fahrzeuge des Fuhrparks häufig nicht zur Verfügung standen, ist das Fahrzeug weit über das geplante Maß hinaus genutzt worden. Durch diese außergewöhnliche technische Abnutzung verringert sich im vierten Nutzungsjahr nicht nur der Wert über die planmäßige Abschreibung hinaus erheblich, sondern auch die Nutzungsdauer sinkt um ein Jahr. Die Gesamtnutzungsdauer für das Fahrzeug verkürzt sich damit auf fünf Jahre. Ein Gutachten des TÜV bescheinigt dem Fahrzeug einen aktuellen Wert von 2.500,00 €. Damit ergibt sich die Notwendigkeit, am Ende des vierten Nutzungsjahres eine außerplanmäßige Abschreibung vorzunehmen. Im fünften Nutzungsjahr wird der Restbuchwert dann vollständig abgeschrieben.

Starke Abnutzung verkürzt die betriebsgewöhnliche Nutzungsdauer.

Planmäßige und außerplanmäßige Abschreibung eines Fahrzeugs im vierten Nutzungsjahr auf einen Restwert von 2.500,00 €:

Abschreibungstabelle			
 –	Anschaffungskosten Abschreibungsbetrag 1. Jahr	 –	34.800,00 € 5.800,00 €
= –	Buchwert Ende 1. Nutzungsjahr Abschreibungsbetrag 2. Jahr	= –	29.000,00 € 5.800,00 €
= –	Buchwert Ende 2. Nutzungsjahr Abschreibungsbetrag 3. Jahr	= –	23.200,00 € 5.800,00 €
=	Buchwert Ende 3. Nutzungsjahr	=	17.400,00 €
– –	Abschreibungsbetrag 4. Jahr (planmäßig) außerplanmäßige Abschreibung	– –	5.800,00 € 9.100,00 €
= –	Buchwert Ende 4. Nutzungsjahr (nach planmäßiger und außerplanmäßiger Abschreibung) Abschreibungsbetrag 5. Jahr	= –	2.500,00 € 2.500,00 €
=	Buchwert Ende 5. Nutzungsjahr	=	0,00 €

Buchung von außerplanmäßigen Abschreibungen auf Sachanlagen

Grundbuch (viertes Nutzungsjahr):
1) Planmäßige Abschreibung im vierten Nutzungsjahr
2) Außerplanmäßige Abschreibung im vierten Nutzungsjahr

Nr.	Soll	€	Haben	€
1)	6520 Abschreibungen auf Sachanlagen	5.800,00	0840 Fuhrpark	5.800,00
2)	6550 Außerplanmäßige Abschreibungen auf Sachanlagen	9.100,00	0840 Fuhrpark	9.100,00

Hauptbuch (viertes Nutzungsjahr):

S	0840 Fuhrpark		H
8000	17.400,00	1) 6520	5.800,00
		2) 6550	9.100,00
		Saldo	**2.500,00** **= Restbuchwert**

S	6520 Abschreibungen auf Sachanlagen		H
1) 0840	5.800,00		

S	6550 Außerplanmäßige Abschr. auf Sachanlagen		H
2) 0840	9.100,00		

Nach der planmäßigen und der außerplanmäßigen Abschreibung ergibt sich auf dem Konto 0840 Fuhrpark am Ende des vierten Nutzungsjahres als Saldo der Restwert von 2.500,00 €, der im fünften Nutzungsjahr vollständig abgeschrieben werden kann.

§ 253 (5) Satz 1 HGB

Außerplanmäßige Abschreibungen sind allerdings nicht „endgültig". Sollte der Grund für die außerplanmäßige Abschreibung in einem späteren Geschäftsjahr wegfallen (eine Maschine wird z. B. doch repariert und wieder genutzt), gilt das **Wertaufholungsgebot**. Wertaufholung bedeutet hier, dass gewinnerhöhende Zuschreibungen vorgenommen werden müssen.

Zuschreibungen

Gemäß § 253 (5) HGB darf ein niedrigerer Wertansatz nach außerplanmäßigen Abschreibungen im Anlagevermögen nicht beibehalten werden, wenn die Gründe dafür nicht mehr bestehen. Ausnahme: Ein niedrigerer Wertansatz eines entgeltlich erworbenen Geschäfts- oder Firmenwertes ist beizubehalten. **Zuschreibungen**, das Gegenteil von **Abschreibungen**, erhöhen den Wert des Vermögensgegenstandes bis zum Buchwert nach planmäßiger Abschreibung. Sie erhöhen damit den Gewinn.

§ 253 (5) HGB

Abschreibung = Aufwand

Zuschreibung = Ertrag

Buchung einer Zuschreibung: Anlagenkonto an 5440 Erträge aus Werterhöhungen von Gegenständen des Anlagevermögens (Zuschreibungen)

Beispiel Wertverlust eines Pkws nach plan- und außerplanmäßiger Abschreibung (siehe Abschreibungstabelle auf Seite 238)

	Buchwert Ende 3. Nutzungsjahr	17.400,00 €
–	Abschreibungsbetrag 4. Jahr (planmäßig)	5.800,00 €
–	außerplanmäßige Abschreibung	9.100,00 €
=	Buchwert Ende 4. Nutzungsjahr	2.500,00 €
+	Zuschreibung 5. Nutzungsjahr	9.100,00 €
–	Abschreibung 5. Nutzungsjahr (planmäßig)	5.800,00 €
=	Buchwert Ende 5. Nutzungsjahr	5.800,00 €

Wird der Pkw im 5. Nutzungsjahr wieder instand gesetzt, so muss (nur) die außerplanmäßige Abschreibung durch eine Zuschreibung zurückgenommen werden.
Buchung: 0840 Fuhrpark 9.100,00 € an 5440 Zuschreibungen 9.100,00 €

Planmäßige Abschreibungen im Verkaufsjahr

Jedes Unternehmen „trennt" sich irgendwann von seinen gebrauchten Anlagegütern. Häufig findet das Unternehmen noch einen Käufer.

Beispiel Die Fly Bike Werke GmbH verkauft am 31.03.20XX einen gebrauchten Pkw zu einem Nettoverkaufspreis von 8.000,00 € gegen Barzahlung. Ehemalige Anschaffungskosten 36.000,00 €, betriebsgewöhnliche Nutzungsdauer 6 Jahre, Buchwert des Fahrzeuges nach 5 vollen Nutzungsjahren zum 01.01.20XX = 6.000,00 €.

Grundbuch:

1) zeitanteilige Abschreibung im Verkaufsjahr = $^3/_{12}$ von 6.000,00 € = 1.500,00 €
2) Verkaufsbuchung (Nettoverkaufspreis 8.000,00 € + 19 % USt)
3) Anlagenabgang (Buchwert = 4.500,00 €)

Nr.	Soll	€	Haben	€
1)	6520 Abschreibungen auf Sachanlagen	1.500,00	0840 Fuhrpark	1.500,00
2)	2880 Kasse	9.520,00	5410 Sonstige Erlöse (aus Anlagenabgängen) 4800 Umsatzsteuer	8.000,00 1.520,00
3)	6979 Anlagenabgänge	4.500,00	0840 Fuhrpark	4.500,00

Bei dieser Buchungstechnik ist es unerheblich, ob das Anlagegut zum, über oder unter Buchwert verkauft wird. Verkaufsgewinne oder Verkaufsverluste ergeben sich nach dem Abschluss der Erfolgskonten „5410 Sonstige Erlöse" (Ertrag) und „6979 Anlagenabgänge" (Aufwand) immer in der GuV.

LS ▸ LS 84
Geringwertige Wirtschaftsgüter bewerten

3.4 Geringwertige Wirtschaftsgüter (GWG)

Beispiel Die Fly Bike Werke GmbH hat im aktuellen Geschäftsjahr eine Vielzahl von Wirtschaftsgütern mit Anschaffungskosten bis 1.000,00 € erworben. Frau Taubert „meckert": „Soll ich diesen ganzen ‚Kleinkram' (Kaffeemaschine, Bürodrehstuhl, Stehlampe, Großlocher, Faxgerät, Laptops usw.) in die Anlagendatei aufnehmen und oft über 10 Jahre lang abschreiben?" „Nein", antwortet Herr Müller, „das sind doch alles geringwertige Wirtschaftsgüter – die schreiben wir ganz schnell ab!"

Für geringwertige Wirtschaftsgüter (GWG) gelten steuerrechtlich besondere Abschreibungsregeln. Zunächst müssen verschiedene Begrifflichkeiten des Steuerrechts überprüft werden.

Begriffe des EStG	Erläuterungen
Anlagevermögen	Wirtschaftsgüter, die dazu bestimmt sind, dauerhaft dem Geschäftsbetrieb zu dienen. Damit sind alle Wirtschaftsgüter des Umlaufvermögens, z. B. Rohstoffe, Waren, Erzeugnisse usw., niemals ein GWG.
abnutzbar	Die Nutzung des Wirtschaftsgutes ist zeitlich begrenzt; deshalb verringert sich der Wert des Wirtschaftsgutes. Dies gilt z. B. nicht für Wertpapiere und Finanzanlagen innerhalb des Anlagevermögens.
beweglich	Beweglich sind Wirtschaftsgüter des Sachanlagevermögens, die nicht mit einem Grundstück fest verbunden sind (z. B. Gebäude mit allen festen Einbauten).
selbstständig nutzbar	Die betriebliche Zweckbestimmung des Wirtschaftsgutes kann unabhängig von anderen Wirtschaftsgütern erfolgen (keine An- oder Einbauteile usw.).

AK = Anschaffungskosten
HK = Herstellungskosten
BGA = Betriebs- und Geschäftsausstattung

Nur Wirtschaftsgüter, die alle obigen Kriterien erfüllen, können im Rahmen von Wertobergrenzen hinsichtlich ihrer Anschaffungs- **(AK)** oder Herstellungskosten **(HK)** als GWG anerkannt werden. Dabei sind die Wertobergrenzen der geringwertigen Wirtschaftsgüter durch das Wachstumsbeschleunigungsgesetz ab 01.01.2010 neu geregelt worden; dies führte zu einer Neufassung des Einkommensteuergesetzes. Die neue Regelung gilt für alle geringwertigen Wirtschaftsgüter, die ab dem 01.01.2010 angeschafft oder hergestellt wurden, wobei das Unternehmen **zwischen zwei Modellen** wählen kann. Dabei wird hier davon ausgegangen, dass das Unternehmen GWG mit Anschaffungskosten bis 250,00 € sinnvollerweise immer sofort als Aufwand erfasst. Dieses Modell gilt auch ab dem Jahr 2018, allerdings sind einige Grenzwerte (siehe Tabelle) angeglichen worden.

Erfassung der GWG nach Modell I (§ 6 (2) EStG; ab 01.01.2018)

AK oder HK ≤ 250,00 €	AK oder HK > 250,00 € bis ≤ 800,00 €	AK oder HK > 800,00 €
sofortige Erfassung auf einem Aufwandskonto (z. B. 6800 Büromaterial)	Erfassung auf einem separaten Konto, z. B. 0890 GWG der **BGA** (bis 800,00 € im Jahr 20XX). Aufzeichnungspflichten können dann entfallen.	Erfassung auf einem Anlagekonto (z. B. **BGA**) und Aufnahme in ein Anlagenverzeichnis
keine Abschreibung mehr möglich	Vollabschreibung am Jahresende **oder** Abschreibung nach der betriebsgewöhnlichen Nutzungsdauer des Anlagegutes (dann Aufnahme in ein Anlagenverzeichnis)	Abschreibung nach der betriebsgewöhnlichen Nutzungsdauer des Anlagegutes

Erfassung der GWG nach Modell II (§ 6 (2a) EStG; ab 01.01.2018)

AK oder HK ≤ 250,00 €	AK oder HK > 250,00 € bis ≤ 1.000,00 €	AK oder HK > 1.000,00 €
sofortige Erfassung auf einem Aufwandskonto (z. B. 6800 Büromaterial)	Erfassung in einem Sammelposten, z. B. 0891 GWG-Sammelposten BGA Jahr 1[1)]	Erfassung auf einem Anlagekonto (z. B. BGA) und Aufnahme in ein Anlagenverzeichnis
keine Abschreibung mehr möglich	lineare Abschreibung[1)] innerhalb von 5 Jahren (20 %) **oder** Abschreibung nach der betriebsgewöhnlichen Nutzungsdauer des Anlagegutes (dann Aufnahme in ein Anlageverzeichnis)	Abschreibung nach der betriebsgewöhnlichen Nutzungsdauer des Anlagegutes

[1)] Hinweis: Es müssen Konten für fünf Geschäftsjahre eingerichtet werden (Anlagekonten: 0891 = Jahr 1, 0892 = Jahr 2 usw., Abschreibungskonten: 6541 = Jahr 1, 6542 = Jahr 2 usw.).

Buchungen

1. Fall: Anschaffung eines Wirtschaftsgutes mit Anschaffungskosten bis 250,00 €:

Beispiel Barkauf eines Mobiltelefons zum Nettopreis von 80,00 € zzgl. 19 % Umsatzsteuer → sofortige Aufwandsbuchung, keine Abschreibung mehr möglich!

Nr.	Soll	€	Haben	€
1)	6800 Büromaterial 2600 Vorsteuer	80,00 15,20	2880 Kasse	95,20

2. Fall: Abschreibung eines Wirtschaftgutes mit Anschaffungskosten bis 800,00 € nach Modell I:

Beispiel Zielkauf (2 a) und Abschreibung (2 b) eines Mini-Notebooks mit Anschaffungskosten in Höhe von 295,00 € zzgl. 19 % Umsatzsteuer:

Nr.	Soll	€	Haben	€
2a)	0890 GWG der BGA 2600 Vorsteuer	295,00 56,05	4400 Verbindlichkeiten a.L.L.	351,05
2b)	6540 Abschreibungen auf GWG	295,00	0890 GWG der BGA (bis 800,00 € im Jahr 20XX)	295,00

3. Fall: Abschreibung eines Sammelpostens mit verschiedenen geringwertigen Wirtschaftsgütern der BGA, deren Anschaffungskosten im Jahr 20XX (= Jahr 1) über 250,00 € bis 1.000,00 € betrugen: Gesamtbetrag dieser GWG = 6.000,00 €, Abschreibungssatz 20 %, Abschreibungsbetrag 1.200,00 €:

Beispiel

Nr.	Soll	€	Haben	€
3)	6541 Abschreibungen auf GWG-Sammelposten Jahr 1	1.200,00	0891 GWG-Sammelposten BGA Jahr 1	1.200,00

LS ▸ LS 85
Das Umlaufvermögen bewerten

3.5 Bewertungen im Umlaufvermögen

Zum Umlaufvermögen eines Industrieunternehmens gehören:

Umlaufvermögen
- Vorräte
- Forderungen und sonstige Vermögensgegenstände
- Wertpapiere des Umlaufvermögens
- Flüssige Mittel, z. B. Schecks, Kassenbestand, Guthaben bei Kreditinstituten

3.5.1 Bewertungen von Vorräten

Für ein Industrieunternehmen ist die **Bewertung der Vorräte** von besonderer Bedeutung. Grundsätzlich gilt hier die **Einzelbewertung**. Gekaufte Vorräte werden dabei mit deren Anschaffungskosten und selbst hergestellte Vorräte mit deren Herstellungskosten bewertet. Am Geschäftsjahresende ist auch hier – wie im Anlagevermögen – der Zeitwert zu ermitteln. Der niedrigere Wert wird zum Bilanzwert.

Bewertungen von Vorräten

Vorräte (Beispiele)
- Roh-, Hilfs- und Betriebsstoffe → Bewertung mit Anschaffungskosten
- Vorprodukte und Fremdbauteile → Bewertung mit Anschaffungskosten
- Handelswaren → Bewertung mit Anschaffungskosten
- unfertige und fertige Erzeugnisse → Bewertung mit Herstellungskosten

Bewertung mit Anschaffungskosten / Bewertung mit Herstellungskosten ↔ Zeitwert

Vergleich → **niedrigerer** Wert = **Bilanzwert**

Einkauf von Fremdbauteilen (Anschaffungskosten)

FrikaWERKE
GmbH & Co. KG

Frikawerke GmbH & Co. KG · Gartenstr. 19 · 58739 Wickede/Ruhr

Fly Bike Werke GmbH
Rostocker Str. 334
26121 Oldenburg

Rechnung Nr. 512

Kundennummer:	Rechnungs-Nr.:	Bei Zahlung bitte angeben!	Rechnungsdatum
K 11	512		20.11.20XX
Ihre Bestellung Nr.:	vom 10.11.20XX	Lieferschein:	Lieferdatum:
69		410	20.11.20XX

Pos.-Nr.	Artikel-Nr.	Warenbezeichnung	Menge	Preis/Einheit	Rabatt	Gesamtbetrag
1	44300	Fahrradlenker	680	12,00 €	25 %	6.120,00 €
2	45100	Gepäckträger	630	8,14 €	25 %	3.846,15 €

Warenwert	Versandkosten	Nettobetrag	MwSt-Satz	MwSt-Betrag	Rechnungsbetrag
9.966,15 €	131,00 €	10.097,15 €	19 %	1.918,46 €	12.015,61 €

Zahlungsziel: 30 Tage. Bei Zahlung innerhalb von 7 Tagen 2 % Skonto auf den Rechnungsbetrag.

Einzelbewertung von Vorräten

Wurde die Rechnung innerhalb der Skontofrist bezahlt, so müssen nach dem Prinzip der Einzelbewertung am 31.12.20XX die Restbestände, die dieser Lieferung zuzuordnen sind, wie folgt bewertet werden:

Einzelbewertung

Bewertung	Lenker	Gepäckträger
Inventurmenge (Restbestand) am 31.12.	180 Stück	230 Stück
Listenpreis je Stück	12,00 €	8,14 €
Listenpreis der Inventurmenge	2.160,00 €	1.872,20 €
– 25 % Rabatt	– 540,00 €	– 468,05 €
+ 0,10 € Versandkosten je Stück	+18,00 €	+ 23,00 €
– 2 % Skonto	– 32,76 €	– 28,54 €
= Anschaffungskosten der Inventurmenge	= 1.605,24 €	= 1.398,61 €
Anschaffungskosten je Stück	**8,92 €**	**6,08 €**

Das Prinzip der Einzelbewertung für die gesamten Vorräte einzuhalten, wäre allerdings sehr zeit- und damit auch sehr kostenaufwendig, wenn die am Jahresende zu bewertenden Vorräte aus verschiedenen Lieferungen mit unterschiedlichen Anschaffungskosten stammen. Zur Vereinfachung des Bewertungsverfahrens sind deshalb auch **Sammel- bzw. Gruppenbewertungen** möglich.

Durchschnittsbewertung

§ 240 (4) HGB Inventar

(...)

(4) Gleichartige Vermögensgegenstände des Vorratsvermögens sowie andere gleichartige oder annähernd gleichwertige bewegliche Vermögensgegenstände und Schulden können jeweils zu einer Gruppe zusammengefasst und mit dem gewogenen Durchschnittswert angesetzt werden.

Beispiel Für das „Sport"-Bremssystem wird laut Inventur am 31.12.20XX ein Endbestand von 650 Stück ermittelt. Bei diesem Artikel ist eine Zuordnung zu bestimmten Lieferungen nicht möglich bzw. wirtschaftlich nicht sinnvoll.

Bewertung des „Sport"-Bremssystems nach der jährlichen Durchschnittswertermittlung

Bestände/Einkäufe	Menge in Stück	Anschaffungskosten je Stück (€)	Anschaffungskosten gesamt (€)
Anfangsbestand am 01.01.20XX	520	20,16	10.483,20
Einkauf 02.02.20XX	1900	21,10	40.090,00
Einkauf 16.05.20XX	1750	20,70	36.225,00
Einkauf 01.08.20XX	2000	21,10	42.200,00
Einkauf 30.11.20XX	1500	21,80	32.700,00
Summe	7670	Ø 21,08	161.698,20
Endbestand am 31.12.20XX	650	Ø 21,08	13.702,00

Bei der **gewogenen Durchschnittswertermittlung** werden dem Wert des Jahresanfangsbestands die Werte aller Einkäufe hinzuaddiert und die Summe durch die Gesamtmenge (Anfangsbestand + Einkäufe in Stück) dividiert. Das Ergebnis sind die durchschnittlichen Anschaffungskosten je Stück, die mit der Inventurmenge (Endbestand am 31.12.20XX) multipliziert werden.

Gewogene Durchschnittswertermittlung

Durchschnittliche Anschaffungskosten je Stück:

$$\frac{\text{Summe der Anschaffungskosten}}{\text{Gesamtmenge in Stück}} \blacktriangleright \frac{161.698{,}20}{7\,670} = 21{,}08\ €$$

Die Anschaffungskosten der Bremssysteme (Endbestand laut Inventur) betragen damit 650 Stück · 21,08 € = 13.702,00 €.

Bei schwankenden Anschaffungskosten führt eine **permanente (gleitende) Durchschnittswertermittlung** zu genaueren Ergebnissen. Bei diesem Verfahren werden die Durchschnittswerte der Bestände nach jeder Bestandsveränderung neu ermittelt.

Auch Methode des permanent gewogenen Durchschnitts genannt

Permanente (gleitende) Durchschnittswertermittlung

$$\text{Durchschnittswerte der Bestände:} \quad \frac{\text{Anschaffungskosten des Bestandes}}{\text{Menge des Bestandes}}$$

Alle Durchschnittswerte der Bestände werden hier auf zwei Nachkommastellen kaufmännisch gerundet. Der Verbrauch wird dann mit diesem gerundeten Wert je Stück bewertet.

Bewertung der „Sport"-Bremssysteme nach der permanenten Durchschnittswertermittlung

Bestände / Einkäufe / Verbrauch	Menge in Stück	Anschaffungskosten je Stück (€)[1]	Anschaffungskosten gesamt (€)
Bestand am 01.01.20XX	520	20,16	10.483,20
Verbrauch bis 01.02.20XX	– 500	20,16	– 10.080,00
Bestand am 01.02.20XX	= 20	Ø 20,16	= 403,20
Einkauf 02.02.20XX	+ 1900	21,10	+ 40.090,00
Bestand am 02.02.20XX	= 1920	Ø 21,09	= 40.493,20
Verbrauch bis 15.05.20XX	– 1600	21,09	– 33.744,00
Bestand am 15.05.20XX	= 320	Ø 21,09	= 6.749,20
Einkauf 16.05.20XX	+ 1750	20,70	+ 36.225,00
Bestand am 16.05.20XX	= 2070	Ø 20,76	= 42.974,20
Verbrauch bis 31.07.20XX	– 2050	20,76	– 42.558,00
Bestand am 31.07.20XX	= 20	Ø 20,81	= 416,20
Einkauf 01.08.20XX	+ 2000	21,10	+ 42.200,00
Bestand am 01.08.20XX	= 2020	Ø 21,10	= 42.616,20
Verbrauch bis 29.11.20XX	– 1800	21,10	– 37.980,00
Bestand am 29.11.20XX	= 220	Ø 21,07	= 4.636,20
Einkauf 30.11.20XX	+ 1500	21,80	+ 32.700,00
Bestand am 30.11.20XX	= 1720	Ø 21,71	= 37.336,20
Verbrauch bis 31.12.20XX	– 1070	21,71	– 23.229,70
Bestand am 31.12.20XX	650	Ø 21,70	= 14.106,50

[1] Durchschnittswerte auf zwei Nachkommastellen gerundet

Beispiel

Durchschnittswert des Bestandes am 01.02.20XX:

$$\frac{403{,}20\ €}{20\ \text{Stück}} = 20{,}16\ €/\text{Stück}$$

Durchschnittswert des Bestandes am 02.02.20XX:

$$\frac{40.493{,}20\ €}{1920\ \text{Stück}} = 21{,}09\ €/\text{Stück}$$

Da die Bezugspreise in diesem Beispiel ab Mai 20XX ständig gestiegen sind, führt diese Bewertung mit permanenter Durchschnittswertermittlung zu einem höheren Bilanzwert im Vergleich zur gewogenen Durchschnittswertermittlung.

Verbrauchsfolgebewertung

§ 256 HGB Bewertungsvereinfachungsverfahren
Soweit es den Grundsätzen ordnungsmäßiger Buchführung entspricht, kann für den Wertansatz gleichartiger Vermögensgegenstände des Vorratsvermögens unterstellt werden, dass die zuerst oder dass die zuletzt angeschafften oder hergestellten Vermögensgegenstände zuerst verbraucht oder veräußert worden sind. (...)

Unternehmen, die nach internationalen Rechnungslegungsvorschriften bewerten, müssen dagegen entweder das Verfahren der Durch schnittsbewertung oder die Fifo-Methode anwenden.

Es können folgende, nach HGB zulässige Verbrauchsfolgen unterschieden werden:
Last in – first out (Lifo): Der zuletzt eingekaufte Werkstoff wird zuerst verbraucht.
First in – first out (Fifo): Der zuerst eingekaufte Werkstoff wird zuerst verbraucht.

Steuerrechtlich ist in der Regel nur das **Lifo-Verfahren** erlaubt. Die Einzelbewertung (tatsächliche und nachweisbare Verbrauchsfolge für einen bestimmten Werkstoff) wird von diesen Regelungen natürlich nicht berührt.

Beispiel In einem Geschäftsjahr werden von einem Werkstoff folgende Werte erfasst:

Bei Verbrauchsfolgeverfahren kann auch eine gesetzlich erlaubte fiktive (erdachte, angenommene) Verbrauchsfolge unterstellt werden. Dann sind die in den folgenden Tabellen angegebenen Einkaufs- und Verbrauchszeitpunkte nicht mehr bewertungsrelevant.

Bestände / Verbräuche / Einkäufe	Menge in Stück	Anschaffungskosten je Stück (€)	Wert (€)
Anfangsbestand	100	8,00	800,00
Verbrauch 1	60	–	–
Einkauf 1	160	7,00	1.120,00
Einkauf 2	200	9,50	1.900,00
Verbrauch 2	250	–	–
Endbestand	150	–	–

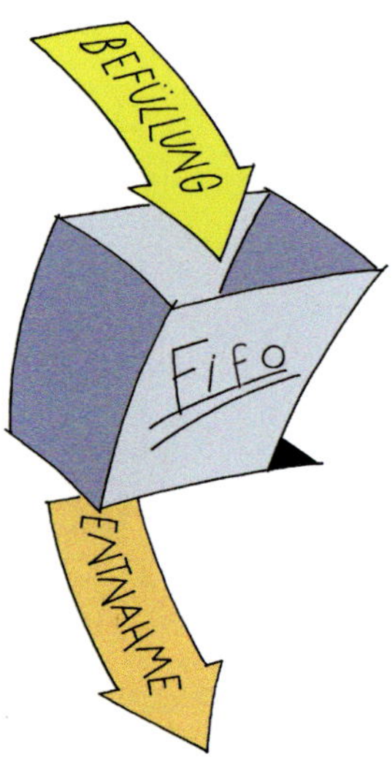

Bei der **Fifo-Methode** wird davon ausgegangen, dass die zuerst eingekauften Werkstoffe auch zuerst entnommen und verbraucht werden. Bei verderblichen Werkstoffen ist das ein „Muss“, bei Silo-Lagerung (Befüllung von oben, Entnahme von unten) technisch auch unvermeidlich. In diesem Fall muss wie folgt gerechnet werden:

Fifo-Methode

Bestände/ Verbräuche/Einkäufe	Menge in Stück	Anschaffungskosten je Stück (€)	Wert (€)
Anfangsbestand (AB)	100	8,00	800,00
Verbrauch 1	60	60 Stück zu 8,00	480,00
Einkauf 1	160	7,00	1.120,00
Einkauf 2	200	9,50	1.900,00
Verbrauch 2	250	40 Stück zu 8,00 (aus AB) + 160 Stück zu 7,00 (aus Einkauf 1) + 50 Stück zu 9,50 (aus Einkauf 2)	1.915,00
Endbestand	150	150 Stück zu 9,50 (aus Einkauf 2)	1.425,00

Fiktiver Wert = letzter Einkauf: 150 Stück zu 9,50 € = (ebenfalls) 1.425,00 €

Bei der Lifo-Methode wird davon ausgegangen, dass die zuletzt eingekauften Werkstoffe zuerst verbraucht werden. Bei einer Lagerung in Behältnissen, die von oben befüllt und auch von oben wieder geleert werden (z. B. Kisten, Schütten, Kartons), ist dies auch technisch nachvollziehbar, wenn sich die eingelagerten Werkstoffe nicht vermischen (also z. B. keine Flüssigkeiten). In diesem Fall muss wie folgt gerechnet werden:

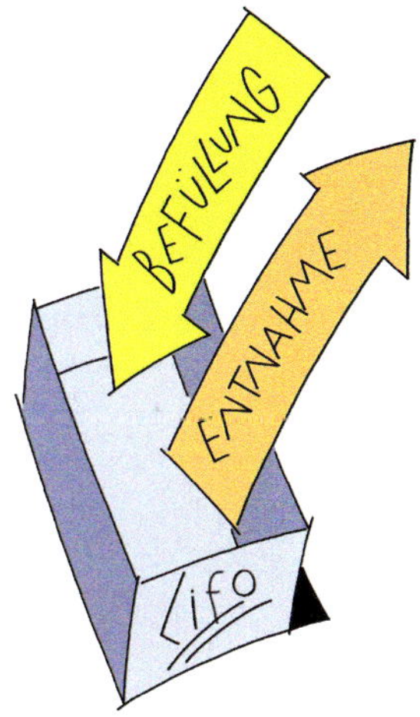

Lifo-Methode

Bestände/ Verbräuche/Einkäufe	Menge in Stück	Anschaffungskosten je Stück (€)	Wert (€)
Anfangsbestand (AB)	100	8,00	800,00
Verbrauch 1	60	60 Stück zu 8,00	480,00
Einkauf 1	160	7,00	1.120,00
Einkauf 2	200	9,50	1.900,00
Verbrauch 2	250	200 Stück zu 9,50 (aus Einkauf 2) + 50 Stück zu 7,00 (aus Einkauf 1)	2.250,00
Endbestand	150	110 Stück zu 7,00 (aus Einkauf 1) + 40 Stück zu 8,00 (aus AB)	1.090,00

Fiktiver Wert = Anfangsbestand und 1. Einkauf:
100 Stück zu 8,00 €
+ 50 Stück zu 7,00 €
= 1.150,00 €

Liegen die Anschaffungskosten von gelagerten Vorräten (z. B. von Rohstoffen) am Bilanzstichtag über deren Zeitwert, so sind diese Bestände bei üblichen Wertminderungen mit der Buchung: „6000 Aufwendungen für Rohstoffe an 2000 Rohstoffe“ aufwandswirksam abzuwerten (strenges Niederstwertprinzip).

Strenges Niederstwertprinzip, vgl. **3.1**, S. 226

Übersicht: *Anschaffungskosten und Zeitwert im Vergleich*

Ermittlung der Anschaffungskosten

Einzelbewertung
z. B. direkt zugeordneter Bezugspreis eines Werkstoffes

Durchschnittsbewertung
- gewogener Durchschnitt
- permanenter Durchschnitt

Verbrauchsfolgeverfahren
- Last in – first out (Lifo)
- First in – first out (Fifo)

Vergleich

Ermittlung des Zeitwertes

Börsen- oder Marktpreis

beizulegender Zeitwert

Bewertung:
Der im Vergleich niedrigere Wert (Anschaffungskosten oder Zeitwert) muss als Inventur- und damit als Bilanzwert angesetzt werden.

3.5.2 Bewertung von Forderungen

Gerade heutzutage ist auch die Bewertung der Forderungen oft mit Problemen verbunden. Nicht alle Kunden, die auf Ziel kaufen, bezahlen ihre Eingangsrechnungen rechtzeitig und vollständig. Einige Kunden zahlen leider nie.

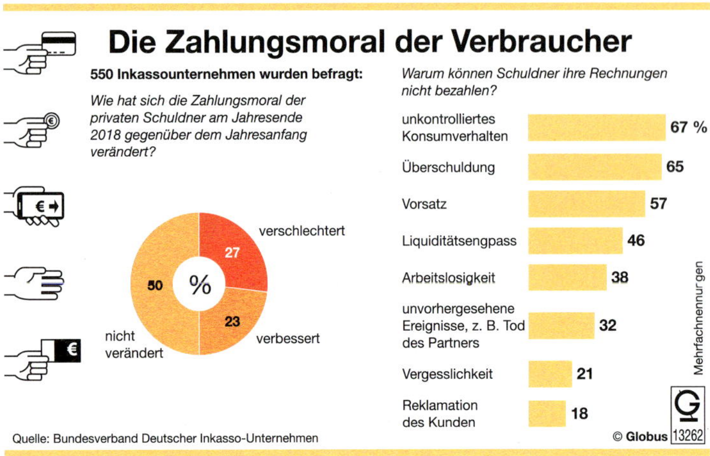

Obwohl die Industrie allgemein nicht zu den besonders gefährdeten Branchen zählt, sind auch hier oft **Wertkorrekturen** notwendig. Forderungen, deren vollständiger Ausgleich gefährdet (unwahrscheinlich) ist, sind in der Buchführung von den einwandfreien Forderungen zu trennen und auf das Konto 2470 Zweifelhafte Forderungen umzubuchen. Stellt sich heraus, dass eine Forderung ganz oder teilweise uneinbringlich wird, so muss sie durch eine Aufwandsbuchung auf dem Konto 6950 Abschreibungen auf Forderungen auf ihren wahrscheinlichen Wert abgeschrieben werden.

Zweifelhafte Forderungen: Drohende Verluste – also auch Forderungen, die ggf. nicht mehr vollständig zu Einzahlungen führen werden – müssen im Umlaufvermögen ausgewiesen werden. Auch hier sind Abschreibungen vorzunehmen, wenn die zu erwartenden Einzahlungen unter dem ursprünglichen Forderungsbetrag liegen. Die Umsatzsteuer, die in den zweifelhaften Forderungen enthalten ist, darf noch nicht korrigiert werden. Erst wenn eine Forderung ganz oder teilweise uneinbringlich geworden ist, darf die Umsatzsteuer berichtigt werden.

Gründe für die Erfassung als zweifelhafte Forderung:
- Der Kunde befindet sich in Zahlungsverzug. Trotz mehrerer Mahnungen (kaufmännisches Mahnverfahren, Einstieg in das gerichtliche Mahnverfahren, Zahlungsaufforderung durch einen Rechtsanwalt) erfolgt keine Zahlung.
- Zahlungsverweigerung des Kunden

Gründe für die Abschreibung uneinbringlicher Forderungen:
- Eröffnung eines Insolvenzverfahrens
- Die Forderung ist verjährt.
- Der Schuldner ist unauffindbar, Vermögenswerte sind nicht feststellbar.
- Der Schuldner besitzt keine pfändbaren Vermögenswerte.

Entstehen und Ausfall einer Forderung in einem Geschäftsjahr

Beispiel Ein Kunde der Fly Bike Werke GmbH befindet sich mit einer offenen Forderung in Höhe von 11.900,00 € im Zahlungsverzug. Alle Mahnungen der Fly Bike Werke GmbH bleiben ohne Rückmeldung. Die Fly Bike Werke GmbH muss diese Forderung als „zweifelhaft“ betrachten.

Grundbuch:
1) Ausstellung der Ausgangsrechnung (Erfassung der Forderung)
2) Umbuchung einer ehemals einwandfreien Forderung auf das Konto „Zweifelhafte Forderungen“

Nr.	Soll	€	Haben	€
1)	2400 Forderungen a.L.L.	11.900,00	5000 Umsatzerlöse f.e. Erz. 4800 Umsatzsteuer	10.000,00 1.900,00
2)	2470 Zweifelhafte Forderungen	11.900,00	2400 Forderungen a.L.L.	11.900,00

Beispiel Noch im selben Geschäftsjahr wird ein Insolvenzverfahren gegen diesen Kunden eröffnet. Die Forderung der Fly Bike Werke GmbH wird damit zu 100 % uneinbringlich und muss vollständig abgeschrieben werden. Dabei ist es zunächst unerheblich, ob der Insolvenzverwalter später noch Zahlungen aus der Insolvenzmasse an die Gläubiger leisten kann oder nicht.

Bereits mit der Eröffnung des Insolvenzverfahrens darf die Umsatzsteuer vollständig korrigiert werden. Das vereinnahmte Entgelt für die Fly Bike Werke GmbH aus diesem Verkauf beträgt 0,00 €, die Umsatzsteuer darauf beträgt dann selbstverständlich auch 0,00 €. Falls nach Abschluss des Insolvenzverfahrens doch noch eine Zahlung erfolgt (Insolvenzquote), ist eine Ertragsbuchung notwendig. Die im Zahlungsbetrag enthaltene Umsatzsteuer lebt wieder auf.

Grundbuch:

3) vollständige Abschreibung der zuletzt zweifelhaften Forderung bei Eröffnung des Insolvenzverfahrens
4) Eingang einer Teilzahlung aus der Insolvenzmasse (Insolvenzquote 20 %) nach Abschluss des Insolvenzverfahrens

Nr.	Soll	€	Haben	€
3)	6950 Abschreibungen auf Forderungen 4800 Umsatzsteuer	10.000,00 1.900,00	2470 Zweifelhafte Forderungen	11.900,00
4)	2800 Bankguthaben	2.380,00	5495 Erträge aus abgeschriebenen Forderungen 4800 Umsatzsteuer	2.000,00 380,00

Entstehen und Ausfall einer Forderung in zwei verschiedenen Geschäftsjahren

Beispiel Im Geschäftsjahr 20X1 verkauft die Fly Bike Werke GmbH an einen Neukunden Erzeugnisse im Wert von 5.950,00 € brutto auf Ziel. Da der Kunde auch im Ablauf des kaufmännischen Mahnverfahrens keine Zahlung leistet, muss die ehemals einwandfreie Forderung auf das Konto 2470 Zweifelhafte Forderungen umgebucht werden. Die Fly Bike Werke GmbH geht zum Jahresende 20X1 davon aus, dass der mögliche Forderungsausfall 70 % betragen könnte (Schätzung). Im Folgejahr kann der Kunde dann allerdings nur 20 % der Forderungssumme an die Fly Bike Werke GmbH überweisen (Forderungsausfall 80 %).

Bei der Schätzung eines Forderungsausfalls darf nur vom Nettowert der Forderung abgeschrieben werden und keine Umsatzsteuerkorrektur erfolgen. Sie erfolgt erst im Folgejahr nach dem Zahlungseingang bzw. dem endgültigen Ausfall der Forderung.

Grundbuch im Jahr 20X1:

1) Erzeugnisverkauf auf Ziel (Erfassung der Forderung)
2) Die Forderung wird für die Fly Bike Werke GmbH zweifelhaft.
3) teilweise Abschreibung der Forderung (70 % vom Nettoforderungswert) nach Schätzung des Insolvenzverwalters

Nr.	Soll	€	Haben	€
1)	2400 Forderungen a.L.L.	5.950,00	5000 Umsatzerlöse f. e. Erz. 4800 Umsatzsteuer	5.000,00 950,00
2)	2470 Zweifelhafte Forderungen	5.950,00	2400 Forderungen a.L.L.	5.950,00
3)	6950 Abschreibungen auf Forderungen	3.500,00	2470 Zweifelhafte Forderungen	3.500,00

Grundbuch im Jahr 20X2:

1) Zahlungseingang bei der Fly Bike Werke GmbH durch Überweisung des Schuldners (20 % der Forderungssumme = 1.190,00 €)

Nr.	Soll	€	Haben	€
1)	2800 Bankguthaben 6990 Periodenfremde Aufwendungen 4800 Umsatzsteuer	1.190,00 500,00 760,00	2470 Zweifelhafte Forderungen	2.450,00

Der niedrigere Zahlungseingang im Vergleich zum Schätzwert des Insolvenzverwalters führt im Folgejahr zu **periodenfremden Aufwendungen**, da das Konto 6950 Abschreibungen auf Forderungen – auch bei Schätzungen – nur für ausfallende Forderungen des laufenden Geschäftsjahres verwendet werden soll.

Zweifelhafte Forderungen – Berechnungen

	Nettowert	Umsatzsteuer	Bruttowert
Ausgangsrechnung	5.000,00 €	950,00 €	5.950,00 €
Abschreibung am Jahresende: 70 % auf den Nettowert	3.500,00 €	nach Schätzungen keine Korrektur erlaubt	–
zweifelhafte Forderung	1.500,00 €	950,00 €	2.450,00 €
Zahlungseingang im Folgejahr	1.000,00 €	190,00 €	1.190,00 €
Steuerberichtigung periodenfremder Aufwand	 500,00 €	760,00 €	–

Höhere Forderungseingänge als erwartet sollen als **periodenfremde Erträge** (Konto 5490) erfasst werden. Betreffen derartige Forderungseingänge das laufende Geschäftsjahr, so sind auf das Konto 5495 Erträge aus abgeschriebenen Forderungen[1] zu buchen.

1) zusätzlich eingeführtes Konto

Unerwartete Zahlungseingänge auf bereits abgeschriebene Forderungen führen zu einem „Aufleben" der bereits korrigierten Umsatzsteuer. Aus dem Zahlungsbetrag ist der Umsatzsteueranteil herauszurechnen und auf dem Umsatzsteuerkonto zu buchen.

Übersicht: Wertkorrekturen bei Forderungen

Forderungsart	Buchung auf Konto	Ablauf
einwandfreie Forderungen nach Erzeugnisverkauf auf Ziel	2400 Forderungen a.L.L.	
zweifelhafte Forderungen bei vermuteten Zahlungsausfällen	2470 Zweifelhafte Forderungen	
Uneinbringliche Forderungen sind abzuschreiben. Die Umsatzsteuer ist zu korrigieren (nicht nach Schätzungen).	6950 Abschreibungen auf Forderungen	
Zahlungseingänge auf bereits abgeschriebene Forderungen des laufenden Jahres	5495 Erträge aus abgeschriebenen Forderungen[1]	
notwendige zusätzliche Abschreibungen auf Forderungen aus Vorjahren	6990 Periodenfremde Aufwendungen	↓
Zahlungseingänge auf bereits abgeschriebene Forderungen aus Vorjahren	5490 Periodenfremde Erträge	

[1] zusätzlich eingeführtes Konto

3.5.3 Bewertungen von Wertpapieren des Umlaufvermögens

Strenges Niederstwertprinzip, vgl. 3.1, S. 226

Wertpapiere des Umlaufvermögens gehören zu den **nicht abnutzbaren Vermögensgegenständen** eines Unternehmens. Die „Nutzung" ist zeitlich nicht begrenzt, damit ist auch eine planmäßige Abschreibung nicht möglich. Eine außerplanmäßige Abschreibung ist allerdings Pflicht, wenn der Zeitwert unter die Anschaffungskosten sinkt.

Beispiel Um kurzfristig nicht benötigte flüssige Mittel ertragreich anzulegen, hat die Fly Bike Werke GmbH am 24.11.20XX 100 Aktien eines Telekommunikations-Unternehmens mit guten Zukunftsaussichten gekauft. Die Anschaffungskosten betrugen je Aktie 54,00 €, das Aktienpaket steht mit 5.400,00 € „in den Büchern". Die Wiederbeschaffungskosten zum Bilanzstichtag am 31.12.20XX betragen wegen eines plötzlichen Kurssturzes aber nur noch 3.500,00 €. Der Wertverlust in Höhe von 1.900,00 € muss abgeschrieben werden.

Grundbuch:
1) Abschreibung des Wertverlustes der Aktien

Nr.	Soll	€	Haben	€
1)	7420 Abschreibungen auf Wertpapiere des Umlaufvermögens	1.900,00	2700 Wertpapiere des Umlaufvermögens	1.900,00

LS ▸ LS 86
Schulden bewerten

3.6 Bewertungen von Schulden

Höchstwertprinzip, vgl. 3.1, S. 226

Die Bewertung von Schulden nach dem Höchstwertprinzip verlangt, dass Schulden mit ihrem Erfüllungsbetrag zu bewerten sind, wenn dieser über dem Zugangswert liegt. Unterschiedliche Werte ergeben sich regelmäßig bei Währungsverbindlichkeiten aufgrund von Wechselkursänderungen oder aber bei Darlehensverbindlichkeiten, die unter Abzug eines Disagios ausgezahlt werden.

Ausnahme: Bei Verbindlichkeiten in **Fremdwährungen** kommt dieses Höchstwertprinzip nur dann zur Anwendung, wenn die Restlaufzeit der Verbindlichkeit **über einem Jahr** liegt. Bei Währungsverbindlichkeiten **bis zu einem Jahr** wird gemäß § 256 a HGB stets mit dem **Devisenkassamittelkurs** gerechnet.

Devisenkassamittelkurs

$$\frac{\text{Devisengeldkurs} + \text{Devisenbriefkurs}}{2}$$

Geldkurs = Verkaufskurs der Bank
Briefkurs = Ankaufkurs der Bank

Beispiel Beim Einkauf von Rohstoffen auf Ziel (90 Tage Zahlungsziel, Lieferung frei Haus) in den USA entsteht eine Verbindlichkeit in Höhe von 120.000,00 US-$. Der Devisenkassamittelkurs bei Rechnungseingang beträgt 1,20 US-$/€. Dem deutschen Unternehmen entsteht bei Rechnungseingang in Euro also eine Verbindlichkeit in Höhe von 120.000,00 US-$: 1,20 US-$/€ = 100.000,00 € (ursprüngliche Verbindlichkeit in Euro).
Bis zum Ende des Jahres (während des Zahlungsziels) sinkt der Devisenkassamittelkurs auf 1,18 US-$/€ ab. In der Bilanz muss der höhere Wert der Fremdwährungsverbindlichkeit mit 101.694,91 € ausgewiesen werden: 120.000,00 US-$: 1,18 US-$/€ = 101.694,92 € (Erfüllungsbetrag am 31.20XX).

Grundbuch:
1) Buchung bei Rechnungseingang in Fremdwährung auf Ziel in Euro
2) Kursverlust bis zum 31.12.20XX

Nr.	Soll	€	Haben	€
1)	6000 Aufwendungen für Rohstoffe	100.000,00	4400 Verbindlichkeiten a.L.L.	100.000,00
2)	6000 Aufwendungen für Rohstoffe	1.694,92	4400 Verbindlichkeiten a.L.L.	1.694,92

Der Kursverlust erhöht den Wert der Aufwendungen für Rohstoffe. Der Rohstoffeinsatz – und damit die Selbstkosten der Erzeugnisse – wird durch den Kursverlust also teurer.

Steigt der Devisenkassamittelkurs hingegen zum Ende des Jahres auf 1,22 US-$/€, so ist diese Verbindlichkeit in der Bilanz nur noch mit 98.360,66 € zu bewerten.

Grundbuch:
3) Kursgewinn bis zum 31.12.20XX

Nr.	Soll	€	Haben	€
3)	4400 Verbindlichkeiten a.L.L.	1.639,34	6000 Aufwendungen für Rohstoffe	1.639,34

Der Kursgewinn vermindert in diesem Fall die bereits erfassten Aufwendungen für Rohstoffe. Würde die Verbindlichkeit eine Restlaufzeit von über einem Jahr aufweisen, wäre diese gewinnerhöhende Buchung nicht erlaubt!

Kreditaufnahme mit Disagio

Beispiel Die Fly Bike Werke GmbH nimmt zum 01.01.20XX ein zehnjähriges Darlehen in Höhe von 100.000,00 € auf. Die Hausbank hatte ein Ratendarlehen mit jährlich 10 % Tilgung und mit einem **Disagio** von 10.000,00 € zu folgenden Bedingungen angeboten:
- Darlehensbetrag 100.000,00 €
- Auszahlungsbetrag 90.000,00 €
- Nominalzinssatz 4,50 % pro Jahr
- Tilgung jährlich rückwirkend 10 % der Darlehenssumme

Disagio
bei Kreditaufnahmen Differenzbetrag zwischen dem (höheren) Rückzahlungsbetrag und dem (niedrigeren) ausgezahlten Betrag

Hinweis: Ein Disagio bei Kreditaufnahmen ist als aktiver Jahresabgrenzungsposten zu betrachten, der während der Kreditlaufzeit zeitanteilig aufzulösen (abzuschreiben) ist.

Grundbuch:
1) Kreditauszahlung gegen Bankgutschrift
2) Tilgungszahlung am Geschäftsjahresende (10 % der Darlehenssumme)
3) Zinszahlung am Geschäftsjahresende (4,5 % der Darlehenssumme)
4) planmäßige Abschreibung des Disagios ($^1/_{10}$ des Jahresabgrenzungspostens)

Nr.	Soll	€	Haben	€
1)	2800 Bankguthaben 2900 Aktive Jahresabgrenzung	90.000,00 10.000,00	4250 Langfristige Bankverbindlichkeiten (Darlehen)	100.000,00
2)	4250 Langfristige Bankverbindlichkeiten (Darlehen)	10.000,00	2800 Bankguthaben	10.000,00
3)	7510 Zinsaufwendungen	4.500,00	2800 Bankguthaben	4.500,00
4)	7590 Sonstige zinsähnliche Aufwendungen	1.000,00	2900 Aktive Jahresabgrenzung	1.000,00

Auch in dem Fall, dass der Auszahlungsbetrag unter dem Kreditbetrag liegt, ist nach dem Höchstwertprinzip immer der Erfüllungsbetrag (Darlehenssumme ggf. nach Tilgungsabschlägen) in der Bilanz auszuweisen.

3.7 Bedeutung von Bewertungsentscheidungen

Bewertungsentscheidungen im Rahmen des gesetzlich Möglichen (erlaubte Bewertungsalternativen) sind immer im Hinblick auf ihre Auswirkungen auf die Erfolgsrechnung (GuV-Rechnung) und auch auf die Bilanz zu treffen. Abschreibungen oder Zuschreibungen als Ergebnis dieser Bewertungsentscheidungen haben weitreichende Konsequenzen und müssen den Interessen (Zielen) des Unternehmens entsprechen. Letztlich entscheidet die Unternehmensleitung im Rahmen ihrer Bilanzpolitik. Die Interessen der **Anteilseigner** dürfen dabei nicht unberücksichtigt bleiben.

Anteilseigner
Inhaber von Aktien oder Stammeinlagen einer Kapitalgesellschaft

Aktiengesellschaft, vgl. **HF 1**, **3.3.2**, Band 1

Übersicht: *Auswirkungen von Bewertungsentscheidungen*

Abschreibungen = Wertminderungen	Zuschreibungen = Werterhöhung

Erfolgsauswirkungen

• Aufwand in der GuV-Rechnung • Verminderung des Gewinns • Minderung der vom Gewinn abhängigen Steuern • ggf. Minderung der Gewinnausschüttung an die Anteilseigner	• Ertrag in der GuV-Rechnung • Erhöhung des Gewinns • Erhöhung der vom Gewinn abhängigen Steuern • ggf. Erhöhung der Gewinnausschüttung an die Anteilseigner

Bilanzauswirkungen

• Vermögensminderung in der Bilanz • geringere Kreditwürdigkeit durch im Wert sinkende Vermögensgegenstände und sinkende Gewinne • höhere Liquidität durch geringeren Abfluss von flüssigen Mitteln für Steuern und ggf. für Gewinnausschüttungen	• Vermögenserhöhung in der Bilanz • erhöhte Kreditwürdigkeit durch im Wert steigende Vermögensgegenstände und steigende Gewinne • sinkende Liquidität durch höheren Abfluss von flüssigen Mitteln für Steuern und ggf. Gewinnausschüttungen

4 Auswertung des Jahresabschlusses

LS ▸ **LS 87**
Einen Jahresabschluss auswerten

Alle internen und externen Informationsempfänger von Jahresabschlüssen können anhand der Vermögens-, Finanz- und Ertragslage eines Unternehmens überprüfen, ob die individuellen Zielsetzungen, die sie mit diesem Unternehmen verbinden, realisiert werden konnten.

Empfänger von Jahresabschlüssen

Empfänger	Mögliche Zielsetzungen
Gesellschafter (Anteilseigner)	dauerhafte (hohe) Gewinnausschüttungen, Unternehmenswachstum
Gläubiger	Sicherheit für Zins- und Tilgungszahlungen
Kunden	dauerhafte Lieferbereitschaft
Lieferanten	dauerhafte Kauf- und Zahlungsfähigkeit
Mitarbeiter	sicherer Arbeitsplatz

Die Datenbasis der Informationsempfänger ist dabei allerdings unterschiedlich umfangreich.

Datenbasis für Analysen der Unternehmensergebnisse

Externe Analyse	Interne Analyse
– Jahresabschluss nach HGB mit Bilanz, GuV-Rechnung, ggf. Anhang und Lagebericht (Offenlegungspflichten beachten) – weitere Veröffentlichungen des Unternehmens – Presseberichte über das Unternehmen	– Jahresabschluss nach HGB mit Bilanz, GuV-Rechnung, ggf. Anhang und Lagebericht – Steuerbilanz – interne Bilanzen nach alternativen internen Rechnungslegungsprinzipien – Daten der Kosten- und Leistungsrechnung – weitere Planungs- und Ergebnisrechnungen aller Art, Unternehmensziele
beschränkte Informationsbasis	je nach internem Empfänger (in Abhängigkeit von Hierarchiestufen und der internen Informationspolitik) mehr oder weniger vollständige Informationsbasis

Dabei sind alle Analysen je nach Informationslage unterschiedlich zu beurteilen.

Auswertungen der Unternehmensergebnisse

Zeitvergleich	Betriebsvergleich/Branchenvergleich	Soll-Ist-Vergleich
Vergleich der Ergebnisse vorangegangener Abrechnungsperioden mit den Ergebnissen der aktuellen Abrechnungsperiode	Vergleich der Unternehmensergebnisse und deren Entwicklung mit denen anderer Unternehmen (gleiche Branche, vergleichbare Größe und Zielsetzungen) oder den Durchschnittswerten der Branche	Vergleich geplanter Ergebnisse mit tatsächlich realisierten Ergebnissen; zumeist nur als interne Analyse möglich, da unternehmensexterne Planungsdaten i. d. R. nicht oder nur beschränkt zur Verfügung stehen

Basis für alle Auswertungen sind die Bilanz und die Gewinn- und Verlustrechnung eines Unternehmens.

4.1 Aufbereitung der Bilanz

Bevor die Bilanz der Fly Bike Werke GmbH mithilfe von Kennzahlen ausgewertet wird, werden einzelne Bilanzpositionen zusammengefasst und die Bilanz in eine übersichtlichere Form, eine sogenannte **Strukturbilanz**, gebracht.

Ausweis des Eigenkapitals in der Bilanz, vgl. **2.2.2**, S. 220

Beispiel Um die geplante Betriebserweiterung finanzieren zu können, haben die Gesellschafter der Fly Bike Werke GmbH im Vorjahr den Jahresüberschuss von 100.000,00 € komplett in die Gewinnrücklagen eingestellt. Auch in diesem Jahr soll der Jahresüberschuss im Unternehmen verbleiben.

Fly Bike Werke GmbH

Bilanz der Fly Bike Werke GmbH, Oldenburg, zum 31.12.20XX (in €)

Aktiva	**Vorjahr**	**Berichtsjahr**	**Passiva**	**Vorjahr**	**Berichtsjahr**
A. Anlagevermögen			**A. Eigenkapital**		
1. Grundstücke und Bauten	635.200,00	612.850,00	1. Gezeichnetes Kapital	300.000,00	300.000,00
2. Technische Anlagen und Maschinen	224.904,00	131.870,00	2. Gewinnrücklagen	300.000,00	400.000,00
3. Betriebs- und Geschäftsausstattung	138.371,00	97.505,00	3. Jahresüberschuss	100.000,00	150.000,00
B. Umlaufvermögen			**B. Rückstellungen**	7.600,00	6.225,00
1. Roh-, Hilfs- und Betriebsstoffe	224.800,00	288.000,00	**C. Verbindlichkeiten**		
2. Unfertige Erzeugnisse	36.000,00	48.000,00	1. Langfristige Bankverbindlichkeiten	639.000,00	602.000,00
3. Fertige Erzeugnisse	72.900,00	140.000,00	2. Verbindlichkeiten aus Lieferungen und Leistungen	690.000,00	920.000,00
4. Handelswaren	0,00	4.000,00	3. Sonstige Verbindlichkeiten	13.000,00	24.000,00
5. Forderungen aus Lieferungen und Leistungen	541.520,00	720.000,00			
6. Kasse	3.105,00	2.400,00			
7. Bankguthaben	172.800,00	357.600,00			
	2.049.600,00	2.402.225,00		2.049.600,00	2.402.225,00

Neben den absoluten Zahlen (€) ist die Ermittlung von relativen Größen (%) notwendig. Dadurch wird

- die Bedeutung einzelner Posten deutlicher,
- ein Zeitvergleich übersichtlicher,
- ein Vergleich mit anderen Unternehmen derselben Branche ermöglicht.

Aktiva — Strukturbilanz der Fly Bike Werke GmbH (in €) — Passiva

Aktiva	Vorjahr	Berichtsjahr	Passiva	Vorjahr	Berichtsjahr
Anlagevermögen	998.475,00	842.225,00	Eigenkapital	700.000,00	850.000,00
Umlaufvermögen	1.051.125,00	1.560.000,00	– Gewinnrücklagen	300.000,00	400.000,00
– Vorräte	333.700,00	480.000,00	Fremdkapital	1.349.600,00	1.552.225,00
– Forderungen	541.520,00	720.000,00	– langfristig	639.000,00	602.000,00
– flüssige Mittel	175.905,00	360.000,00	– kurzfristig	710.600,00	950.225,00
Gesamtvermögen	2.049.600,00	2.402.225,00	Gesamtkapital	2.049.600,00	2.402.225,00

Aktiva — Strukturbilanz der Fly Bike Werke GmbH (in %)[1] — Passiva

Aktiva	Vorjahr	Berichtsjahr	Passiva	Vorjahr	Berichtsjahr
Anlagevermögen	48,72	35,06	Eigenkapital	34,15	35,38
Umlaufvermögen	51,28	64,94	– Gewinnrücklagen	14,64	16,65
– Vorräte	16,28	19,98	Fremdkapital	65,85	64,62
– Forderungen	26,42	29,97	– langfristig	31,18	25,06
– flüssige Mittel	8,58	14,99	– kurzfristig	34,67	39,56
Gesamtvermögen	100,00	100,00	Gesamtkapital	100,00	100,00

Aktiva — Werteveränderungen in der Strukturbilanz gegenüber Vorjahr (in %)[1] — Passiva

Aktiva	Berichtsjahr	Passiva	Berichtsjahr
Anlagevermögen	–15,65	Eigenkapital	21,43
Umlaufvermögen	48,41	– Gewinnrücklagen	33,33
– Vorräte	43,84	Fremdkapital	15,01
– Forderungen	32,96	– langfristig	–5,79
– flüssige Mittel	104,66	– kurzfristig	33,72
Gesamtvermögen	17,20	Gesamtkapital	17,20

Hinweis: Positionen mit „–“ sind wertmäßig in den oberhalb genannten Positionen enthalten. Als Einzelwerte werden sie für die Bilanzanalyse benötigt und deshalb zusätzlich separat ausgewiesen.

[1] kaufmännisch gerundete Einzelwerte

Beispiel Hinweise zur Strukturbilanz der Fly Bike Werke GmbH

Das Anlagevermögen besteht ausschließlich aus Sachanlagen. Alle Forderungen sind kurzfristig. Die Jahresüberschüsse der betrachteten Geschäftsjahre wurden den Gewinnrücklagen zugeführt und verbleiben im Unternehmen. Alle Verbindlichkeiten aus Lieferungen und Leistungen sowie die sonstigen Verbindlichkeiten sind kurzfristig. Auch die Rückstellungen der Fly Bike Werke GmbH stellen kurzfristiges Fremdkapital dar. Beurteilung: In einer Gesamtbetrachtung haben sich alle Bilanzwerte der Fly Bike Werke GmbH verbessert. Das Unternehmen agiert am Markt zunehmend erfolgreicher. Das werden auch die nachfolgenden Kennzahlen im Detail aufzeigen.

kurzfristig = Laufzeit bis zu einem Jahr

4.2 Bilanzanalyse mithilfe von Kennzahlen

Strukturbilanz, vgl. **4.1**, S. 256

Die Strukturbilanz dient als Basis für die Bilanzanalyse. Dabei werden mithilfe verschiedener **Kennzahlen** die Unternehmensergebnisse verdeutlicht und vergleichbar gemacht.

absolute Kennzahlen, z. B. €-Beträge

relative Kennzahlen, z. B. %-Sätze

Bestandszahlen statische Kennzahlen (Zeitpunktbetrachtung)

Bewegungszahlen dynamische Kennzahlen (Zeitraumbetrachtung)

Kennzahlen haben die Aufgabe, sinnvolle betriebswirtschaftliche Zusammenhänge mithilfe einer Größe darzustellen und durchschaubarer zu machen. Als **absolute** Größen (z. B. €-Beträge) unterscheidet man **Bestandszahlen** (z. B. Position Forderungen am Bilanzstichtag) und **Bewegungszahlen** (z. B. Veränderung der Position Forderungen zwischen zwei Abschlussstichtagen). Werden zwei Positionen in ein sinnvolles Verhältnis gesetzt, so erhält man **relative** Größen, die, zu einer Zahl verdichtet, zu wichtigen Erkenntnissen über wirtschaftliche Zusammenhänge führen können (z. B. Eigenkapital im Verhältnis zum Gesamtkapital zeigt die Unabhängigkeit von Fremdkapitalgebern auf). Kennzahlen findet man in Unternehmen in allen betrieblichen Bereichen. Nur ein Kennzahlensystem lässt einen sicheren Einblick und eine Beurteilung der Vermögens-, Finanz- und Ertragslage eines Unternehmens zu.

Finanzierungsregeln, vgl. **HF6**, **3.2**, S. 180

Bei der **vertikalen Bilanzanalyse** werden jeweils nur Werte der Aktiv- oder Passivseite der Bilanz zueinander in Beziehung gesetzt (Vermögens- und Kapitalstruktur). Die **horizontale Bilanzanalyse** setzt Aktiv- und Passivposten der Bilanz miteinander in Beziehung (Liquidität und Anlagendeckung).

Aufbau und Bestandteile der Bilanzanalyse

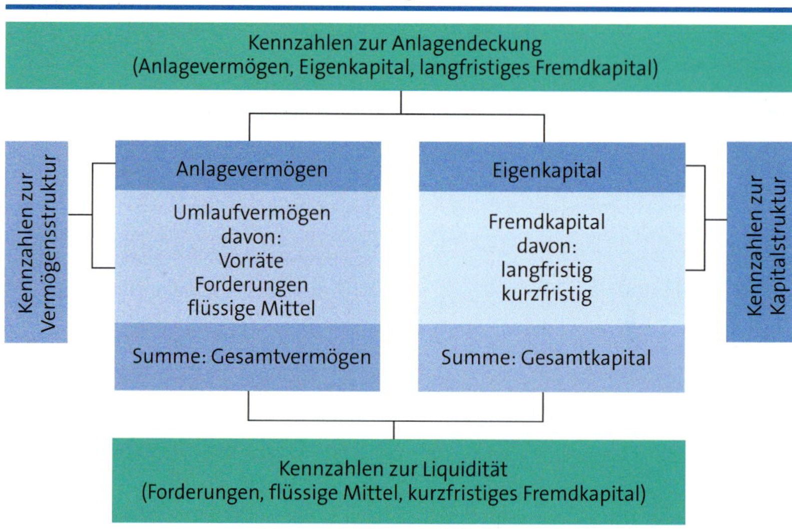

Kennzahlen im Vergleich:
- Zeitvergleich
- Unternehmensvergleich
- Branchenvergleich
- Soll-Ist-Vergleich

Die Aussagefähigkeit aller Kennzahlen ergibt sich nicht abschließend im Zeitvergleich eines Unternehmens (Entwicklung: Verbesserung oder Verschlechterung?). Unternehmensvergleiche oder Vergleiche mit Branchendurchschnittswerten sind bei externer Analyse von größter Bedeutung (besser oder schlechter als andere Unternehmen oder die Branche insgesamt?). Nur bei wenigen Kennzahlen gibt es „Vorgabewerte“, die ein Unternehmen erreichen sollte. In der internen Analyse gibt es natürlich auch konkrete Ziel- oder Planwerte (Soll-Ist-Vergleich), die von vielen Unternehmen allerdings nicht veröffentlicht werden.

4.2.1 Vermögensstruktur

Die Kennzahlen zur Vermögensstruktur zeigen den prozentualen Anteil von Vermögenspositionen zum Gesamtvermögen des Unternehmens. Der Vermögensaufbau zeigt, inwieweit Unternehmen anlage- oder arbeitsintensiv sind.

Eine Investition ins **Anlagevermögen** birgt die Gefahr, dass teure Spezialmaschinen unbrauchbar werden, z. B. bei rasch wechselnden Geschmacksänderungen. Das Anlagevermögen verursacht außerdem immer hohe fixe Kosten (z. B. Abschreibungen, Zinsen). Hohe Bestände bei den **Vorräten** bedeuten eine Erhöhung des Lagerrisikos, der Lagerkosten und der Kapitalbindung. Hohe **Forderungsbestände** bereiten Sorgen wegen einer möglichen Uneinbringlichkeit. Das **Umlaufvermögen** hingegen ist der eigentliche Gewinnbringer eines Unternehmens. Produktions- und Absatzprozesse lassen Erzeugnisse entstehen, aus deren Verkauf wiederum Forderungen und schließlich flüssige Mittel zurück in das Unternehmen fließen.

Grundsätzlich gilt: So wenig Anlagevermögen wie möglich, aber so viel wie nötig, um das Sachziel zu erreichen.

Kennzahlen zur Vermögensstruktur

$$\text{Anlagenintensität (Anlagenquote)} = \frac{\text{Anlagevermögen} \cdot 100}{\text{Gesamtvermögen}}$$

$$\text{Umlaufintensität (Quote des Umlaufvermögens)} = \frac{\text{Umlaufvermögen} \cdot 100}{\text{Gesamtvermögen}}$$

$$\text{Vorratsquote} = \frac{\text{Vorräte} \cdot 100}{\text{Gesamtvermögen}}$$

$$\text{Forderungsquote} = \frac{\text{Forderungen} \cdot 100}{\text{Gesamtvermögen}}$$

Beispiel Vermögensstruktur der Fly Bike Werke

Anlage- und Umlaufintensität addiert ergeben immer 100 %!

Kennzahl	Vorjahr		Berichtsjahr	
Anlagenintensität (Anlagenquote)	$\frac{998.475 \cdot 100}{2.049.600}$	= 48,72 %	$\frac{842.225 \cdot 100}{2.402.225}$	= 35,06 %
Umlaufintensität (Quote des Umlaufvermögens)	$\frac{1.051.125 \cdot 100}{2.049.600}$	= 51,28 %	$\frac{1.560.000 \cdot 100}{2.402.225}$	= 64,94 %
Vorratsquote	$\frac{333.700 \cdot 100}{2.049.600}$	= 16,28 %	$\frac{480.000 \cdot 100}{2.402.225}$	= 19,98 %
Forderungsquote	$\frac{541.520 \cdot 100}{2.049.600}$	= 26,42 %	$\frac{720.000 \cdot 100}{2.402.225}$	= 29,97 %

Die Anlagenintensität ist zugunsten der Umlaufintensität zurückgegangen auf 35,06 %. Die positive Entwicklung basiert auf den Wertminderungen der vorhandenen Anlagegüter durch Abschreibungen bei einem gleichzeitigen Anstieg des Umlaufvermögens. Investitionen für die Betriebserweiterung (neue, produktivere Sachanlagen) werden erst in der Zukunft erfolgen. Der Absatz und damit die Umsatzerlöse sind auch ohne diese Neuinvestitionen vorab schon erheblich gesteigert worden. Die Erhöhung der Produktionsmengen und der Umsatzerlöse führte zwangsläufig zu einer Erhöhung der Vorratsquote (Materialvorräte und Erzeugnisse: Steigerung von 16,28 % auf 19,98 %) und der Forderungsquote (Verkäufe von Erzeugnissen auf Ziel: Steigerung von 26,42 % auf 29,97 %).

Umsatzerlöse der Fly Bike Werke GmbH lt. GuV-Rechnung:
Vorjahr: 5.800.000,00 €
Berichtsjahr: 6.893.555,85 €,
vgl. 4.3, S. 263

4.2.2 Finanzierung (Kapitalstruktur)

Kriterien zur Beurteilung der Finanzierung:
- Unabhängigkeit
- Kreditwürdigkeit
- Krisenfestigkeit

Eine schlechte Eigenkapitalausstattung ist nach wie vor der Hauptgrund dafür, dass in Deutschland zahlreiche Unternehmen in Insolvenz geraten. Eine möglichst hohe **Eigenkapitalquote** bzw. eine möglichst niedrige **Fremdkapitalquote** sind ein Zeichen der Unabhängigkeit von Fremdkapitalgebern und zeigen den Entscheidungsspielraum des Unternehmens auf.

Der **Grad der Selbstfinanzierung** sagt etwas darüber aus, inwieweit ein Unternehmen sich aus eigener Kraft selbstständig finanzieren kann. Dies geschieht vorzugsweise dadurch, dass Gewinne nicht ausgeschüttet werden, sondern zum Zweck der Investierung im Unternehmen rentabel verwendet werden.

Eigenkapitalquote und Verschuldungsgrad, vgl. **HF6**, **3.2.2**, S. 183

Ein **Verschuldungsgrad**, d.h. Verhältnis Fremdkapital zu Eigenkapital, von 1:1 galt lange Zeit als optimal. Das erreicht aber heutzutage kaum noch ein Unternehmen. Auch deshalb wird ein Verhältnis von 2:1 positiv gesehen. Verfügt ein Unternehmen über einen hohen Eigenkapitalanteil und über eine gute Ertragslage (Sicherheiten), so wird es sich ohne Mühe weiteres zinspflichtiges Fremdkapital besorgen können. Zinsen müssen unabhängig von der Ertragslage gezahlt werden, das bedeutet, dass Fremdkapitalgeber auch in Krisenzeiten (schlechte Ertragslage) kaum auf die Zahlung von Zinsen und Tilgung verzichten werden.

Kennzahlen zur Kapitalstruktur

$$\text{Eigenkapitalquote} = \frac{\text{Eigenkapital} \cdot 100}{\text{Gesamtkapital}} \qquad \text{Fremdkapitalquote} = \frac{\text{Fremdkapital} \cdot 100}{\text{Gesamtkapital}}$$

$$\text{Grad der Selbstfinanzierung} = \frac{\text{Gewinnrücklagen} \cdot 100}{\text{Gesamtkapital}} \qquad \text{Verschuldungsgrad} = \frac{\text{Fremdkapitel} \cdot 100}{\text{Eigenkapital}}$$

Eigenkapital- und Fremdkapitalquote addiert ergeben immer 100 %!

Beispiel Kennzahlen für die Fly Bike Werke

Kennzahl	Vorjahr	Berichtsjahr
Eigenkapitalquote	$\frac{700.000 \cdot 100}{2.049.600} = 34{,}15\,\%$	$\frac{850.000 \cdot 100}{2.402.225} = 35{,}38\,\%$
Fremdkapitalquote	$\frac{1.349.600 \cdot 100}{2.049.600} = 65{,}85\,\%$	$\frac{1.552.225 \cdot 100}{2.402.225} = 64{,}62\,\%$
Grad der Selbstfinanzierung	$\frac{300.000 \cdot 100}{2.049.600} = 14{,}64\,\%$	$\frac{400.000 \cdot 100}{2.402.225} = 16{,}65\,\%$
Verschuldungsgrad	$\frac{1.349.600 \cdot 100}{700.000} = 192{,}80\,\%$	$\frac{1.552.225 \cdot 100}{850.000} = 182{,}61\,\%$

Im Berichtsjahr gehörten ca. 35 % des Unternehmens den Eigentümern, der Einfluss der Fremdkapitalgeber lag bei ca. 65 %. Im Zeitvergleich zeigt sich, dass die Eigenkapitalquote erhöht werden konnte. Entsprechend ist der Verschuldungsgrad gesunken; die Entwicklung ist also positiv. Der Grad der Selbstfinanzierung ist gestiegen, da der Jahresüberschuss des Vorjahres vollständig den Gewinnrücklagen zugeführt wurde und damit das Eigenkapital nachhaltig erhöht hat.

4.2.3 Investierung (Anlagendeckung)

Nur in seltenen Fällen wird ein Unternehmen über so viel Eigenkapital verfügen, dass es damit das Anlagevermögen vollkommen finanzieren kann. Vermögensgegenstände, die für die Verwirklichung des Sachziels notwendig sind, müssen dem Betrieb immer zur Verfügung stehen. Sie sollten deshalb weitgehend durch Eigenkapital (Deckungsrad I) oder ggf. zusätzlich durch langfristiges Fremdkapital (Deckungsrad II) gedeckt sein.

Bei einer Gesamtbetrachtung gilt, dass die Kennzahl Deckungsgrad II größer als 1 bzw. 100 % sein muss. Die Betriebsbereitschaft muss auf jeden Fall garantiert sein. Kapitalbindungsfristen und Kapitalüberlassungsfristen sollten übereinstimmen (Fristenkongruenz = goldene Bilanzregel). Im anderen Fall müssten fällige Schulden evtl. durch den Verkauf einer betriebsnotwendigen Anlage getilgt werden.

goldene Bilanzregel, vgl. **HF6**, **3.2.1**, S. 181

Kennzahlen zur Anlagendeckung

$$\text{Deckungsgrad I} = \frac{\text{Eigenkapital} \cdot 100}{\text{Anlagevermögen}}$$

$$\text{Deckungsgrad II} = \frac{(\text{Eigenkapital} + \text{langfristiges Fremdkapital}) \cdot 100}{\text{Anlagevermögen}}$$

Kennzahlen zur Anlagendeckung geben an, zu welchem Grad das Anlagevermögen durch Kapital (EK/langfristiges FK) gedeckt ist.

Beispiel Die Nutzungsdauer einer Maschine beträgt fünf Jahre. Sie wird mithilfe eines Darlehens mit einer Laufzeit von fünf Jahren finanziert.

Kennzahl	Vorjahr		Berichtsjahr	
Deckungsgrad I	$\frac{700.000 \cdot 100}{998.475}$	= 70,11 %	$\frac{850.000 \cdot 100}{842.225}$	= 100,92 %
Deckungsgrad II	$\frac{1.339.000 \cdot 100}{998.475}$	= 134,10 %	$\frac{1.452.000 \cdot 100}{842.225}$	= 172,40 %

Das Eigenkapital der Fly Bike Werke reicht im Berichtsjahr zur Deckung des Anlagevermögens aus. Aber auch eine Unterdeckung wie im Vorjahr ist nicht weiter tragisch, solange die Vermögensgegenstände des Anlagevermögens durch Eigenkapital und langfristiges Fremdkapital gedeckt werden. Das ist in beiden Jahren gegeben (Deckungsgrad II > 100 %). Kann das Unternehmen die Zins- und Tilgungsraten durch die Gewinne des Unternehmens pünktlich bedienen, ist die Betriebsbereitschaft – und damit die Verwirklichung der Sachziele – insofern gesichert, dass keine betriebsnotwendigen Anlagengegenstände veräußert werden müssen.

4.2.4 Liquidität

Liquidität
(lat.) Zahlungsfähigkeit

Illiquidität
(lat.) Zahlungsunfähigkeit

Liquiditätskennzahlen bieten Erkenntnisse zur **Zahlungsfähigkeit** des Unternehmens zu einem bestimmten Zeitpunkt. Ein Unternehmen muss jederzeit in der Lage sein, seine fälligen Verbindlichkeiten zu erfüllen. Kann ein Unternehmen seinen Zahlungsverpflichtungen nicht nachkommen und sind die Finanzierungsmöglichkeiten erschöpft, ist die Insolvenz unvermeidlich.

Liquiditätsgrade, vgl. **HF6**, **3.2.1**, S. 181

Die **Liquidität I** setzt die flüssigen Mittel des Unternehmens ins Verhältnis zu den kurzfristigen Verbindlichkeiten. Zu den kurzfristigen Verbindlichkeiten gehören u. a. Steuerrückstellungen, Verbindlichkeiten a.L.L. und Abgaben an Sozialversicherungsträger.

Eine Liquidität II > 100 % wird als ausreichend angesehen.

Die **Liquidität II** stellt den kurzfristigen Verbindlichkeiten neben den flüssigen Mitteln auch die kurzfristigen Forderungen gegenüber. Zu den kurzfristigen Forderungen zählen neben den Forderungen a.L.L. z. B. Vorsteuerüberhang und Vorschüsse an Mitarbeiter. Die Liquidität II berücksichtigt die größtenteils übereinstimmenden Zahlungsfälligkeiten sowohl bei den kurzfristigen Verbindlichkeiten als auch bei den kurzfristigen Forderungen. Da die Restlaufzeiten, d. h. die Ein- und Auszahlungszeitpunkte, dieser beiden Positionen oft ähnlich sind, ist die Aussagefähigkeit der Liquidität II größer als bei der Liquidität I, die nur die flüssigen Mittel zur Abdeckung der dringenden Verbindlichkeiten berücksichtigt.

Die **Liquidität III** berücksichtigt das gesamte **Umlaufvermögen**. Kreditinstitute verlangen in der Regel, dass das Umlaufvermögen die kurzfristigen Schulden möglichst weit überdeckt.

Liquiditätskennzahlen

$$\text{Liquidität I (Liquidität 1. Grades)} = \frac{\text{flüssige Mittel} \cdot 100}{\text{kurzfristige Verbindlichkeiten}}$$

$$\text{Liquidität II (Liquidität 2. Grades)} = \frac{(\text{flüssige Mittel} + \text{Forderungen}) \cdot 100}{\text{kurzfristige Verbindlichkeiten}}$$

$$\text{Liquidität III (Liquidität 3. Grades)} = \frac{\text{Umlaufvermögen} \cdot 100}{\text{kurzfristige Verbindlichkeiten}}$$

Beispiel Liquiditätskennzahlen der Fly Bike Werke GmbH (Zeitpunktbetrachtung)

Kennzahl	Vorjahr	Berichtsjahr
Liquidität I (Liquidität 1. Grades)	$\frac{175.905 \cdot 100}{710.600} = 24{,}75\,\%$	$\frac{360.000 \cdot 100}{950.225} = 37{,}89\,\%$
Liquidität II (Liquidität 2. Grades)	$\frac{717.425 \cdot 100}{710.600} = 100{,}96\,\%$	$\frac{1.080.000 \cdot 100}{950.225} = 113{,}66\,\%$
Liquidität III (Liquidität 3. Grades)	$\frac{1.051.125 \cdot 100}{710.600} = 147{,}92\,\%$	$\frac{1.560.000 \cdot 100}{950.225} = 164{,}17\,\%$

Die Liquiditätskennzahlen sind als gut zu beurteilen. Eine Liquidität II in Höhe von über 100% wird erreicht. Die Fly Bike Werke GmbH ist also in der Lage, ihren kurzfristigen Zahlungsverpflichtungen nachzukommen. Dabei ist zu beachten, dass die Bilanz nur eine Zeitpunktbetrachtung bietet: Die Liquidität kann sich in kürzester Zeit innerhalb des folgenden Geschäftsjahres auch wesentlich ändern.

4.3 Erfolgsanalyse

Gewinn- und Verlustrechnung der Fly Bike Werke GmbH		
Gesamtkostenverfahren, Beträge in €	**Vorjahr**	**Berichtsjahr**
1. Umsatzerlöse	5.800.000,00	6.893.555,85
2. Erhöhung oder Verminderung an Erzeugnissen	18.000,00	105.500,00
3. aktivierte Eigenleistungen	3.000,00	3.600,00
4. sonstige betriebliche Erträge	–	4.000,00
5. Materialaufwand und Wareneinsatz	3.271.300,00	3.565.000,00
Rohergebnis	**2.549.700,00**	**3.441.655,85**
6. Personalaufwand	1.845.990,00	2.250.000,00
7. Abschreibungen	170.000,00	210.000,00
8. sonstige betriebliche Aufwendungen	324.000,00	344.000,00
Betriebsergebnis	**209.710,00**	**637.655,85**
9. Erträge aus Beteiligungen	–	–
10. Erträge aus anderen WP/Finanzanlagen	–	–
11. sonstige Zinsen	–	–
12. Abschreibungen auf WP des UV/Finanzanlagen	–	355.412,35
13. Zinsaufwendungen	60.480,00	47.628,00
9. bis 13. Finanzergebnis	– 60.480,00	– 403.040,35
14. Steuern vom Einkommen und vom Ertrag	47.230,00	82.115,50
15. Ergebnis nach Steuern	102.000,00	152.500,00
16. sonstige Steuern	2.000,00	2.500,00
17. Jahresüberschuss/Jahresfehlbetrag	100.000,00	150.000,00

Für die Erfolgsanalyse, d.h. eine Analyse der Ertragslage, wird die GuV-Rechnung aufbereitet – wie auch die Bilanz für die Bilanzanalyse aufbereitet wird. Betrachtet man ausschließlich die betrieblichen Erträge und Aufwendungen der Fly Bike Werke GmbH, so sehen die Werte wie folgt aus.

Strukturbilanz, vgl. **4.1**, S. 256

Beispiel Betriebliche Ertrags- und Aufwandsarten der Fly Bike Werke GmbH[1)]

Ertragsarten	Vorjahr		Berichtsjahr		Veränderung	
	€	%	€	%	€	%
Absatzleistung	5.800.000,00	99,64	6.893.555,85	98,39	1.093.555,85	18,85
Lagerleistung	18.000,00	0,31	105.500,00	1,51	87.500,00	486,11
Eigenleistung	3.000,00	0,05	3.600,00	0,05	600,00	20,00
sonstige betriebliche Erträge	0,00	0,00	4.000,00	0,06	4.000,00	
gesamte betriebliche Erträge	**5.821.000,00**	**100,00**	**7.006.655,85**	**100,00**	**1.185.655,85**	**20,37**

Aufwandsarten	Vorjahr		Berichtsjahr		Veränderung	
	€	%	€	%	€	%
Materialeinsatz	3.271.300,00	58,30	3.565.000,00	55,97	293.700,00	8,98
Personalaufwand	1.845.990,00	32,90	2.250.000,00	35,33	404.010,00	21,89
Abschreibungen	170.000,00	3,03	210.000,00	3,30	40.000,00	23,53
sonstige betriebliche Aufwendungen	324.000,00	5,77	344.000,00	5,40	20.000,00	6,17
gesamte betriebliche Aufwendungen	**5.611.290,00**	**100,00**	**6.369.000,00**	**100,00**	**757.710,00**	**13,50**

[1)] Prozentsätze kaufmännisch gerundet

Beurteilung:
- Bei den Erträgen spielen für die Fly Bike Werke GmbH nur die **Umsatzerlöse** eine entscheidende Rolle. Alle anderen Ertragsbestandteile sind nahezu unbedeutend für den Erfolg. Eine Steigerung der Umsatzerlöse (Absatzleistung) um 18,85 % kann als sehr gut bewertet werden.
- Gewinnfördernd ist auf jeden Fall der geringe Anstieg der **Materialkosten** (nur +8,98 %), die den Hauptkostenblock mit weit über 50 % der gesamten betrieblichen Aufwendungen bilden.
- Die Steigerungen bei den **Personalaufwendungen** (Lohnerhöhungen, Zahlungen für Überstunden oder für zusätzliche Aushilfskräfte) und
- bei den **Abschreibungen** (höherer Verschleiß und Einsatz neuer Anlagegüter, bedingt durch eine größere Produktion) konnten durch die Umsatzerhöhungen leicht aufgefangen werden.

Gewinnbereinigungen
Bei Kapitalgesellschaften können außerordentliche Beträge aus dem Gewinn herausgerechnet werden. Bei Einzelunternehmen und Personengesellschaften kann z. B. der kalkulatorische Unternehmerlohn vom Gewinn abgezogen werden.

Der **Jahresüberschuss** der Fly Bike Werke GmbH ist von 100.000,00 € (Vorjahr) auf 150.000,00 € (Berichtsjahr) gestiegen. In allen folgenden Kennzahlen wird der jeweilige Jahresüberschuss als Gewinn angesetzt. Gewinnbereinigungen erfolgen bei der Fly Bike Werke GmbH nicht.

4.3.1 Eigenkapitalrentabilität

Die absolute Höhe des Gewinns sagt noch nichts darüber aus, ob die betriebliche Verwendung des eingesetzten Kapitals wirtschaftlich (rentabel) erfolgte. Die Eigenkapitalrentabilität dient zur Beurteilung des Gewinns im Verhältnis zum eingesetzten Eigenkapital.

$$\text{Eigenkapitalrentabilität (Unternehmerrentabilität)} = \frac{\text{Gewinn} \cdot 100}{\text{Eigenkapital}}$$

Beispiel Bei den Fly Bike Werken wird als Gewinn der Jahresüberschuss angesetzt. Für das Eigenkapital wird ein Durchschnittswert des jeweils betrachteten Jahres ermittelt.

$$\text{Durchschnittliches Eigenkapital} = \frac{\text{Anfangsbestand + Endbestand}}{2}$$

Der Anfangsbestand entspricht jeweils dem Endbestand des Vorjahres.

	Vorjahr	Berichtsjahr
Ermittlung des durchschnittlichen Eigenkapitals	$\frac{600.000\ € + 700.000\ €}{2}$ = 650.000,00 €	$\frac{700.000\ € + 850.000\ €}{2}$ = 775.000,00 €
Eigenkapitalrentabilität (Unternehmerrentabilität)	$\frac{100.000 \cdot 100}{650.000}$ = 15,38 %	$\frac{150.000 \cdot 100}{775.000}$ = 19,35 %

Für die Gesellschafter muss sich das Risiko lohnen, in das Unternehmen zu investieren. Die Verzinsung des Eigenkapitals muss deshalb über dem Zinssatz liegen, der auf dem Kapitalmarkt für eine sichere, langfristige Geldanlage (z. B. in Bundesschatzbriefen) erzielt werden kann. Eine Eigenkapitalrentabilität von fast 20 %, die im Berichtsjahr erreicht wurde, kann als überdurchschnittlich gut angesehen werden.

4.3.2 Gesamtkapitalrentabilität (Leverage-Effekt)

Die Gesamtkapitalrentabilität bzw. Unternehmensrentabilität berücksichtigt sowohl die Verzinsung des Eigen- als auch des Fremdkapitals (Gesamtkapital). Neben dem Gewinn als Verzinsung des Eigenkapitals müssen dann die gezahlten Zinsaufwendungen für das Fremdkapital in die Formel einfließen.

Fremdkapitalzinsen Pos. 13. lt. GuV-Rechnung

$$\text{Gesamtkapitalrentabilität (Unternehmensrentabilität)} = \frac{(\text{Gewinn + Fremdkapitalzinsen}) \cdot 100}{\text{Ø Gesamtkapital}}$$

Beispiel Bei den Fly Bike Werken wird zur Ermittlung des Gesamtkapitals der Durchschnittswert des jeweils betrachteten Jahres ermittelt.

Der Anfangsbestand entspricht jeweils dem Endbestand des Vorjahres.

$$\text{Durchschnittliches Gesamtkapital} = \frac{\text{Anfangsbestand + Endbestand}}{2}$$

	Vorjahr	Berichtsjahr
Ermittlung des durchschnittlichen Gesamtkapitals	$\frac{1.949.939,20\ € + 2.049.600,00\ €}{2}$ = 1.999.769,60 €	$\frac{2.049.600,00\ € + 2.402.225,00\ €}{2}$ = 2.225.912,50 €
Gesamtkapitalrentabilität	$\frac{160.480,00 \cdot 100}{1.999.769,60}$ = 8,02 %	$\frac{197.628,00 \cdot 100}{2.225.912,50}$ = 8,88 %

Liegt die Gesamtkapitalrentabilität noch über dem Kapitalmarktzins, kann auch die Kreditwürdigkeit der Fly Bike Werke positiv beurteilt werden. Beträgt der Marktzins z. B. 6 %, kann das Unternehmen durch eine Erhöhung der Kreditaufnahme seine Eigenkapitalrentabilität weiter steigern (Leverage-Effekt).

Beispiel Leverage-Effekt

	Fall 1	Fall 2
Eigenkapital Fremdkapital **Gesamtkapital**	1.000.000,00 € 1.000.000,00 € **2.000.000,00 €**	500.000,00 € 1.500.000,00 € **2.000.000,00 €**
Gewinn FK-Zinsen **Gewinn + FK-Zinsen**	300.000,00 € 100.000,00 € **400.000,00 €**	250.000,00 € 150.000,00 € **400.000,00 €**
FK-Zinssatz $= \frac{\text{FK-Zinsen} \cdot 100}{\text{Fremdkapital}}$	$\frac{100.000 \cdot 100}{1.000.000} = 10$	$\frac{150.000 \cdot 100}{1.500.000} = 10\,\%$
EK-Rentabilität $= \frac{\text{Gewinn} \cdot 100}{\text{Eigenkapital}}$	$\frac{300.000 \cdot 100}{1.000.000} = 30$	$\frac{250.000 \cdot 100}{500.000} = 50\,\%$
GK-Rentabilität $= \frac{(\text{Gewinn} + \text{FK-Zinsen}) \cdot 100}{\text{Gesamtkapital}}$	$\frac{400.000 \cdot 100}{2.000.000} = 20$	$\frac{400.000 \cdot 100}{2.000.000} = 20\,\%$

Das Unternehmen erwirtschaftet in beiden Fällen mit einem Gesamtkapital von 2.000.000,00 € insgesamt 400.000,00 €, die in Gewinn und Fremdkapitalzinsen aufgeteilt werden müssen. Der Fremdkapitalzinssatz beträgt in beiden Fällen 10 %. Der Ersatz von Eigen- durch Fremdkapital in Höhe von 500.000,00 € steigert die Rentabilität des jetzt niedrigeren Eigenkapitals von 30 % (Fall 1) auf 50 % (Fall 2). Natürlich steigt aber damit das Unternehmerrisiko und der Eigenkapitalersatz bringt auch einen Verlust an Unabhängigkeit. Zusätzlich muss überlegt werden, ob es für das eingesparte Eigenkapital sinnvolle Alternativanlagen gibt.

4.3.3 Umsatzrentabilität

Die Umsatzrentabilität drückt den relativen Gewinnanteil in den Umsätzen aus. Je kleiner der Prozentsatz ist, desto größer müssen die Umsätze sein, um eine befriedigende Verzinsung des Eigenkapitals zu erreichen.

$$\text{Umsatzrentabilität} = \frac{\text{Gewinn} \cdot 100}{\text{Umsatz}}$$

Beispiel Umsatzrentabilität der Fly Bike Werke GmbH

	Vorjahr	Berichtsjahr
Umsatzrentabilität	$\frac{100.000 \cdot 100}{5.800.000} = 1{,}72\,\%$	$\frac{150.000 \cdot 100}{6.893.555{,}85} = 2{,}18\,\%$

Nur ein Zeitvergleich oder ein Branchenvergleich kann Auskunft darüber geben, ob der ermittelte Prozentsatz als ausreichend betrachtet werden kann. Eine geringe Umsatzrentabilität birgt die Gefahr, dass schon geringe Kostensteigerungen (bzw. geringe Umsatzeinbußen) genügen, um in die Verlustzone zu geraten. Die Umsatzrentabilität von um die 2 % ist im Branchenvergleich eher gering, eine große Absatzmenge muss hier die niedrigen Gewinne je verkaufter Einheit ausgleichen. Das Unternehmen muss sich also bemühen, durch Vermehrung der Umsätze (Preiserhöhung, Absatzerweiterung) oder Verminderung der Kosten das Verhältnis zwischen Gewinn und Umsätzen zu verbessern.

Übersicht: *Kennzahlen der Bilanz- und Erfolgsanalyse (Beispiele)*

Jahresabschlussanalyse

Jahresabschlussanalyse

- Beurteilung der Vermögens- und Finanzlage
  - Bilanzanalyse
- Beurteilung der Ertragslage
  - Erfolgsanalyse

Bilanzanalyse

Bilanzanalyse

Vermögensstruktur

- $\text{Anlagenintensität} = \frac{\text{Anlagevermögen} \cdot 100}{\text{Gesamtvermögen}}$
- $\text{Umlaufintensität} = \frac{\text{Umlaufvermögen} \cdot 100}{\text{Gesamtvermögen}}$
- $\text{Vorratsquote} = \frac{\text{Vorräte} \cdot 100}{\text{Gesamtvermögen}}$
- $\text{Forderungsquote} = \frac{\text{Forderungen} \cdot 100}{\text{Gesamtvermögen}}$

Kapitalstruktur

- $\text{Eigenkapitalquote} = \frac{\text{Eigenkapital} \cdot 100}{\text{Gesamtkapital}}$
- $\text{Fremdkapitalquote} = \frac{\text{Fremdkapital} \cdot 100}{\text{Gesamtkapital}}$
- $\text{Selbstfinanzierungsgrad} = \frac{\text{Gewinnrücklagen} \cdot 100}{\text{Gesamtkapital}}$
- $\text{Verschuldungsgrad} = \frac{\text{Fremdkapital} \cdot 100}{\text{Eigenkapital}}$

Anlagendeckung

- $\text{Deckungsgrad I} = \frac{\text{Eigenkapital} \cdot 100}{\text{Anlagevermögen}}$
- $\text{Deckungsgrad II} = \frac{(\text{Eigenkapital} + \text{langfrist. Fremdkap.}) \cdot 100}{\text{Anlagevermögen}}$

Liquidität (Zahlungsfähigkeit)

- $\text{Liquidität 1. Grades} = \frac{\text{flüssige Mittel} \cdot 100}{\text{kurzfristiges Fremdkapital}}$
- $\text{Liquidität 2. Grades} = \frac{(\text{flüssige Mittel} + \text{kurzfrist. Ford.}) \cdot 100}{\text{kurzfristiges Fremdkapital}}$
- $\text{Liquidität 3. Grades} = \frac{\text{Umlaufvermögen} \cdot 100}{\text{kurzfristiges Fremdkapital}}$

Erfolgsanalyse

Erfolgsanalyse (GuV)

- $\text{Eigenkapitalrentabilität} = \frac{\text{Gewinn} \cdot 100}{\text{Eigenkapital}}$
- $\text{Gesamtkapitalrentabilität} = \frac{(\text{Gewinn} + \text{Fremdkapitalzinsen}) \cdot 100}{\text{Gesamtkapital}}$
- $\text{Umsatzrentabilität} = \frac{\text{Gewinn} \cdot 100}{\text{Umsatzerlöse}}$

LS ▸ LS 88
Kosten berechnen

5 Aufgaben und Ziele der Kosten- und Leistungsrechnung

Beispiel Laut Erfolgsrechnung hat die Fly Bike Werke GmbH im letzten Geschäftsjahr einen Gesamtgewinn in Höhe von 150.000,00 € erzielt. Die Geschäftsführung möchte in Zukunft noch bessere Ergebnisse erzielen. Voraussetzung dafür ist, dass sich die Leistungen des Unternehmens im Vergleich zu den Kosten weiterhin positiv entwickeln. Neben der Erfolgsrechnung der Finanzbuchhaltung ist deshalb eine Kosten- und Leistungsrechnung in einer Betriebsbuchhaltung notwendig.

In der **Finanzbuchhaltung** werden alle Geschäftsvorfälle des Unternehmens nach handels- und steuerrechtlichen Vorschriften erfasst. Nach Abschluss der Erfolgskonten über das Gewinn- und Verlustkonto wird dort das **Gesamtergebnis** des Unternehmens ermittelt. In der **Betriebsbuchhaltung**, die weitgehend von handels- und steuerrechtlichen Vorschriften unbeeinflusst bleibt, kann nach betriebsindividuellen Vorgaben das **Betriebsergebnis** ermittelt werden. In der Kosten- und Leistungsrechnung der Fly Bike Werke werden keine „Buchungen" vorgenommen, sondern sie wird in tabellarischer Form erstellt.

Finanzbuchhaltung	Betriebsbuchhaltung
Basis für das Gesamtergebnis: Aufwendungen und Erträge Erträge > Aufwendungen = Gesamtgewinn Erträge < Aufwendungen = Gesamtverlust	Basis für das Betriebsergebnis: Kosten und Leistungen Leistungen > Kosten = Betriebsgewinn Leistungen < Kosten = Betriebsverlust

5.1 Kosten und Leistungen

Sachziele, vgl. **HF 1**, **12.2**, Band 1

Kosten sind sachzielbezogene, ordentliche und bewertete Güterverbräuche eines Unternehmens in einer Rechnungsperiode. **Leistungen** sind sachzielbezogene, ordentliche und bewertete Gütererstellungen eines Unternehmens in einer Rechnungsperiode.

Beispiel Sachziele der Fly Bike Werke sind z. B. die Produktion von Fahrrädern, der Handel mit Fahrradbekleidung, Fahrradzubehör und Fahrradanhängern sowie die Vermittlung von Fahrradreisen. Bei einer weiten Fassung des Begriffes „Güterverbrauch" handelt es sich um den Verzehr von Sachen, Dienstleistungen und Rechten. Bei einer weiten Fassung des Begriffes „Gütererstellungen" handelt es sich um die Verwirklichung der industriellen Grundfunktionen.

sachzielbezogener Güterverzehr

Beispiele: Kosten für
- Materialverbrauch
- Nutzung von Betriebsmitteln (Abschreibungen)
- Personal (Löhne, Gehälter usw.)

→

betriebliche Funktionen eines Industrieunternehmens:
- Beschaffung
- Produktion
- Absatz

→

sachzielbezogene Gütererstellung

Beispiele: Leistungen für
- Absatzleistungen (z. B. Verkauf von Erzeugnissen)
- Lagerleistungen
- aktivierte Eigenleistungen

5.2 Aufbau der Kosten- und Leistungsrechnung

Die Kosten- und Leistungsrechnung besteht aus drei Teilen:

Kriterien	Kostenrechnung	Leistungsrechnung
Welche?	Die **Kostenartenrechnung** beschäftigt sich u. a. mit dem Begriff, der Gliederung und der Erfassung der Kosten. („Welche Kosten sind angefallen und wie verhalten sie sich?“)	Die **Leistungsartenrechnung** beschäftigt sich u. a. mit dem Begriff, der Gliederung und der Erfassung der Leistungen. („Welche Leistungen können erbracht werden und wie verhalten sie sich?“)
Wo?	Die **Kostenstellenrechnung** beschäftigt sich mit der Frage, wo die Kosten angefallen sind, um sie am Ort ihrer Entstehung kontrollieren und beeinflussen zu können und um die Verantwortlichen für die Kostenstelle zur Rechenschaft zu ziehen.	Die **Leistungsstellenrechnung** beschäftigt sich mit der Frage, wo die Leistungen angefallen sind (z. B. beim Kunden), um sie am Ort ihrer Entstehung kontrollieren und beeinflussen zu können und um die Verantwortlichen zur Rechenschaft zu ziehen.
Wofür?	Die **Kostenträgerrechnung** beschäftigt sich mit der Preisermittlung (Kalkulation) für die einzelnen Kostenträger (z. B. Erzeugnis, Kunde, Auftrag).	Die **Leistungsträgerrechnung** beschäftigt sich mit der Durchsetzung der Preise am Markt (Preispolitik) für die einzelnen Kostenträger (z. B. Erzeugnis, Kunde, Auftrag) in den einzelnen Leistungsstellen.

Die Kostenrechnung soll folgende Fragen beantworten:

- **Kostenartenrechnung:** Welche Kosten sind dem Unternehmen im Einzelnen entstanden?

  Kostenartenrechnung, vgl. 5.7, S. 275

  Neben dem **Materialeinsatz** (Verbrauch von Werkstoffen) sind hier insbesondere folgende Kostenarten zu nennen: Personalkosten, Mieten, Steuern, Energie, Werbe- und Reisekosten, Abschreibungen usw. Darüber hinaus werden **kalkulatorische Kosten** ermittelt, die Aufwendungen der Finanzbuchhaltung für die Kosten- und Leistungsrechnung betragsmäßig ändern (Anderskosten) oder zusätzlich als Aufwendungen der Finanzbuchhaltung (Zusatzkosten) erfasst werden.

  Kalkulatorische Kosten, vgl. 5.7.2, S. 276

  Als **Leistungsarten** gelten insbesondere die Umsatzerlöse für eigene Erzeugnisse und für Waren sowie die Lagerleistungen (z. B. Mehrbestand an Erzeugnissen).

  Ziel der Kostenartenrechnung ist die Ermittlung des Betriebsergebnisses durch den Vergleich von Leistungen und Kosten.

- **Kostenstellenrechnung:** Wo sind die Kosten entstanden?

  Hier geht es um die Kostenstellen als Entstehungsort der Kosten, die zumeist den Grundfunktionen der Industrie (Material, Fertigung, Verwaltung, Vertrieb) entsprechen. In der Praxis wird häufig eine Vielzahl von Kostenstellen eingerichtet. Für die Entstehung und die Höhe der Kosten ist ein bestimmter Mitarbeiter (z. B. Kostenstellenleitung, Abteilungsleiter) verantwortlich.

  Ziel der Kostenstellenrechnung ist die Kontrolle der Entstehung und der Höhe der Kosten für jede Kostenstelle.

  Kostenstellenrechnung, vgl. 7.1, S. 292

- **Kostenträgerrechnung:** Wofür sind die Kosten entstanden?

  Kosten entstehen immer für einen Kostenträger, das ist ein bestimmtes Erzeugnis, ein Auftrag oder ein Kunde. **Ziel der Kostenträgerrechnung** ist die Bereitstellung von Daten für die Kalkulation (Preis- und Gewinnermittlung).

  Kostenträgerstückrechnung, vgl. 7.3, S. 299

Überprüfung der Wirtschaftlichkeit, vgl. **6.3**, S. 289

Im Ergebnis überprüft die Kosten- und Leistungsrechnung die **Wirtschaftlichkeit** des Betriebs und dient damit als Informationsquelle für viele unternehmerische Entscheidungen (z.B. Personal, Produktionsprogramm, Investitionsvorhaben).

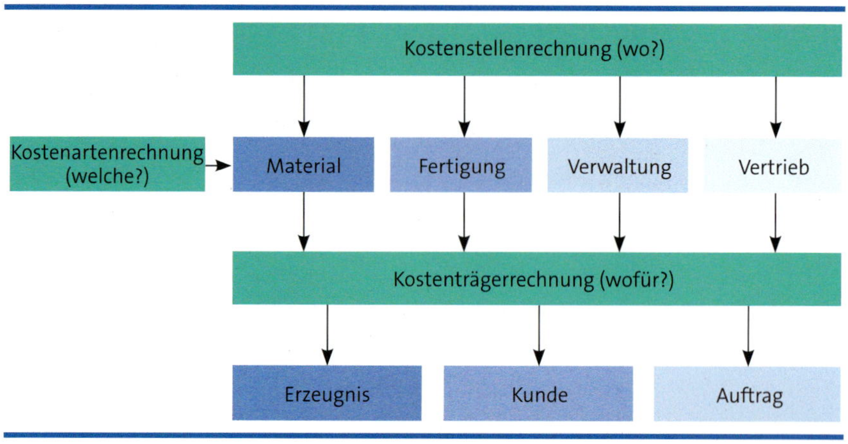

5.3 *Zeitbezug der Kosten- und Leistungsrechnung*

Da die Kosten- und Leistungsrechnung nur die Gültigkeit von einer Rechnungsperiode (zumeist ein Monat) besitzt, müssen Kosten und Leistungen, die mehrere Perioden betreffen, zeitlich abgegrenzt werden.

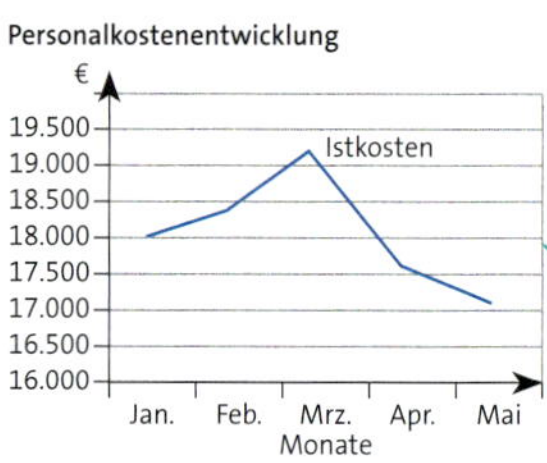

Istkostenrechnung (vergangenheitsorientiert): Sie erfasst den tatsächlichen Werteverzehr des unmittelbar letzten Abrechnungszeitraums.

Beispiel Aufgrund der unterschiedlichen Anzahl von Beschäftigten im Versand eines Industrieunternehmens – sogenannte „Minijobs" – haben sich die Personalkosten (Istkosten) in den Monaten Januar bis Mai unterschiedlich entwickelt (siehe Grafik). Im Mai sind Personalkosten in Höhe von nur 17.200,00 € entstanden.

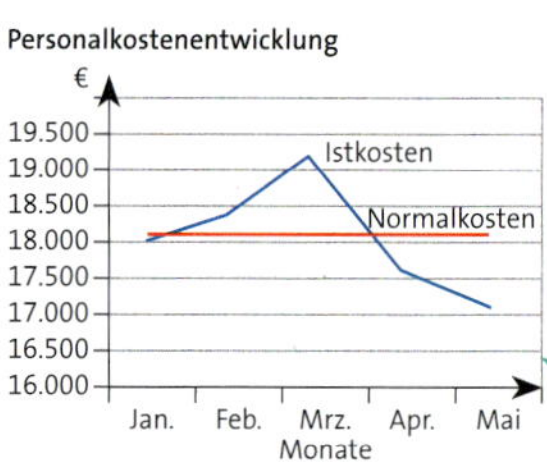

Normalkostenrechnung (vergangenheitsorientiert): Hier werden die Durchschnittswerte mehrerer vergangener Rechnungsperioden gebildet. Durch diesen Ansatz sollen Besonderheiten einzelner Rechnungsperioden geglättet werden.

Beispiel Im Durchschnitt der letzten fünf Monate sind Personalkosten in Höhe von 18.080,00 € je Monat entstanden.

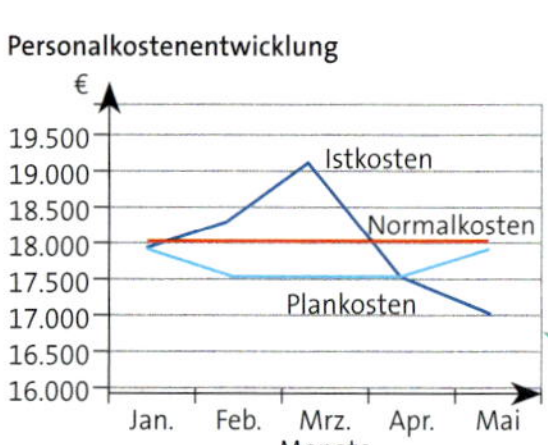

Plankostenrechnung (zukunftsorientiert): Über eine Wertefortschreibung in die Zukunft oder durch Kostenanalysen werden Plangrößen entwickelt, die für eine sinnvolle Kontrolle mit den Istkosten verglichen werden.

Beispiel In der Kostenplanung wurde für die Monate Februar bis April die Einsparung eines „Minijobbers" berücksichtigt.

Kontrollgröße	Vergleichsgröße	Kontrollinstrument	Beurteilung
Normalkosten-rechnung	Istkosten-rechnung	Normal-Ist-Vergleich	Wenig aussagefähig: Ein Vergleich zwischen früheren und aktuellen Fehlentwicklungen lässt keinen Rückschluss auf die Ursachen von innerbetrieblichen Unwirtschaftlichkeiten zu.
Plankosten-rechnung	Istkosten-rechnung	Soll-Ist-Vergleich	Aussagefähig: Über in die Zukunft gerichtete Kosten- und Abweichungsanalysen können Ursachen für Fehlentwicklungen erfasst und innerbetriebliche Unwirtschaftlichkeiten abgestellt werden

5.4 *Zurechenbarkeit der Kosten auf die Kostenträger*

Nicht alle Kosten können ohne Weiteres einem bestimmten Kostenträger zugeordnet werden. Man unterscheidet zwischen **Einzelkosten** und **Gemeinkosten**.

Kostenart	Zurechenbarkeit auf die Kostenträger	Beispiele
Einzelkosten	sind direkt zurechenbar und werden direkt zugerechnet	Anschaffungskosten (Bezugspreise) für einen Rohstoff können dem Kostenträger (z. B. Erzeugnis) direkt zugerechnet werden.
Sondereinzelkosten	sind direkt zurechenbar und werden direkt zugerechnet	– in der Fertigung z. B. Spezialwerkzeuge, Modelle – im Vertrieb z. B. Spezialverpackungen, Vertriebsprovisionen
echte Gemeinkosten	sind nicht direkt zurechenbar	Gehalt einer Sekretärin des Geschäftsführers
unechte Gemeinkosten	sind direkt zurechenbar, werden aber z. B. aus Gründen der Wirtschaftlichkeit nicht direkt zugerechnet	Hilfsstoffe mit wertmäßig geringer Bedeutung für das Endprodukt werden den jeweiligen Kostenträgern (unterschiedliche Erzeugnisse) nicht direkt zugerechnet.

Echte und unechte Gemeinkosten werden Kostenträgern über prozentuale Zuschlagssätze zugerechnet, die auf die Einzelkosten aufgeschlagen werden. Diese Verteilung der Gemeinkosten erfolgt mithilfe eines Betriebsabrechnungsbogens.

Betriebsabrechnungsbogen, vgl. **7.1.4**, S. 293

Wichtige Kostenarten im Überblick

Kostenart	Erklärung
Materialkosten	Verbrauch von Rohstoffen, fremdbezogenen Fertigteilen oder Hilfsstoffen
Personalkosten	Fertigungslöhne (z. B. Stück- oder Zeitakkord) werden bezahlt, wenn Arbeiter direkt mit der Herstellung eines Erzeugnisses beschäftigt sind.
	Gehälter werden am Ende eines Zeitraums (z. B. Monat) an Angestellte unabhängig von ihrer erbrachten Leistung gezahlt.
Abschreibungen	Abschreibungen erfassen den Wertverlust von Vermögensgegenständen.
Energiekosten	Energiekosten werden zwar nicht Bestandteil eines Produktes. Aber sie werden benötigt, um z. B. Produktionsmaschinen zu betreiben (z. B. Öl) oder Räume zu heizen (z. B. Strom).

5.5 Abhängigkeit der Kosten von der Produktionsmenge

Deckungsbeitragsrechnung, vgl. **8**, S. 308

Kosten können sich zwischen verschiedenen Abrechnungsperioden verändern. Aber nur bestimmte Kosten steigen oder sinken in Abhängigkeit von der Produktionsmenge (Beschäftigung). In der Deckungsbeitragsrechnung werden diese Kostenveränderungen aufgezeigt und für preispolitische Maßnahmen aktiv genutzt. Man unterscheidet hier zwischen fixen und variablen Kosten.

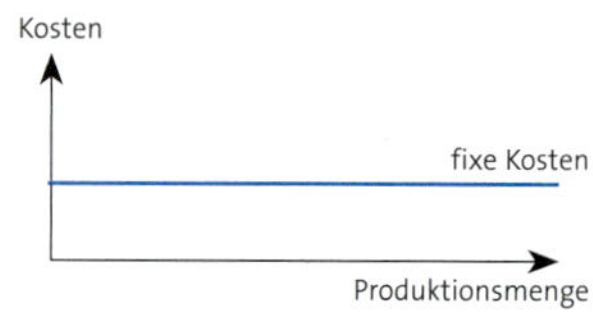

Fixe Kosten: Innerhalb der Rechnungsperiode hat das Unternehmen auf diese Kosten keinen Einfluss. Sie fallen in konstanter Höhe auf jeden Fall an, unabhängig davon, ob und wie viele Erzeugnisse produziert werden. Deshalb werden sie auch als produktionsmengenunabhängige Kosten bezeichnet. Beispiele sind Gehälter, Abschreibungen und Mieten.

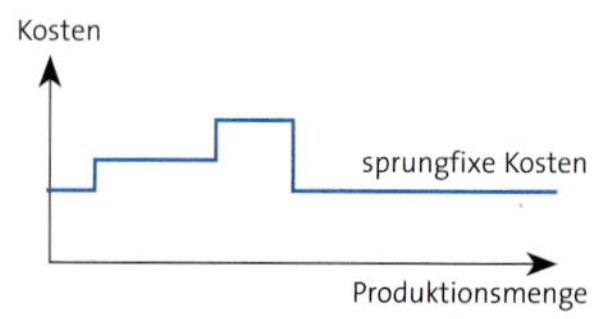

Sprungfixe Kosten: Sie steigen oder fallen nur dann, wenn z. B. in einer Abrechnungsperiode die Kapazität erhöht oder gesenkt wird.

Beispiel Der Kauf eines neuen Fahrzeugs oder die Stilllegung einer Verpackungsmaschine verändert jeweils die Kostenart Abschreibungen.

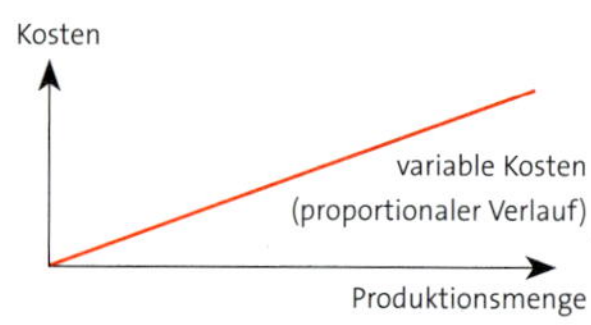

Variable Kosten: Sie steigen oder sinken mit der Produktionsmenge (Beschäftigung). Deshalb werden sie auch als beschäftigungsabhängige Kosten bezeichnet.

Beispiel Verbrauch von Rohstoffen und Fremdbauteilen

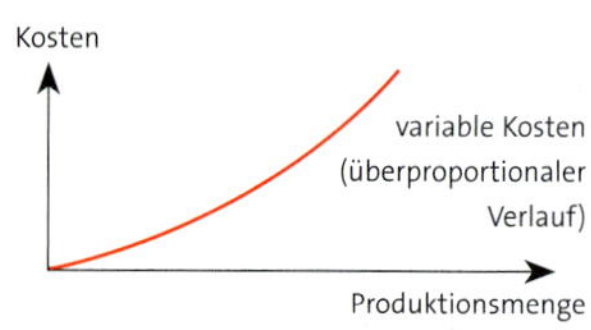

Nicht alle variablen Kosten haben einen proportionalen Verlauf (gleichmäßige Kostensteigerung in Abhängigkeit von der Produktionsmenge). Auch überproportionale Kostenverläufe (z. B. erhöhte Lohnkostensteigerungen bei Überstunden) oder unterproportionale Kostenverläufe (z. B. Einsparungen beim Verpackungsmaterial bei steigenden Produktionsmengen) sind möglich.

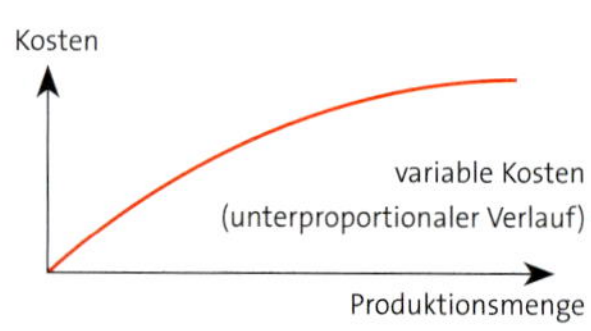

Mischkosten: Viele Kostenarten haben sowohl fixe als auch variable Bestandteile.

Beispiel Bei Energiekosten sind z. B. die Zähler- oder Bereitstellungskosten fix. Die Kosten für den Energieverbrauch selbst sind dagegen variabel.

Stückkosten: Betrachtet man nicht die Gesamtkosten des Unternehmens, sondern die Kosten je Stück, so zeigt die unten stehende Grafik den Kostenverlauf. Während die variablen (proportionalen) Stückkosten bei steigender Produktionsmenge konstant bleiben, sinken die fixen Kosten je Stück kontinuierlich ab. Diese Fixkostendegression ermöglicht bei hohen Produktionsmengen steigende Gewinne.

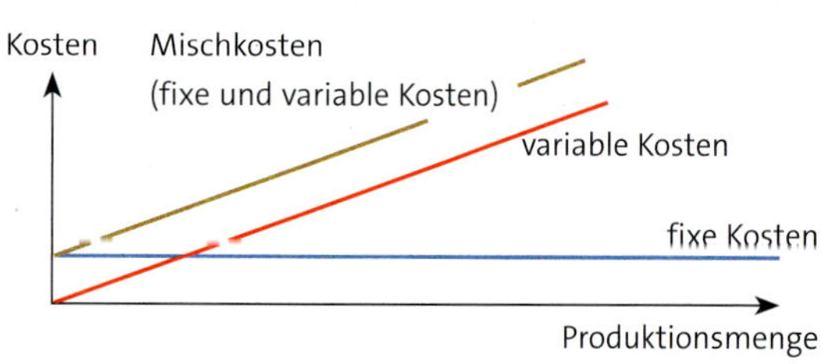

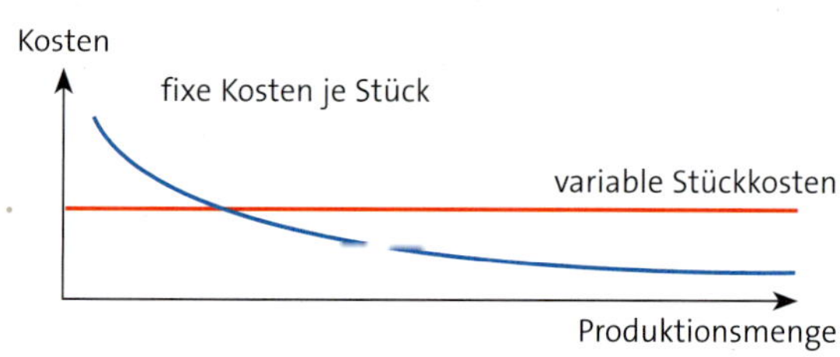

Da den Unternehmen normalerweise sowohl fixe als auch variable Kosten entstehen, setzen sich die Gesamtkosten zusammen aus den fixen Gesamtkosten (als unveränderlicher Kostenblock für einen bestimmten Zeitraum) plus den variablen Stückkosten, multipliziert mit der Anzahl der produzierten Menge (Leistungseinheiten), oder mathematisch ausgedrückt:

$$KG(x) = KF + kv \cdot x$$

KG = Gesamtkosten
KF = fixe Gesamtkosten
kv = variable Stückkosten
x = gefahrene km (Leistungseinheit in diesem Beispiel)

Beispiel Für einen betrieblich genutzten Pkw betragen die fixen Abschreibungen 3.000,00 € pro Jahr und die variablen Abschreibungen je km 0,10 €. Es ergeben sich folgende Gesamtkosten und Kosten pro km für die Kostenart Abschreibungen:

km	Gesamtkosten in €/Jahr			Kosten je km in €		
	KG	KF	KV	kg	kf	kv
0	3.000,00	3.000,00	0,00	–	–	–
1000	3.100,00	3.000,00	100,00	3,10	3,00	0,10
2500	3.250,00	3.000,00	250,00	1,30	1,20	0,10
5000	3.500,00	3.000,00	500,00	0,70	0,60	0,10
7500	3.750,00	3.000,00	750,00	0,50	0,40	0,10
10000	4.000,00	3.000,00	1.000,00	0,40	0,30	0,10
15000	4.500,00	3.000,00	1.500,00	0,30	0,20	0,10
20000	5.000,00	3.000,00	2.000,00	0,25	0,15	0,10

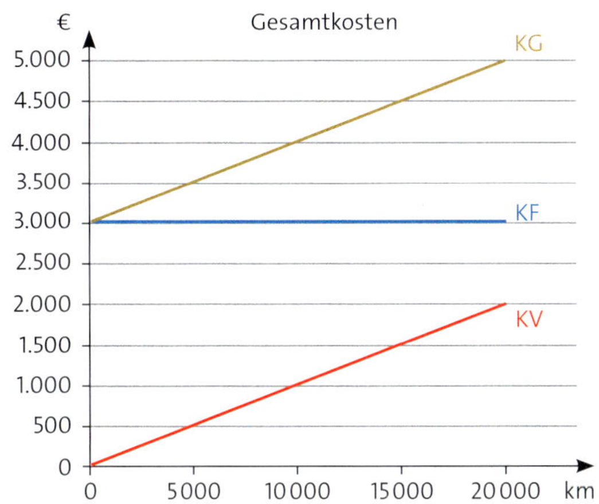

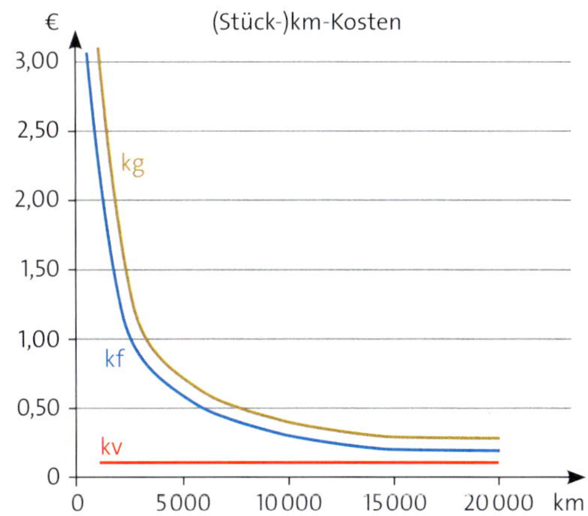

Legende Gesamtkosten (Großbuchstaben):
KG = Gesamtkosten
KF = fixe Gesamtkosten
KV = variable Gesamtkosten

Legende Stückkosten (Kleinbuchstaben):
kg = gesamte Kosten je km
kf = fixe Kosten je km
kv = variable Kosten je km

5.6 Leistungsarten

Beispiel Die Fly Bike Werke haben laut Gewinn- und Verlustrechnung im abgelaufenen Geschäftsjahr Gesamterträge in Höhe von 7.006.655,85 € und Gesamtaufwendungen in Höhe von 6.856.655,85 € erzielt.

Die Fly Bike Werke haben damit einen Gesamtgewinn von 150.000,00 € erzielt. Trotzdem könnte das Unternehmen bei der Verfolgung seiner Sachziele verlustbringend gearbeitet haben, wenn z.B. der in der Finanzbuchhaltung ausgewiesene Gewinn aus dem Ertrag eines Grundstücksverkaufes oder aus Aktiengewinnen stammt. Welche Erträge auf die eigene Leistungskraft des Unternehmens zurückzuführen sind und welche der Aufwendungen zur Erzielung dieser Erträge notwendig waren, muss durch eine Untersuchung der Erfolgsquellen geklärt werden.

Erfolgsquellen eines Unternehmens

Unternehmenserfolg (Gesamtergebnis)

eigene Leistungskraft (Betriebsergebnis)	sonstige Erträge (neutrales Ergebnis)
Merkmale: – sachzielbezogen und – ordentlich und – periodenbezogen	Merkmale: – betriebsfremd oder – betrieblich außerordentlich oder – periodenfremd

Die in der Finanzbuchhaltung gebuchten Erträge entsprechen den Leistungen in der Betriebsbuchhaltung nur dann, wenn sie den Merkmalen sachzielbezogen, ordentlich **und** periodenbezogen genügen.

Betriebsfremde Erträge sind das Ergebnis der Verfolgung von Nebenzielen. Zweck dieser Erträge ist das Erwirtschaften zusätzlicher Gewinne und/oder die Streuung des Risikos (Diversifikation).

Beispiel Mieterträge: Es gehört nicht zu den eigentlichen Aufgaben (Sachziel) eines Industriebetriebs, Gebäude zu vermieten. Bei einer Wohnungsverwaltungsgesellschaft dagegen sind Mieterträge sachzielbezogen und zählen dort zum Betriebsergebnis.

Betrieblich außerordentliche Erträge sind zwar betriebsbedingt, fallen aber unregelmäßig, unvorhersehbar und/oder in außergewöhnlicher Höhe an.

Beispiel Erlöse aus dem Abgang von Gegenständen des Anlagevermögens (z.B. einer betrieblich genutzten Maschine).

Periodenfremde Erträge sind betriebsbedingt, können aber dem abgelaufenen Abrechnungszeitraum nicht zugeordnet werden. Sie resultieren meist aus zu hoch angesetzten Aufwendungen vergangener Perioden.

Beispiel Rückerstattung von gezahlten Aufwandssteuern aus Vorperioden (z.B. Kfz- oder Grundsteuern).

Diese sogenannten **neutralen Erträge** dokumentieren nicht die eigene Leistungskraft des Unternehmens und gehören daher nicht in das Betriebsergebnis.

Abgrenzung von Erträgen und Leistungen

Finanzbuchhaltung

Erträge

neutraler Ertrag
(Ertrag, nicht zugleich Leistung)
Merkmale:
- betriebsfremd
- betrieblich außerordentlich
- periodenfremd

(Erträge, denen keine Leistungen gegenüberstehen)

Zweckertrag
(Ertrag, zugleich Leistung)

Grundleistung
(Leistung, zugleich Ertrag)

Zusatzleistung
(Leistungen, denen keine Erträge gegenüberstehen)

kalkulatorische Leistungen
(Leistung, nicht zugleich Ertrag)

Leistungen
Merkmale: sachzielbezogen, ordentlich, periodenbezogen

Betriebsbuchhaltung

Zweckerträge/Grundleistungen resultieren aus der Arbeit eines Industriebetriebs. Sie entsprechen dem Betriebszweck und setzen sich zusammen aus

- Absatzleistungen (Umsatzerlösen),
- Lagerleistungen (Bestandserhöhungen im Lager) bei unfertigen oder fertigen Erzeugnissen,
- aktivierten Eigenleistungen (selbst erstellte Vermögensgegenstände),
- Privatentnahmen von Gegenständen oder Leistungen.

Neben den Zweckerträgen kann ein Industriebetrieb auch neutrale Erträge erwirtschaften, die entweder in keinem Zusammenhang zu den Sachzielen des Unternehmens stehen oder unvorhersehbar waren oder in anderen Rechnungsperioden entstanden sind. Neutrale Erträge werden in der Finanzbuchhaltung gebucht, würden aber das Betriebsergebnis verfälschen.

Betriebsergebnis, vgl. **6**, S. 282

5.7 Kostenarten

Die Abgrenzung der Kostenarten von den in der Finanzbuchhaltung erfassten Aufwendungen erfolgt – ebenso wie die Abgrenzung von Erträgen und Leistungen – nach den Merkmalen sachzielbezogen, ordentlich und periodenbezogen.

5.7.1 Grundkosten

Dienen die in der Finanzbuchhaltung gebuchten Aufwendungen dem eigentlichen Betriebszweck, so bezeichnet man sie als Zweckaufwand bzw. Grundkosten (Aufwand zugleich Kosten). Dies gilt z.B. für die auf dem Konto 6200 Löhne gebuchten Aufwendungen.

Abgrenzung von Aufwand und Kosten

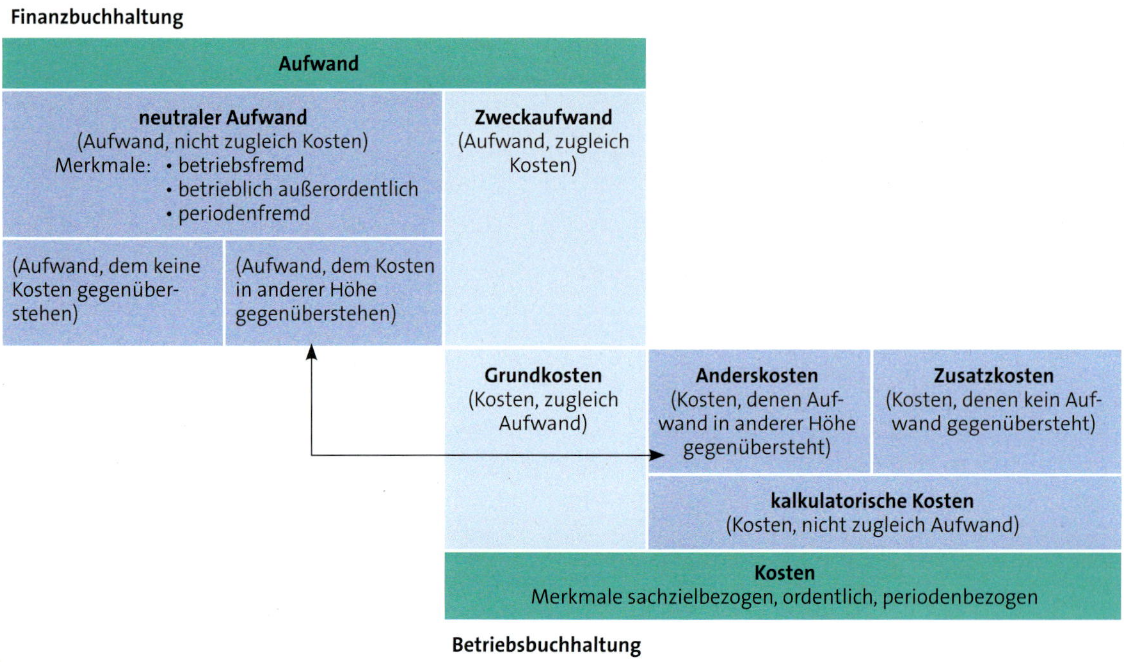

Neben dem Zweckaufwand existieren in der Finanzbuchhaltung noch andere Aufwendungen, die in keinem Zusammenhang mit den eigentlichen Aufgaben eines Industriebetriebs stehen oder unvorhersehbar waren oder in anderen Rechnungsperioden entstanden sind. Diese sogenannten **neutralen Aufwendungen** werden als Werteverzehr in der Finanzbuchhaltung gebucht, würden aber das Betriebsergebnis und die Preisermittlung verfälschen:

Neutrale Aufwendungen	
betriebsfremde Aufwendungen	z. B. Spenden oder Instandhaltungsaufwendungen für ein vermietetes (nicht betrieblich genutztes) Gebäude, da die Vermietung nicht zum Sachziel eines Industriebetriebs gehört
betrieblich außerordentliche Aufwendungen	z. B. Verluste aus Schadensfällen wie Schwund, Diebstahl, Verderb, Kassenfehlbetrag
periodenfremde Aufwendungen	z. B. Steuernachzahlungen für die vorangegangene Rechnungsperiode, für die keine ausreichenden Rückstellungen gebildet wurden

5.7.2 *Kalkulatorische Kosten*

Neben den Grundkosten werden in der Betriebsbuchhaltung die kalkulatorischen Kosten berücksichtigt. Kalkulatorische Kosten lassen sich nicht auf Ausgaben zurückführen. Ihnen stehen in der Finanzbuchhaltung Aufwendungen entweder in anderer Höhe gegenüber (**Anderskosten**) oder ihnen stehen überhaupt keine Aufwendungen in der Finanzbuchhaltung gegenüber (**Zusatzkosten**).

Kalkulatorische Kosten müssen für die kostenorientierte Preisermittlung berücksichtigt werden, damit der Unternehmer seine Tätigkeit, seine Risikobereitschaft und sein Eigenkapital vergütet bekommt und die Substanz des Unternehmens erhalten bleibt. Nur betriebswirtschaftlich sinnvoll begründbare Kosten dürfen dabei angesetzt werden.

Kostenorientierte Preisgestaltung, vgl. **8.3**, S. 312

Problem: Hohe Kosten führen zu hohen Preisen! Das gilt für alle Kostenarten.

Kalkulatorische Abschreibungen

Beispiel Die Fly Bike Werke haben in der Vergangenheit festgestellt, dass die in der Finanzbuchhaltung erfassten Abschreibungen auf den Fuhrpark nicht ausgereicht haben, um die Fahrzeuge nach Ablauf der Nutzungsdauer zu ersetzen. Die Preise waren meist gestiegen, sodass zur Finanzierung zusätzliche Mittel benötigt wurden.

Zweck der in der Finanzbuchhaltung erfassten Abschreibungen von Vermögensgegenständen ist eine über die Verringerung des Gewinns erreichte Senkung der Einkommen- bzw. Ertragsteuern und ein sicherer Einblick in die Ertrags- und Vermögenslage des Unternehmens. Das Handels- und das Steuerrecht beschränken Abschreibungsbeträge in ihrer Höhe dadurch, dass maximal nur von den Anschaffungskosten und – im Steuerrecht – nur nach der betriebsgewöhnlichen Nutzungsdauer abgeschrieben werden darf. Dem stehen in der Betriebsbuchhaltung kalkulatorische Abschreibungen gegenüber, die an **keinerlei Gesetze gebunden** sind. Hier könnte theoretisch ein Gegenstand sofort im Jahr der Anschaffung voll abgeschrieben werden. Dies wird in der Praxis wohl kaum geschehen, da diese Kosten in der Kalkulation den Verkaufspreis in die Höhe treiben würden.

Lineare Abschreibung auf Sachanlagen, vgl. **3.3**, S. 234

Um die Substanz des Unternehmens real zu erhalten, orientiert man sich im Rahmen der Kosten- und Leistungsrechnung an der tatsächlichen Wertminderung im eigenen Betrieb (Realität). Damit beim Ersatz des Gegenstandes keine Finanzierungslücke entsteht, wird von **Wiederbeschaffungswerten** und nach der betriebsindividuellen Nutzungsdauer abgeschrieben. Wiederbeschaffungswerte sind die Preise, die gezahlt werden müssen, wenn der Gegenstand nach Ablauf der Nutzungsdauer ersetzt werden muss. Sie können höher (z. B. durch Inflation) oder niedriger (z. B. durch technischen Fortschritt) sein als der ursprünglich gezahlte Anschaffungspreis. Die **betriebsindividuelle Nutzungsdauer** kann von der betriebsgewöhnlichen Nutzungsdauer abweichen. Eine kürzere betriebsindividuelle Nutzungsdauer kann z. B. auf den technischen Fortschritt oder den weniger sorgfältigen Umgang mit betrieblichen Gegenständen zurückzuführen sein.

Beispiel Der Kauf eines Pkws hat Anschaffungskosten in Höhe von 36.000,00 € verursacht. Laut AfA-Tabelle beträgt die betriebsgewöhnliche Nutzungsdauer sechs Jahre.

Die Fly Bike Werke rechnen abweichend von diesen Vorgaben aufgrund betrieblicher Erfahrungen mit einer betriebsindividuellen Nutzungsdauer von nur fünf Jahren und schätzt die Wiederbeschaffungskosten für ein vergleichbares Fahrzeug auf 42.000,00 €.

Bei linearer Abschreibung ergibt sich folgender bilanzieller Abschreibungsbetrag:

$$\text{bilanzieller Abschreibungsbetrag} = \frac{\text{Anschaffungskosten}}{\text{betriebsgewöhnliche Nutzungsdauer}} \blacktriangleright \frac{36.000{,}00\ €}{6\ \text{Jahre}} = 6.000{,}00\ €/\text{Jahr}$$

Da eine gleichmäßige Nutzung unterstellt wird, ergibt sich folgender kalkulatorischer Abschreibungsbetrag:

$$\text{kalkulatorischer Abschreibungsbetrag} = \frac{\text{Wiederbeschaffungskosten}}{\text{betriebsindividuelle Nutzungsdauer}} \blacktriangleright \frac{42.000{,}00\ €}{5\ \text{Jahre}} = 8.400{,}00\ €/\text{Jahr}$$

Bei kostendeckenden Preisen stehen dem Betrieb nach Ablauf der betriebsindividuellen Nutzungsdauer von fünf Jahren 42.000,00 € zur Ersatzinvestition zur Verfügung. Dem Unternehmen entsteht beim Kauf eines neuen Fahrzeugs bei Ansparung der verdienten Abschreibungen keine Finanzierungslücke.

Problematisch ist dabei immer die realitätsnahe Ermittlung der Wiederbeschaffungskosten. Schätzungen erfolgen auf Basis unternehmensspezifischer Erfahrungen, mathematischer Hochrechnungen oder im Nachhinein durch die jährliche Feststellung der aktuellen Preise mit anschließender Berechnung des kalkulatorischen Abschreibungsbetrages für das abgelaufene Jahr.

Abschreibungen werden also in der Kostenrechnung anders berechnet als in der Finanzbuchhaltung. Sie werden deshalb auch **Anderskosten** genannt.

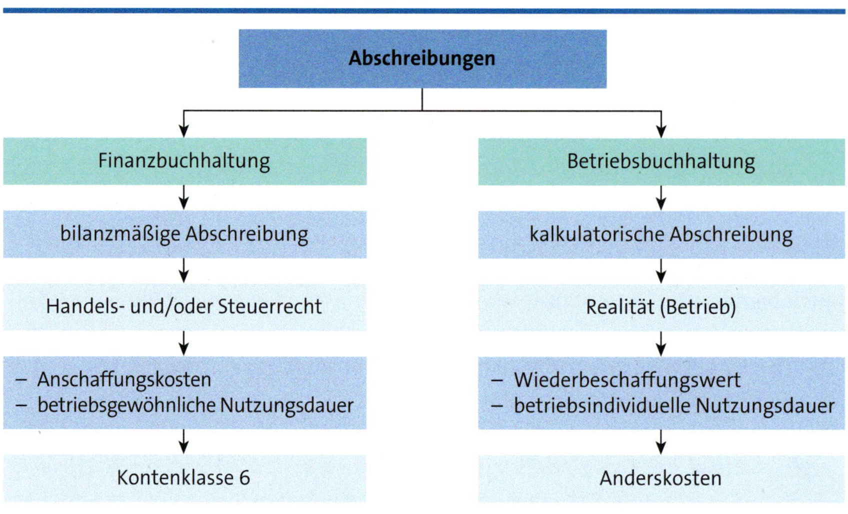

Kalkulatorischer Unternehmerlohn

Kapitalgesellschaften, vgl. **HF1**, **3.3**, Band 1

Die Unternehmensleitungen von **Kapitalgesellschaften** (z. B. Geschäftsführer einer GmbH) erhalten für ihre Tätigkeit Gehälter, die in der Finanzbuchhaltung als Zweckaufwand gebucht werden und so als Grundkosten in die Kosten- und Leistungsrechnung eingehen. Die Eigentümer (z. B. Aktionäre einer AG) haben oft nur einen rechtlichen Anspruch auf eine (Teil-)Gewinnausschüttung.

Der Einzelunternehmer und die in der Geschäftsführung tätigen Vollhafter einer **Personengesellschaft** können sich kein Gehalt in Form von Personalkosten zahlen. Sie müssen vom Gewinn leben. Damit der Unternehmer für seine Tätigkeit ein entsprechendes Entgelt beziehen kann, muss er es in die Preise einkalkulieren. Durch die Berücksichtigung dieses kalkulatorischen Unternehmerlohns entstehen echte Zusatzkosten, denen keine Aufwendungen in der Finanzbuchhaltung gegenüberstehen.

Personengesellschaft, vgl. **HF1**, **3.2**, Band 1

Hinsichtlich der Höhe des Unternehmerlohns könnte sich der Unternehmer an einer vergleichbaren Unternehmensgröße der gleichen Branche und an einer vergleichbaren Tätigkeit (Management) einer Kapitalgesellschaft orientieren. Eine Berechnung des Unternehmerlohns auf dieser Basis kann jedoch nur ansatzweise erfolgen, da sich die Höhe der Gehälter auch durch Angebot und Nachfrage ergibt und nicht nur aufgrund von Vergleichswerten festgelegt werden kann.

Unternehmerlohn

Kapitalgesellschaften	Einzelunternehmer und Personengesellschaften
↓ gesetzlicher Vertreter (Vorstand, Geschäftsführer)	↓ kalkulatorischer Unternehmerlohn (für Unternehmertätigkeit)
↓ Personalkosten für Geschäftsführung	↓ Höhe: – vergleichbare Unternehmensgröße der gleichen Branche (Bilanzsumme, Umsatz, Zahl der Arbeitnehmer) – vergleichbare Tätigkeit (Management)
↓ Zweckaufwand	↓ Zusatzkosten

Kalkulatorische Zinsen

In der Finanzbuchhaltung werden nur die für das Fremdkapital tatsächlich gezahlten Zinsen erfasst. Für die Überlassung von Eigenkapital kann der Eigentümer jedoch ebenfalls eine Verzinsung erwarten. Deshalb wird in der Kosten- und Leistungsrechnung das **betriebsnotwendige** Kapital (Eigen- und Fremdkapital) verzinst.

Ausgangspunkt der Berechnung ist das **betriebsnotwendige Vermögen**, wobei beim Anlagevermögen die Restwerte nach kalkulatorischer Abschreibung anzusetzen sind.

betriebsnotwendig
dauernd dem Betriebszweck dienend

	Gesamtvermögen (Anlagevermögen + Umlaufvermögen)
–	nicht betriebsnotwendiges Anlagevermögen (z. B. vermietete Gebäude, stillgelegte Anlagen)
–	überhöhtes Umlaufvermögen (z. B. Wertpapiere zur Spekulation)
=	betriebsnotwendiges Vermögen
–	zinsfreies Fremdkapital (Anzahlungen von Kunden, ggf. Verbindlichkeiten a.L.L.)[1)]
=	betriebsnotwendiges Kapital

1) ohne Skontoabzugsmöglichkeit

Als anzusetzender Zinssatz gilt der aktuelle Marktzinssatz für langfristige Kapitalanlagen. Beträgt das betriebsnotwendige Kapital z. B. 3.000.000,00 € und der Marktzinssatz zurzeit 7 %, so ergeben sich die kalkulatorischen Zinsen pro Monat nach folgender Zinsformel:

$$\text{kalkulatorische Zinsen (je Monat)} = \frac{\text{betriebsnotwendiges Kapital} \cdot 30}{360} \cdot \text{Marktzinssatz} \blacktriangleright \frac{3.000.000 \cdot 7 \cdot 30}{100 \cdot 360} = 17.500{,}00\ €$$

Kalkulatorische Zinsen sind damit **sowohl Anderskosten** (Anteil auf das zinspflichtige Fremdkapital) **als auch Zusatzkosten** (Anteil auf das Eigenkapital).

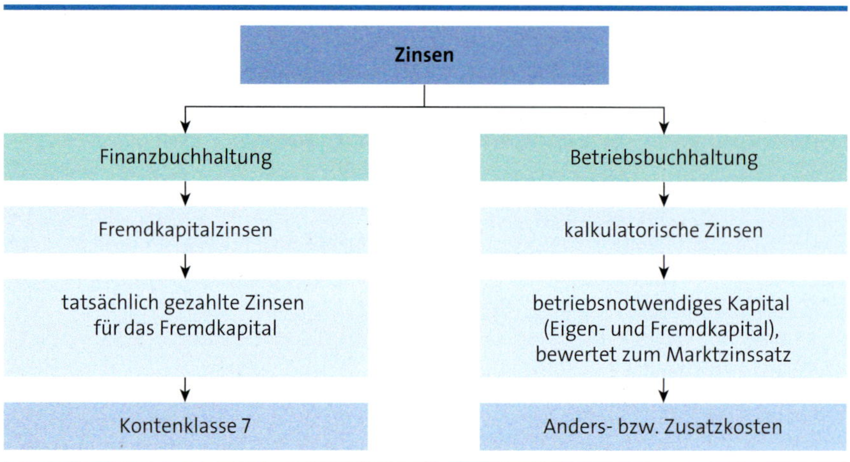

Kalkulatorische Wagnisse

Wagnisse
unternehmerische Risiken

Einzelwagnisse

Die unternehmerische Tätigkeit beinhaltet vielfache **Wagnisse**. Einzelne „Problemfelder" eines Unternehmens (Einzelwagnisse) sind zumindest vom Grundsatz her vorhersehbar und können bei Vorliegen entsprechender Erfahrungswerte auch berechnet werden. Manche Risiken können alternativ auch durch Versicherungen abgedeckt werden, wenn die Prämien auf Dauer kostengünstiger sind. Das allgemeine unternehmerische Risiko (Verluste im normalen Geschäftsablauf, Insolvenz) ist dagegen nicht kalkulierbar, dafür erhalten die Unternehmensinhaber – wenn alles wie geplant abläuft – den erhofften Gewinn. Allgemeine Wagnisse werden in der Betriebsbuchhaltung nicht erfasst.

Einzelwagnis (Beispiele)	Erläuterung
Beständewagnis	Schwund, Diebstahl, Verderb, Überalterung oder Zerstörung von Werkstoff- oder Erzeugnisbeständen
Gewährleistungswagnis	nicht oder nicht mehr auf Hersteller oder Lieferanten abwälzbare Gewährleistungsforderungen von Kunden, ggf. auch ohne rechtlichen Anspruch (Kulanz)
Vertriebswagnis	Zielverkäufe führen zu keinen oder nur geringeren Einzahlungen, z. B. Forderungsausfälle durch Insolvenz von Kunden, Wechselkursänderungen beim Export
Anlagenwagnis	Schäden an Anlagegütern, z. B. Totalschaden eines fast neuen Lkws, Maschinenschaden

Die Verrechnung kalkulatorischer Einzelwagnisse ermöglicht Preiskalkulationen, die für einen bestimmten Abrechnungszeitraum konstant sind. Dabei ist die Berechnung schwierig. Oft werden Durchschnittssätze der in der Vergangenheit eingetretenen Verluste ermittelt und gleichmäßig in die Zukunft fortgeschrieben.

Beispiel In den letzten fünf Jahren betrugen die Forderungsausfälle im Durchschnitt 1,0 % der jeweiligen Forderungssummen. Bei geplanten Zielverkäufen im Folgejahr in Höhe von 850.000,00 € kann mit diesem Erfahrungswert ein möglicher Forderungsausfall von 8.500,00 € für die Kostenrechnung ermittelt werden.

Konkret eingetretene Wagnisse (z. B. tatsächliche Forderungsverluste oder Diebstähle) werden in der Finanzbuchhaltung erfasst. Kalkulatorische Wagnisse sind damit wie die kalkulatorischen Abschreibungen **Anderskosten**.

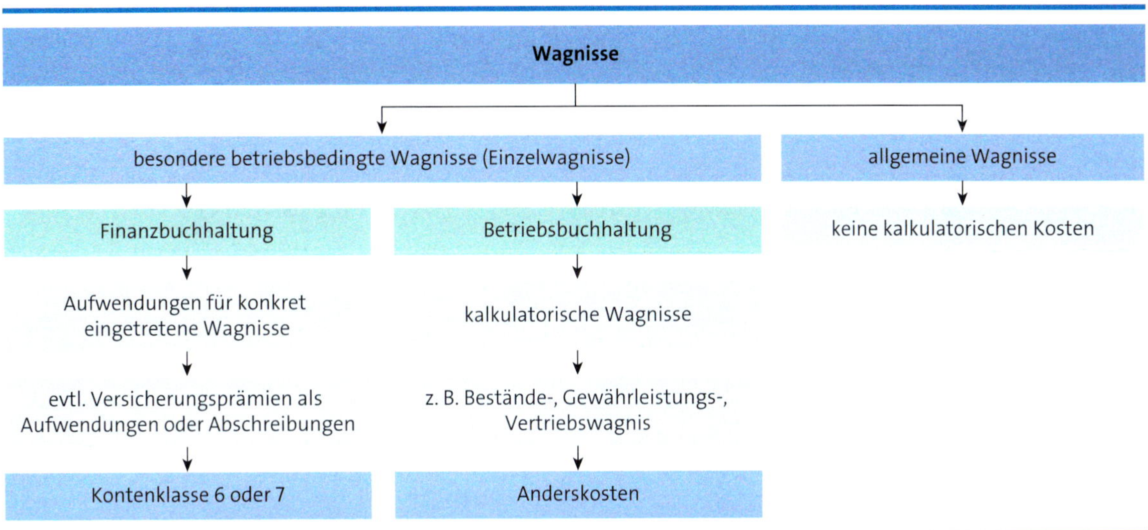

Kalkulatorische Miete

Nicht alle Unternehmen setzen eine kalkulatorische Miete für betrieblich genutztes Unternehmenseigentum an Gebäuden und Grundstücken an. Durch den Ansatz einer kalkulatorischen Miete können ungleichmäßig anfallende Aufwendungen (z. B. für eine Dachreparatur) in der Kosten- und Leistungsrechnung zum Teil vermieden werden. Die kalkulatorische Miete wird in der Regel in Höhe der ortsüblichen Miete oder als betriebsindividuelle Kostenmiete (Durchschnittswert der Kosten vergangener Rechnungsperioden) angesetzt.

Beispiel Die durchschnittlichen Kosten für die betriebseigenen Gebäude betragen je Monat 12.000,00 €. Für vergleichbare Gebäude müsste eine ortsübliche Miete von 20.000,00 € bezahlt werden, die als kalkulatorische Miete angesetzt werden kann (Anderskosten).

Stellt bei einem Einzelunternehmen oder einer Personengesellschaft ein Inhaber dem Unternehmen kostenlos ein Grundstück oder Räume zur Verfügung, so sind die darauf entfallenden kalkulatorischen Mietkosten aus Sicht des Unternehmens Zusatzkosten, da in der Finanzbuchhaltung keine Zahlungen erfasst werden.

LS ▸ **LS 89**
Kosten, Leistungen und das Betriebsergebnis ermitteln

Die Finanzbuchhaltung wird auch als Geschäftsbuchhaltung bezeichnet.

6 Abgrenzungsrechnung (Ergebnistabelle)

In der Finanzbuchhaltung, dem sogenannten Rechnungskreis I, wird in der Gewinn- und Verlustrechnung das Gesamtergebnis durch die Gegenüberstellung von Aufwendungen und Erträgen ermittelt. Für die Kosten- und Leistungsrechnung werden diese Daten in die Ergebnistabelle übernommen. Dort werden in einem Rechnungskreis II alle betriebsfremden und betrieblich außerordentlichen (einschließlich periodenfremden) Aufwendungen und Erträge abgegrenzt und kostenrechnerische Korrekturen vorgenommen. Übrig bleiben die Kosten und Leistungen als Basis für die Ermittlung des Betriebsergebnisses und für die Vollkostenrechnung.

GuV-Konto der Fly Bike Werke GmbH, Monat Mai

Soll					Haben
6000	Aufwendungen für Rohstoffe	35.800,00	5000	Umsatzerlöse für eigene Erzeugnisse	651.636,00
6010	Aufwendungen für Fremdbauteile	238.885,00	5200	Bestandsveränderungen	3.473,00
6020	Aufwendungen für Hilfsstoffe	9.305,00	5400	Nebenerlöse (Mieterträge)	2.000,00
6030	Aufwendungen für Betriebsstoffe	4.200,00	5410	Erlöse aus Anlagenabgängen	4.200,00
6040	Verpackungsmaterial	2.503,00	5490	Periodenfremde Erträge	7.200,00
6050	Energie	12.450,00	5710	Zinserträge	1.200,00
6150	Vertriebsprovisionen	10.055,00			
6160	Fremdinstandhaltung	15.600,00			
6200	Löhne	46.296,00			
6300	Gehälter	84.200,00			
6400	Soziale Abgaben	29.361,60			
6520	Abschreibungen auf Sachanlagen	23.520,00			
6700	Mieten, Pachten	8.000,00			
6710	Leasing	5.454,50			
68xx	Aufwendungen für Kommunikation	25.580,00			
6900	Versicherungsbeiträge	3.350,00			
6930	Verluste aus Schadensfällen	22.000,00			
6979	Anlagenabgänge	25.500,00			
7510	Zinsaufwendungen	13.960,00			
70/77	Steuern	10.600,00			
3400	Jahresüberschuss (Gewinn)	43.088,90			
		669.709,00			669.709,00

Ausgehend vom GuV-Konto ist eine zweistufige Abgrenzung notwendig:

Rechnungskreis I	Rechnungkreis II		
Erfolgsbereich	**Abgrenzungsbereich**		**Kosten- und Leistungsbereich**
Geschäftsbuchführung Kontenklassen 5, 6, 7	Unternehmensbezogene Abgrenzung[1]	Betriebsbezogene Abgrenzung[2]	Kosten- und Leistungsarten
Gesamtergebnis	**Neutrales Ergebnis**		**Betriebsergebnis**

[1] Unternehmensbezogene Abgrenzung: betriebsfremde Aufwendungen und Erträge
[2] Betriebsbezogene Abgrenzung: kosten- und leistungsrechnerische Korrekturen (außerordentliche betriebsbezogene Aufwendungen und Erträge, Verrechnungskorrekturen, sonstige Abgrenzungen)

Die Abgrenzung erfolgt tabellarisch in der Ergebnistabelle:

Abgrenzungsrechnung (Ergebnistabelle)

		Rechnungskreis I		Rechnungskreis II					
Aufwands- und Ertragspositionen		Geschäftsbuchhaltung		Unternehmensbezogene Abgrenzung		Betriebsbezogene Abgrenzung		Kosten- und Leistungsarten	
Konto-Nr.	Kontenbezeichnung	1 Aufwendungen	2 Erträge	3 Aufwendungen	4 Erträge	5 Aufwendungen	6 Erträge	7 Kosten	8 Leistungen
	Ergebnisse	Gesamtergebnis (Unternehmensergebnis)		Ergebnis der unternehmensbezogenen Abgrenzung		Ergebnis der betriebsbezogenen Abgrenzung		Betriebsergebnis	
				Neutrales Ergebnis					

Nach der unternehmensbezogenen und der betriebsbezogenen Abgrenzung zeigen sich in den Spalten 7 und 8 der Ergebnistabelle die Erfolgsquellen (Kosten- und Leistungsarten) des Betriebs und damit die eigene Leistungskraft im Betriebsergebnis. Alle neutralen Aufwendungen und Erträge sind zuvor aus dem Erfolgsbereich der Geschäftsbuchhaltung „herausgenommen" (abgegrenzt) worden. Der Abgrenzungsbereich wirkt wie zwei nacheinander geschaltete Filter.

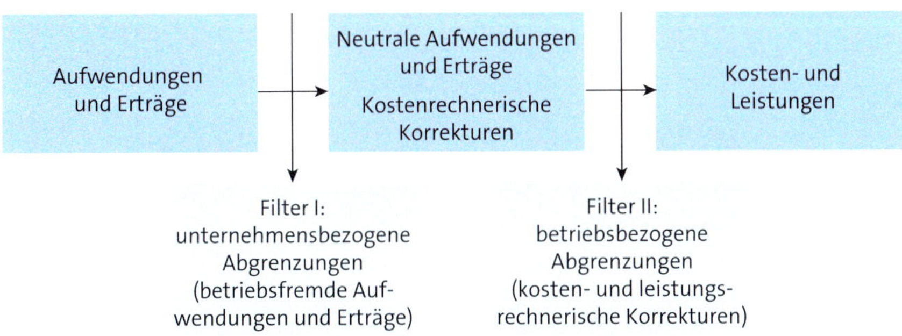

Gesamtergebnis = neutrales Ergebnis + Betriebsergebnis

Die Summe aus Betriebsergebnis und neutralem Ergebnis ergibt in einer Rückrechnung wieder das Gesamtergebnis.

Ergebnisermittlung

	Ergebnis der unternehmensbezogenen Abgrenzung
+	Ergebnis der betriebsbezogenen Abgrenzung
=	neutrales Ergebnis
+	Betriebsergebnis (Leistungen – Kosten)
=	Gesamtergebnis (Erträge – Aufwendungen gemäß GuV-Rechnung)

Ergebnistabelle der Fly Bike Werke GmbH für den Abrechnungsmonat Mai

Geschäftsbuchhaltung				Unternehmensbezogene Abgrenzungen		Betriebsbezogene Abgrenzung		Kosten- und Leistungsarten	
Konto-Nr.	Kontenbezeichnungen	1 Aufwendungen	2 Erträge	3 Aufwendungen	4 Erträge	5 Aufwendungen	6 Erträge	7 Kosten	8 Leistungen
5000	Umsatzerlöse für eigene Erzeugnisse		651.636						651.636
5200	Bestandsveränderungen		3.473						3.473
5400	Nebenerlöse (Mieterträge)		2.000		2.000				
5410	Erlöse aus Anlagenabgängen		4.200				4.200		
5490	Periodenfremde Erträge		7.200				7.200		
5710	Zinserträge		1.200		1.200				
6000	Aufwendungen für Rohstoffe	35.800				35.800	34.090	34.090	
6010	Aufwendungen für Fremdbauteile	238.885						238.885	
6020	Aufwendungen für Hilfsstoffe	9.305						9.305	
6030	Aufwendungen für Betriebsstoffe	4.200						4.200	
6040	Verpackungsmaterial	2.503						2.503	
6050	Energie	12.450		200				12.250	
6150	Vertriebsprovisionen	10.055						10.055	
6160	Fremdinstandhaltung	15.600		300				15.300	
6200	Löhne	46.296						46.296	
6300	Gehälter	84.200						84.200	
6400	Soziale Abgaben	29.362						29.362	
6520	Abschreibungen auf Sachanlagen	23.520				23.520			
6700	Mieten, Pachten	8.000						8.000	
6710	Leasing	5.455						5.455	
68XX	Aufwendungen für Kommunikation	25.580		80				25.500	
6900	Versicherungsbeiträge	3.350		20				3.330	
6930	Verluste aus Schadensfällen	22.000				22.000			
6979	Anlagenabgänge	25.500				25.500			
7510	Zinsaufwendungen	13.960				13.960			
70/77	Steuern	10.600		9.540				1.060	
	Kalkulatorische Abschreibungen						25.000	25.000	
	Kalkulatorische Zinsen						22.500	22.500	
	Kalkulatorische Wagnisse						12.000	12.000	
	Summen	626.620	669.709	10.140	3.200	120.780	104.990	589.290	655.109
	Salden (Gewinn oder Verlust)	43.089			6.940		15.790	65.819	
	Ergebnisse	Gesamtergebnis		Ergebnis der unternehmensbezogenen Abgrenzung		Ergebnis der betriebsbezogenen Abgrenzung		Betriebsergebnis	
				Neutrales Ergebnis					

Die Spaltensummen und Salden können Rundungsdifferenzen enthalten, da die Beträge aus der GuV hier auf ganzzahlige Werte gerundet wurden (ganzzahlige Darstellung).

	Ergebnis der unternehmensbezogenen Abgrenzung	−6.940,00 €	Verlust
+	Ergebnis der betriebsbezogenen Abgrenzung	−15.790,00 €	Verlust
=	neutrales Ergebnis	−22.730,00 €	Verlust
+	Betriebsergebnis	+65.818,90 €	Gewinn
=	Gesamtergebnis	+43.088,90 €	Gewinn

6.1 Unternehmensbezogene Abgrenzung

Bei der unternehmensbezogenen Abgrenzung werden in den Spalten 3 und 4 alle Erträge und Aufwendungen abgegrenzt (herausgefiltert), die **betriebsfremd** sind. Sie stammen aus Erfolgsquellen, die nichts mit dem Sachziel eines Industrieunternehmens zu tun haben – man nennt sie auch **nicht betriebsbezogene** Erträge und Aufwendungen.

Abgrenzung der betriebsfremden Aufwendungen und Erträge

Geschäftsbuchhaltung				Unternehmensbezogene Abgrenzung		Betriebsbezogene Abgrenzung		Kosten- und Leistungsarten	
Konto-Nr.	Kontenbezeichnungen	1 Aufwendungen	2 Erträge	3 Aufwendungen	4 Erträge	5 Aufwendungen	6 Erträge	7 Kosten	8 Leistungen
5400	Nebenerlöse (Mieterträge)		2.000		2.000				
5710	Zinserträge		1.200		1.200				
6050	Energie	12.450		200				12.250	
6160	Fremdinstandhaltung	15.600		300				15.300	
68xx	Aufwendungen für Kommunikation	25.580		80				25.500	
6900	Versicherungsbeiträge	3.350		20				3.330	
70/77	Steuern	10.600		9.540				1.060	

(ganzzahlige Darstellung)

Leistungen (Spalte 8) = Erträge (Spalte 2) – Erträge (Spalte 4 + 6)

Kosten (Spalte 7) = Aufwendungen (Spalte 1) – Aufwendungen (Spalte 3 + 5)

Für ein Industrieunternehmen sind **Mieterträge und Zinserträge** keine Leistungen, die auf das Sachziel bezogen sind. Beide Konten werden daher für Industrieunternehmen in voller Höhe abgegrenzt. Für ein Wohnungsbauunternehmen dagegen sind Mieterträge auch Leistungen (bei einer Bank gilt das entsprechend für die Zinserträge).

Die Konten der **Kontenklasse 6** in obigem Beispiel der Fly Bike Werke haben natürlich alle auch etwas mit dem Sachziel zu tun. Eine Abgrenzung ist aber für Teilbeträge trotzdem notwendig, da sie für das vermietete Objekt aufgewendet wurden. Hier muss in der Kosten- und Leistungsrechnung noch einmal genau analysiert werden (Buchungsbelege und spezielle Anweisungen), wofür in der Finanzbuchhaltung entsprechende Aufwendungen tatsächlich entstanden sind.

Beispiel Den Mieteinnahmen in Höhe von 2.000,00 € stehen in der Kontenklasse 6 (Konten 6050 bis 6900) Aufwendungen in Höhe von 600,00 € für Energie (200,00 €), Reparaturen (300,00 €), Vermietungsanzeige (80,00 €) und Versicherungsbeiträge (20,00 €) gegenüber. Damit wird auch aus der Vermietung noch ein Gewinn in Höhe von 1.400,00 € erzielt.

Die Position **70/77 Steuern** enthält in der **Kontengruppe 77** (Steuern von Einkommen und Ertrag) die Konten 7700 Gewerbesteuer und 7710 Körperschaftsteuer. Diese gewinnabhängigen Steuern werden handelsrechtlich als Aufwand und steuerrechtlich als nicht abzugsfähige Betriebsausgaben angesehen. Es ist betriebswirtschaftlich umstritten, ob diese Steuern Kostencharakter haben. Häufig wird empfohlen, diese Steuern als „betriebsfremd" abzugrenzen. Die Gewerbesteuer allerdings kann als betrieblicher Aufwand (= Kosten) betrachtet werden.

Die Steuern der **Kontengruppe 70**, z. B. Kfz-Steuer oder Grundsteuer, gelten immer als Kosten, wenn sie für betriebliche Zwecke entrichtet werden. Die Fly Bike Werke GmbH grenzt in ihrer Ergebnistabelle Steuern in Höhe von 9.540,00 € als betriebsfremd ab. Aus Sicht eines Industriebetriebs gilt in der Regel (Beispiele):

Erträge = Leistungen	Erträge = betriebsfremde Erträge
5000 Umsatzerlöse für eigene Erzeugnisse 5100 Umsatzerlöse für Waren 5200 Erhöhung des Bestandes an unfertigen oder fertigen Erzeugnissen[1)] 5300 Aktivierte Eigenleistungen	5400 Nebenerlöse (z. B. Mieterträge) 5600 Erträge aus anderen Finanzanlagen 5710 Zinserträge

[1)] Die Verminderung des Bestandes an unfertigen oder fertigen Erzeugnissen wird entsprechend als Kosten erfasst.

Bei **allen Aufwandsarten** können ggf. Teilbeträge auch betriebsfremd verursacht sein – Zusatzinformationen (z. B. in Aufgabenstellungen) sind notwendig. Grundsätzlich gilt aber, dass hinsichtlich der Kostenwirksamkeit von Aufwendungen aus der GuV-Rechnung zuerst noch weitere Abgrenzungen notwendig sind.

6.2 Betriebsbezogene Abgrenzung

Die betriebsbezogene Abgrenzung (Spalte 5 und 6 der Ergebnistabelle) erfolgt in zwei Schritten: Zuerst werden die außerordentlichen Erträge und Aufwendungen abgegrenzt, anschließend werden kostenrechnerische Korrekturen vorgenommen.

Abgrenzung der außerordentlichen Aufwendungen und Erträge

Im Sinne der Kosten- und Leistungsrechnung sind **außerordentliche Aufwendungen und Erträge** zwar sachzielbezogen, fallen aber einmalig, selten oder in ungewöhnlicher Höhe an. Aufwendungen und Erträge, die periodenfremd sind oder die beim Verkauf von Vermögensgegenständen (z. B. gebrauchte Sachanlagen wie Fahrzeuge) von Zeit zu Zeit anfallen, gelten ebenfalls als außerordentlich.

Abgrenzung der außerordentlichen Aufwendungen und Erträge

Geschäftsbuchhaltung				Unternehmensbezogene Abgrenzung		Betriebsbezogene Abgrenzung		Kosten- und Leistungsarten	
Konto-Nr.	Kontenbezeichnungen	1 Aufwendungen	2 Erträge	3 Aufwendungen	4 Erträge	5 Aufwendungen	6 Erträge	7 Kosten	8 Leistungen
5410	Erlöse aus Anlagenabgängen		4.200				4.200		
5490	Periodenfremde Erträge		7.200				7.200		
6979	Anlagenabgänge	25.500				25.500			

(ganzzahlige Darstellung)

Beispiel Konto 5410 Erlöse aus Anlagenabgängen: Dieser Erlös (Nettoverkaufspreis) ist beim Verkauf eines gebrauchten Lkws (Totalschaden) entstanden.

- Konto 5490 Periodenfremde Erträge: Dieser Ertrag entstand durch eine verspätete Kundenzahlung (7.200,00 €) auf eine als uneinbringlich abgeschriebene Forderung.
- Konto 6979 Anlagenabgänge: Dieser Aufwand ist beim Verkauf eines gebrauchten Lkws entstanden (Buchwert).

Verrechnungspreise

Häufig haben auch stark schwankende Einstandspreise auf den Werkstoffmärkten nichts mit der Leistungskraft des Unternehmens zu tun und würden das Betriebsergebnis verfälschen. Sie können zum Zweck der Kostenrechnung „geglättet“ werden, indem man statt der tatsächlich gezahlten Einstandspreise Durchschnittswerte der Vergangenheit oder geplante Preise (Verrechnungspreise) ermittelt und sie entsprechend ansetzt. Für die Fly Bike Werke ist dies bei den Rohstoffen (im Wesentlichen Stahl- und Aluminiumrohre und -bleche) üblich.

Beispiel Konto 6000 Aufwendungen für Rohstoffe (vgl. Tabelle auf Seite 284): Obwohl in diesem Abrechnungsmonat der Stahlpreis für die produzierten Fahrräder nur geringfügig gestiegen ist, wird der tatsächlich bezahlte Einstandspreis der Finanzbuchhaltung, hier 35.800,00 €, in Spalte 5 „herausgenommen“. Als Kosten wird dann in der Spalte 7 der Rohstoffaufwand zu Verrechnungspreisen, hier 34.090,00 €, angesetzt. Diese kostenrechnerische Korrektur wird mit einem zusätzlichen Eintrag in der Spalte 6 (Erträge aus kostenrechnerischen Korrekturen) wieder ausgeglichen. Dadurch hat die Korrektur auf das Gesamtergebnis keinen Einfluss, sondern beeinflusst nur das Betriebsergebnis und das neutrale Ergebnis. Dieser ergebnistechnische Ausgleich ist bei jeder kostenrechnerischen Korrektur vorzunehmen.

Kostenverteilung innerhalb der Abrechnungsperioden

Die Ergebnistabelle wird in der Regel monatlich aufgestellt. Bestimmte Kosten fallen aber nicht regelmäßig monatlich, sondern nur zu bestimmten Zeitpunkten (z. B. einmal im Jahr) an. Diese Kosten müssen in der Ergebnistabelle als Durchschnittswerte gleichmäßig auf die Abrechnungsmonate verteilt werden. Dies gilt für Urlaubs- und Sonderzahlungen (z. B. Urlaubsgeld, Weihnachtsgratifikation) an das Personal, aber auch z. B. für Steuern, Beiträge und Versicherungsprämien, die ggf. nur quartalsmäßig oder jährlich gezahlt werden.

Derartige Quartals- oder Jahreswerte werden bei den entsprechenden Kostenarten (oder als eigenständige Kostenart) in einer Vorverrechnung mit ihrem Monatswert in die Ergebnistabelle zusätzlich eingefügt (Spalte 7 = Kosten; Gegenrechnung in Spalte 6) und im Monat der tatsächlichen Kostenzahlung z. B. mit $^{11}/_{12}$ des Jahreswertes in Spalte 5 abgegrenzt.

Kalkulatorische Kosten

Kalkulatorische Kosten werden immer in Spalte 7 eingefügt und in Spalte 6 gegengerechnet.

Bei Anderskosten müssen die entsprechenden Aufwendungen aus der Geschäftsbuchhaltung in Spalte 5 eliminiert (herausgerechnet) werden.

Die gebuchten Aufwendungen auf den Konten 6520 Abschreibungen auf Sachanlagen, 6930 Verluste aus Schadensfällen und 7510 Zinsaufwendungen werden so vollständig durch kalkulatorische Werte (kalkulatorische Abschreibungen, Wagnisse und Zinsen = Anderskosten) ersetzt.

Geschäftsbuchhaltung				Unternehmensbezogene Abgrenzung		Betriebsbezogene Abgrenzung		Kosten- und Leistungsarten	
Konto-Nr.	Kontenbezeichnungen	1 Aufwendungen	2 Erträge	3 Aufwendungen	4 Erträge	5 Aufwendungen	6 Erträge	7 Kosten	8 Leistungen
6000	Aufwendungen für Rohstoffe	35.800				35.800	34.090	34.090	
6520	Abschreibungen auf Sachanlagen	23.520				23.520			
6930	Verluste aus Schadensfällen	22.000				22.000			
7510	Zinsaufwendungen	13.960				13.960			
	Kalkulatorische Abschreibungen						25.000	25.000	
	Kalkulatorische Zinsen						22.500	22.500	
	Kalkulatorische Wagnisse						12.000	12.000	

(ganzzahlige Darstellung)

6.3 Auswertung in der Ergebnistabelle

Geschäftsbuchhaltung				Unternehmensbezogene Abgrenzung		Betriebsbezogene Abgrenzung		Kosten- und Leistungsarten	
Konto-Nr.	Kontenbezeichnungen	1 Aufwendungen	2 Erträge	3 Aufwendungen	4 Erträge	5 Aufwendungen	6 Erträge	7 Kosten	8 Leistungen
	Summen	626.620	669.709	10.140	3.200	120.780	104.990	589.290	655.109
	Salden (Gewinn oder Verlust)	43.089			6.940		15.790	65.819	
	Ergebnisse	Gesamtergebnis		Ergebnis der unternehmensbezogenen Abgrenzung		Ergebnis der betriebsbezogenen Abgrenzung		Betriebsergebnis	
				Neutrales Ergebnis					

(ganzzahlige Darstellung)

Einem Gesamtgewinn von 43.088,90 € steht ein Betriebsgewinn von 65.818,90 € gegenüber. Das Betriebsergebnis wird also durch Verluste im Rahmen des neutralen Ergebnisses belastet. Ermittelt man das Verhältnis von Aufwendungen und Erträgen (Wirtschaftlichkeit des Unternehmens), zeigt sich folgendes Ergebnis:

Ökonomische Kennzahlen, vgl. **HF 3**, **6.2.2**, Band 1

Wirtschaftlichkeit des Unternehmens ▶ $\frac{\text{Erträge}}{\text{Aufwendungen}} = \frac{669.709,00\text{ €}}{626.620,10\text{ €}} = 1,0688$

Das Verhältnis von Leistungen und Kosten (Wirtschaftlichkeit des Betriebs) muss besser sein, da das Betriebsergebnis das Gesamtergebnis überschreitet.

Wirtschaftlichkeit des Betriebs ▶ $\frac{\text{Leistungen}}{\text{Kosten}} = \frac{655.109,00\text{ €}}{589.290,10\text{ €}} = 1,1117$

Weitere Auswertungen auf Monatsbasis		
Verzinsung des eingesetzten Eigenkapitals	Eigenkapitalrentabilität des Unternehmens	$\frac{\text{Gesamtgewinn} \cdot 100}{\text{eingesetztes Eigenkapital}} = \frac{43.088,90\text{ €} \cdot 100}{700.000,00\text{ €}} = 6,16\,\%$
	Eigenkapitalrentabilität des Betriebs	$\frac{\text{Betriebsgewinn} \cdot 100}{\text{eingesetztes Eigenkapital}} = \frac{65.818,90\text{ €} \cdot 100}{700.000,00\text{ €}} = 9,40\,\%$
Umsatzrentabilität	Umsatzrentabilität des Unternehmens	$\frac{\text{Gesamtgewinn} \cdot 100}{\text{Umsatzerlöse}} = \frac{43.088,90\text{ €} \cdot 100}{651.636,00\text{ €}} = 6,61\,\%$
	Umsatzrentabilität des Betriebs	$\frac{\text{Betriebsgewinn} \cdot 100}{\text{Umsatzerlöse}} = \frac{65.818,90\text{ €} \cdot 100}{651.636,00\text{ €}} = 10,10\,\%$

Auch hier zeigt sich, dass die Fly Bike Werke bei der Verfolgung ihres Sachziels (Betriebsergebnis) erfolgreicher sind als bei ihren unternehmensweiten Aktivitäten (Gesamtergebnis). Die monatlichen Ergebnisse der Abgrenzungsrechnung (Kosten- und Leistungsarten) sind die Grundlage aller nachfolgenden Berechnungen im Rahmen der Kosten- und Leistungsrechnung, die von Istkosten der Vergangenheit ausgehen.

7 Vollkostenrechnung

Bei der Vollkostenrechnung werden alle Kosten des Betriebs auf die Kostenträger überwälzt. Die Ergebnisse der Abgrenzungsrechnung werden unverändert und ohne Aufteilung in fixe und variable Kosten als Basis für darauf aufbauende Berechnungen übernommen. Alle Entscheidungen hinsichtlich der Kostenart und Höhe wurden vorab in der Abgrenzungsrechnung getroffen.

Auszug aus der Ergebnistabelle (Beispiel):

Leistungs- und Kostenarten der Fly Bike Werke GmbH im Abrechnungsmonat Mai (in €)

Kontenbezeichnungen	7 Kosten	8 Leistungen
Umsatzerlöse für eigene Erzeugnisse		651.636,00
Bestandsveränderungen		3.473,00
Aufwendungen für Rohstoffe	34.090,00	
Aufwendungen für Fremdbauteile	238.885,00	
Aufwendungen für Hilfsstoffe	9.305,00	
Aufwendungen für Betriebsstoffe	4.200,00	
Verpackungsmaterial	2.503,00	
Energie	12.250,00	
Fremdinstandhaltung	15.300,00	
Vertriebsprovisionen	10.055,00	
Löhne	46.296,00	
Gehälter	84.200,00	
Soziale Abgaben	29.361,60	
Mieten, Pachten	8.000,00	
Leasing	5.454,50	
Aufwendungen für Kommunikation	25.500,00	
Versicherungsbeiträge	3.330,00	
Steuern	1.060,00	
Kalkulatorische Abschreibungen	25.000,00	
Kalkulatorische Zinsen	22.500,00	
Kalkulatorische Wagnisse	12.000,00	
Summen	**589.290,10**	**655.109,00**

Bei der Gesamtbetrachtung von Leistungen und Kosten ergeben sich folgende Zusammenhänge für die Kalkulationen auf Basis dieses Abrechnungszeitraumes:

	Fertigungsmaterial (Aufwendungen für Rohstoffe und Fremdbauteile)	272.975,00 €
+	Fertigungslöhne (inkl. Anteil an den sozialen Abgaben)	50.832,60 €
+	Sondereinzelkosten (Vertriebsprovisionen)	10.055,00 €
=	Summe Einzelkosten	333.862,60 €
+	Gemeinkosten (alle anderen Kostenarten)	255.427,50 €
=	Selbstkosten der Abrechnungsperiode	589.290,10 €
+	Minderbestand unfertige Erzeugnisse	3.925,00 €
–	Mehrbestand fertige Erzeugnisse	7.398,00 €
+	Betriebsergebnis (Gewinn)	65.818,90 €
=	Leistungen (Umsatzerlöse für eigene Erzeugnisse)	651.636,00 €

Für die Kostenrechnung ist es notwendig zu wissen, wie sich die Einzelkosten auf die Kostenträger verteilen. Die Fly Bike Werke haben in diesem Abrechnungsmonat nur zwei Fahrradmodelle produziert. Die Einzelkosten können über Materialentnahmescheine den Kostenträgern (Erzeugnissen, hier Fahrrädern) verursachungsgerecht zugeordnet werden. Wie aus der Abgrenzungsrechnung der Fly Bike Werke für diesen Abrechnungsmonat ersichtlich ist, wurden in diesem Monat keine weiteren Leistungen erbracht.

Produzierte und abgesetzte Erzeugnisse	**Trekkingräder**	**Mountainbikes**
Produktionsmenge	1 200 Stück	1 000 Stück
Absatzmenge	1 200 Stück	970 Stück
Bestandsveränderungen unfertige und fertige Erzeugnisse	Bestandsminderung unfertige Erzeugnisse 150 Rahmen = 3.925,00 €	Bestandsmehrung fertige Erzeugnisse 30 Fahrräder = 7.398,00 €
Umsatzerlöse	251.370,00 €	400.266,00 €
Ø Nettoverkaufspreise je Stück (nach Rabatt- und Skontoabzug, gerundet)	209,48 €	412,65 €
Materialeinzelkosten (Rohstoffverbrauch und Fremdbauteile)	139.200,00 €	133.775,00 €
Fertigungslöhne Produktionsstufe I (Rahmen- und Gabelbau)	5.958,40 €	4.655,00 €
Fertigungslöhne Produktionsstufe II (Endmontage)	21.599,20 €	18.620,00 €
Sondereinzelkosten des Vertriebs	3.771,00 €	6.284,00 €
Gemeinkosten der Abrechnungsperiode (für beide Erzeugnisse)	255.427,50 €	

Um den Erfolg der jeweiligen Fahrradtypen ermitteln zu können, müssen die Gemeinkosten möglichst „gerecht“ auf beide Erzeugnisse aufgeteilt werden. Dafür benötigt die Fly Bike Werke GmbH ihre Kostenstellenrechnung. Darüber hinaus ermöglicht die Kostenstellenrechnung, die Kostenverursachung in den Betriebsbereichen zu überwachen.

LS ▸ **LS 90**
Kostenstellenrechnung und Kostenträgerzeitrechnung durchführen

7.1 Kostenstellenrechnung

7.1.1 Ziele der Kostenstellenrechnung

Beispiel Vor einigen Jahren hatten die Fly Bike Werke durch die Verfolgung des eigentlichen Betriebszwecks einen Verlust von 40.125,00 € zu verzeichnen – ein Ergebnis, das den Unternehmenszielen vollkommen zuwiderlief. Grundsätzlich ergeben sich folgende Möglichkeiten, das Betriebsergebnis positiv zu beeinflussen:

Ziele der Kostenstellenrechnung:
- Controlling der Kostenstellen (Soll-Ist-Vergleich)
- Ermittlung des Betriebsergebnisses
- Ermittlung von Basisdaten für andere Entscheidungen, z. B. für zukünftige Investitionen

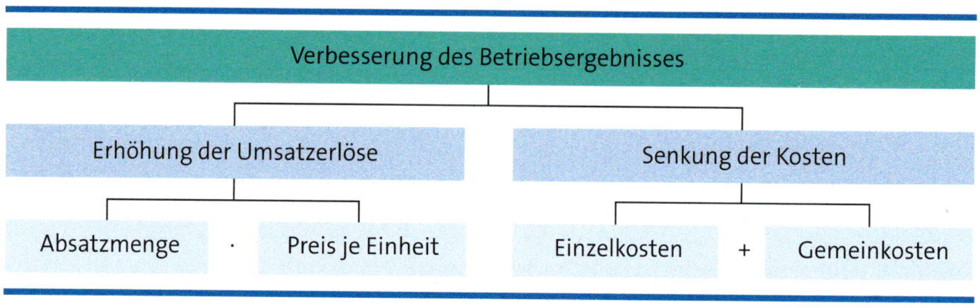

Da Preissteigerungen am Markt nicht möglich waren, sollten die Kosten gesenkt werden. Seitdem unterliegen die Gemeinkosten der Fly Bike Werke einer regelmäßigen Kontrolle.

7.1.2 Grundsätze der Kostenstellenbildung

Einteilungskriterien für das gesamte Kostenfeld könnten sein:
- Verantwortungsbereiche
- betriebliche (betriebswirtschaftliche) Grundfunktionen
- räumliche Einheiten
- kostenrechnerische Gesichtspunkte

Um die Kosten an den Orten ihrer Entstehung kontrollieren und beeinflussen zu können, bedarf es der Unterteilung des Gesamtbetriebs (Kostenfeld) in abgegrenzte Teilbereiche (Kostenstellen). Kriterien für die Bildung von Kostenstellen sind: Unternehmensgröße, Branche, Sortiment, organisatorische Gliederung des Unternehmens, angestrebte Kalkulationsgenauigkeit, verursachende Kosten.

Kostenfeld und Kostenstelle				
Gesamtbetrieb				= Kostenfeld
Material	Fertigung	Verwaltung	Vertrieb	= Bildung von Kostenstellen nach betrieblichen Grundfunktionen

Kostenstellen

Material	Fertigung	Verwaltung	Vertrieb
– Bestellwesen – Rechnungsprüfung – Beschaffungsplanung – Terminüberwachung – Beschaffungsmarketing	Kostenstellenbildung in Abhängigkeit von der Anordnung der Betriebsmittel und der Arbeitsplätze: – nach gleichartigen Tätigkeiten – nach dem Arbeitsablauf – nach Arbeitsgruppen Bildung von Vorkostenstellen, z. B.: – Arbeitsvorbereitung – Zwischenlager – Reparaturwerkstatt	– Unternehmensleitung – Personalabteilung – Finanzwesen – Rechnungswesen	– Marktforschung – Werbung – Auftragsbearbeitung – Verkauf nach Erzeugnisgruppen oder nach räumlichen Gesichtspunkten – Absatzmarketing

7.1.3 Ermittlung der Verteilungsgrundlagen

Beispiel Das Energieunternehmen Grüne Energie Oldenburg bucht die Pauschale für die Heiz- und Warmwasserkosten der Fly Bike Werke GmbH für die letzten zwei Monate in Höhe von 7.200,00 € ab. Diese Kosten lassen sich nicht verursachungsgerecht den Kostenträgern (z. B. Mountainbike Modell Unlimited) zuordnen. Wie können Gemeinkosten verteilt und kontrolliert werden?

Die eigentliche Problematik der Kostenstellenrechnung ist die Ermittlung einer möglichst verursachungsgemäßen Verteilungsgrundlage und der Verteilungsschlüssel. Können Gemeinkosten den Kostenstellen direkt (eindeutig) aufgrund von Belegen, besonderen Aufzeichnungen oder Messeinrichtungen zugerechnet werden, spricht man von Kostenstelleneinzelkosten. **Verteilungsprobleme** bereiten die Gemeinkosten, die den einzelnen Kostenstellen nicht direkt (eindeutig) zugerechnet werden können. So können z. B. aus wirtschaftlichen Gründen nicht für jede Kostenstelle Messeinrichtungen (z. B. Zähler) installiert werden.

Verteilungsprobleme und Verteilungsmöglichkeiten

Gemeinkostenarten	Verteilungsmöglichkeiten (direkt/indirekt)
Heizkosten	Räume nach m^2 oder m^3, Verdunstungssystem an den Heizkörpern
Warmwasserkosten	Zähler nach m^3
Stromkosten	Zähler nach kWh
Treibstoffkosten	Zähler nach gefahrenen Kilometern
Unfallversicherung	Anzahl der Arbeitnehmer in den einzelnen Kostenstellen bzw. Unfallhäufigkeit in der Vergangenheit
Gehaltskosten	Anzahl der Angestellten nach Gehaltslisten
Instandhaltungskosten	angefallene Reparaturen nach Eingangsrechnungen
Kfz-Steuer	Zähler nach gefahrenen Kilometern

kWh = Kilowattstunde

7.1.4 Durchführung der Kostenstellenrechnung mithilfe des Betriebsabrechnungsbogens (BAB)

Die Kostenstellenrechnung verteilt die Gemeinkosten in statistisch-tabellarischer Form mithilfe des **Betriebsabrechnungsbogens (BAB)** auf die einzelnen Kostenstellen. Man unterscheidet dabei zwischen **direkt zurechenbaren** (z. B. durch Belege) und **indirekt zurechenbaren** Gemeinkosten (z. B. Umlage durch Schlüssel). Die Aufstellung des BAB erfolgt meist kurzfristig, z. B. monatlich, um dem Ziel einer regelmäßigen Kontrolle der einzelnen Kostenarten in den einzelnen Kostenstellen (z. B. Soll-Ist-Vergleich) nachkommen zu können und wirkungsvoll Einfluss auf Abweichungen zu nehmen, die durch Preis-, Beschäftigungs- oder/und Verbrauchsschwankungen hervorgerufen sein könnten. Daneben zeigt die kurzfristige Ermittlung des Betriebsergebnisses, ob das geplante Jahresergebnis durch die aktuelle Strategie erreicht werden kann oder nicht.

Einstufiger BAB

Die Fly Bike Werke verwenden einen einstufigen BAB mit zwei Fertigungshauptkostenstellen. Der Kostenstelle Fertigung I werden alle Gemeinkosten zugeordnet, die im Rahmen des Gabel- und Rahmenbaus anfallen. Der Kostenstelle Fertigung II werden alle Kosten zugeordnet, die mit der Endmontage der Fahrräder in Verbindung stehen.

(1) Direkte Kostenverteilung über Materialentnahmescheine

Kostenstellen		Hauptkostenstellen (Angaben in €)				
		Material	Fertigung I	Fertigung II	Verwaltung	Vertrieb
Gemeinkostenarten	**Gesamt**	(1)	(2)	(3)	(4)	(5)
Aufwendungen für Hilfsstoffe	9.305,00		1.861,00	7.444,00		

Beispiel 1: Die Aufwendungen für Hilfsstoffe sind Kostenstelleneinzelkosten, sie werden auf Basis von Materialentnahmescheinen den Kostenstellen der Fertigung (I oder II) zugeordnet.

(2) Verteilung über Schlüsselgrößen

Kostenstellen		Hauptkostenstellen (Angaben in €)				
		Material	Fertigung I	Fertigung II	Verwaltung	Vertrieb
Gemeinkostenarten	**Gesamt**	(1)	(2)	(3)	(4)	(5)
Mieten, Pachten	8.000,00	400,00	1.600,00	4.800,00	480,00	720,00

Beispiel 2: Die Gemeinkostenart „Mieten, Pachten" wird über m^2 abgerechnet.

Verteilungsschlüssel (m^2)					
Material	Fertigung I	Fertigung II	Verwaltung	Vertrieb	Summe
(1)	(2)	(3)	(4)	(5)	
50 m^2	200 m^2	600 m^2	60 m^2	90 m^2	1 000 m^2

Bei insgesamt 8.000,00 € Mietkosten für eine angemietete Lagerhalle von 1 000 m^2 ergibt sich ein Mietpreis von 8,00 € je m^2. Das bedeutet z. B. für die Hauptkostenstelle Fertigung I, dass sie 1.600,00 € Mietkosten „übernehmen" muss (200 $m^2 \cdot$ 8,00 €/m^2).

Auf Basis der Quadratmeterzahl könnte ein „gekürzter" Verteilungsschlüssel auch 5, 20, 60, 6, 9 (Anteile, Wert je Anteil = 80,00 €) lauten; da die Summe des Schlüssels 100 ergäbe, könnte man den Schlüssel in diesem Fall auch in Form von Prozentsätzen ausdrücken (1 % ≙ 80,00 €).

(3) Verteilung über Prozentsätze

Kostenstellen		Hauptkostenstellen (Angaben in €)				
		Material	Fertigung I	Fertigung II	Verwaltung	Vertrieb
Gemeinkostenarten	**Gesamt**	(1)	(2)	(3)	(4)	(5)
Aufwendungen f. Kommunikation	25.500,00	1.530,00	6.120,00	7.395,00	3.060,00	7.395,00

Beispiel 3: Die Gemeinkostenart Aufwendungen für Kommunikation wird direkt über Prozentsätze verteilt. Die Kostenstellenleiter haben zuvor diesem Verteilungsschlüssel zugestimmt, der auf Verbrauchsanalysen der Vergangenheit beruht und als nach wie vor „gültig“ angesehen wird.

Verteilungsschlüssel (Prozentsätze)					
Material	Fertigung I	Fertigung II	Verwaltung	Vertrieb	Summe
(1)	(2)	(3)	(4)	(5)	
6 %	24 %	29 %	12 %	29 %	100 %

Von den insgesamt 25.500,00 € Kommunikationskosten muss z. B. der Vertrieb 7.395,00 € tragen (25.500,00 € · 29 %).

(4) Weitere Schlüsselbildungen auch über **Hilfsgrößen**, z. B. die kalkulatorischen Restwerte der genutzten Anlagegüter für die Verteilung der kalkulatorischen Abschreibungen, sind möglich.

	Kostenstellen	Hauptkostenstellen (Angaben in €)				
		Material	Fertigung I	Fertigung II	Verwaltung	Vertrieb
Gemeinkostenarten	**Gesamt**	(1)	(2)	(3)	(4)	(5)
Kalkulatorische Abschreibungen	25.000,00	1.250,00	11.250,00	8.750,00	1.250,00	2.500,00

Beispiel 4: Betragen die kalkulatorischen Restwerte der Anlagen, die die jeweiligen Kostenstellen nutzen, 750.000,00 €, so können diese als Verteilungsschlüssel für die Gemeinkostenart kalkulatorische Abschreibungen dienen. Bei Abschreibungen in Höhe von insgesamt 25.000,00 € beträgt der zuzurechnende Abschreibungswert für die Abteilung Material 1.250,00 € (25.000,00 € : 750.000,00 € · 37.500,00 €).

Verteilungsschlüssel (kalkulatorische Restwerte)					
Material	Fertigung I	Fertigung II	Verwaltung	Vertrieb	Summe
(1)	(2)	(3)	(4)	(5)	
37.500,00 €	337.500,00 €	262.500,00 €	37.500,00 €	75.000,00 €	750.000,00 €

Berechnung der Zuschlagssätze (siehe BAB auf Seite 296):

Materialgemeinkostenzuschlagssatz:	$\frac{\text{Materialgemeinkosten} \cdot 100}{\text{Fertigungsmaterial}}$	$\frac{35.487,00\ € \cdot 100}{272.975,00\ €}$	= 13,0 %
Fertigungsgemeinkostenzuschlagssatz Fertigungsstufe I:	$\frac{\text{Fertigungsgemeinkosten I} \cdot 100}{\text{Fertigungslöhne I}}$	$\frac{45.638,00\ € \cdot 100}{10.613,40\ €}$	= 430,0 %
Fertigungsgemeinkostenzuschlagssatz Fertigungsstufe II:	$\frac{\text{Fertigungsgemeinkosten II} \cdot 100}{\text{Fertigungslöhne II}}$	$\frac{112.613,50\ € \cdot 100}{40.219,20\ €}$	= 280,0 %
Verwaltungsgemeinkostenzuschlagssatz:	$\frac{\text{Verwaltungsgemeinkosten} \cdot 100}{\text{Herstellkosten des Umsatzes}}$	$\frac{33.414,65\ € \cdot 100}{514.073,10\ €}$	= 6,5 %
Vertriebsgemeinkostenzuschlagssatz:	$\frac{\text{Vertriebsgemeinkosten} \cdot 100}{\text{Herstellkosten des Umsatzes}}$	$\frac{28.274,35\ € \cdot 100}{514.073,10\ €}$	= 5,5 %

Nachfolgend der vollständige Betriebsabrechnungsbogen (BAB) der Fly Bike Werke für den Abrechnungsmonat Mai:

Kostenstellen		Hauptkostenstellen (Angaben in €)				
		Material	Fertigung I	Fertigung II	Verwaltung	Vertrieb
Gemeinkostenarten	**Gesamt**	(1)	(2)	(3)	(4)	(5)
Aufwendungen für Hilfsstoffe	9.305,00		1.861,00	7.444,00		
Aufwendungen für Betriebsstoffe	4.200,00		756,00	3.444,00		
Verpackungsmaterial	2.503,00					2.503,00
Energie	12.250,00	1.225,00	2.450,00	7.350,00	490,00	735,00
Fremdinstandhaltung	15.300,00	1.530,00	2.295,00	6.885,00	3.060,00	1.530,00
Hilfslöhne	4.800,00		1.200,00	2.400,00		1.200,00
Gehälter	84.200,00	16.840,00	8.420,00	42.100,00	12.630,00	4.210,00
Soziale Abgaben	20.025,00	4.005,00	2.002,50	10.012,50	3.003,75	1.001,25
Mieten, Pachten	8.000,00	400,00	1.600,00	4.800,00	480,00	720,00
Leasing	5.454,50	2.846,00	511,00	360,50	1.230,00	507,00
Aufwendungen für Kommunikation	25.500,00	1.530,00	6.120,00	7.395,00	3.060,00	7.395,00
Versicherungsbeiträge	3.330,00	999,00	166,50	166,50	1.098,90	899,10
Steuern	1.060,00	212,00	106,00	106,00	212,00	424,00
Kalkulatorische Abschreibungen	25.000,00	1.250,00	11.250,00	8.750,00	1.250,00	2.500,00
Kalkulatorische Zinsen	22.500,00	2.250,00	4.500,00	9.000,00	4.500,00	2.250,00
Kalkulatorische Wagnisse	12.000,00	2.400,00	2.400,00	2.400,00	2.400,00	2.400,00
Summe Gemeinkosten	255.427,50	35.487,00	45.638,00	112.613,50	33.414,65	28.274,35
Einzelkosten (Zuschlagsgrundlagen)		Fertigungsmaterial	Fertigungslöhne I	Fertigungslöhne II	Herstellkosten des Umsatzes	
Einzelkosten		272.975,00	10.613,40	40.219,20	514.073,10	514.073,10
Zuschlagssätze		Materialgemeinkostenzuschlag	Fertigungsgemeinkostenzuschlag I	Fertigungsgemeinkostenzuschlag II	Verwaltungsgemeinkostenzuschlag	Vertriebsgemeinkostenzuschlag
Gemeinkosten in % der Einzelkosten		13,0 %	430,0 %	280,0 %	6,5 %	5,5 %

Kostenart	Verteilungsgrundlage/ Art des Verteilungsschlüssels[1]	Verteilungsschlüssel					
		Material	Fertigung I	Fertigung II	Verwaltung	Vertrieb	Summe
		(1)	(2)	(3)	(4)	(5)	
Aufwendungen für Hilfsstoffe	Materialentnahmescheine (in €)	0,00	1.861,00	7.444,00	0,00	0,00	9.305,00
Aufwendungen für Betriebsstoffe	Materialentnahmescheine (in €)	0,00	756,00	3.444,00	0,00	0,00	4.200,00
Verpackungsmaterial	nur Vertrieb (in %)	0	0	0	0	100	100
Energie	kWh (in %)	10	20	60	4	6	100
Fremdinstandhaltung	Eingangsrechnungen (in €)	1.530,00	2.295,00	6.885,00	3.060,00	1.530,00	15.300,00
Hilfslöhne	Lohnlisten (in €)	0,00	1.200,00	2.400,00	0,00	1.200,00	4.800,00
Gehälter	Gehaltslisten (in €)	16.840,00	8.420,00	42.100,00	12.630,00	4.210,00	84.200,00
Soziale Abgaben[2]	Gehaltslisten (in €)	4.005,00	2.002,50	10.012,50	3.003,75	1.001,25	20.025,00
Mieten, Pachten	m^2	50	200	600	60	90	1.000
Leasing	Eingangsrechnungen (in €)	2.846,00	511,00	360,50	1.230,00	507,00	5.454,50
Aufwendungen f. Kommunikation	Prozentsätze (in %)	6	24	29	12	29	100
Versicherungsbeiträge	Prozentsätze (in %)	30	5	5	33	27	100
Steuern	Anteile	2	1	1	2	4	10
Kalkulatorische Abschreibungen	kalkulatorische Restwerte (in €)	37.500,00	337.500,00	262.500,00	37.500,00	75.000,00	750.000,00
Kalkulatorische Zinsen	betriebsnotw. Kapital (in %)	10	20	40	20	10	100
Kalkulatorische Wagnisse	Prozentsätze (in %)	20	20	20	20	20	100

[1] Prozentuale Schlüssel und Anteile basieren auf Erfahrungswerten der Fly Bike Werke GmbH. [2] gerundete Werte

Berechnung der Herstellkosten des Umsatzes

	Fertigungsmaterial	272.975,00 €
+	Materialgemeinkosten	35.487,00 €
=	Materialkosten	308.462,00 €
	Fertigungslöhne I und II	50.832,60 €
+	Fertigungsgemeinkosten I und II	158.251,50 €
=	Fertigungskosten	209.084,10 €
	Materialkosten	308.462,00 €
+	Fertigungskosten	209.084,10 €
=	Herstellkosten der Erzeugung	517.546,10 €
+	Minderbestand unfertige Erzeugnisse	3.925,00 €
–	Mehrbestand fertige Erzeugnisse	7.398,00 €
=	Herstellkosten des Umsatzes [1]	514.073,10 €

[1] Sind keine Bestandsveränderungen bei unfertigen oder fertigen Erzeugnissen zu beachten, sind die Herstellkosten der Erzeugung gleich denen des Umsatzes.

Die im BAB ermittelten Zuschlagssätze werden sowohl in der Kostenträgerzeitrechnung als auch in der Kostenträgerstückrechnung eingesetzt.

7.2 Kostenträgerzeitrechnung

Mithilfe der Kostenträgerzeitrechnung können die Ergebnisse einer Abrechnungsperiode auch je Erzeugnisgruppe sichtbar gemacht werden. Dabei ist es notwendig, die Einzelkosten jeder Erzeugnisgruppe zu kennen. Die Gemeinkosten werden mit den im BAB ermittelten Zuschlagssätzen dann auf die Erzeugnisse (Kostenträger) verteilt.

Kostenträgerzeitrechnung	Zuschlagssatz	Gesamt	Erzeugnisse	
			Mountain	Trekking
Materialeinzelkosten		272.975,00 €	133.775,00 €	139.200,00 €
+ Materialgemeinkosten laut BAB[1)]	13,00 %	35.487,00 €	17.390,87 €	18.096,13 €
= Materialkosten (MK)		308.462,00 €	151.165,87 €	157.296,13 €
Fertigungseinzelkosten I		10.613,40 €	4.655,00 €	5.958,40 €
+ Fertigungsgemeinkosten I laut BAB[1)]	430,00 %	45.638,00 €	20.016,67 €	25.621,33 €
= Fertigungskosten I (FK I)		56.251,40 €	24.671,67 €	31.579,73 €
Fertigungseinzelkosten II		40.219,20 €	18.620,00 €	21.599,20 €
+ Fertigungsgemeinkosten II laut BAB[1)]	280,00 %	112.613,50 €	52.135,88 €	60.477,62 €
= Fertigungskosten II (FK II)		152.832,70 €	70.755,88 €	82.076,82 €
= Herstellkosten der Erzeugung (MK + FK I + FK II)		517.546,10 €	246.593,42 €	270.952,68 €
+ Bestandsminderung unfertige Erzeugnisse		3.925,00 €	0,00 €	3.925,00 €
− Bestandsmehrung fertige Erzeugnisse		7.398,00 €	7.398,00 €	0,00 €
= Herstellkosten des Umsatzes		514.073,10 €	239.195,42 €	274.877,68 €
+ Verwaltungsgemeinkosten laut BAB[1)]	6,50 %	33.414,65 €	15.547,66 €	17.867,00 €
+ Vertriebsgemeinkosten laut BAB[1)]	5,50 %	28.274,35 €	13.155,90 €	15.118,45 €
+ Sondereinzelkosten des Vertriebs		10.055,00 €	6.284,00 €	3.771,00 €
= Selbstkosten des Umsatzes		585.817,10 €	274.182,98 €	311.634,12 €
Umsatzerlöse		651.636,00 €	400.266,00 €	251.370,00 €
Betriebsergebnis eigene Erzeugnisse		65.818,90 €	126.083,02 €	−60.264,12 €

[1)] Die Zuschlagssätze werden hier mit zwei Nachkommastellen angegeben. Das der Berechnung zugrunde liegende Tabellenkalkulationsprogramm rechnet mit mehr Nachkommastellen.

Mit den produzierten Trekkingrädern wurde ein erheblicher Verlust (−60.264,12 €) erzielt, da die Umsatzerlöse (251.370,00 €) die Selbstkosten (311.634,12 €) für dieses Produkt nicht decken. Nur der hohe Gewinn bei den Mountainbikes (+126.083,02 €) ermöglicht für den Abrechnungsmonat ein positives Betriebsergebnis (+65.818,90 €).

7.3 Kostenträgerstückrechnung (Kalkulation)

In der Kostenträgerstückrechnung werden die Selbstkosten je Erzeugnis oder für eine Handelsware ermittelt und auf dieser Kostenbasis deren Verkaufspreise kalkuliert.

LS 91
Kostenträgerstückrechnung und Kalkulation auf Vollkostenbasis durchführen

7.3.1 Zuschlagskalkulation mit Istkosten

Basis für die Zuschlagskalkulation der Fly Bike Werke sind die Einzelkosten eines bestimmten Fahrrades und die Gemeinkostenzuschlagssätze aus dem letzten BAB.

Die **Materialeinzelkosten** sind den jeweiligen Komponentenlisten für das gefertigte Fahrradmodell zu entnehmen.

Fahrrad-Modell Mountain Glide		Preise in €	Fertigungsstufe
Set.-Nr. Fly Bike Werke			
Rahmen	1050	13,52	I
Gabel	1550	3,60	
Räder und Schaltung	2050	51,95	II
Antrieb	2250	15,30	
Bremsen	2550	11,45	
Bereifung	3050	10,99	
Beleuchtung	Keine	0,00	
Lenkung	5050	12,95	
Ausstattung 1	6050	0,60	
Ausstattung 2	keine	0,00	
Sattel	7050	7,60	
Kleinteileset	8050	2,60	
Abzüge	8550	2,08	
Verpackung 1	9020	1,00	
Verpackung 2	9520	0,14	
Summe Materialeinzelkosten		**133,78**	**Stufe I + II**

Die **Fertigungseinzelkosten (Fertigungslöhne)** werden über Zeitvorgaben und Akkordlohnsätze ermittelt.

Akkordentgelt, vgl. **HF5**, **6.1**, S. 114

Die Vorgabezeiten der Fly Bike Werke GmbH für den im Wesentlichen automatisierten Rahmen- und Gabelbau einschließlich Lackierung (Fertigungsstufe I) betragen insgesamt 15 Minuten je Fahrrad des Modells Mountain Glide bei einer Stundenvergütung von 15,20 € zzgl. 22,5 % direkter Personalnebenkosten = 4,66 € je Fahrrad.

Die Vorgabezeiten für die überwiegend in Handarbeit durchzuführende Endmontage der Fahrräder (Fertigungsstufe II) betragen 60 Minuten je Fahrrad bei gleichbleibender Stundenvergütung mit Zuschlägen (15,20 € zzgl. 22,5 % direkter Personalnebenkosten) = 18,62 € je Fahrrad.

Berechnung der Fertigungslöhne je Fahrrad:

Fertigungsstufe I:

$$\frac{15{,}20\ € \cdot 122{,}5 \cdot 15\ \text{Min.}}{100 \cdot 60\ \text{Min.}} = 4{,}66\ €$$

Fertigungsstufe II:

$$\frac{15{,}20\ € \cdot 122{,}5 \cdot 60\ \text{Min.}}{100 \cdot 60\ \text{Min.}} = 18{,}62\ €$$

Die **Sondereinzelkosten des Vertriebs** betragen für dieses Fahrradmodell durchschnittlich 6,48 € je Fahrrad.

Der aktuelle Betriebsabrechnungsbogen zeigt folgende Zuschlagssätze:

Materialgemeinkostenzuschlag	Fertigungsgemeinkostenzuschlag I	Fertigungsgemeinkostenzuschlag II	Verwaltungsgemeinkostenzuschlag	Vertriebsgemeinkostenzuschlag
13,0 %	430,0 %	280,0 %	6,5 %	5,5 %

Berechnung der Gemeinkostenzuschläge (mit gerundeten Zuschlagssätzen) in € je Fahrrad:

$$\frac{\text{Materialeinzelkosten} \cdot \text{Materialgemeinkostenzuschlagssatz}}{100} \blacktriangleright \frac{133{,}78\,€ \cdot 13{,}0}{100} = 17{,}39\,€$$

$$\frac{\text{Fertigungseinzelkosten I} \cdot \text{Fertigungsgemeinkostenzuschlagssatz I}}{100} \blacktriangleright \frac{4{,}66\,€ \cdot 430{,}0}{100} = 20{,}04\,€$$

$$\frac{\text{Fertigungseinzelkosten II} \cdot \text{Fertigungsgemeinkostenzuschlagssatz II}}{100} \blacktriangleright \frac{18{,}62\,€ \cdot 280{,}0}{100} = 52{,}14\,€$$

$$\frac{\text{Herstellkosten} \cdot \text{Verwaltungsgemeinkostenzuschlagssatz}}{100} \blacktriangleright \frac{246{,}63\,€ \cdot 6{,}5}{100} = 16{,}03\,€$$

$$\frac{\text{Herstellkosten} \cdot \text{Vertriebsgemeinkostenzuschlagssatz}}{100} \blacktriangleright \frac{246{,}63\,€ \cdot 5{,}5}{100} = 13{,}56\,€$$

In nachfolgender Tabelle können so die Selbstkosten je Fahrrad ermittelt werden.

Zeile	Kostenträgerstückrechnung	Zuschlagssatz	Gesamt (€)
1	Materialeinzelkosten		133,78
2	+ Materialgemeinkosten laut BAB	13,0 %	17,39
3	= **Materialkosten (Zeile 1 + 2)**		151,17
4	Fertigungseinzelkosten I		4,66
5	+ Fertigungsgemeinkosten I laut BAB	430,0 %	20,04
6	= **Fertigungskosten I (Zeile 4 + 5)**		24,70
7	Fertigungseinzelkosten II		18,62
8	+ Fertigungsgemeinkosten II laut BAB	280,0 %	52,14
9	= **Fertigungskosten II (Zeile 7 +8)**		70,76
10	**Herstellkosten (Zeile 3 + 6 + 9)**		246,63
11	+ Verwaltungsgemeinkosten laut BAB	6,5 %	16,03
12	+ Vertriebsgemeinkosten laut BAB	5,5 %	13,56
13	+ Sondereinzelkosten des Vertriebs		6,48
14	= **Selbstkosten des Erzeugnisses (Zeile 10–13)**		282,70

7.3.2 Angebotskalkulation

Da die Kunden der Fly Bike Werke GmbH über eine längere Periode stabile Preise erwarten, erhalten die Stammkunden regelmäßig Informationen über das aktuelle Sortiment. Bekannt gegebene Preise, Preisnachlässe und Lieferungsbedingungen können von der Fly Bike Werke GmbH in der Regel nicht kurzfristig geändert werden. Völlig anders sieht das allerdings aus, wenn ein Großkunde ein Privat-Label-Fahrrad-Modell in größerer Stückzahl erwerben möchte, das nach seinen speziellen Kundenwünschen (Art des Rahmens und der Gabel, besondere Farbgebung, bestimmte Ausstattungsmerkmale usw.) erst angefertigt wird.

Preisstrategien, Kontrahierungspolitik, vgl. **HF 4**, **4**, Band 1

Beispiel Die MaHro AG will in ihren Cash-and-Carry-Märkten im Sommer 20XX ein spezielles Mountainbike mit Wunschausstattung als Eigenmarke anbieten. Der Kunde erwartet bei einer Abnahmemenge von 1 500 Stück seinen Großkundenrabatt in Höhe von 33 % und einen Skonto in Höhe von 3 %. Sondereinzelkosten des Vertriebs fallen für dieses Geschäft nicht an. Produktionstechnisch kann das Modell vollständig im Monat Juli 20XX produziert und bis zum 5. August 20XX ausgeliefert werden. Preisrecherchen haben ergeben, dass mit Materialeinzelkosten in Höhe von 158,00 € und mit Fertigungslöhnen in Höhe von 6,50 € (Fertigungsstufe I) bzw. 28,50 € (Fertigungsstufe II) zu rechnen ist.

Vorkalkulation (vor Einkauf und Produktion)	Einkauf/Produktion	Nachkalkulation (nach Einkauf und Produktion)
März 20XX	Juli 20XX	August 20XX
geplante Einzelkosten: • Materialkosten • Fertigungsstunden/-löhne	Alle Einzelkosten können sich ändern.	realisierte Einzelkosten: • Materialkosten • Fertigungsstunden/-löhne
+		+
geplante Gemeinkosten für Material, Fertigung, Verwaltung und Vertrieb	Alle Gemeinkosten können sich ändern.	realisierte Gemeinkosten für Material, Fertigung, Verwaltung und Vertrieb
+		=
geplanter Gewinn	Ändern sich Kosten oder Preisnachlässe, so ändert sich (sinkt oder steigt) der Gewinn.	realisierter Gewinn (= realisierter Barverkaufspreis – realisierte Selbstkosten)
+		=
geplante Preisnachlässe	Alle Preisnachlässe können sich ändern.	realisierte Preisnachlässe
=		–
Angebotspreis	Der vereinbarte Angebotspreis bleibt unverändert.	Angebotspreis

Beispiel In einer Vorkalkulation mit Durchschnittszuschlagssätzen des letzten Quartals wird ein Angebotspreis in Höhe 641,52 € kalkuliert (Vorkalkulation) und mit dem Kunden in einem Kaufvertrag fest vereinbart. In der Nachkalkulation ergeben sich allerdings Abweichungen bei den Einzel- und Gemeinkosten.

Kalkulationsschema		Vorkalkulation		Nachkalkulation	
		Beträge €	Zuschlags-satz	Beträge €	Zuschlags-satz
1.	Materialeinzelkosten lt. Stückliste	158,00		162,00	
2.	+ Materialgemeinkosten	21,33	13,50 %	22,68	14,00 %
3.	= Materialkosten	179,33		184,68	
4.	Fertigungseinzelkosten Fertigung I lt. Arbeitsplan	6,50		8,12	
5.	+ Fertigungsgemeinkosten Fertigung I (Rahmen und Gabel)	28,20	433,80 %	34,75	428,00 %
6.	= Fertigungskosten Fertigung I (Rahmen und Gabel)	34,70		42,87	
7.	Fertigungseinzelkosten Fertigung II lt. Arbeitsplan	28,50		32,20	
8.	+ Fertigungsgemeinkosten Fertigung II (Montage)	78,38	275,00 %	90,16	280,00 %
9.	= Fertigungskosten Fertigung II (Montage)	106,88		122,36	
10.	= Herstellkosten (Material- und Fertigungskosten)	320,91		349,91	
11.	+ Verwaltungsgemeinkosten	21,18	6,60 %	21,69	6,20 %
12.	+ Vertriebsgemeinkosten	17,33	5,40 %	20,29	5,80 %
13.	= Selbstkosten	359,42		391,89	
14.	+ Gewinnzuschlag	57,51	16,00 %	25,04	6,39 %
15.	= Barverkaufspreis	416,93		416,93	
16.	+ Kundenskonto	12,89	3,00 %	12,89	3,00 %
17.	+ Vertriebsprovision	0,00	0,00 %	0,00	0,00 %
18.	= Zielverkaufspreis	429,82		429,82	
19.	+ Kundenrabatt	211,70	33,00 %	211,70	33,00 %
20.	= Listenverkaufspreis (Angebotspreis)	641,52		641,52	

So rechnet die Fly Bike Werke GmbH als Verkäufer:

Berechnungen bei der Angebotskalkulation von den Selbstkosten zum Angebotspreis (Vorwärtskalkulation):

Zeile 14 Gewinnzuschlag (vom Hundert)

100 % Selbstkosten	100 % = 359,42 €	
16 % Gewinnzuschlag	16 % = x	$\blacktriangleright \dfrac{359{,}42\ € \cdot 16}{100} = 57{,}51\ €$

Zeile 15 Kundenskonto (im Hundert)

97 % Barverkaufspreis	97 % = 416,93 €	▶ $\frac{416{,}93\,€ \cdot 3}{97} = 12{,}89\,€$
3 % Kundenskonto	3 % = x	

Zeile 19 Kundenrabatt (im Hundert)

67 % Zielverkaufspreis	67 % – 429,82 €	▶ $\frac{429{,}82\,€ \cdot 33}{67} = 211{,}70\,€$
33 % Kundenrabatt	33 % = x	

Das Kundenskonto und der Kundenrabatt müssen in einer Im-Hundert-Rechnung auf den Barverkaufspreis aufgeschlagen werden, da der Kunde „seine" Preisnachlässe immer von dem ihm bekannten Wert (Rückwärtskalkulation) in einer Vom-Hundert-Rechnung abziehen darf.

So rechnet die MaHro AG als Käufer:
Berechnungen vom Angebotspreis bis zum Barverkaufspreis – der Barverkaufspreis entspricht dem Bareinkaufspreis des Kunden (Rückwärtskalkulation):

Zeile 19 Kundenrabatt (vom Hundert)

100 % Angebotspreis	100 % = 641,52 €	▶ $\frac{641{,}52\,€ \cdot 33}{100} = 211{,}70\,€$
33 % Kundenrabatt	33 % = x	

Zeile 15 Kundenskonto (vom Hundert)

100 % Zielverkaufspreis	100 % = 429,82 €	▶ $\frac{429{,}82\,€ \cdot 3}{100} = 12{,}89\,€$
3 % Kundenskonto	3 % = x	

Da der Angebotspreis nach Kaufvertragsabschluss nicht mehr änderbar ist, zahlt die MaHro AG nur den von ihr erwarteten Bareinkaufspreis in Höhe von 416,93 € je Fahrrad – die Kosten- und Gewinnsituation des Verkäufers spielt für sie keine Rolle.

Für die Fly Bike Werke GmbH zeigt sich in der Nachkalkulation auf Basis der realisierten Einzelkosten und der Ist-Gemeinkostenzuschlagssätze des Produktionsmonats Juli, dass der erwartete Gewinn in Höhe von 57,51 € je Fahrrad nicht realisiert werden konnte.

Durch einen Lagerbrand bei einem Lieferanten musste kurzfristig ein neuer Lieferant für Antriebe und Bremsen gefunden werden, der allerdings nicht zum ursprünglich kalkulierten Preis einmalig die benötigte Menge liefern konnte (Preiserhöhung bei den Materialeinzelkosten um 4,00 € je Fahrrad). Bei der Produktion des vom Kunden gewünschten futuristischen Rahmens (Fertigungsstufe I) und auch bei der Montage der Fremdbauteile an diesen Rahmen (Fertigungsstufe II) stellte man fest, dass die Arbeitspläne (Vorgabezeiten) nicht einzuhalten waren. Der Mehrverbrauch von Fertigungszeiten (und damit der Fertigungslöhne) betrug in Fertigungsstufe I 1,62 € und in Fertigungsstufe II sogar 3,70 € je Fahrrad. Auch die Erhöhung der Gemeinkostenzuschläge für Material, bei den Fertigungsgemeinkosten der Fertigungsstufe II sowie bei den Vertriebsgemeinkosten konnte nicht mehr aufgefangen werden. Die Fly Bike Werke ermittelten nach Produktionsabschluss deshalb Selbstkosten in Höhe von 391,89 € (+ 32,49 €) je Fahrrad. Der Gewinn je Fahrrad beträgt damit nur

Barverkaufspreis	416,93 €
– Selbstkosten	391,89 €
= Gewinn	25,04 €

Der realisierte Gewinnzuschlag (Zeile 14) in % beträgt damit:

Selbstkosten = 100 % ► 391,89 € = 100
Gewinnzuschlag = x % ► 25,04 € = x

$$► \frac{25{,}04\ € \cdot 100}{391{,}89\ €} = 6{,}39\ \%$$

Kosteneinsparungen in der Produktion im Vergleich zur Vorkalkulation erhöhen den Gewinn je Stück und in %, wenn der Barverkaufspreis beibehalten werden kann.

7.3.3 Divisionskalkulationen

Varianten
gleicher Ausgangsstoff; geringe Veränderungen bei den erstellten Erzeugnissen, z. B. unterschiedliche Stärken, Farben

Divisionskalkulationen unterscheiden nicht nach Einzel- und Gemeinkosten. Sie sind deshalb für Unternehmen geeignet, die nur ein Produkt oder gleichartige Erzeugnisse bzw. **Varianten** herstellen.

Beispiel Die Fly Bike Werke GmbH stellte zu Beginn ihrer Geschäftstätigkeit als Einproduktunternehmen ausschließlich ein Trekkingrad, nämlich das Modell Light, her. Dabei entstanden in einer Abrechnungsperiode bei einer Produktionsmenge von 3 000 Stück folgende Kosten:

Einstufige Divisionskalkulation

Kostenarten	€
Fertigungsmaterial (laut Komponentenliste) Menge: 3 000 Stück à 116,00 €	348.000,00
+ sonstige Hilfs- und Betriebsstoffe	34.800,00
+ Personalkosten	139.200,00
+ Abschreibungen	52.200,00
+ sonstige Kosten	17.400,00
= Herstellkosten der Erzeugung	591.600,00
Herstellkosten je Stück (3 000 Stück)	197,20

Beispiel Von diesem Produkt Modell Trekking Light wurden in der Abrechnungsperiode 2700 Stück verkauft, sodass die absatzbedingten Verwaltungs- und Vertriebsgemeinkosten nur auf diese Menge bezogen werden dürfen. Diese Kostenarten wurden den Kostenstellen Verwaltung und Vertrieb zugeordnet.

Berechnung Selbstkosten	**€**
Herstellkosten der Erzeugung für 3000 Stück	591.600,00
− Bestandsmehrung (300 Stück)	59.160,00
= Herstellkosten des Umsatzes	532.440,00
+ Verwaltungs- und Vertriebsgemeinkosten	88.740,00
= Selbstkosten	621.180,00
Selbstkosten je Stück (2700 Stück)	230,07

Mehrstufige Divisionskalkulation

Die **mehrstufige Divisionskalkulation** wird z. B. bei Massenprodukten angewandt, bei denen Produkte nach unterschiedlichen Produktionsstufen bereits Marktreife erwerben, aber zumindest auch teilweise noch in weiteren Produktionsstufen eingesetzt werden können. Die Produkte nehmen dann ihre bereits entstandenen Kosten aus den Vorstufen in die nächste Stufe mit.

Beispiel Eine Papierfabrik verkauft Rohpapier, beschichtetes Rohpapier und konfektioniertes Papier an verschiedene Abnehmer. Alle Produkte werden auch in drei verschiedenen Produktionsstufen nach Kundenwünschen hergestellt.

Herstellkosten der Produktionsstufe ohne Kosten vorheriger Stufen (Materialeinsatz)

	Produktionsmenge/t	**Herstellkosten**
Stufe I (Rohpapier)	120000	96,0 Mio. €
Stufe II (beschichtetes Rohpapier)	60000	7,2 Mio. €
Stufe III (konfektioniertes Papier)	40000	2,0 Mio. €

Produktionsstufen	**Stufe I**	**Stufe II**	**Stufe III**	**Verkauf**
Stufe I (Rohpapier)				
Herstellkosten in €	96.000.000			
Produktionsmenge in Tonnen (t)	120000			60000
Herstellkosten in € nach Stufe I/t	800			
Stufe II (beschichtetes Rohpapier)				
Einsatzmenge aus Stufe I in Tonnen (t)		60000		20000
Wert der Einsatzmenge (800,00 €/t)		48.000.000		
Zusätzliche Kosten der Stufe II		7.200.000		
Herstellkosten in € nach Stufe II/t		920		
Stufe III (konfektioniertes Rohpapier)				
Einsatzmenge aus Stufe II in Tonnen (t)			40000	40000
Wert der Einsatzmenge (920,00 €/t)			36.800.000	
Zusätzliche Kosten der Stufe III			2.000.000	
Herstellkosten in € nach Stufe III/t			970	

Äquivalenzziffernkalkulation

Gleichartige Erzeugnisse (Varianten), die sich aufgrund des verwendeten Materials und ihrer Herstellung nur unwesentlich unterscheiden, können mithilfe von **Äquivalenzziffern** kalkuliert werden. Diese Wertigkeitsziffern drücken das Kostenverhältnis aus, das sich aus dem unterschiedlichen Verbrauch an Werkstoffen oder der verschiedenen Bearbeitungsintensität der einzelnen Varianten ergibt.

Beispiel Die apv GmbH, ein Kartonagenhersteller und Lieferant der Fly Bike Werke GmbH, verteilt die gesamten Herstellkosten der Kartonagenproduktion mithilfe der Äquivalenzziffernrechnung auf die einzelnen Artikel. Die gesamten Herstellkosten für die angegebene Stülpkartonproduktion betragen 55.855,80 €.

Stülp-Kartons				Material-verbrauch	Äquivalenz-ziffer
Artikel	**Länge in cm**	**Höhe in cm**	**Dicke in cm**	**cm³**	**Basis: 30401**
City (XL)	400,0	120,0	0,5	24 000	1
Trekking (L)	420,0	130,0	0,7	38 220	1,5925
Mountain (M)	380,0	120,0	1,0	45 600	1,9
Rennrad (S)	360,0	120,0	1,2	51 840	2,16
Kid (XS)	300,0	100,0	0,5	15 000	0,625

Das Erzeugnis 30401 (Stülp-Kartons XL für City-Räder) erhält die Äquivalenzziffer 1. Die Wertigkeitszahlen für die vier anderen Erzeugnisse ergeben sich aus dem Verhältnis des Materialverbrauchs (in Kubikzentimetern):

$$\text{Äquivalenzziffer} = \frac{\text{Materialverbrauch eines Artikels}}{\text{Materialverbrauch des Artikels mit der Äquivalenzziffer 1}}$$

- Stülp-Karton Trekking (L)
  38 220 : 24 000 = 1,5925
  d. h., der Materialverbrauch eines Stülp-Kartons L für Trekkingräder ist 1,5925-mal so groß wie der eines Kartons XL.
- Stülp-Karton Kid (XS)
  15 000 : 24 000 = 0,625
  d. h., der Materialverbrauch des Stülp-Kartons XS für Kinderräder beträgt nur das 0,625-Fache des Kartons XL.
- Stülp-Karton Rennrad (S)
  51 840 : 24 000 = 2,16
  d. h., der Materialverbrauch für die Verpackung der Rennräder (S) ist 2,16-mal so groß (aufwendig) wie die Verpackung der City-Räder (XL).
- Stülp-Karton Mountain (M)
  45 600 : 24 000 = 1,9
  d. h., der Materialverbrauch des Stülp-Kartons M für Mountainbikes ist 1,9-mal so groß wie der eines Kartons XL.

Artikel	Äquivalenzziffern	Produktionsmenge	Verrechnungseinheiten	Herstellkosten insgesamt	Herstellkosten je Stück
City (XL)	1	10000	10000	6.300,00 €	0,63 €
Trekking (L)	1,5925	16000	25480	16.052,40 €	1,00 €
Mountain (M)	1,9	18000	34200	21.546,00 €	1,20 €
Rennrad (S)	2,16	3000	6480	4.082,40 €	1,36 €
Kid (XS)	0,625	20000	12500	7.875,00 €	0,39 €
			88660	55.855,80 €	
			1	0,63 €	

Wert je Verrechnungseinheit (VE)

$$= \frac{\text{Gesamtkosten}}{\text{Anzahl der VE}}$$

Herstellkosten je Artikel

= Wert je VE · Anzahl der VE

Beispiel Die apv GmbH ermittelt die Herstellkosten der einzelnen Varianten ihrer Artikelgruppe „Stülp-Kartons" mithilfe der Äquivalenzziffernrechnung. Der Materialverbrauch wird hier als zentrale Verursachungsgröße für die Verteilung der Kosten unterstellt. Spielen auch andere Kostenarten bei der Verursachung der Kosten für die Kostenträger eine Rolle oder ändern sich die Materialverbräuche, sind die Äquivalenzziffern als Verteilungsgröße falsch.

Regelmäßige Kontrolle der Äquivalenzziffern ist notwendig!

Übersicht: *Kostenträgerstückrechnung (Kalkulation)*

Kostenträgerstückrechnung (Kalkulation)

Unterscheidung nach der Zurechenbarkeit der Kosten

Zuschlagskalkulation
- Einzelkosten (Zuschlagsbasis)
- Gemeinkosten

Divisionskalkulation
- einstufige (eine Fertigungsstufe)
- mehrstufige (zwei oder mehr Fertigungsstufen)
- mithilfe von Äquivalenzziffern (bei Produktvarianten)

zunächst nur Berücksichtigung der variablen (entscheidungsrelevanten) Kosten → **Teilkostenrechnung**
- Deckungsbeiträge
- Fixkostenblock

Berücksichtigung aller Kosten des Betriebs → **Vollkostenrechnung**

8 Deckungsbeitragsrechnung als Teilkostenrechnung

Beispiel Den Gesellschaftern der Fly Bike Werke hat das Ergebnis des Abrechnungsmonats Mai gar nicht gefallen. Der schöne Betriebsgewinn des Mountain-Modells in Höhe von 126.083,02 € wurde doch stark vom Betriebsverlust des Trekking-Modells in Höhe von 60.264,12 € „aufgezehrt", sodass das Gesamtbetriebsergebnis nur noch 65.818,90 € betrug. Eine typische Erkenntnis in derartigen Situationen: „Hätten wir das Trekking-Modell doch besser gar nicht produziert, dann ständen wir doch viel besser da!" Ist das wirklich so?

LS ▸ **LS 92**
Deckungsbeitragsrechnung im Einproduktunternehmen anwenden

8.1 Deckungsbeitragsrechnung im Einproduktunternehmen

Die fixen Kosten sind unabhängig von der Produktionsmenge (Beschäftigung). Sie fallen auch bei rückläufigen Produktionsmengen mit den entsprechend rückläufigen Umsatzerlösen immer in derselben Höhe an. Das führt in der Vollkostenrechnung zu steigenden Stückkosten, da der gleichbleibend hohe Fixkostenblock nun auf eine geringere Stückzahl verteilt werden muss. Viele Gemeinkostenarten wie z. B. Mieten, Gehälter oder Abschreibungen sind fixe Kosten.

Die variablen Kosten hingegen sind von der Produktionsmenge abhängig. Sie steigen bei steigenden Absatzmengen und sinken entsprechend bei rückläufigen Produktionsmengen. Dies gilt für die Einzelkosten wie z. B. die Bezugspreise der Werkstoffe, aber auch für einige Gemeinkostenarten wie Verpackungsmaterial, Hilfslöhne usw.

Fixe und variable Kosten in Abhängigkeit von der Beschäftigung (Produktionsmenge)

Kostenverläufe in Einproduktunternehmen

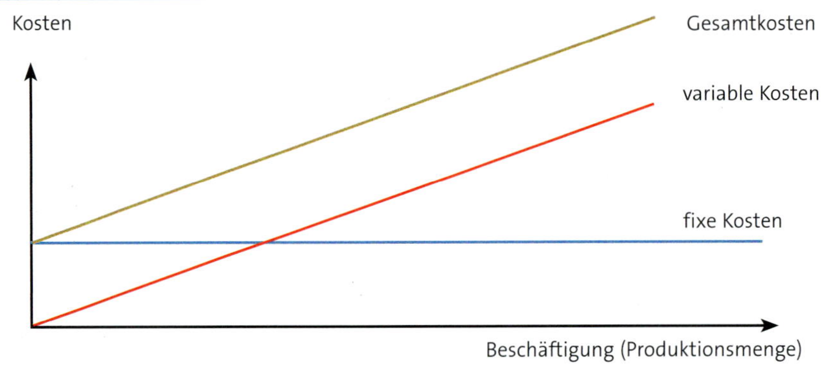

Umsatzerlöse
Absatzmenge · realisierter Barverkaufspreis

Unter **Deckungsbeitrag** versteht man die Differenz zwischen den Umsatzerlösen und den variablen Kosten für ein bestimmtes Produkt. Die fixen Kosten bleiben in der Deckungsbeitragsrechnung als Teilkostenrechnung unberücksichtigt. Erzielt ein Produkt einen positiven Deckungsbeitrag, so leistet es damit einen Beitrag zur Deckung der fixen Kosten des Unternehmens. Erst wenn die Summe aller positiven Deckungsbeiträge aller abgesetzten Produkte die Höhe der gesamten Fixkosten überschreitet, erzielt das Unternehmen einen Gewinn.

Berechnung des Deckungsbeitrags

Deckungsbeitrag = Umsatzerlöse – variable Kosten

Beispiel **Zusammenhang zwischen Deckungsbeitrag und Gewinn**

fixe Kosten	144.000,00 € innerhalb einer Abrechnungsperiode
variable Kosten	42,00 € je Stück
Erlöse	72,00 € je Stück
maximale Absatzmenge	8 000 Stück

Deckungsbeitrag je Stück: Erlöse – variable Kosten = 30,00 €

Deckungsbeitrag und Gewinn bei verschiedenen Produktionsmengen

maximale Produktionsmenge	8 000 Stück	8 000 Stück
realisierte Produktionsmenge	3 000 Stück	7 000 Stück
Beschäftigungsgrad	**37,5 %**	**87,5 %**
Erlöse	216.000,00 €	504.000,00 €
– variable Kosten	126.000,00 €	294.000,00 €
= Deckungsbeitrag	90.000,00 €	210.000,00 €
– fixe Kosten	144.000,00 €	144.000,00 €
= Verlust/Gewinn	– 54.000,00 €	66.000,00 €

$$\text{Beschäftigungsgrad} = \frac{\text{realisierte Produktionsmenge}}{\text{maximale Produktionsmenge}}$$

Obwohl je Stück hier immer ein positiver Deckungsbeitrag erzielt wird, reicht eine Produktionsmenge von 3 000 Stück nicht aus, um einen Gewinn zu erzielen (Verlust 54.000,00 €). Bei einer Produktionsmenge von 7 000 Stück sind die fixen Kosten vollständig gedeckt und darüber hinaus wird noch ein Gewinn in Höhe von 66.000,00 € erzielt.

Da die Vollkostenrechnung die Aufteilung in fixe und variable Kosten nicht kennt, sind Entscheidungen auf ihrer Zahlenbasis gefährlich. Wird z. B. auf Basis der Vollkostenrechnung ein Produkt als „Verlustbringer“ aus dem Produktionsprogramm entfernt, kann dies zu Gewinneinbrüchen führen, da dieses Produkt möglicherweise einen positiven Deckungsbeitrag hat und damit zur Deckung der Fixkosten beiträgt. Dieser Betrag würde dem Unternehmen dann aber bei der Fixkostendeckung fehlen.

Break-even-Point

In der **Break-even-Analyse** wird die sogenannte kritische Menge (Break-even-Point oder auch Gewinnschwelle) gesucht. Das ist die Menge, bei der die Gesamterlöse den Gesamtkosten entsprechen. In diesem Fall ist der Gewinn gleich null. Es ist oft von existenzieller Bedeutung für ein Unternehmen, diese Menge zu kennen.

Break-even-Point: Gesamterlöse = Gesamtkosten

oder: $\dfrac{\text{fixe Kosten}}{\text{Deckungsbeitrag je Stück}}$

Gesamtkosten = fixe + variable Kosten

Break-even-Point	
fixe Kosten	144.000,00 €
variable Kosten/Stück	42,00 €
Erlöse/Stück	72,00 €
Deckungsbeitrag/Stück	30,00 €
Absatzmenge	x
Gesamterlöse	72,00 € · x
variable Kosten	42,00 € · x
Gesamtkosten	42,00 € · x + 144.000,00 €

Berechnung:

Gesamterlöse	=	Gesamtkosten	
72,00 € · x	=	144.000,00 € + 42,00 € · x	| – 42,00 € · x
30,00 € · x	=	144.000,00 €	| : 30,00 €
x	=	4 800	

Der Break-even-Point liegt bei einer Absatzmenge von 4 800 Stück.

oder: $\frac{\text{fixe Kosten}}{\text{Deckungsbeitrag je Stück}}$ ► $\frac{144.000,00\,€}{30,00\,€} = 4\,800$

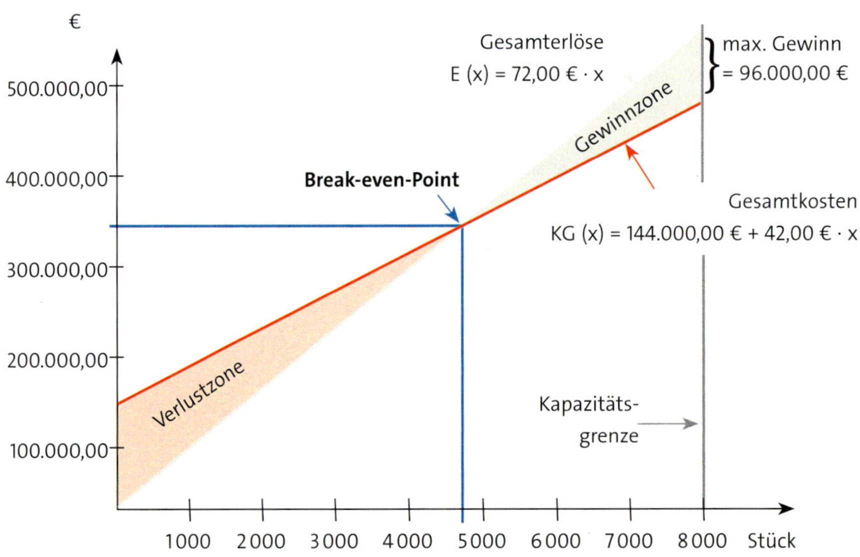

Bei den hier unterstellten linearen (proportionalen) Erlös- und Kostenverläufen zeigt die grafische Darstellung den Break-even-Point als **Schnittpunkt** der Erlös- und der Kostengeraden. Die Gewinnschwelle liegt bei einer Absatzmenge von 4 800 Stück. Hier sind Gesamterlöse und Gesamtkosten genau gleich hoch. Begrenzt werden die Kosten- und die Erlösgerade bei der maximalen Produktionsmenge von 8 000 Stück. Hier liegt auch der maximale Gewinn in Höhe von 96.000,00 €. Bei einer Produktionsmenge zwischen 0 und 4 799 Stück befindet sich das Unternehmen in einer **Verlustzone**: Die Gesamterlöse liegen unter den Gesamtkosten. Die **Gewinnzone** reicht von 4 801 Stück bis zur Maximalmenge.

8.2 Deckungsbeitragsrechnung im Mehrproduktunternehmen

LS ▸ **LS 93**
Deckungsbeitragsrechnung im Mehrproduktunternehmen anwenden

Beispiel Herr Peters hat auch konkrete Zahlen für den Monatsabschluss der Kosten- und Leistungsrechnung der Fly Bike Werke für den Monat Mai zusammengefasst, um die Gesellschafter gänzlich überzeugen zu können.

Dabei wird jede Kostenart in ihre fixen und variablen Teile aufgespalten. Die Berechnung erfolgt über einen Variator, der für den Beschäftigungsgrad im Abrechnungsmonat angibt, wie viel Prozent einer Kostenart als variabel angesehen werden muss.

Bei sich ändernden Beschäftigungsgraden muss dieser Variator immer neu berechnet werden.

Kostenarten	Gesamt €	Variator	fixe Kosten €	variable Kosten €
Aufwendungen für Rohstoffe	34.090,00	100,00 %	0,00	34.090,00
Aufwendungen für Fremdbauteile	238.885,00	100,00 %	0,00	238.885,00
Aufwendungen für Hilfsstoffe	9.305,00	100,00 %	0,00	9.305,00
Aufwendungen für Betriebsstoffe	4.200,00	60,00 %	1.680,00	2.520,00
Verpackungsmaterial	2.503,00	100,00 %	0,00	2.503,00
Energie	12.250,00	40,00 %	7.350,00	4.900,00
Fremdinstandhaltung	15.300,00	20,00 %	12.240,00	3.060,00
Vertriebsprovisionen	10.055,00	100,00 %	0,00	10.055,00
Löhne (Variator gerundet)	46.296,00	89,63 %	4.800,49	41.495,51
Gehälter	84.200,00	0,00 %	84.200,00	0,00
Soziale Abgaben (Variator gerundet)	29.361,60	31,80 %	20.025,11	9.336,49
Mieten, Pachten	8.000,00	0,00 %	8.000,00	0,00
Leasing	5.454,50	20,00 %	4.363,60	1.090,90
Aufwendungen für Kommunikation	25.500,00	20,00 %	20.400,00	5.100,00
Versicherungsbeiträge	3.330,00	0,00 %	3.330,00	0,00
Steuern	1.060,00	40,00 %	636,00	424,00
Kalkulatorische Abschreibungen	25.000,00	0,00 %	25.000,00	0,00
Kalkulatorische Zinsen	22.500,00	0,00 %	22.500,00	0,00
Kalkulatorische Wagnisse	12.000,00	0,00 %	12.000,00	0,00
Summen	**589.290,10**		**226.525,20**	**362.764,90**

Auf Basis der Kostenträgerzeitrechnung können die variablen Einzelkosten den jeweiligen Erzeugnissen zugeordnet werden. Die variablen Gemeinkosten müssen separat je Erzeugnis ermittelt werden.

Ermittlung der variablen Kosten je Fahrradmodell	Mountain	Trekking	Summe
Materialeinzelkosten	133.775,00	139.200,00	272.975,00
Fertigungslöhne Stufe I	4.655,00	5.958,40	10.613,40
Fertigungslöhne Stufe II	18.620,00	21.599,20	40.219,20
+ Sondereinzelkosten des Vertriebs	6.284,00	3.770,55	10.054,55
= variable Einzelkosten	**163.334,00**	**170.528,15**	**333.862,15**
+ variable Gemeinkosten	13.137,61	15.765,14	28.902,75
= Summe variable Kosten	**176.471,61**	**186.293,29**	**362.764,90**

Sind die variablen Kosten jedes Erzeugnisses ermittelt, können die Deckungsbeiträge je Erzeugnis und das Betriebsergebnis berechnet werden:

Ermittlung des Betriebsergebnisses	Mountain	Trekking	Summe
Umsatzerlöse je Fahrradmodell	400.266,00	251.370,00	651.636,00
– Summe variable Kosten je Fahrradmodell	176.471,61	186.293,29	362.764,90
= Deckungsbeitrag je Fahrradmodell	223.794,39	65.076,71	288.871,10
– fixe Kosten			226.525,20
= Betriebsergebnis (ohne Bestandsveränderungen)			62.345,90
+ Bestandsmehrung (Saldo UE + FE)			3.473,00
= Betriebsergebnis (mit Bestandsveränderungen)			65.818,90

Betriebsverlust ohne Modell Trekking:

DB Mountain	223.794,39 €
– fixe Kosten	226.525,20 €
= Betriebsverlust	– 2.730,81 €

Das laut Vollkostenrechnung als Verlustbringer ausgewiesene Trekkingrad erwirtschaftet einen Deckungsbeitrag in Höhe von 65.076,71 €. Wäre das Trekkingrad nicht produziert und verkauft worden, würde dieser Deckungsbeitrag völlig wegfallen, die fixen Kosten dieser Abrechnungsperiode hätten aber in voller Höhe (226.525,20 €) Bestand. Als Ergebnis müssten die Fly Bike Werke ohne Berücksichtigung von Bestandsveränderungen einen Betriebsverlust ausweisen.

Ergebnisse je Stück (gerundet)	Mountain	Trekking
hergestellte Fahrräder	1 000	1 200
verkaufte Fahrräder	970	1 200
Umsatzerlös je Fahrrad	412,65 €	209,48 €
– variable Kosten je Stück	176,47 €	155,24 €
= Deckungsbeitrag je Stück	236,18 €	54,24 €

8.3 Preisgestaltung und Preisuntergrenzen

Absatz, vgl. HF 4, Band 1

Unabhängig vom angewandten Kostenrechnungssystem (Vollkosten- oder Deckungsbeitragsrechnung) verlangt der Absatzmarkt, dass ein Industrieunternehmen zumindest für das Kernprogramm, das regelmäßig vom Lager bestellt werden kann, zeitlich befristet gültige Preislisten zur Verfügung stellt.

Die **kostenorientierte Preisgestaltung** folgt dem Prinzip „aus dem Unternehmen heraus in den Markt hinein" („from company to market"). Das Unternehmen ermittelt seine Selbstkosten, schlägt einen erwarteten Gewinn auf diese Kosten auf und findet so seinen Preis. Dieser Preis ist allerdings oft nicht marktgerecht.

Grundprinzip der kostenorientierten Preisbildung: from company to market

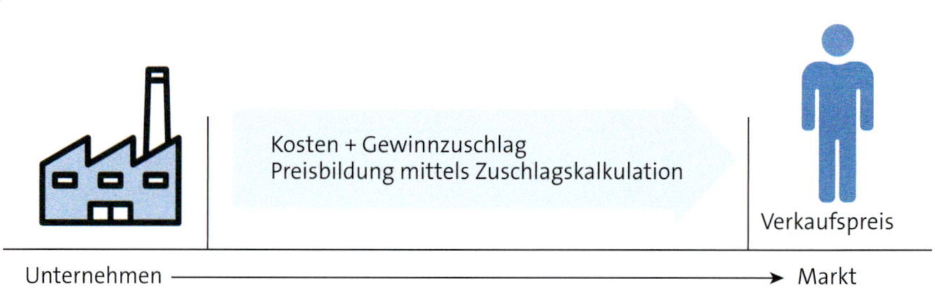

Bei der **nachfrageorientierten Preisgestaltung** „handeln" die Marktteilnehmer im Zeitablauf den Verkaufspreis mehr oder weniger bewusst aus. Die Preisbildung folgt dem Prinzip „vom Markt in das Unternehmen hinein" („from market to company"). Durch Marktforschung wird ermittelt, welchen Preis die meisten Kunden für ein Produkt zu zahlen bereit sind. Häufig sind hier für das Industrieunternehmen höhere Verkaufspreise möglich, da sich der Preis nicht an den Selbstkosten orientieren muss.

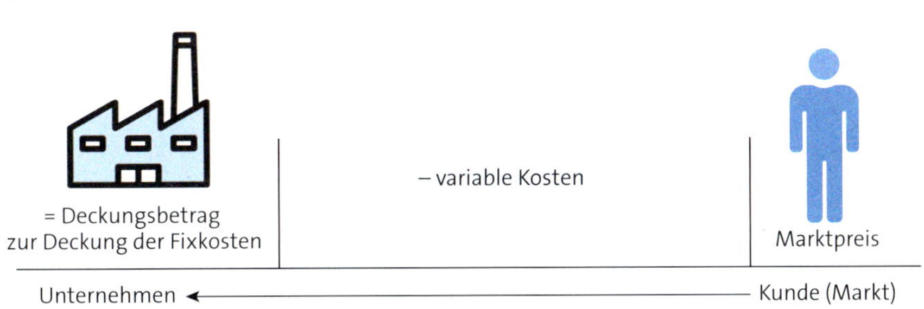

Grundprinzip der nachfrageorientierten Preisbildung: from market to company

Die **konkurrenzorientierte Preisgestaltung** funktioniert ähnlich wie die nachfrageorientierte. Einziger Unterschied ist die Bezugsgruppe: Statt der Kunden ist hier die Konkurrenz Orientierungspunkt für den vom Markt vorgegebenen Preis.

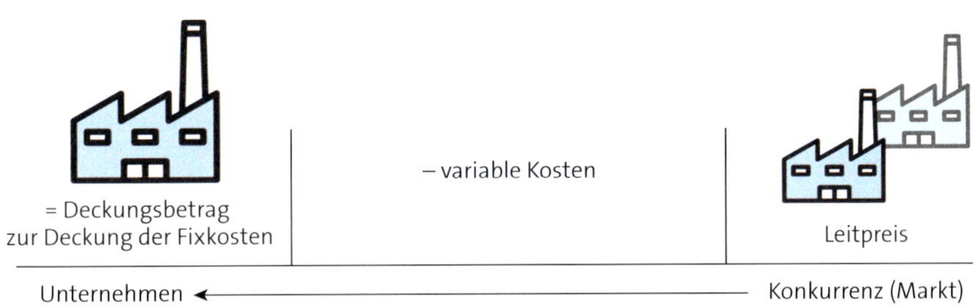

Grundprinzip der konkurrenzorientierten Preisbildung: from market to company

Preisuntergrenzen

Bei jeder Form der Preisgestaltung muss der Verkäufer vor Einstieg in Preisverhandlungen mit einem Kunden seine Preisuntergrenzen kennen.

Besonders auf Käufermärkten verlangen verhandlungsstarke Großkunden häufig erhebliche Preisnachlässe oder Konkurrenten zwingen einem Unternehmen Preiskämpfe auf. Es ist also wichtig zu wissen, welchen Preis das Unternehmen für seine Produkte mindestens verlangen muss. Diese Frage kann nur in Abhängigkeit vom Zeithorizont beantwortet werden. Die kurzfristige Preisuntergrenze liegt in Höhe der variablen Kosten, der Deckungsbeitrag ist dann null. Die zu diesem Preis verkaufte Ware leistet keinen Beitrag zur Deckung der Fixkosten.

Die kurzfristige Preisuntergrenze entspricht den variablen Kosten.

Käufer- und Verkäufermarkt, vgl. **HF 4**, **1.2**, Band 1

Diese Preisuntergrenze sollte nur kurzfristig und für wenige ausgewählte Waren genutzt werden. Da bei diesem niedrigen Preis kein Beitrag mehr zur Fixkostendeckung entsteht, ist bei zu häufigem Einsatz der Bestand des Unternehmens gefährdet (fehlende Kostendeckung, d.h., die Gesamtkosten übersteigen die Erlöse). Langfristig muss ein Unternehmen alle entstehenden Kosten abdecken. In der Realität wird ein Unternehmen nur im Extremfall zu dieser Preisuntergrenze anbieten.

Die langfristige Preisuntergrenze entspricht den Selbstkosten (variable + anteilige Fixkosten).

Die langfristige Preisuntergrenze liegt in Höhe der Selbstkosten. Sie kann dauerhaft genutzt werden, allerdings wird dann kein Gewinn erzielt. In der Realität wird ein Unternehmen jedoch seine Waren dauerhaft über der langfristigen Preisuntergrenze anbieten müssen. Nur Unternehmen, die auch Gewinn und damit Rentabilität (Eigenkapitalverzinsung) erzielen, haben auf Dauer am Markt Bestand. Grundsätzlich bleibt festzuhalten, dass sowohl die kurzfristige als auch die langfristige Preisuntergrenze eher theoretische Größen mit Orientierungscharakter sind.

Situativ sinnvolle Preispolitik: Mix aus
- konkurrenzorientierter,
- nachfrageorientierter,
- kostenorientierter

Preispolitik

In der Realität werden meist Preise oberhalb dieser Preisgrenzen gewählt. Erst der **Mix aller Preisbildungsvarianten** in Abhängigkeit vom jeweiligen Zeithorizont führt zu einer kaufmännisch sinnvollen Preisbildung und damit zur Erfolgsoptimierung.

Kalkulationsschema		Vollkosten		Teilkosten	
		Beträge €	Zuschlagssatz: Gesamtkosten	Beträge €	Zuschlagssatz: nur variable Kosten
1.	Materialeinzelkosten lt. Stückliste	158,00		158,00	
2.	+ Materialgemeinkosten	21,33	13,50 %	2,37	1,50 %
3.	= Materialkosten	179,33		160,37	
4.	Fertigungseinzelkosten Fertigung I lt. Arbeitsplan	6,50		6,50	
5.	+ Fertigungsgemeinkosten Fertigung I (Rahmen und Gabel)	28,20	433,80 %	4,12	63,40 %
6.	= Fertigungskosten Fertigung I (Rahmen und Gabel)	34,70		10,62	
7.	Fertigungseinzelkosten Fertigung II lt. Arbeitsplan	28,50		28,50	
8.	+ Fertigungsgemeinkosten Fertigung II (Montage)	78,38	275,00 %	12,83	45,00 %
9.	= Fertigungskosten Fertigung II (Montage)	106,88		41,33	
10.	= Herstellkosten (Material- und Fertigungskosten)	320,91		212,32	
11.	+ Verwaltungsgemeinkosten	21,18	6,60 %	1,70	0,80 %
12.	+ Vertriebsgemeinkosten	17,33	5,40 %	1,06	0,50 %
13.	= Selbstkosten	359,42		215,08	
14.	+ Gewinnzuschlag	57,51	16,00 %	201,85	Deckungsbeitrag
15.	= Barverkaufspreis	416,93		416,93	
16.	+ Kundenskonto	12,89	3,00 %	12,89	3,00 %
17.	+ Vertriebsprovision	0,00	0,00 %	0,00	0,00 %
18.	= Zielverkaufspreis	429,82		429,82	
19.	+ Kundenrabatt	211,70	33,00 %	211,70	33,00 %
20.	= Listenverkaufspreis (Angebotspreis)	641,52		641,52	

Beispiel Auf Basis der Vollkostenrechnung wurde dem Kunden ein Listenverkaufspreis in Höhe von 641,52 € je Stück zu dessen üblichen Bedingungen (Rabatt, Skonto) angeboten; der Kunde nahm das Angebot an. Preisverhandlungen gab es nicht.

Vielleicht wäre in „echten" Verkaufs- und damit auch Preisverhandlungen mit Hinweis auf Markt- oder Konkurrenzpreise ein höherer Preis möglich gewesen. Auf jeden Fall muss der Verkäufer seine Preisuntergrenzen kennen und „im Auge behalten".

Bei einer Kalkulation mit ausschließlich variablen Kosten (Einzelkosten und variablen Gemeinkostenzuschlägen)
- beträgt die **kurzfristige, absolute Preisuntergrenze** (= variable Kosten je Stück) in diesem Fall 215,08 €; sie darf nur im Notfall als Preis verwendet werden.
- Auch die **langfristige Preisuntergrenze** (= Selbstkosten bei Vollkostenrechnung), hier 359,42 €, würde – als Preis verwendet – den Fly Bike Werken keinen Gewinn ermöglichen; allerdings könnte in diesem Fall noch ein Deckungsbeitrag in Höhe von 144,34 € (359,42 € – 215,08 €) erzielt werden.

8.4 Sortimentsgestaltung im Rahmen der Deckungsbeitragsrechnung

Beispiel Dass man nicht mit jedem Erzeugnis zu jeder Zeit Gewinn erwirtschaften kann, weiß jeder Unternehmer. Die Fly Bike Werke GmbH macht sich deshalb schon im Sommer Gedanken über das Zukunftssortiment. Von Brancheninformationsdiensten und auch aus eigenen Zahlen der Vergangenheit ist den Verantwortlichen bekannt, dass die Absatzzahlen von Trekking- und Kinderrädern auf dem Gesamtmarkt rückläufig sind. Insbesondere bei Kinderrädern ist zusätzlich von einem weiteren Preisverfall auszugehen, weil zunehmend Billiganbieter, die im Wesentlichen über Discounter ihre Erzeugnisse (Kartonware) verkaufen, auf diesem Markt aktiv sind.

Beide Erzeugnisgruppen stehen deshalb zur Disposition – sie könnten im nächsten Jahr aus dem Produktionsprogramm gestrichen werden.

Produktelimination, vgl. **HF 4**, **3.1.3**, Band 1

Folgende Zahlen für die letzten 12 Abrechnungsmonate liegen den Fly Bike Werken vor:

Deckungsbeitragsvergleich Erzeugnisgruppen in €	Erzeugnisgruppe Trekking			Erzeugnisgruppe Kinder	
Erzeugnis	**201 Light**	**202 Free**	**203 Nature**	**501 Twist**	**502 Cool**
Verkaufserlös/Stück	175,46	205,59	263,00	114,87	153,53
– variable Kosten/Stück	160,11	180,00	210,00	125,00	130,00
= Deckungsbeitrag/Stück	15,35	25,59	53,00	–10,13	23,53
Rangfolge nach Stückdeckungsbeitrag	4	2	1	5	3
· Absatzmengen	3 600	3 780	900	2 200	500
= Gesamtdeckungsbeitrag je Erzeugnis	55.260,00	96.730,20	47.700,00	–22.286,00	11.765,00
Rangfolge nach Gesamtdeckungsbeitrag	2	1	3	5	4

Beispiel Nur das **Kinderrad Twist** weist einen negativen Stückdeckungsbeitrag (– 10,13 €) auf. Das **Kinderrad Cool** weist zwar den drittbesten Deckungsbeitrag je Stück aller Vergleichsräder auf (+ 23,53 €), rückt aber in der Rangfolge nach dem Gesamtdeckungsbeitrag auf den vorletzten Platz, weil in Relation zum Stückdeckungsbeitrag die Absatzmenge (500 Stück) nicht sehr hoch ist. Trotzdem erscheint bis jetzt ein Verbleib des Kinderrades Cool im Sortiment aus kostenrechnerischer Sicht sinnvoll, da mit ihm ein Deckungsbeitrag von 11.765,00 € erwirtschaftet wird.

Für die endgültige Entscheidung der Geschäftsleitung ist die unten folgende Tabelle hilfreich. Den Kostenrechnern der Fly Bike Werke ist es nämlich gelungen, den Fixkostenblock „aufzuspalten“. Einzelne Fixkostenbestandteile konnten verursachungsgerecht einzelnen Erzeugnisgruppen zugeordnet werden.

Beispiele für solche **erzeugnisgruppenfixe Kosten**:

Kalkulatorische Abschreibungen, kalkulatorische Zinsen, vgl. **5.7.2**, S. 276

- kalkulatorische Abschreibungen und Zinsen auf Anlagen, die nur für eine Erzeugnisgruppe genutzt werden,
- Gehälter für Angestellte, die nur Arbeitsleistungen für eine Erzeugnisgruppe erbringen,
- Mieten für spezielle Lager usw.

Die Abgrenzung derartiger Fixkostenbestandteile ermöglicht **mehrstufige Deckungsbeitragsanalysen,** die die Entscheidungen sicherer machen.

Beispiel Erzeugnisgruppenfixe Kosten bei den Fly Bike Werken

Deckungsbeitragsvergleich Erzeugnisgruppen in €	Erzeugnisgruppe Trekking			Erzeugnisgruppe Kinder	
Erzeugnis	**201 Light**	**202 Free**	**203 Nature**	**501 Twist**	**502 Cool**
Verkauferlös/Stück	175,46	205,59	263,00	114,87	153,53
– variable Kosten/Stück	160,11	180,00	210,00	125,00	130,00
= Deckungsbeitrag/Stück	15,35	25,59	53,00	–10,13	23,53
· Absatzmengen	3600	3780	900	2200	500
= Gesamtdeckungsbeiträge	55.260,00	96.730,20	47.700,00	–22.286,00	11.765,00
– erzeugnisgruppenfixe Kosten			20.194,48		12.194,18
Gesamtdeckungsbeitrag je Erzeugnisgruppe			179.495,72		–22.715,18

Hier wird deutlich, dass sich die Produktion von Kinderrädern für die Fly Bike Werke nicht lohnt. Nach Zuordnung der erzeugnisgruppenfixen Kosten wird der Gesamtdeckungsbeitrag der Erzeugnisgruppe Kinder negativ. Aus kostenrechnerischer Sicht, aber auch wegen der Marktdaten (sinkende Absatzzahlen bei sinkenden Marktpreisen) sollte die Erzeugnisgruppe aus dem Sortiment eliminiert werden.

Vor einer Entscheidung zur Produktelimination sind aber noch Informationen aus der Verkaufsabteilung einzuholen und zu bewerten:

- Gibt es negative Reaktionen auf das Gesamtsortiment, wenn bestimmte Erzeugnisse oder gar Erzeugnisgruppen nicht mehr angeboten werden?
- Kaufen die ehemaligen Kunden von Kinderrädern eventuell auch andere Fahrräder nicht mehr bei der Fly Bike Werke GmbH? Droht also ein Kunden- und damit ein zusätzlicher Umsatzverlust?

8.5 Produktionsprogrammplanung in Engpasssituationen

Jedes Unternehmen würde gerne alle Produkte, mit denen Gewinne erzielt werden können, jederzeit dann „just in time" produzieren, also genau dann, wenn es dafür Käufer gibt. Bei schwankendem Nachfrageverhalten – wie im Fahrradmarkt üblich – ist das nicht möglich. Zum Beispiel können nicht 40 % einer Jahresabsatzmenge an Fahrrädern im Frühjahr gleichzeitig produziert werden. Übliche Nachfragespitzen können natürlich durch vorher „auf Lager" produzierte Fahrräder befriedigt werden. Nicht immer funktioniert das reibungslos – die Kunden bestellen Fahrräder eben, wann sie wollen, und nicht unbedingt so viele, wie gerade auf Lager sind. Zusätzlich problematisch wird es immer dann, wenn bei vorliegenden Aufträgen die Kapazität z. B. durch Maschinenausfälle sinkt. Plötzlich entsteht dann ein **Engpass** und die Produktion muss neu geplant werden.

Just in time, vgl. **HF 2**, **4.3**, Band 1

Beispiel Die Fly Bike Werke GmbH hat im Produktionsmonat September ein derartiges Problem: Zwei Privat-Label-Kunden (MaHro und EGZ) planen für ihr Weihnachtsgeschäft Sonderaktionen für Mountainbikes. Nach speziellen Kunden-Konfigurationen müssten die Fahrräder Anfang Oktober ausgeliefert werden – eine Produktion im Monat September ist dafür notwendig. Alle möglichen Aufträge würden einen positiven, aber unterschiedlich hohen Deckungsbeitrag je Fahrrad ermöglichen.

Das Problem (der Engpass) sind bei diesen Aufträgen die automatisierten Rohrschweißanlagen „Motorman I und II". Beide Anlagen zusammen ermöglichen im Abrechnungsmonat Produktionszeiten von maximal $2 \cdot 170$ Stunden, das sind 20 400 Produktionsminuten bei absoluter Vollauslastung (Kapazitätsgrenze). Diese Kapazität reicht für die notwendigen 22 380 Minuten Produktionszeit, die für die Ausführung aller Aufträge notwendig wäre, also nicht aus.

Erste Entscheidungsgröße hinsichtlich der tatsächlichen Produktion könnte der **Deckungsbeitrag je Fahrrad** sein. Fahrräder, deren Rahmen nicht produziert werden können, sind natürlich nicht fertigzustellen und damit nicht absetzbar. Es muss eine Rangfolge für die Produktion (und damit für die Auftragsannahme) erstellt werden.

Rangfolge der Produktion nach Stückdeckungsbeiträgen für die Auftragsmenge:

Aufträge nach Modellen	Produktionszeit je Rahmen in Minuten	Auftragsmenge in Stück	notwendige Produktionszeit in Minuten	Deckungsbeitrag je Fahrrad	Rang nach Deckungsbeitrag je Stück
Modell PL M1	6,4	600	3 840	72,00 €	2
Modell PL M2	7,6	1 200	9 120	57,00 €	4
Modell PL EG1	8,0	800	6 400	64,00 €	3
Modell PL EG2	12,4	200	2 480	74,40 €	1
Modell PL EG3	4,5	120	540	54,00 €	5
Summen		2 920	22 380		

Rangfolge nach Deckungsbeiträgen der Auftragsmengen:

Aufträge nach Modellen	Produktionszeit je Rahmen in Minuten	Auftragsmenge in Stück	notwendige Produktionszeit in Minuten	Deckungsbeitrag je Fahrrad	Deckungsbeitrag der Auftragsmenge (= Produktionsmenge)	Rang nach Deckungsbeitrag der Produktionsmenge
Modell PL M1	6,4	600	3 840	72,00 €	43.200,00 €	3
Modell PL M2	7,6	1 200	9 120	57,00 €	68.400,00 €	1
Modell PL EG1	8,0	800	6 400	64,00 €	51.200,00 €	2
Modell PL EG2	12,4	200	2 480	74,40 €	14.880,00 €	4
Modell PL EG3	4,5	120	540	54,00 €	6.480,00 €	5
Summen		2 920	22 380		184.160,00 €	

Deckungsbeitrag je Produktionsminute:

Aufträge nach Modellen	Produktionszeit je Rahmen in Minuten	Auftragsmenge in Stück	notwendige Produktionszeit in Minuten	Deckungsbeitrag je Fahrrad	Deckungsbeitrag der Auftragsmenge	Deckungsbeitrag je Produktionsminute	Rang nach Deckungsbeitrag je Produktionsminute
Modell PL M1	6,4	600	3 840	72,00 €	43.200,00 €	11,25 €	2
Modell PL M2	7,6	1 200	9 120	57,00 €	68.400,00 €	7,50 €	4
Modell PL EG1	8,0	800	6 400	64,00 €	51.200,00 €	8,00 €	3
Modell PL EG2	12,4	200	2 480	74,40 €	14.880,00 €	6,00 €	5
Modell PL EG3	4,5	120	540	54,00 €	6.480,00 €	12,00 €	1
Summen		2 920	22 380		184.160,00 €		

Das kostenrechnerisch optimale Produktionsprogramm ergibt sich durch die Rangfolge, die der Engpass vorgibt (maximale Produktionsmenge):

Aufträge nach Modellen	Rang nach Deckungsbeitrag je Produktionsminute	Produktionszeit je Rahmen in Minuten	Auftragsmenge in Stück	notwendige Produktionszeit in Minuten	mögliche Produktionsmenge	verbrauchte Produktionsminuten	Rest-Minuten nach Produktion (Ausgangsbasis 20 400 Minuten)	Deckungsbeitrag der möglichen Produktionsmenge
Modell PL EG3	1	4,5	120	540	120	540	19 860	6.480,00 €
Modell PL M1	2	6,4	600	3 840	600	3 840	16 020	43.200,00 €
Modell PL EG1	3	8,0	800	6 400	800	6 400	9 620	51.200,00 €
Modell PL M2	4	7,6	1 200	9 120	1 200	9 120	500	68.400,00 €
Modell PL EG2	5	12,4	200	2 480	40	496	4	2.976,00 €
Summen			2 920	22 380		20 396		172.256,00 €

Das Modell „PL EG2“ könnte danach maximal mit einer Stückzahl von 40 Fahrrädern produziert werden. Da dies sowohl für die Fly Bike Werke (zu geringe Produktionsmenge) als auch für den Kunden (Aktionsmodell mit nur 40 verfügbaren Einheiten) nicht akzeptabel sein wird, ist dieser Auftrag abzulehnen.

Das kostenrechnerisch optimale Produktionsprogramm kann also maximal 169.280,00 € (172.256,00 € – 2.976,00 €) erwirtschaften. Jetzt ist die Verkaufsabteilung gefordert: Gelingt es ihr, die noch verfügbaren knapp 500 Produktionsminuten für eine Auftragsmengenerhöhung der Modelle mit einer höheren Rangstufe nach Engpassbetrachtung einzusetzen, kann der Gesamtdeckungsbeitrag noch erhöht werden.

Übersicht: *Deckungsbeitragsrechnung*

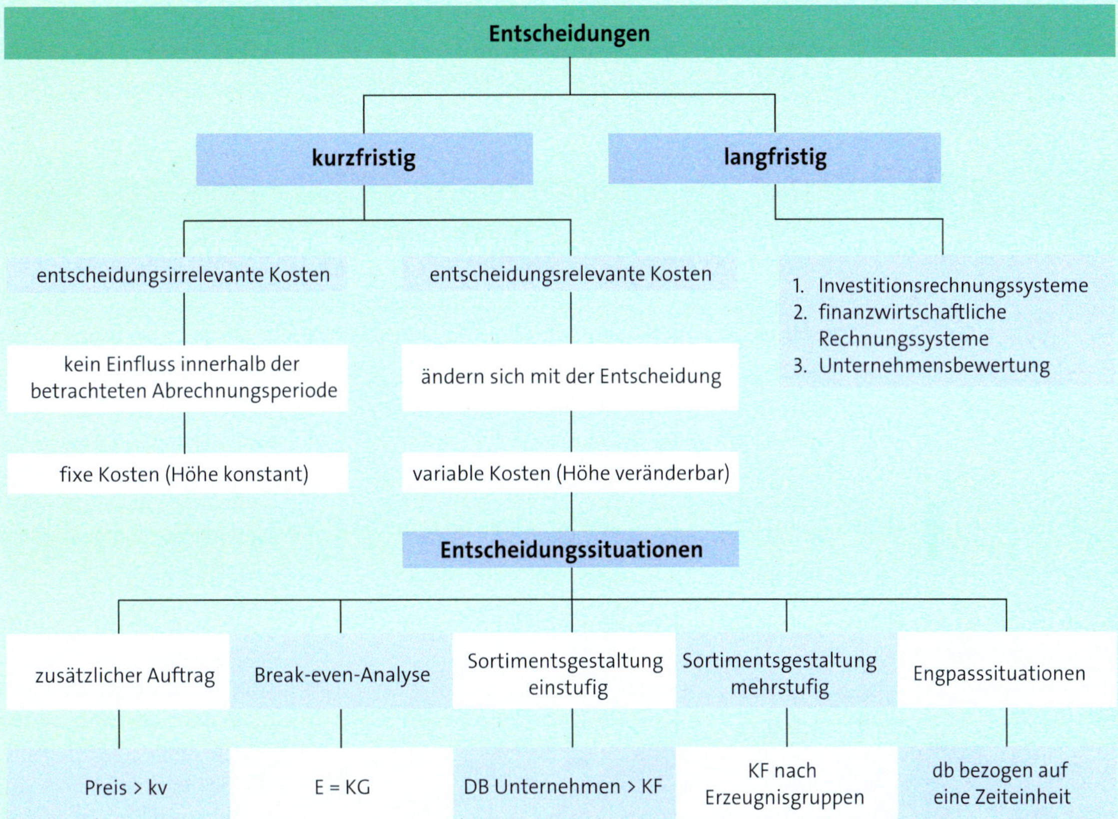

9 Nachhaltigkeitscontrolling und Umweltmanagementsysteme

9.1 EMAS

EMAS
Eco Management and Audit Scheme, auch: „EU-Öko-Audit“ bzw. „Gemeinschaftssystem für das freiwillige Umweltmanagement und die Umweltbetriebsprüfung“

Das **EMAS** ist ein von der Europäischen Union entwickeltes Instrument, das Unternehmen und Organisationen dabei unterstützt, ihre **Umweltleistung** zu verbessern. Es basiert auf entsprechenden EU-Verordnungen aus den Jahren 1993 und 2001. Die aktuell gültige Fassung EMAS IV stammt aus dem Jahr 2019. Unternehmen haben im Rahmen von EMAS die Möglichkeit, im Bereich Umwelt Leistungen zu erbringen, die über die Erfüllung der gesetzlichen Vorgaben hinausgehen, und sie zertifizieren zu lassen.

Ein Unternehmen, das sich sein Umweltmanagement zertifizieren lassen will, sollte verschiedene Voraussetzungen erfüllen. Ein wesentlicher Faktor sind die **Beschäftigten**. Ihre Bereitschaft, ein Umweltmanagementsystem in das Unternehmen zu integrieren und umzusetzen, ist zwingend notwendig. Außerdem muss ein zum Unternehmen passendes System geschaffen und in die Organisationsstruktur eingebunden werden, sodass das Umweltmanagement keinen „Fremdkörper“ in der Unternehmensstruktur darstellt.

Um an EMAS teilnehmen zu können, muss in einem ersten Schritt eine Bestandsaufnahme gemacht werden. In einer **Umweltprüfung** sind die wesentlichen Auswirkungen des Unternehmens auf die Umwelt zu ermitteln. Dann ist eine **Umwelterklärung** zu erstellen, in der die festgestellten Auswirkungen des Unternehmens auf die Umwelt, seine Leistungen für die Umwelt und die umweltpolitischen Ziele des Unternehmens aufgeführt sind. Die Umwelterklärung wird von einem unabhängigen Gutachter überprüft und ist jährlich zu aktualisieren. Schließlich ist ein **Umweltmanagementsystem** zu verankern, in dem innerbetriebliche Umweltziele und ein Programm zu deren Umsetzung integriert sind. Das Umweltmanagementsystem wird alle drei Jahre von einem unabhängigen Gutachter überprüft.

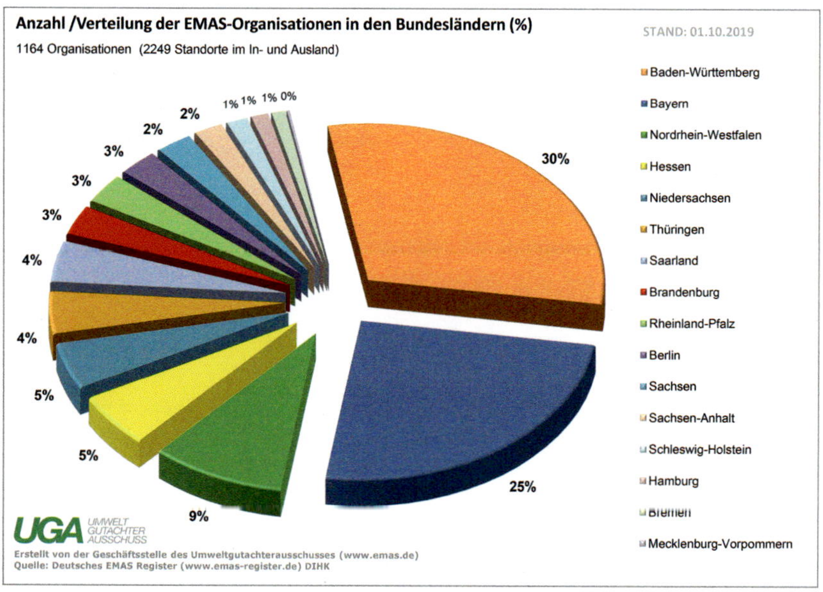

Von der Einführung eines Umweltmanagementsystems nach EMAS profitiert nicht nur die Umwelt: Ein Unternehmen, das nicht nur eine ökologische Zielsetzung verfolgt, sondern sich das extern zertifizieren lässt, hat bei ökologisch bewussten Nachfragern klare Wettbewerbsvorteile. Eine ganze Reihe von staatlichen Ausschreibungen richtet sich zudem nur an EMAS-zertifizierte Unternehmen. Schließlich trägt es zur Motivation der Mitarbeiter bei, in einem Unternehmen zu arbeiten, in dessen Zielsystem der Umweltschutz einen nachweislich bedeutenden Platz einnimmt.

9.2 ISO 14001

Die ISO 14001 ist eine weitere Norm, durch die ein Umweltmanagementsystem eines Unternehmens zertifiziert werden kann. Sie ist Teil der **ISO-Normenfamilie** und wird, anders als EMAS, auch über die EU hinaus anerkannt. Ein Unternehmen, das sich nach ISO 14001 zertifizieren lassen möchte, muss eine **betriebliche Umweltpolitik** betreiben. Hierzu muss es eigene Umweltziele festlegen und ein Umweltprogramm implementieren, mit dem es diese Umweltziele erreichen will.

ISO-Normen,
vgl. **HF3**, **6.1**, Band 1

Die **Umsetzung** der ISO 14001 folgt dem klassischen Controlling-Ablauf „**PDCA**“: In einem ersten Schritt werden Ziele festgelegt und deren Umsetzung anhand von konkreten Prozessen geplant. Nach der Planungsphase werden die geplanten Prozesse umgesetzt. Nach Umsetzung der Prozesse ist zu überprüfen, ob sie wirksam sind und kompatibel mit den anderen Prozessen der Organisation. Ist das nicht der Fall, so sind die Prozesse in einem vierten Schritt anzupassen bzw. zu optimieren.

PDCA = Plan, Do, Check, Act (planen, ausführen, kontrollieren, anpassen)

Prozessschritte der ISO 14001

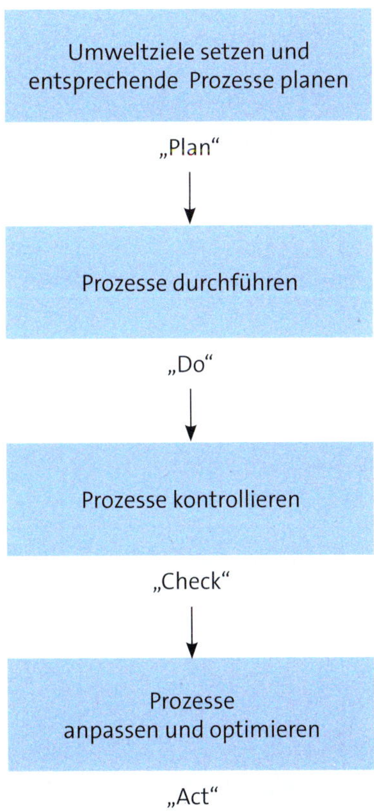

Schwerpunkt der Umweltmanagementnorm ist die Implementierung eines **kontinuierlichen Verbesserungsprozesses** bezogen auf die Umweltleistung eines Unternehmens. Zertifizierte Unternehmen müssen die umweltpolitischen Verpflichtungen einhalten, die sie sich selber auferlegen, wobei als Mindeststandard geltende rechtliche Vorgaben einzuhalten sind. Darüber hinaus gehende Vorgaben werden von der ISO 14001 nicht gefordert. Zertifizieren lassen können sich sowohl produzierende als auch dienstleistende Unternehmen.

LS ▸ LS 94
Eine Ökobilanz erstellen

9.3 Ökobilanz

Mit der ökologischen Erfolgsrechnung soll der Zusammenhang zwischen den Umweltbeeinträchtigungen und der gütermäßigen Leistungserstellung dargestellt werden. Erfasst werden alle **Stoff- und Energieaustauschbeziehungen** des Unternehmens. Zu den Umweltaspekten zählen dabei die Werkstoffe, die Energieträger, die stofflichen und energetischen Emissionen, die Anlagen und die fertigen Erzeugnisse.

Die Bilanzierung unter ökologischen Gesichtspunkten erfüllt zunächst die Funktion eines **Frühwarnsystems** zur Erkennung ökologischer Schwachstellen. Gleichzeitig werden **Optimierungspotenziale** bei der betrieblichen Leistungserstellung sichtbar gemacht. Neben dem Umweltschutz werden aber auch Ziele wie Kostensenkung und Absatzförderung mit der Durchführung einer Ökobilanz verbunden.

Input-Output-Bilanz der Sockings AG

Input (in €)			Output (in €)		
	Vorjahr	Berichtsjahr		Vorjahr	Berichtsjahr
1. Umlaufgüter (kg)	12.530.749	13.966.024	**1. Produkte (kg)**	8.884.242	8.523.480
1.1 Rohstoffe	3.854.584	4.371.740	1.1 Beinkleidung	5.304.233	5.071.868
1.2 Halb- und Fertigwaren	2.219.558	2.524.269	1.2 Oberbekleidung	166.966	115.485
			1.3 Garne	118.622	288.005
1.3 Hilfsstoffe	4.859.858	5.356.363	1.4 Verpackung	3.294.421	3.048.122
1.4 Betriebsstoffe	1.596.749	1.713.652			
2. Anlagegüter*			**2. Abfälle (kg)**	2.522.877	2.752.345
2.1 Gebäude			2.1 Sonderabfälle	25.848	25.451
2.2 Maschinen			2.2 Wertstoffe	1.389.029	1.690.402
2.3 Fuhrpark			2.3 Restmüll	1.108.000	1.036.492
2.4 EDV-Anlagen					
3. Energie	157.838.854	164.211.424	**3. Energieabgabe***		
3.1 Gas (kWh)	10.148.282	14.790.205	3.1 nutzbare E.		
3.2 Strom (kWh)	47.998.542	50.603.569	3.2 ungenutzte E.		
3.3 Öl (kWh-Hu)	86.432.590	85.374.970	3.3 Lärm		
3.4 Treibstoff (kWh-Hu)	13.259.440	13.442.680			
4. Wasser (m^3)	546.500	596.947	**4. Abwässer (m^3)**	403.460	418.025
4.1 Stadtwasser	421.500	457.666	4.1 Menge (m^3)	403.460	418.025
4.2 Rohwasser	125.000	139.281	4.2 Belastung		
5. Luft*			**5. Abluft***		
			5.1 Menge		
			5.2 Belastung		
6. Boden	892.159	892.159	**6. Bodenbelastung***		
6.1 versiegelt	64.342	64.342			
6.2 grün	509.489	509.489			
6.3 überbaut	132.228	132.228			
6.4 Nutzfläche	186.100	186.100			

*keine Daten verfügbar

Beispiel Die Sockings AG, ein Unternehmen der Textilindustrie, analysiert seit 2005 anhand einer Input-Output-Bilanz die ökologische Situation des Unternehmens, um Schwachstellen zu beseitigen. Im Rahmen des Öko-Controllings werden mit einem computergestützten Umwelt-Controlling-System Ökodaten des Gesamt- und Teilkonzerns sowie einzelner Werksteile zusammengetragen und um wichtige Bilanzpositionen ergänzt. Ziele sind ein nachhaltiges Wirtschaften und die Sicherung des Betriebs in der Zukunft.
Mithilfe der Ökobilanzierung konnte festgestellt werden, dass die Modefarbe Schwarz, die zwei Drittel des gesamten Farbeinsatzes bei der Strumpffärbung ausmacht, die Abwässer stark mit Chrom belastete. Mittlerweile wird im gesamten Konzern zu 90 % chromfrei gefärbt.

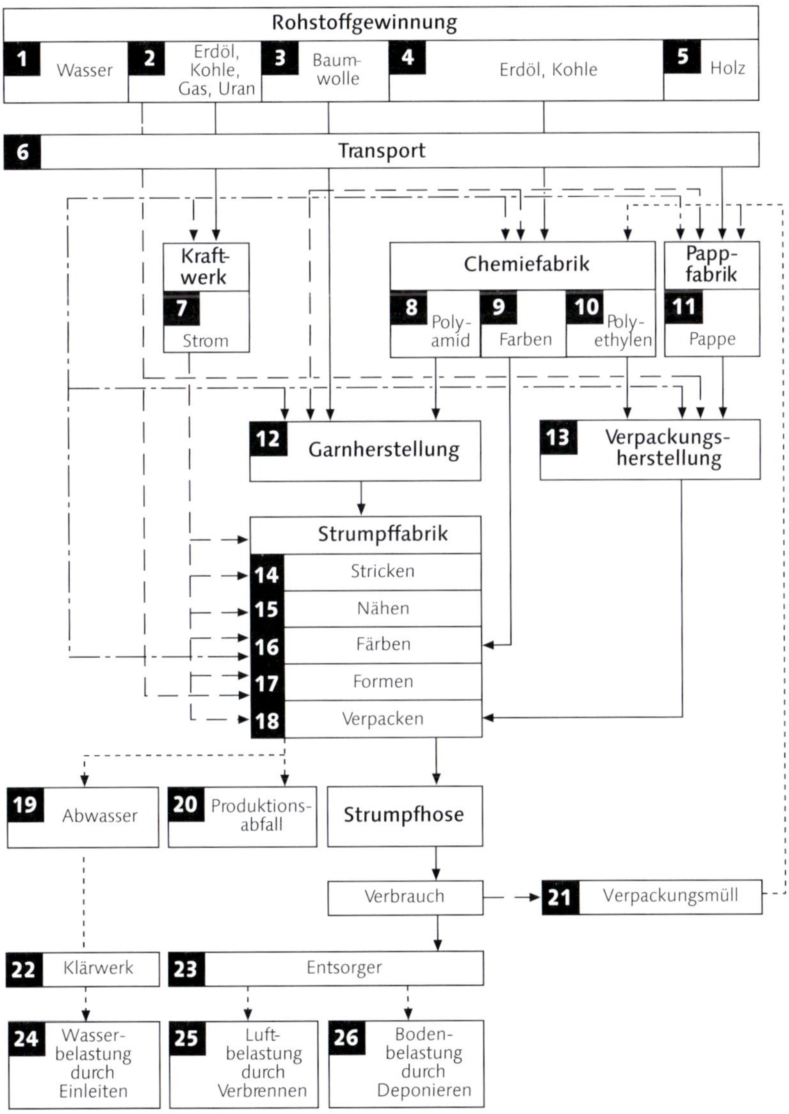

9.4 Betriebliche Umweltkennzahlen

Betriebliche Umweltkennzahlen verdichten umfangreiche Umweltdaten zu aussagekräftigen und vergleichbaren Schlüsselinformationen. Erst durch sie werden die **umweltbezogenen Leistungen messbar** und **nachvollziehbar**. Umweltkennzahlen ermöglichen die Formulierung messbarer Umweltziele, mit deren Hilfe der Erfolg oder der Misserfolg bei der Umsetzung von Umweltschutzmaßnahmen messbar gemacht wird.

Umweltkennzahlen dienen als wichtiges Instrument für die kontinuierliche Verringerung der nachteiligen Umwelteinwirkungen und als Argumentationsgrundlage für die Auseinandersetzung mit Kunden, Konkurrenten und weiteren Interessengruppen. Die ermittelten Umweltkennzahlen werden dann einem **Zeitvergleich** (mit den Kennzahlen der Vorperiode) oder/und einem **Betriebs- bzw. Branchenvergleich** (mit den Kennzahlen anderer Unternehmen der gleichen Branche bzw. der gesamten Branche) unterzogen, um den Grad der erreichten Ziele bzw. Stärken und Schwächen aufzuzeigen.

Umweltkennzahlen lassen sich in drei verschiedene Klassen einteilen.

Betriebliche Umweltkennzahlen

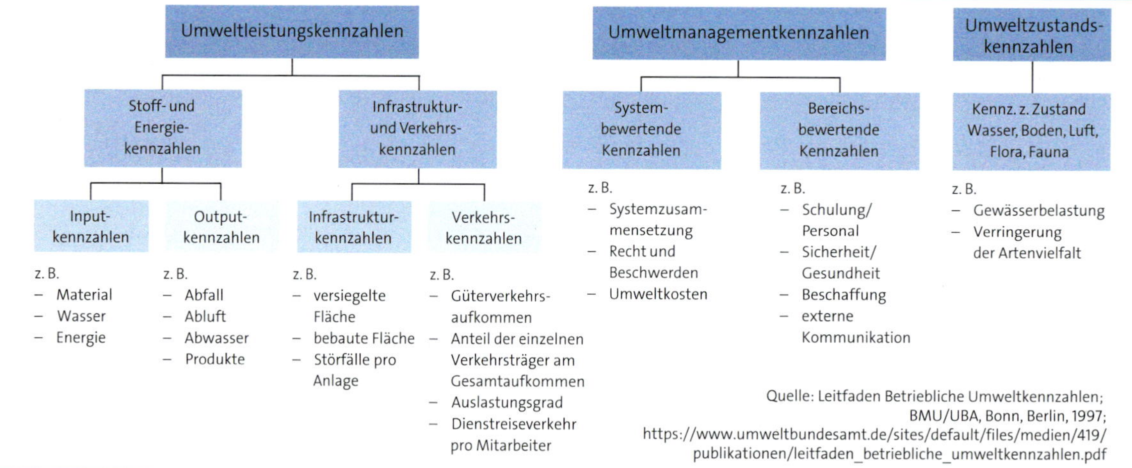

Quelle: Leitfaden Betriebliche Umweltkennzahlen; BMU/UBA, Bonn, Berlin, 1997; https://www.umweltbundesamt.de/sites/default/files/medien/419/publikationen/leitfaden_betriebliche_umweltkennzahlen.pdf

Umweltleistungskennzahlen	Umweltmanagementkennzahlen	Umweltzustandskennzahlen
beschreiben die Einwirkungen des Unternehmens auf die Umwelt (Umweltleistung)	beschreiben die Aktivitäten des Umweltmanagements	beschreiben den organisationsexternen Zustand der Umwelt
Ziel: Planung, Steuerung und Kontrolle der Umweltauswirkungen	Ziel: Minimierung der Umweltauswirkungen des Unternehmens durch organisatorische Aktivitäten	Ziel: Orientierung des Unternehmens durch Beschreibung der Qualität der Umwelt in der Umgebung des Unternehmens (Ist-Zustand)
Beispiele: – absoluter Energieverbrauch – Abfallaufkommen pro Produktionseinheit – Anzahl umweltrelevanter Anlagen – Gesamtverkehrsaufkommen des Betriebs	Beispiele: – Anzahl und Ergebnisse durchgeführter Umweltbetriebsprüfungen – Mitarbeiterschulungen – Lieferantengespräche	Beispiele: – Wassergüte – regionale Luftqualität – Fluglärm

Umweltkennzahlen im Überblick

Produktionsmenge (= PM) in Stück, kg usw.	Produktionsmenge (= PM)	Kennzahl
Rohstoffverbrauch	kg	kg/PM
Energieverbrauch	kWh	kWh/PM
Wasserverbrauch	m^3	m^3/PM
Abfallmenge	kg	kg/PM
Verwertungsquote	–	%
Abwassermenge	m^3	m^3/PM
Luftemission (z. B. CO_2, Staub usw.)	kg	kg/PM

kWh = Kilowattstunde

Grundsätze von Umweltkennzahlen

Grundsätze	Erklärung
Vergleichbarkeit	Die Kennzahlen müssen einen Vergleich ermöglichen und Veränderungen der Umwelteinwirkungen widerspiegeln.
Zielorientierung	Die Kennzahlen müssen auf Verbesserungsziele hinweisen, die von den Unternehmen beeinflussbar sind.
Ausgewogenheit	Die Kennzahlen müssen die Umweltleistung möglichst repräsentativ wiedergeben und Problembereiche ebenso wie Umweltchancen darstellen.
Kontinuität	Um vergleichende Aussagen zu ermöglichen, müssen die Kennzahlen in jeder Periode nach den gleichen Kriterien erfasst werden und in vergleichbaren Einheiten gemessen werden.
Aktualität	Die Kennzahlen müssen häufig genug ermittelt werden, um rechtzeitig Einfluss auf Zielgrößen nehmen zu können.
Verständlichkeit	Die dargestellten Kennzahlen müssen für den Anwender klar und verständlich und deshalb übersichtlich und konzentriert sein.

Setzt man Umweltkennzahlen zueinander in Beziehung (z. B. im Vergleich verschiedener Jahre), so kann man daran ablesen, ob sich die Umweltbelastungen durch ein Unternehmen verringert oder erhöht haben. So kann ein Unternehmen Handlungsbedarf erkennen und geeignete Maßnahmen einleiten.

Beispiel

	Vorjahr	Berichtsjahr	Ergebnis (Zeitvergleich)
Produktionsmenge	10 000 Stück	12 500 Stück	+ 2 500 Stück
Energieverbrauch	2 000 kWh	2 125 kWh	+ 125 kw/h
Energieverbrauch je Stück	0,20 kWh/Stück	0,17 kWh/Stück	15,0 % Reduktion
Zielwert	Senkung des Energieverbrauchs je Stück um mindestens 10 %		
Ergebnis	15,0 % Reduktion		
Fazit	Zielgröße erreicht		
Analyse	Fertigungsverfahren umgestellt, Effektivität aber noch nicht ausgeschöpft		

Übersicht: Nachhaltigkeitscontrolling und Umweltmanagementsysteme

Umweltmanagementsysteme	EMAS (Eco Management and Audit Scheme) – Basis: EU-Verordnung EMAS Prozessschritte: – betriebliche Umweltprüfung – Umwelterklärung – Umweltmanagement im Unternehmen einführen
	ISO 14001 – Basis: international anerkannte ISO-Normfamilie – Ziel: kontinuierlicher Verbesserungsprozess der unternehmerischen Umweltleistung
Umweltkennzahlen	– Umweltleistungskennzahlen – Umweltmanagementkennzahlen – Umweltzustandskennzahlen
Ökobilanz	– erfasst alle Stoff-/Energieaustauschbeziehungen des Unternehmens (Input-Output-Bilanz) – Frühwarnsystem zur Erkennung ökologischer Schwachstellen – Offenbart Optimierungspotenziale

Ökobilanzen

	Abfallbilanzen	Produktbilanzen	Produktlinienbilanzen
Erfasste Informationen	Angaben über Art, Menge und Verbleib der Abfälle, Darstellung von Abfallvermeidungs- und Abfallverwertungsmaßnahmen	Umweltrelevante Wirkungen eines Produkts über seinen gesamten Lebensweg	Ökologische, soziale und wirtschaftliche Auswirkungen eines Produkts über seinen gesamten Lebenszyklus
Art der Erfassung	Erfassung von Roh-, Hilfs- und Betriebsstoffen; Ermittlung des Verbrauchs dieser Stoffe, bezogen auf einzelne Produktionsanlagen und Betriebsteile; betriebliche Verwertung von Abfällen	vertikale Betrachtung des gesamten Produktlebenszyklus und horizontale Betrachtung der damit verbundenen Umweltbelastungen (Wirkungsbilanz), Definition der Umweltschutzziele	Zielfestlegung (Phase 1), Ist-Analyse (Phase 2) mithilfe der Produktlinienmatrix, Überprüfung ausgewählter Matrixfelder, Erstellung eines Produktprofils, Identifikation von Umsetzungsmöglichkeiten (Phase 3)
Art der Bewertung	qualitative und quantitative Bewertung durch Bilanzierung von Abfallarten, Stoffstromdiagramme	qualitative und quantitative Bewertung	qualitative Bewertung, Produktprofile
Zielsetzung	– Identifikation von Schwachstellen in der betrieblichen Abfallentsorgung – Einflussnahme auf die Produktgestaltung	– Aufklärung über die Umweltwirkungen von Produkten – Herstellung oder Einkauf von ökologisch verträglichen Produkten – Auswirkungen auf die Produktgestaltung und -innovation	– Aufklärung über ökologische, soziale und wirtschaftliche Folgen bestimmter Produkte – Schwachstellenanalyse bei der Produktherstellung – Suche nach Produktinnovations- und Produktsubstitutionsmaßnahmen

Alles klar?

1 Welche Bestandteile gehören zum Jahresabschluss einer Kapitalgesellschaft? Kapitel 2

2 Wer hat Interesse an einem Jahresabschluss einer Kapitalgesellschaft?

3 **a** In welche Größenklasse ist nachfolgende Kapitalgesellschaft einzuordnen, wenn sie die folgenden Daten in zwei nachfolgenden Berichtsjahren erreicht?

Bilanzsumme	Umsatzerlöse	∅ Arbeitnehmerzahl
bis 15,0 Mio. €	36,5 Mio. €	270

b Welche Offenlegungspflichten muss diese Kapitalgesellschaft erfüllen?

4 Stellen Sie fest, ob nachfolgende Konten (a–i)

1 zum Anlagevermögen,
2 zum Umlaufvermögen,
3 zum Fremdkapital,
4 zu den Aufwendungen,
5 zu den Erträgen,
6 zu den Steuern

gehören:

a Unfertige Erzeugnisse
b Aktivierte Eigenleistungen
c Bestandsminderung fertige Erzeugnisse
d Fremdbauteile
e Steuerrückstellungen
f Abschreibungen auf Sachanlagen
g Umsatzsteuer
h Kfz-Steuer
i Beteiligungen

5 Wo (1–4) finden Sie nachfolgende Informationen (a–g) über eine Kapitalgesellschaft?

1 Bilanz
2 GuV-Rechnung
3 Anhang
4 Lagebericht

a Jahresgewinn oder Jahresverlust
b Namen aller Mitglieder der Geschäftsführung
c Anzahl der Mitarbeiter
d Gesamtleistung
e Rohergebnis
f angewandte Abschreibungsmethoden
g konjunkturelle und saisonale Tendenzen in der Branche

6 Welche Berechnung ist richtig?

a Jahresüberschuss/Jahresfehlbetrag = Betriebsergebnis + Finanzergebnis
b Ergebnis nach Steuern – sonstige Steuern = Jahresüberschuss/Jahresfehlbetrag
c Betriebsergebnis + Rohergebnis = Gesamtergebnis
d Jahresüberschuss/Jahresfehlbetrag – sonstige Steuern = Ergebnis nach Steuern
e Finanzergebnis – Rohergebnis = Betriebsergebnis

Kapitel 3

7 Erläutern Sie
a das Niederstwertprinzip,
b das Höchstwertprinzip und
c das Imparitätsprinzip.

8 Ein Industrieunternehmen kauft eine neue Maschine (Konto 0700) auf Ziel:

Listenpreis	260.000,00 €
+ Sonderausstattungen	20.000,00 €
– 12,5 % Rabatt	? €
+ Montagekosten (kein Rabatt, kein Skonto)	15.000,00 €
= Nettorechnungsbetrag	? €

Ermitteln Sie die Anschaffungskosten
a bei Rechnungseingang.
b nach einer erfolgreichen Mängelrüge mit einer Gutschrift in Höhe von 15 % auf den Listenpreis.
c nach Rechnungsausgleich per Banküberweisung mit Abzug von 2 % Skonto.
d Der Kauf der neuen Maschine erfolgt am 08.03.20XX, die betriebsgewöhnliche Nutzungsdauer beträgt laut AfA-Tabelle 12 Jahre. Ermitteln Sie den linearen Abschreibungsbetrag für das erste Nutzungsjahr.
e Buchen Sie die lineare Abschreibung im ersten Nutzungsjahr.

9 Der Pkw des Geschäftsführers hat nach linearer Abschreibung (Nutzungsdauer 6 Jahre) nach drei vollständigen Jahresabschreibungen noch einen Buchwert von 39.000,00 €. Im vierten Geschäftsjahr wird der Pkw weit über das übliche Maß hinaus genutzt und leicht beschädigt (keine Reparatur geplant), sodass laut Gutachter dem Fahrzeug nur noch ein Zeitwert von 15.000,00 € beizumessen ist.

Ermitteln Sie
a die Anschaffungskosten des Pkws und
b den Wertverlust des Pkws bis zum Ende des vierten Nutzungsjahres in € und in %.

10 Ein Rohstoff wurde am 14.11.20X1 in einer Menge von 24 000 kg zum kg-Preis von 5,20 € netto eingekauft. Der Lieferant gewährt 12,5 % Rabatt und 2 % Skonto. Auf den Zieleinkaufspreis sind Bezugskosten in Höhe von 2 % (nicht skontierfähig) zu bezahlen.

Ermitteln Sie
a die Anschaffungskosten je kg,
b den Bilanzwert der am 31.12.20X1 noch vorhandenen 5 200 kg, wenn die Wiederbeschaffungskosten 4,20 €/kg betragen.

11 Eine Aktiengesellschaft mit umfangreichen Liquiditätsreserven erwirbt 10 000 Aktien einer anderen börsennotierten Aktiengesellschaft in der Hoffnung auf kurzfristige erhebliche Kurssteigerungen. Die Anschaffungskosten betragen 220,00 € je Aktie gegen Banklastschrift.

a Wie hoch ist der Anschaffungswert aller Aktien im Kaufjahr?

b Wie hoch ist der Bilanzwert am Geschäftsjahresende, wenn der Zeitwert auf 270,00 € je Aktie gestiegen ist?

c Wie hoch ist der Bilanzwert im Folgejahr, wenn der Zeitwert auf 200,00 € je Aktie gesunken ist?

d Welche Buchungen sind jeweils notwendig?

12 Ein Unternehmen nimmt am Jahresanfang 20XX ein Darlehen zum Umbau des Verwaltungsgebäudes in Höhe von 200.000,00 € auf, das mit einer Grundschuld abgesichert wird. Im Vertrag wird ein Disagio in Höhe von 4 % vereinbart. Die Zinsen für das Darlehen werden jährlich rückwirkend in Höhe von 7 % der restlichen Darlehenssumme bezahlt. Die Tilgung erfolgt jeweils am Jahresende in Höhe von 10 % der Darlehenssumme.

Ermitteln Sie

a den Auszahlungsbetrag des Darlehens,

b die Zinsen für das erste Jahr,

c die Tilgung am Ende des ersten Jahres.

13 Erläutern Sie die Bildung von stillen Rücklagen im Anlagevermögen an einem selbst gewählten Beispiel.

14 Ermitteln Sie mithilfe der nachfolgenden Strukturbilanz einer Kapitalgesellschaft alle Kennzahlen zur Kapitel 4

a Vermögensstruktur,

b Kapitalstruktur,

c Anlagendeckung,

d Liquidität.

Aktiva — Strukturbilanz — Passiva

	Vorjahr	Berichtsjahr		Vorjahr	Berichtsjahr
Anlagevermögen	**400.000,00**	**450.000,00**	**Eigenkapital**	**250.000,00**	**350.000,00**
Umlaufvermögen	**600.000,00**	**750.000,00**	davon		
davon			– Gewinnrücklagen	50.000,00	100.000,00
– Vorräte	200.000,00	250.000,00	**Fremdkapital**	**750.000,00**	**850.000,00**
– Forderungen	300.000,00	350.000,00	davon		
– flüssige Mittel	100.000,00	150.000,00	– langfristig	550.000,00	600.000,00
			– kurzfristig	200.000,00	250.000,00
Gesamtvermögen	**1.000.000,00**	**1.200.000,00**	**Gesamtkapital**	**1.000.000,00**	**1.200.000,00**

15 Zwei Unternehmen erzielen nachfolgende Werte:

Unternehmen 1		**Unternehmen 2**	
Umsatzerlöse	8.600.000,00	Umsatzerlöse	14.600.000,00
Gewinn	400.000,00	Gewinn	400.000,00
Fremdkapitalzinsen	320.000,00	Fremdkapitalzinsen	420.000,00
Ø Eigenkapital	2.000.000,00	Ø Eigenkapital	4.000.000,00
Ø Fremdkapital	3.000.000,00	Ø Fremdkapital	6.000.000,00

Ermitteln Sie für beide Unternehmen
a die Eigenkapitalrentabilität,
b die Gesamtkapitalrentabilität und
c die Umsatzrentabilität.

Kapitel 5

16 Stellen Sie fest, ob die folgenden betrieblichen Sachverhalte einer KG
1 dem Zweckaufwand/Grundkosten,
2 den Anderskosten,
3 den echten Zusatzkosten,
4 dem betriebsfremden Aufwand,
5 dem betrieblich außerordentlichen Aufwand,
6 dem periodenfremden Aufwand
zurechenbar sind oder ob sie
7 den Begriffen 1 bis 6 nicht zurechenbar sind.

a Reparatur an einem Betriebs-Pkw
b Mietwert der betrieblich genutzten Räume
c Totalschaden eines Pkws durch selbst verschuldeten Unfall
d Barentnahme eines Komplementärs
e Kassenfehlbetrag
f Großreparatur einer Maschine (Generalüberholung)
g Steuernachzahlung für das vergangene Jahr
h Unternehmerlohn
i Diebstahl von Erzeugnissen
j Abschreibung vom Wiederbeschaffungswert

17 Welche der folgenden Kosten **a** bis **j** der Fly Bike Werke GmbH sind
1 Einzelkosten,
2 echte Gemeinkosten,
3 unechte Gemeinkosten,
4 fixe Kosten,
5 variable Kosten,
6 Mischkosten?

Mehrfachnennungen sind möglich.

a Energiekosten, z. B. für die Heizung der Verwaltungsräume
b Mietkosten, z. B. für angemietete Lagerräume für fremdbezogene Fertigteile (z. B. Gangschaltungen)
c Kontoführungskosten, z. B. für das Bankkonto bei der Oldenburg-Bank
d Telefonkosten, z. B. für Gespräche des Verkaufsleiters Süd/Ost, Herrn Baumann, mit Kunden
e Verbrauch von Rohstoffen, z. B. Rohre für die Herstellung von Fahrradrahmen

f Abschreibungen, z. B. zur Feststellung der Wertminderung der Produktionsmaschine durch Verschleiß, auf der mehrere Modelle gefertigt werden
g Akkordlöhne, z. B. als Leistungsentgelt für die Endmontage (z. B. für das Zusammensetzen der Komponenten zur Herstellung eines Mountainbikes)
h Hilfsstoffkosten, z. B. der Verbrauch von Lötzinn zur Herstellung der Fahrradrahmen
i Verbrauch von Betriebsstoffen, z. B. Verbrauch von Schmieröl bei einer Maschine, auf der alle Fahrradmodelle gefertigt werden
j Personalkosten, z. B. das Gehalt der Sekretärin Frau E. Fee (Verwaltung)

18 Der Textilhersteller Sockings KG ermittelte laut Finanzbuchhaltung in der abgelaufenen Abrechnungsperiode (Monat) folgende Werte:

Kapitel 6

Hinweis: Das durchschnittlich eingesetzte Eigenkapital beträgt 1.835.208,00 €/Jahr.

Konto	Ertrags- und Aufwandspositionen	Soll (€)	Haben (€)
5000	Umsatzerlöse für eigene Erzeugnisse		175.541,75
5410	Erlöse aus Anlagenabgängen		3.000,00
60XX	Materialverbrauch	120.425,00	
62XX–64XX	Personalaufwendungen	21.000,00	
6520	Abschreibungen auf Sachanlagen	3.000,00	
68XX	Aufwendungen für Kommunikation	2.000,00	
6870	Werbung	4.500,00	
6979	Anlagenabgänge	5.000,00	
7450	Verluste aus dem Abgang von Finanzanlagen	2.000,00	

Für die Abgrenzungsrechnung stehen folgende Informationen zur Verfügung (ansonsten müssen aufgrund des Sachverstands eigene Entscheidungen gefällt werden):

1) Erträge		
5410	3.000,00 €	Betriebliche Gegenstände wurden gebraucht verkauft (Nettoverkaufserlöse).
2) Aufwendungen		
6520	3.000,00 €	bilanzmäßige Absetzung für Abnutzung (hierfür wurden kalkulatorische Abschreibungen gebildet)
6979	5.000,00 €	Betriebliche Gegenstände wurden gebraucht verkauft (Buchwerte).
7450	2.000,00 €	Betrieblich genutzte Finanzanlagen wurden mit Verlust verkauft.
3) Kalkulatorische Kosten		
	2.500,00 €	kalkulatorische Abschreibungen
	6.000,00 €	kalkulatorische Miete

Erstellen Sie eine Ergebnistabelle und ermitteln Sie
a das Gesamtergebnis,
b das neutrale Ergebnis,
c das Betriebsergebnis.

19 Eine Fahrradmanufaktur, die Mountainbikes und Trekkingräder herstellt, ermittelt in der Betriebsbuchhaltung folgende Werte für eine Abrechnungsperiode:

SB = Schlussbestand
– AB = Anfangsbestand
Bestandsveränderung (+/–)

Kosten	Gesamt	Mountainbikes	Trekkingräder
Einzelkosten			
– Fertigungsmaterial	?	360.000,00 €	330.000,00 €
– Fertigungslöhne	?	128.000,00 €	144.000,00 €
Gemeinkosten lt. BAB			
– MGK	103.500,00 €	?	?
– FGK	680.000,00 €	?	?
– VwGK	140.657,20 €	?	?
– VtGK	210.985,80 €	?	?
Bestandsveränderungen			
– AB fertige Erzeugnisse	?	86.200,00 €	35.340,00 €
– SB fertige Erzeugnisse	?	64.650,00 €	44.175,00 €
Verkaufspreis		323,25 €	406,41 €
Absatz		4100 Stück	2970 Stück

Erstellen Sie eine Kostenträgerzeitrechnung und ermitteln Sie
a das Betriebsergebnis,
b die Gemeinkostenzuschlagssätze,
c die Ergebnisse der einzelnen Produkte insgesamt und je Stück.

Kapitel 7

20 Für die Kalkulation eines Produkts sind folgende Angaben zu berücksichtigen:

Einzelkosten	in €
Fertigungsmaterial	300,00
Fertigungslöhne	250,00
Zuschlagssätze	**in %**
Material	5
Fertigung	150
Verwaltung	10
Vertrieb	15
Sondereinzelkosten	**in €**
der Fertigung	40,00
des Vertriebs	20,00

Berechnen Sie
a die Materialkosten,
b die Fertigungskosten,
c die Herstellkosten,
d die Selbstkosten.

21 Die Kosten- und Leistungsrechnung eines Industriebetriebs hat folgende Zusammenhänge zwischen Absatz und Kostenentwicklung für ein Erzeugnis ermittelt:

Kapitel 8

Absatz	Gesamtkosten	Nettoverkaufspreis
10 000 Stück	680.000,00 €	64,00 €/Stück
15 000 Stück	920.000,00 €	

Ermitteln Sie

a die gesamten fixen und variablen Kosten,
b die variablen Stückkosten,
c den Stückdeckungsbeitrag,
d den Break-even-Point (Gewinnschwelle),
e den Gewinn bei einem Absatz von 16 000 Stück.

22 Der Versandabteilung eines Industrieunternehmens steht ein Verpackungsautomat mit einer Kapazität von 176 Stunden/Monat zur Verfügung. Das Unternehmen hat folgende weiteren Informationen vorliegen:

	Erzeugnisgruppe 1		Erzeugnisgruppe 2	
	Artikel A	Artikel B	Artikel C	Artikel D
Nettoverkaufspreis	80,00 €	75,00 €	72,00 €	150,00 €
variable Stückkosten	60,00 €	67,50 €	63,00 €	120,00 €
Absatz (in Stück)	1 500	2 400	1 200	240
Verpackungszeit	4 Min.	1 Min.	2 Min.	3 Min.
Fixkosten/Monat				50.000,00 €

Ermitteln Sie

a die Stückdeckungsbeiträge, die Gesamtdeckungsbeiträge und die engpassbezogenen Deckungsbeiträge,
b das optimale Betriebsergebnis pro Monat unter Berücksichtigung der Kapazität.

23 Die Fly Bike Werke GmbH produziert die Kinderfahrräder KID, LIT und MID. Alle Erzeugnisse durchlaufen die gleiche Arbeitsgruppe, die eine Kapazität von 92 400 Minuten im Monat aufweist. Für die Erzeugnisse gelten folgende Daten:

Erzeugnis	variable Stückkosten (kv) in €	Verkaufspreis (p) in €	Dauer des Schneidvorgangs je Stück	Aufträge (Stück)	Fixkosten je Monat (KF) in €
KID	320,00	340,00	4 Min.	6 000	
LIT	230,00	242,50	5 Min.	7 000	300.000,00
MID	272,00	300,00	7 Min.	5 250	

Ermitteln Sie

a den absoluten Deckungsbeitrag je Stück des Kinderfahrrades MID in €,
b den niedrigsten Preis in €, zu dem das Kinderfahrrad KID kurzfristig angeboten werden kann,
c den engpassbezogenen Deckungsbeitrag je Stück des Kinderrades MID in €,

d die Stückzahl, die von Erzeugnis LIT bei der Realisation des gewinnmaximalen Produktionsprogramms hergestellt wird,

e den Gewinn in €, der bei der Realisation des gewinnmaximalen Produktionsprogramms erzielt wird.

24 Ein Fahrradhersteller hat zurzeit ein Kapazitätsproblem: Die freie Montagekapazität beträgt für das 2. Quartal nur noch 120 000 Minuten. Folgende Bestellungen liegen für diesen Zeitraum vor:

Produkt	Bestellmenge	Montagzeit in Min. je Stück	Nettopreis je Stück	variable Kosten je Stück
Modell 1	350	60	636,00 €	360,00 €
Modell 2	200	52	598,00 €	236,00 €
Modell 3	60	50	520,00 €	430,00 €
Modell 4	1 100	40	650,00 €	320,00 €
Modell 5	1 000	42	531,00 €	210,00 €

a Ermitteln Sie die kostenoptimalen Produktionsmengen für die Fahrradmodelle 1 bis 5.

b Ermitteln Sie den erzielbaren Gesamtdeckungsbeitrag für die Modelle 1 bis 5, wenn die kostenoptimalen Produktionsmengen wie geplant auch abgesetzt werden können.

Kapitel 9

25 Beschreiben Sie die Voraussetzungen, die ein Unternehmen erfüllen muss, um eine EMAS-Zertifizierung zu erhalten.

26 Beschreiben Sie den Ablauf einer EMAS-Zertifizierung.

27 Nennen Sie drei Vorteile einer EMAS-Zertifizierung für ein Unternehmen.

28 Unterscheiden Sie ISO 14001 und EMAS.

29 Erläutern Sie die Prozessschritte der ISO 14001.

30 Beschreiben Sie anhand von drei Beispielen, inwiefern die Erstellung einer Ökobilanz dem Betrieb hilft, nachhaltig zu wirtschaften.

31 Unterscheiden Sie Umweltleistungskennzahlen, Umweltmanagementkennzahlen und Umweltzustandskennzahlen.

32 Nennen Sie jeweils Beispiele für Umweltleistungskennzahlen, Umweltmanagementkennzahlen und Umweltzustandskennzahlen.

33 Erläutern Sie die Grundsätze der Umweltkennzahlen.

Sachwortverzeichnis

L

M

Bildquellenverzeichnis

Cover: shutterstock.com/Billion Photos; **S. 11**: stock.adobe.com/contrastwerkstatt; **S. 12.1:** Shutterstock/AdresiaStock; **S. 12.2**: Vitale Design; **S. 14:** stock.adobe.com/annanahabed; **S. 26:** Vitale Design; **S. 27:** Beuth Verlag GmbH, Berlin; **S. 38:** CARTOON-ARCHIV Reinhold Löffler, Dinkelsbühl; **S. 39:** Vitale Design; **S. 44:** Europäische Zentralbank, Frankfurt a.M.; **S. 45.1:** EURO Kartensysteme GmbH, Frankfurt a.M./relatio PR GmbH, München; **S. 45.2+3+4+5:** Mastercard Germany 2019, Frankfurt a.M./MSL Group, Berlin; **S. 45.6:** © Visa 2019/Adel & Link Public Relations, Frankfurt a.M.; **S. 45.7:** Mastercard Germany 2019, Frankfurt a.M./MSL Group, Berlin; **S. 45.8:** © Visa 2019/Adel & Link Public Relations, Frankfurt a.M.; **S. 46:** stock.adobe.com/Hamik; **S. 47.1:** Handelsverband Deutschland–HDE e.V., Berlin; **S. 47.4:** stock.adobe.com/Peter Atkins; **S. 48.1:** EURO Kartensysteme GmbH, Frankfurt a.M./relatio PR GmbH, München; **S. 48.2:** Hamburger Volksbank, Hamburg; **S. 51:** dpa Picture-Alliance/dpa infografik; **S. 55:** giropay GmbH, Frankfurt a.M.; **S. 56:** paydirekt GmbH, Frankfurt a.M.; **S. 57:** PayPal (Europe) S.à r.l. et Cie, S.C.A., Luxembourg/Edelmann GmbH, Köln; **S. 58:** Klarna GmbH, Berlin; **S. 59.1:** Mastercard Germany 2019, Frankfurt a.M./MSL Group, Berlin; **S. 59.2:** © Visa 2019/Adel & Link Public Relations, Frankfurt a.M.; **S. 59.3+4:** EURO Kartensysteme GmbH, Frankfurt a.M./relatio PR GmbH, München; **S. 59.5:** shutterstock.com/ratmaner; **S. 60.1:** stock.adobe.com/leungchopin; **S. 60.2:** shutterstock.com/Mahathir Mohd Yasin; **S. 61:** Payback GmbH, München; **S. 63:** stock.adobe.com/tiero; **S. 66:** stock.adobe.com/Erwin Wodicka – wodicka @aon.at/Gina Sanders; **S. 69:** stock.adobe.com/VRD; **S. 74.1+2:** Stiftung Warentest, Berlin; **S. 74.3:** Shutterstock/Icon Stocker; **S. 74.4**: Shutterstock/Design Collection; **S. 74.5:** shutterstock.com/Rashad Ashur; **S. 75:** Statista GmbH, Hamburg; **S. 76.1:** shutterstock.com/EdBockStock; **S. 76.2:** shutterstock.com/Shestakoff; **S. 87:** stock.adobe.com/shock; **S. 92:** CARTOON-ARCHIV Reinhold Löffler, Dinkelsbühl; **S. 93:** Bergmoser + Höller Verlag AG, Aachen; **S. 97:** stock.adobe.com/Picture-Factory/Racle Fotodesign; **S. 98:** stock.adobe.com/stockfour; **S. 102:** Bergmoser + Höller Verlag AG, Aachen; **S. 106:** CARTOON-ARCHIV Reinhold Löffler, Dinkelsbühl; **S. 107:** Bergmoser + Höller Verlag AG, Aachen; **S. 110/111/112:** Bergmoser + Höller Verlag AG, Aachen; **S. 113/114:** dpa Picture-Alliance/dpa infografik; **S. 119:** shutterstock.com/Cat Box; **S. 121:** dpa Picture-Alliance/dpa infografik; **S. 122:** Verlagsgruppe Hüthig Jehle Rehm GmbH, München; **S. 123:** dpa Picture-Alliance/dpa infografik; **S. 124**: stock.adobe.com/YK; **S. 127:** Bergmoser + Höller Verlag AG, Aachen; **S. 130:** Bergmoser + Höller Verlag AG, Aachen; **S. 133:** shutterstock.com/alterfalter; **S. 138:** dpa Picture-Alliance/dpa infografik; **S. 143:** shutterstock.com/Jacob Lund; **S. 146:** dpa Picture-Alliance/dpa infografik; **S. 149:** shutterstock.com/Liderina; **S. 151. Reihe 1+2+3:** shutterstock.com/Thomas Pajot; **S. 151. Reihe 4.1:** shutterstock.com/MelnikPave; **S. 151. Reihe 4.2:** shutterstock.com/sengerg; **S. 152:** shutterstock.com/Leszek Glasner; **S. 153:** Bergmoser + Höller Verlag AG, Aachen; **S. 154:** shutterstock.com/Birgit Reitz-Hofmann; **S. 163:** stock.adobe.com/Jacob Lund; **S. 165:** stock.adobe.com/magele-picture; **S. 166:** shutterstock.com/nikkytok; **S. 169:** shutterstock.com/wk1003mike; **S. 173**: shutterstock.com/Africa Studio; **S. 177:** shutterstock.com/Freedomz; **S. 179.1:** shutterstock.com/Wolfilser; **S. 179.2:** stock.adobe.com/PhotographyByMK; **S. 179.3:** shutterstock.com/Phongphan; **S. 181:** shutterstock.com/ChartsTable789; **S. 183:** shutterstock.com/Route66; **S. 184:** shutterstock.com/Lisa S.; **S. 187.1:** shutterstock.com/Worawee Meepian; **S. 188:** shutterstock.com/ITTIGallery; **S. 189:** shutterstock.com/Mangostar; **S. 191:** shutterstock.com/kurhan; **S. 195:** shutterstock.com/areebarbar; **S. 199:** shutterstock.com/Ivaylo Ivanov; **S. 200:** Bergmoser + Höller Verlag AG, Aachen; **S. 202:** shutterstock.com/winyuu; **S. 204:** shutterstock.com/Lisa S.; **S. 206.1:** shutterstock.com/SnvvSnvvSnvv; **S. 206.2:** shutterstock.com/Manfred Steinbach; **S. 208:** shutterstock.com/Sureeporn Teerasatean; **S. 209.1:** shutterstock.com/Song_about_summer; **S. 209.2:** dpa Picture-Alliance/dpa infografik; **S. 213:** stock.adobe.com/contrastwerkstatt; **S. 229:** shutterstock.com/Sashkin; **S. 232:** shutterstock.com/terekhov igor; **S. 236:** stock.adobe.com/tournee; **S. 237:** stock.adobe.com/Alexey Stiop; **S. 242:** shutterstock.com/Chaay_Tee; **S. 248:** dpa Picture-Alliance/dpa infografik; **S. 251:** shutterstock.com/solarseven; **S. 261:** stock.adobe.com/complize_M.Martins; **S. 286:** stock.adobe.com/fotomek; **S. 288:** shutterstock.com/Alexander Limbach; **S. 303:** shutterstock.com/Gabriel Georgescu; **S. 312.1**: Shutterstock/Icon Stocker; **S. 312.2**: Shutterstock/Design Collection; **S. 313.1+3+4**: Shutterstock/Icon Stocker; **S. 313.2:** Shutterstock/Design Collection; **S. 320:** Geschäftsstelle des Umweltgutachterausschusses, Berlin

Hinweise zum Webcode-Bereich

Im Webcode-Bereich, der zu dem vorliegenden Schülerbuch **W plus V – Betriebswirtschaftslehre mit Rechnungswesen** gehört, finden Sie umfangreiches **Zusatzmaterial zum Schülerbuch**. Es enthält zahlreiche Aufgaben zur Wiederholung, Vertiefung und Prüfungsvorbereitung sowie deren Lösungen.

- Die **Aufgaben** sind den vier Handlungsfeldern der Jahrgangsstufe 12 zugeordnet, die auch im Schülerbuch abgebildet werden. Eine weitere thematische Zuordnung erfolgt über Zwischenüberschriften, die den einzelnen Kapiteln im Schülerbuch entsprechen.
- Die **Lösungen** bieten eine direkte Kontrolle und werden separat angeboten.

Alle diese Dateien stellen wir Ihnen als Download zur Verfügung:
Geben Sie in Ihrem Internetbrowser www.cornelsen.de/codes/ ein.
Geben Sie dann den Webcodenamen ein: toyuza.

Bitte beachten Sie: Auch die im Webcode-Bereich zur Verfügung gestellten Dateien sind geistiges Eigentum der Autoren, sie unterliegen dem Urheberrecht der Autoren und dem Verwertungsrecht des Cornelsen Verlags.

Alle Materialien haben das Dateiformat **pdf** und können mit dem Adobe® Acrobat Reader geöffnet werden.

Wir wünschen Ihnen viel Erfolg bei der Bearbeitung der Aufgaben!